JEREMY LEON HANCE

Das pack ich nicht

JEREMY LEON HANCE

Das pack ich nicht

Wie ich mit meiner Angst um die ganze Welt reiste und überraschenderweise überlebte

Aus dem Englischen von
Ralf Pannowitsch und Benjamin Schilling

KNESEBECK

Für Tiffany
Glaub mir, du wirst schon sehen

Erkenne dich selbst

Inschrift am Eingang des Apollo-Tempels in Delphi

Inhalt

Teil 4 Überlebende

Danksagung

Schreiben ist in weiten Teilen eine einsame Beschäftigung, aber ein Buch erfordert eine Gemeinschaft. In diesem Fall eine weltumspannende.

Lassen Sie mich mit Rhett Butler beginnen, ohne den es dieses Buch nicht gäbe – so wenig wie zahlreiche der geschilderten Abenteuer. Rhett ist der Gründer von Mongabay, der besten Online-Nachrichtenquelle für Umweltfragen. Seit den frühesten Anfängen meiner Karriere war er mein Mentor. Danke, Rhett, für mehr als ein Jahrzehnt voller Chancen und gutem Rat. Ein besonderes Dankeschön geht auch an alle anderen Mitarbeiter von Mongabay.

Ich danke Alice Speilburg, meiner unermüdlichen und klarsichtigen Agentin, die mich stets unterstützt hat. Sie ging das Wagnis ein, einen Umweltjournalisten zu betreuen, der ein sehr persönliches Buch geschrieben hat. Nur wenige Debütanten haben so ein Glück.

Mein Dank geht an Allison Janse von HCI Books, die in einem unbestreitbar ungewöhnlichen Buch etwas Besonderes sah, und an Camilla Michael, die dieses nicht ganz perfekte Baby adoptiert und seine Gestalt maßgeblich verbessert hat.

Unglaublich dankbar bin ich Artsmith für das einwöchige Schreibstipendium auf Orcas Island und Jill McCabe Johnson für ihre außerordentliche Gastfreundschaft. Mein Dank geht auch an die Writer's Colony im Dairy Hollow House, die mir einen zweiwöchigen Schreibaufenthalt in Eureka Springs ermöglichte. Ganz speziell danke ich Sharon Spurlin. Beide Programme verschafften mir nicht nur kostbare Zeit zum Schreiben, sondern auch Begegnungen mit der Natur, die Gelegenheit, mein Werk einem Publikum vorzustellen, und eine unvergleichliche Gemeinschaft von gleichgesinnten Künstlern – ihr wisst alle, wer gemeint ist.

Vielen Dank der Romanautorin Diane Hammond für ihre Ratschläge in Sachen Schreiben, Publizieren und Leben. Ein Dankeschön geht an Linda Carbone, die mein Exposé aufpoliert hat. Ich danke meinen vorzüglichen Erstlesern und Korrektoren Benjamin Klas, Kris Klas, Erin Cary, Brittany Lynk und natürlich Tiffany Roufs. Ebenso danke ich meinen lieben Freunden Thomas Christie, Emily Christy, Morgan Erickson-Davis und Frank Janick dafür, dass sie mich beständig unterstützt und immer wieder gefragt haben: »Was macht dein Buch?« Die Antwort lautet jetzt zum Glück: »Erledigt.«

Dieses Buch spielt in acht Ländern, und in jedem davon brauchte ich eine Menge Guides, Wissenschaftler und Ortskundige, um von A nach B zu kommen. Ihnen allen – manche sind im Buch erwähnt, viele nicht – gilt mein besonderer Dank. Allen, die im Ökotourismus arbeiten, ein Dankeschön! Eure Arbeit ist enorm notwendig. Ein ganz besonderer Gruß den Mitarbeitern, Managern und Guides von Pantiacolla in Peru, Warana Lodge in Surinam, Iwokrama River Lodge in Guyana, Tabin Wildlife Resort in Malaysia, Napo Wildlife Lodge in Ecuador und Explora Ecotour in der Dominikanischen Republik.

An vielen meiner Reiseziele gab es allerdings keine Touristenunterkünfte, sondern Forschungsstationen oder Umweltschutzteams. Daher tausend Dank an STINASU in Surinam, das Iwokrama International Research Centre for Rain Forest Conservation and Development, Hutan in Malaysia, die Yasuní Research Station und die Tiputini Biodiversity Station in Ecuador, Yabi in Indonesien, das Sumatran Rhino Sanctuary auf Sumatra, das Little Fireface Project auf Java und das Last Survivors Project in der Dominikanischen Republik, ein Programm vom Durrell Wildlife Conservation Trust und EDGE.

Ich habe in mehr als einem Jahrzehnt Tausende von Wissenschaftlern und Umweltschützern interviewt. Viele meiner heutigen Ansichten sind aus ihrer jahrelangen, kräftezehrenden und leidenschaftlichen

Arbeit hervorgegangen. In einem Zeitalter des massenhaften Artensterbens und des Klimawandels gibt es keinen nobleren Beruf als ihren. Ihnen allen möchte ich meinen Dank aussprechen. Für die im vorliegenden Buch beschriebenen Reisen geht ein besonderes Dankeschön an folgende Wissenschaftler und Naturschützer: John Payne, Cynthia Ong, Marc Ancrenaz, Anna Nekaris, Sharon McCabe, Hélène Birot, Zulfi Arsan, Terri Roth, Rosalind Kennerly und José Nuñez-Miño. Ich danke ihnen für ihre Arbeit und die persönliche Aufmerksamkeit, die sie mir geschenkt haben.

Ich ziehe meinen Hut vor allen Therapeuten, die mich über Jahre begleiteten. Ich danke ihnen für die vielen Therapiesitzungen, für ihre anspruchsvolle Arbeit, für ihr Mitgefühl und für ihren Rat. Ein Gruß geht an Charles Depies, der schon über viele Jahre und viele Reisen hinweg mein unerschütterlicher ›Cheftherapeut‹ ist. Danke, dass Sie dieses Schiff selbst bei rauer See auf Kurs halten.

Danken möchte ich meinen Brüdern Karsten und André für ihre Liebe, Unterstützung und Freundschaft. Meinen Eltern Ed und Erva Hance, die mein Schreiben, meine Kreativität und meine unzähligen gesunden Obsessionen stets unterstützt haben. Ich danke euch dafür, dass ihr mich nicht nur durch meine turbulenten frühen Jahre geleitet habt, sondern auch durch die Zeit, als ich knietief in psychischen Erkrankungen steckte.

Mein Vater starb nach langer Krankheit, als dieses Buch im Lektorat war. Davor hatte ich meiner Mutter bereits die vorläufigen Fassungen einiger Kapitel gegeben, damit sie meinem Vater diese Passagen vorlesen konnte. Er sagte mir bei jeder Gelegenheit, wie stolz er auf mich war und wie sehr er mich liebte. Danke, Dad. Du fehlst mir so. Jeden Tag.

Und schließlich geht mein Dank natürlich an Tiffany und Aurelia – für all die Nächte, in denen ihr mich habt arbeiten lassen, für alle Gespräche rund um »das Buch«, für alles, worauf ihr verzichten musstet, und für eure Geduld. Ohne eure Liebe und eure Unterstützung würde es dieses Buch nicht geben. Danke!

Vorbemerkung des Autors

Dieses Buch ist eine Frucht der Erinnerung. Aber unser Gedächtnis ist launenhaft, impressionistisch und voll falscher Verführungen. Oft ist es eingehüllt in Schichten von Emotionen und Farben, die ursprünglich gar nicht vorhanden waren. Was die Faktentreue angeht, könnten manche Details in diesem Buch also zweifelhaft sein. Es ist beispielsweise möglich, dass einige Reisen länger oder kürzer waren, als ich es in Erinnerung habe. Manche Geschehnisse können chronologisch leicht verrutscht sein. Die Gesichter und Umrisse einiger Personen sind vielleicht nicht ganz so, wie ich sie aus der Vergangenheit heraufbeschwöre. Die eine oder andere Mahlzeit war womöglich nicht ganz so köstlich, wie ich sie geschildert habe. Sie verstehen schon.

Wo es möglich war, habe ich mich auf Tagebücher gestützt, auf Reisepläne, Aufzeichnungen von unterwegs und Fotos, auf Tiffany und eine Million Google-Suchen, um mich selbst einem Faktencheck zu unterziehen. Meist aber konnte ich mich nur auf meine Erinnerung stützen und auf die Geschichten, die ich mir in den Jahren nach der Reise selbst erzählt habe. Das bedeutet nicht, dass irgendetwas unwahr wäre – alle Ereignisse haben sich tatsächlich zugetragen. Aber es ist nur innerhalb der Grenzen meines Erinnerungsvermögens ›wahr‹. Machen Sie sich also nicht zu viele Gedanken über Kleinigkeiten.

An vielen Stellen habe ich Namen erfunden. Manchmal, um die wahre Identität einer Person zu verschleiern, häufiger aber, weil ich mich nicht mehr an die Namen erinnern konnte. (Bei Namen war ich schon immer ganz schwach. Wenn ich Ihnen mal zufällig über den Weg laufe und mich nicht mehr daran erinnern kann, wie Sie heißen, nehmen Sie es bitte nicht persönlich.) Wenn ich den tatsächlichen Namen verwendete, habe ich die betreffende Person vorher um Erlaubnis gefragt.

Um ehrlich zu sein: An die Tiere erinnere ich mich vermutlich besser als an die Menschen. Wenn mein Gedächtnis irgendetwas gut kann, dann dies: sich an diebische Affen, bananenfressende Tapire und singende Nashörner erinnern.

Schließlich muss ich zugeben, dass ich in diesem Buch immer wieder fluche. Ich weiß, dass es manche Leser vor den Kopf stoßen könnte, und das verstehe ich auch, aber trotzdem halte ich es für schwierig, ein realistisches Buch über die furchtbare Komik psychischer Erkrankungen und die wilde Pracht der Natur zu schreiben, ohne ein paar heftige Ausdrücke zu benutzen.

Alles in allem bitte ich Sie also, das Buch so zu nehmen, wie es ist – als literarischen Lebensbericht von jemandem, der Psychopharmaka nimmt und ein beschissenes Erinnerungsvermögen hat.

Prolog

SEPTEMBER 2017

In 10 000 Metern Höhe gibt es nur einen Ort, an dem man ein bisschen Privatsphäre finden kann: die Toilette. Ich schiebe den Riegel vor, der gleichzeitig auch das Licht anmacht, setze mich auf den weißen Sitz, lege die Hände aneinander, schließe die Augen, atme tief ein – wobei ich den nahezu überwältigenden Geruch nach Desinfektionsmittel wahrnehme – und versuche mit jedem Quäntchen meines vernunftbegabten Wesens, die aufsteigende Panik zu unterdrücken. Das ist ungefähr so, als wollte ich mich davon abhalten, mich zu übergeben.

Ein einziger Gedanke hämmert mir immer wieder gegen die Schläfen: Du schaffst das nicht.

Ein paar Minuten vorher hatte ich noch auf meinem Sitz gesessen und war damit beschäftigt gewesen, mir einen Film auszusuchen – so viel Auswahl. Dabei schaute ich zufällig auf den Bildschirm eines anderen Passagiers ein paar Reihen vor mir auf der anderen Seite des Gangs. Es lief *Vaiana*, genauer gesagt die Szene, in der die Titelheldin gerade versucht, der wütenden Magma speienden Göttin Te Fiti ihr grünes, spiralförmiges Herz zurückzugeben. Da ich selbst eine Sechsjährige zu Hause hatte, war mir der Film mehr als vertraut.

Doch genau in dem Moment – als Te Fiti brennende Felsbrocken schleuderte – entschied sich mein schelmisches Gehirn, mir mitzuteilen: Du schaffst das nicht. Du weißt, dass du es nicht schaffst.

Dieser eine Gedanke ließ etwas in mir explodieren. Mein Herz begann zu hämmern, auf meinen Händen bildeten sich Schweißperlen, meine Gedanken wirbelten im Kreis herum und purzelten hinab ins Kaninchenloch. Ich kannte dieses Gefühl sehr gut.

Und trotzdem …

O nein, bitte nicht hier – nicht, wenn ich allein bin. Nicht jetzt. Nicht in einem Flugzeug!

Wir waren erst seit ein paar Stunden in der Luft, und das bedeutete, dass ich immer noch zehn Stunden Flug nach Tokio vor mir hatte. Dann kam der Zwischenstopp. Und dann noch ein Flug, die dritte Etappe, weitere acht qualvolle Stunden bis nach Jakarta, meinem Reiseziel.

Du schaffst das nicht. Du weißt, dass du es nicht schaffst.

Nicht, dass ich heute zum ersten Mal fliegen würde. Beim ersten Mal war ich fünf. Seitdem bin ich auf fünf Kontinenten und in über 30 Ländern gewesen. Wie viele Flüge dabei zusammenkamen, kann ich nicht sagen. Voll besetzte Boeings 747, Propellermaschinen im Amazonas, Maschinen, die in den Winden des North Channel vom Kurs abkommen, aber auch sanfte Landungen auf einer der gefährlichsten Flugrouten der Welt. Auch die Strecke hier war ich schon mal geflogen: von den Vereinigten Staaten über Tokio nach Jakarta.

Herrgott, ich arbeite gerade sogar an einem Buch übers Reisen, verdammt noch mal!

Ich fliehe vor Te Fiti und haste zur Toilette, wobei ich beinahe mit der Flugbegleiterin zusammenpralle, einer sympathischen jungen Japanerin mit einem beruhigenden Lächeln.

Viele Leute haben Angst vor der Flugzeugtoilette, weil es darin so eng ist wie in einem Grab. Aber für mich ist sie der beste Ort in einem Flugzeug, weil sie die einzige Möglichkeit bietet, der erbarmungslosen Menschlichkeit der Economy-Class zu entkommen. Auf dem vorangegangenen Flug habe ich neben einer älteren Dame gesessen, die die ganzen drei Stunden damit verbrachte, sich lautlos in Tüten zu übergeben, die ich stoisch an das Flugpersonal weiterreichte.

Nachdem ich ein paar tiefe Atemzüge genommen habe, versuche ich, mir selbst gut zuzureden. O. k., Jeremy, das ist deine Zwangsstörung, die da gerade spricht. Es ist alles in Ordnung, alles gut, alles paletti. Such dir einfach einen Film aus und bekomm deine Gedanken in den Griff. Immer schön einen Tag nach dem anderen … oder in diesem Fall eine Minute.

»Du weißt, dass du es nicht schaffst«, sagt erneut die Stimme in meinem Kopf. »Diese Reise wird dich definitiv umbringen. Du musst es irgendwie nach Hause schaffen, sonst sterben du oder deine Familie.« Die Stimme gehört Steve.

»Steve« ist der Name, den ich meiner Zwangsstörung gegeben habe. Dadurch wollte ich versuchen, eine gewisse Distanz zwischen meiner chronischen psychischen Erkrankung und meinem gewöhnlichen Selbst herzustellen. Meine Depression habe ich »Maleachi« getauft, weil sie ein harter Brocken biblischen Ausmaßes ist. Steve und Maleachi sind nicht ich, sage ich mir immer wieder selbst. Sie sind die Krankheit.

Doch Maleachi ist wenigstens interessant, während Steve ein gnadenloser Langweiler ist. Er sagt immer und immer wieder dasselbe. Er ist wie eine kaputte Standuhr, die jede Minute schlägt. Ein gelangweilter Elefant im Zoo, der immer wieder denselben Pfad entlangtrottet, bis seine Fußsohlen bluten. Der Freund, der bei jeder Gelegenheit dieselbe Anekdote erzählt. Man könnte fast meinen, Steve wäre besessen.

Und genau so ist eine Zwangsstörung: ein und dasselbe Lied, das in deinem Kopf festhängt und in Endlosschleife läuft.

Leider können Steve und ich nicht den ganzen Flug auf dem Klo bleiben und diskutieren. Die Vakuumspülung der automatischen Toilette macht mich nervös, und ich stelle mir vor, wie es wäre, wenn irgendetwas das Flugzeug rammen würde. Hilfsbereit, wie er ist, erinnert mich Steve daran, dass zwischen mir und der Atmosphäre nichts als ein paar Schichten Aluminium liegen. Wie ein Zauberer beschwört er das Bild eines anderen Flugzeugs herauf, das mit unserem mitten in der Luft zusammenstößt, wodurch die ganze Maschine aufreißt und ich in die eisige Leere geschleudert werde.

Es ist gar nicht der sichere Tod, der mich so sehr beunruhigt, sondern das Grauen, vollkommen machtlos 10 000 Meter in die Tiefe zu stürzen.

Ich kehre zu meinem Sitz zurück und tue so, als wäre ich noch immer allein. Ich krame die nicht gerade kleine Pillendose heraus, die meine Frau mir klugerweise sortiert hat, und nehme eine Lorazepam, ein Medikament gegen Angststörungen. Ich lege sie mir unter die Zunge und schmecke aufkommende Gelassenheit. Die Konsistenz ist kreidig, der Geschmack sogar leicht süß. Ich kenne diese Tabletten gut.

Nehmen wir an, ich schaffe es heute. Nehmen wir einfach für einen kurzen Moment an, dass ich die nächsten 20 oder mehr Stunden überlebe und es ins Hotel in Jakarta und in einen süßen erlösenden Schlaf schaffe. Danach erwarten mich noch zwölf Tage in Indonesien, ohne meine Frau und mein Kind, dafür aber mit 100 000 Dingen, die schiefgehen könnten: Schlangenbiss, Autounfall, Tollwut durch einen herumstreunenden Hund oder eine Höhlenfledermaus, eine kenternde Fähre, ein ausbrechender Vulkan, ein alles zerreißendes und verschlingendes Erdbeben. Ich könnte mir aber auch eine der unzähligen tropischen Krankheiten einfangen, von einem Elefanten zu Tode getrampelt, von einem umstürzenden Baum erschlagen oder vielleicht von einem Tiger gefressen werden – die gibt es da nämlich. Man kann auf so viele Arten umkommen, wenn man nicht zu Hause ist.

Ich rufe die Flugbegleiterin, weil ich hoffe, dass mich ihr Lächeln in die Realität zurückholt. Als sie da ist, bestelle ich ein Glas Wein. Wein mit einem Beruhigungsmittel gemischt – mein Psychiater würde mit mir schimpfen. Aber das ist mir gleich, ich bin verdammt verzweifelt.

Irgendwann suche ich mir schließlich einen Film aus: Er heißt *Manchester by the Sea*. Ich weiß nichts über diesen Film, nur dass er von der Kritik gelobt wird. Nach einem Drittel schluchze ich vor mich hin. Dieser Film sollte mit der Warnung versehen sein: »Für Menschen mit Panikattacken ungeeignet.« Ich versuche, auf etwas anderes, leichter Verdauliches umzuschalten: *Ein Ticket für Zwei* – wer sucht diese gottverdammten Filme aus? Diesmal stecke ich schon zu tief in dieser Katastrophe von einem Film drin und quäle mich bis zum bitteren Ende durch.

Ich vermisse meine Tochter und meine Frau. Ich vermisse sie so sehr, dass es wehtut.

Ich will mit jemandem reden, meinem Therapeuten, meiner Frau, einem Freund … ja sogar mit dieser Flugbegleiterin, die so unerschütterlich cool wirkt, während sie in dieser Höllenmaschine durch die Gegend fliegt.

In meinem Kopf sagt Steve gerade wieder sein Mantra auf: »Du weißt, dass du es nicht schaffst. Du weißt, du schaffst es nicht.«

Plötzlich fühle ich mich heiß und klebrig, und mein Magen schnürt sich zu. Herrgott noch mal, nicht jetzt, nicht hier. Jetzt werde ich auch noch krank, und wir sind irgendwo über dem Meer mitten in den Wolken und noch Stunden von Tokio entfernt. Ich rufe erneut die Flugbegleiterin und frage nach einem Thermometer. Sie bringt mir eins, und ich stecke es mir in den Mund.

»Nein, nein«, sagt sie. »Für hier.« Sie deutet auf ihre Achsel.

O, langsam entferne ich das Thermometer aus meinem Mund. Ich lächle und nicke, als ob mir das alles völlig klar wäre und ich nur deshalb an diesem Achselthermometer genuckelt habe, weil ich halt so ein wahnsinnig lustiger Kerl bin. Ich wische es an meinem T-Shirt ab und schiebe es mir unter den Arm. Ich bin sicher, dass es am Ende 38,9 oder 39,5 Grad anzeigen wird. Ich male mir aus, wie mich die lächelnde Stewardess auf die Arme nimmt und in die erste Klasse trägt, wo sie mich in Decken einwickelt. Während des restlichen Fluges streicht sie mir sanft übers Haar, singt mir Lieder vor, die ich nicht kenne, weil sie auf Japanisch sind, und schiebt mir löffelweise Eiscreme in den Mund.

Ich träume davon, wie ich in Tokio lande und ein Hotel bekomme – ein schönes Zimmer mit einem großen Bett, eine heiße Dusche und Zimmerservice mit hausgemachten Ramen-Nudeln –, bevor ich am nächsten Tag einen Flug nach Hause nehme und mich damit letztlich krankmelde, statt meine zweiwöchige Reportagereise über das Sumatra-Nashorn zu absolvieren.

Das Thermometer zeigt makellose 37,0 Grad an.

Die gutmütige Stewardess, die mich in diesem Moment als Einzige davor bewahrt, verrückt zu werden, kommt zurück und bringt mir eine Paracetamol. Ich nehme sie und bestelle noch ein Glas Wein, während ich versuche, die Tränen, die mir übers Gesicht kullern, zu verbergen.

Ich werfe mir eine Decke über den Kopf und denke: »Das ist nur eine dunkle Nacht der Seele, nur eine dunkle Nacht der Seele. Auch das wird vergehen …«

Und Steve sagt: »Du weißt, dass du am Arsch bist, oder? Warum bist du so dumm und tust dir das immer wieder an? Warum bleibst du nicht einfach zu Hause, wo Leute wie du hingehören? Dieses Mal wirst du nicht gewinnen. Du wirst sterben, und es wird schrecklich sein.«

Zwölf Tage später steige ich aus einem anderen Flugzeug und betrete den Flughafen von Minneapolis. Ich sammle mein Gepäck ein und laufe Richtung Ausgang, wo meine Frau und mein Kind schon warten, um mich abzuholen.

Du kannst mich mal, Steve.

Teil 1
Schlappmachen

KAPITEL EINS

Verrückt nach Peru

FRÜHJAHR 2006

Fünf Monate, bevor bei mir zum ersten Mal eine Zwangsstörung diagnostiziert wurde, saß ich beim Mittagessen im Untergeschoss des Corner Bookstores, eines Buchladens in Manhattan, Madison Avenue, Ecke 93th Street. Ich war der »Kinderbucheinkäufer« – der ziemlich hochtrabende Titel für jeden, der gerade in der Kinderabteilung arbeitete. Es war ein arbeitsreicher Sonntag im reichsten und am meisten versnobten Viertel der City, und ich freute mich über die Verschnaufpause. Im schmucken Untergeschoss standen Kartons voller Bücher – meinen liebsten Dingen auf der Welt – und zwei Behelfsschreibtische für die Leiter des Ladens. Ich nahm einen davon in Beschlag und schwelgte in der Dunkelheit, der stillen Einsamkeit und Patrick Leigh Fermors *Die Zeit der Gaben*. Vor allem aber genoss ich die vorübergehende Ruhe vor den Bewohnern der Upper East Side, ihrer selbstgefälligen und verpeilten Art.

Diese kurze Träumerei, für die ich damals selten Gelegenheit hatte, wurde vom Klingeln meines Handys unterbrochen.

»Hallo«, sagte ich mit vollem Mund.

»Kannst du ein Buch über Peru mitbringen?«, fragte Tiffany.

»Hä?«

»Kannst du einen Reiseführer über Peru mitbringen?«

»Wieso denn?«

»Weil wir diesen Sommer dort hinfliegen werden. Und ich will bis morgen um diese Zeit die Flugtickets bestellt haben.«

Tiffany und ich waren uns im letzten Jahr des alten Jahrtausends beim Theaterspielen in einem Community-Theater unseres Heimatstaates Minnesota begegnet. Sechs Jahre später, in einem Anfall von Optimismus nach dem Uniabschluss, zogen wir aus dem kleinstädtisch geprägten Minnesota nach New York City um. Wir merkten aber bald, dass wir keine New Yorker sind. Bei allem Respekt für Frank Sinatra – wir wollten anderswo unser Glück versuchen. Wir waren jung (ich 26, Tiffany 23) und frisch verlobt. Wir planten sowieso, unsere Jobs hinzuschmeißen, und hatten für den Sommer noch nichts Besseres vor. Obwohl eine Reise nach Peru Neuland für mich war, fand ich nicht wirklich einen Grund, mich dagegen zu sperren.

Tiffany hielt Wort und besorgte die Flugtickets binnen 24 Stunden – nur dass sie statt der vorgesehenen vier Wochen eine sechswöchige Reise gebucht hatte. Ihre Erklärung: Warum eigentlich nicht?

Und doch spürte ich an jenem Abend, wie sich Angst wie eine riesige Blüte in meinem Hirn ausbreitete. Den *Lonely Planet: Peru* sicher in meinem Rucksack verstaut, nahm ich die U-Bahn Richtung Süden. Sie durchquerte Manhattan, schoss unter dem East River hindurch wie eine chromblitzende Schlange, fuhr weit nach Brooklyn hinein und kam schließlich aus dem Untergrund wieder ans Tageslicht – in die Dämmerung eines Frühlingsabends in Crown Heights. Ich hätte nicht im Traum daran gedacht, dass die Reise nach Peru den Lauf meines Lebens verändern würde.

Stattdessen war ich ziemlich sicher, mein Leben würde dort enden.

Unser Flugzeug zieht seine Kreise wie ein großer Raubvogel, ehe es auf dem Internationalen Flughafen Jorge Chávez außerhalb von Lima landet, der smogerfüllten Hauptstadt Perus. Die Maschine ist nicht abgestürzt, und wir sind nicht tot, obwohl ich das in unserer Wohnung in

Brooklyn in den stillen, verschwommenen Augenblicken vor dem Einschlafen jede Nacht vorausgesehen hatte. Das bedeutet nun aber, dass ich die nächsten sechs Wochen irgendwie überstehen muss.

Früher an jenem Tag, auf dem Flughafen John F. Kennedy, hatte ich all meine Willenskraft gebraucht, um nicht wie wild herumzurennen und zu schreien, dass all die Flugzeuge hier dazu verdammt sind, vom Himmel zu fallen und zu verbrennen. Ich konnte Tiffany nicht erzählen, dass ich zu der Überzeugung gelangt war, auf dieser Reise sterben zu müssen – nicht nach unseren monatelangen Planungen und den Tausenden von Dollar, die wir schon ausgegeben hatten. Und ich konnte es mir selbst nicht eingestehen, dass ich womöglich kein *guter Reisender* war.

War ich mit 18 nicht auf eigene Faust durch die Straßen und Gassen von London gestromert? War ich nicht ganz allein und ziemlich unvorbereitet in den kenianischen Busch gereist, wo ich in einem Zelt neben Massaikriegern geschlafen hatte, während draußen das beunruhigende Gebrüll von Löwen zu hören war? Natürlich bin ich ein *guter Reisender.* Schauen Sie doch bloß mal, wo ich schon überall war. Ich bin Herodot, James Cook und Ibn Battuta, alle drei in einem – als magerer weißer Typ, der zu Übertreibungen neigt. Friss meinen Staub, Marco Polo!

Ein Teil von mir, und zwar ein beträchtlicher, ist freudig erregt bei dem Gedanken, Peru zu entdecken, auf dem Inkapfad bis zum luftigen Palast von Machu Picchu zu wandern, den Andenkondor dabei zu beobachten, wie er über dem Colca Canyon dahinsegelt, die altertümliche Stadt Cuzco zu erkunden, Pisco Sour zu trinken, Quinoa-Suppe zu essen und Kokablätter zu kauen. Für eine kleine Weile in einem anderen Land zu leben. Wenigstens vorübergehend in neuen Dingen zu schwelgen und für einen Moment zu vergessen, wie sterblich und belanglos ich bin. Das ist es letzten Endes doch, was uns auf Reisen gehen lässt.

Am meisten sehne ich mich danach, den Amazonasregenwald zu sehen, diese schattigen Gegenden, die – neben Drachen und Riesen – schon durch meine Kinderträume spukten.

Aber ein anderer, mit jedem Tag wachsender Teil von mir ist krank vor Angst. Der bloße Gedanke an die Reise weckt in mir das Bedürfnis, mich in ein Krankenhaus zu begeben, wo man mir eine Zwangsjacke anlegt und die Tür abschließt, damit Dunkelheit und Kühle mich beschützen.

Psychiatrische Krankenhäuser sind für mich nichts Neues. Als ich zehn war, diagnostizierte man bei mir Depressionen und Angstzustände. Man probierte an mir alle verfügbaren Psychopharmaka aus, bis ich mich wie eine Laborratte fühlte. Einen bedeutenden Teil meiner Jugend verbrachte ich nicht in Einkaufspassagen oder Fitnessstudios, sondern auf der Couch von Therapeuten. Zweimal brachte mich das in eine psychiatrische Klinik.

Aber keinem von den Dutzenden Therapeuten und Psychiatern, die ich damals mit nervtötender Regelmäßigkeit sah, ist aufgefallen, dass unter der Oberfläche vielleicht noch ein anderes Scheusal lauerte.

Ein paar Monate nach unserem Umzug nach New York begann ich, regelmäßig Ärzte zu konsultieren. Ich war 25 und gesund; Psychopharmaka nahm ich schon seit Jahren nicht mehr. Aber nun wurde mir klar, dass ich Krebs hatte, und so ging ich zu einem Arzt, der mir sagte: »Nein, Sie haben keinen Krebs.« Danach fühlte ich mich frei, schön, stark und lebendig. Zumindest ein paar Stunden lang – bis ich merkte, dass ich AIDS hatte. Ich ging zurück in die Sprechstunde. »Nein, Sie haben nicht AIDS.« Uff! Aber wieder ein paar Stunden später entdeckte ich, dass einer meiner Lymphknoten in Wahrheit ein Klumpen verkrebster Killerzellen war. Und so ging es immer weiter: Angst und Schrecken, Erleichterung, Angst und Schrecken, Erleichterung, dann wieder Angst und Schrecken. Und zwischen Winter und Frühjahr wurden die Abstände zwischen meinen Arztbesuchen immer kürzer.

Tiffany konnte ich nichts davon erzählen, obwohl sie wusste, dass irgendetwas nicht stimmte. Ich begriff ja selbst kaum, was da geschah – weshalb die Ärzte die Krebszellen, die in meinem Körper herumtanzten, einfach nicht sahen, und weshalb mich, egal wo ich war, jeder mit einem seltsamen Ausdruck von Mitleid anzuschauen schien.

Es war keine psychische Erkrankung, da war ich mir sicher. Ich hatte diese Störungen nun doch schon seit mehr als 15 Jahren im Griff. Ich fühlte mich auch nicht depressiv. Mehr, als wäre ich die ganze Zeit auf einem Koffein-Kick, als würde mein Gehirn ein Rennen laufen, das nie enden wollte, nicht einmal im Schlaf. Ich weinte mich nicht in den Schlaf und rief auch nicht Gott an, er möge mich niederstrecken. Natürlich war ich wegen der verschiedenen Krankheiten, die meinen Körper auffraßen, voller Angst – aber diese Krankheiten waren doch real! Das war keine psychische Erkrankung, sondern Selbsterkenntnis der tiefsten und mystischsten Art.

Als mich der Krebs nicht umbrachte, kam ich immer mehr zu der Überzeugung, dass ein Tod anderer Art auf mich wartete. Warum nicht in Peru? Je näher die Reise heranrückte, desto weniger zweifelte ich daran. Ja, auf dieser Reise würde ich sterben.

Wenn auch offensichtlich noch nicht auf dem Hinflug.

Lima, die Hauptstadt Perus, hat zwei Seiten: einerseits große Bauten aus der Kolonialzeit, andererseits ausgedehnte Slums, die die Dünen hinabrutschen. Weite Panoramablicke auf den Pazifik und eine verschmutzte Luft, die man schneiden kann. Einkaufszentren westlicher Art für die Reichen und heruntergekommene Ecken für die bettelnden Armen. Lima ist eine lebendige, pulsierende Metropole mit einer Ausstrahlung, einer Farbigkeit und einem Abenteuergeist, die die meisten amerikanischen Großstädte verloren haben. Andererseits kennzeichnet die Stadt auch eine Hoffnungslosigkeit, eine Verzweiflung und ein Chaos, die mit den ärmsten Gegenden meines Heimatlandes wetteifern.

Mein Lieblingsort in diesem Ungeheuer mit den zwei Gesichtern ist unser Hostel, denn hier kann ich die Tür schließen und Peru aussperren. Ich fühle mich wie eine Schildkröte, die das Innere ihres Panzers ein wenig zu sehr liebt. Der kleine Innenhof des Hostels gefällt mir besser als die ganze Metropole. Hier blühen unbekannte tropische Blumen, seltsame Vögel zwitschern und huschen im Schatten herum, und eine ganze Menagerie von kleinen Keramikstatuen verbirgt sich im Laub: ein weißer Jesus in einem leuchtend blauen Gewand, der ein Lamm in den Armen hält, eine Gottesmutter Maria, die zu beten versucht, aber der die Hände abgeschlagen wurden, ein Engel, der ein fleckiges Gesicht hat, weil die Farbe stellenweise abgeblättert ist. Hier fühle ich mich sicher – innerhalb der klassisch weißen Wände und mit einem stabilen Tor zwischen mir und der Stadt.

Draußen hängt krebserzeugender Smog in der Luft. Draußen sind Wachhunde, die sich gegen die Tore werfen und dir ans Leder wollen. Taxifahrer, die so rasen, als wären sie Figuren aus *Alice im Wunderland*, und deren Fahrzeuge, um der Sache noch zusätzlichen Reiz zu geben, keine Sicherheitsgurte haben. Die Armen, die gebräunte runzlige Hände voller Leid ausstrecken und die ganze Verzweiflung der Welt auf Spanisch vor sich hinmurmeln. Schließlich geschickte Diebe, die imstande sind, einem die Brieftasche oder den Geldbeutel im Café buchstäblich unter dem Hintern wegzuziehen – wie es Tiffany beinahe ergangen wäre.

O, und das Falschgeld erst!

Seit unserer Ankunft in Lima hatten wir immer wieder versucht, mit Bargeld zu bezahlen – bei Taxifahrern, Museumsmitarbeitern, Kellnern –, aber sie hatten uns die Scheine zurückgeschoben und erklärt: »Falso«, gefälscht.

»¿Por que?«, hatten wir gefragt und das Geld erneut hinübergereicht. Die Leute hatten den Kopf geschüttelt und noch nachdrücklicher »Falso!« gesagt.

Bitte, bitte nehmt doch unser Geld, dachten wir. Und manchmal taten sie es auch. Manchmal akzeptierten sie unser Geld ohne ein »Falso«, und wir schmetterten ein so überschwängliches »Gracias«, dass sie gedacht haben müssen, US-Amerikaner wären ein besonders dankbares Völkchen. O, wir hassten es zu bezahlen. Wir stritten uns, wer es versuchen sollte, denn wir fürchteten uns vor jenem *Falso.*

Das Fass kam zum Überlaufen, als wir in den Zoo von Lima wollten und die Frau am Eingang einen schwarzen Filzstift zückte, mit dem sie »FALSO« auf unsere Geldscheine schrieb, bevor sie sie uns zurückschob.

Das war ein Zeichen, dachte ich – so ein böses Omen wie ein blutroter Mond oder ein Wald, der sich in Marsch setzt. Dieses *Falso* war wirklich die spanische Entsprechung für »Hauen Sie ab! Verschwinden Sie, solange Sie noch können!« Ich ging sogar so weit, zu Tiffany zu sagen: »Vielleicht sollten wir einfach nach Hause fliegen?« Unsere sechswöchige Reise an Tag drei abbrechen. Hätte Tiffany zugestimmt, wäre ich im nächsten Augenblick an Bord des nächsten Flugzeugs gewesen, das uns aus dieser verrückten Stadt fortgebracht hätte.

Stattdessen gingen wir zurück in unser Hostel, breiteten all unser peruanisches Bargeld auf dem Bett aus und starrten mit dem prüfenden Blick von Naturforschern darauf.

»Okay«, sagte Tiffany, »ich glaube, dieser hier ist falsch.«

»Ähm, ja … aber vielleicht auch nicht.«

»Doch, ich bin mir ziemlich sicher. Schau ihn dir doch mal genau an. Er stimmt mit dem hier überein, von dem wir schon wissen, dass er falsch ist.« Und dabei zeigte sie auf den Schein, auf dem »FALSO« geschrieben stand.

Ehrlich gesagt, sahen für mich alle gleich aus: bunte Geldscheine mit den Konterfeis von Peruanern, von denen ich noch nie gehört hatte. Aber Tiffany trennte die verdächtige Spreu vom Weizen, und dann schleppten wir das ganze Bündel zu einer Bank und baten die Kassiererin um Bestätigung. Die junge Frau schaute uns verängstigt an, als würde sie erwarten, gleich angeschrien zu werden, weil sie nicht in den USA geboren war. Aber wir wollten doch nur wissen, was echt war und was nicht.

Tiffany erwies sich als Expertin: Jede einzelne Banknote, die sie als Falschgeld aussortiert hatte, war tatsächlich gefälscht. Wir hatten unser Geld auf dem Flughafen bei zwei Frauen gewechselt, die hinter einem alten Klapptisch herumgekräht und begeistert gestikuliert hatten, uns aber nicht in die Augen schauen wollten. Sie hatten uns um ungefähr 60 Dollar betrogen. Nicht gerade ein Pfennigbetrag für zwei junge Rucksacktouristen mit knappem Budget, aber doch weniger schlimm als befürchtet.

Wochen später sitzen wir bei einem leckeren Mittagessen, schauen auf die weiten blauen Wasserflächen des Titicaca-Sees und erzählen diese Geschichte ein paar Mitreisenden. Ein junger Typ, der schon seit drei Monaten in Ecuador und Peru unterwegs ist, ruft aus: »Echt?! Mir ist so was noch nie passiert!«

Im selben Augenblick taucht der Kellner hinter ihm auf, gibt ihm sein Bargeld zurück und sagt: »Falso.« Wir fühlen uns schlecht, denn es ist ein bisschen so, als hätten wir dem Typ Unglück gebracht. Aber er nimmt es gelassen hin – schließlich ist er ein *guter Reisender.*

Meinen glücklichsten Moment in Lima habe ich beim Verlassen von Lima. Als der schäbige Bus aus der Stadt hinausfährt, ist das wie ein langes Ausatmen.

Wir beginnen jetzt unsere Reise auf dem sogenannten Gringo-Pfad. Das tun die meisten weißen, privilegierten Touristen, wenn sie nach Peru kommen: Sie starten in Lima, fahren dann südwärts durch verschiedene Städte an der Pazifikküste (Pisco, Huacachina und Nazca), wechseln abrupt die Höhenlage, wenn sie die Andenstadt Arequipa und den Colca-Canyon besichtigen (bisweilen mit Zwischenhalt in Puno und am Titicaca-See), ehe sie schließlich nach Cuzco hinabfahren, um in Machu Picchu den Höhepunkt ihrer Fahrt zu erleben. Da wir bis zum Gehtnichtmehr Gringos sind, ist das auch unsere Route – nur dass wir am Ende zum Amazonas abdrehen wollen. Aber bis dahin ist es noch ein Monat. Ein ganzer Monat.

Hat man erst einmal die Außenbezirke von Lima hinter sich gelassen – eine gefühlt endlose Abfolge von Tankstellen, Reklamewänden und in gefährlicher Lage errichteten Slums –, kommt man in eine

Landschaft mit gelbem, ausgedörrtem Boden in einer sanft gewellten Ebene, die an eine Prärie erinnert, nur ohne das Gras. Wenn wir aus den schmutzigen Fenstern des Busses Lima–Pisco schauen, haben wir das Gefühl, in einem Film gelandet zu sein. Hier trifft der Pazifik mit einer der trockensten Gegenden unseres Planeten zusammen, und die Topografie ähnelt den fiktiven Wüstenplaneten Tatooine aus *Star Wars* oder Arrakis aus *Dune* – Dünen und steiniges Ödland erstrecken sich über solche Weiten, dass man auf die Idee kommen könnte, Gott hätte eine zweite Sintflut aus Sand, Stein und Hitze gesandt.

Man mag es kaum glauben, aber hier wuchsen und zerfielen große Zivilisationen wie das Kommen und Gehen von Regen in der Wüste. Sie trugen Namen wie Norte-Chico-Kultur, Chavín-Kultur, Paracas-Kultur, Nazca-Kultur und Wari-Kultur – Namen, die den meisten von uns überhaupt nichts sagen. Aber hier haben Menschen gelebt und geliebt, hier sind Menschen gestorben. Zeitweise hatten sie sogar blühende Gemeinwesen. Sie waren wie Astronauten, die Terraforming betrieben, und das über Tausende Jahre hinweg. Norte Chico war eine der weltweit ältesten Kulturen, sie bestand zur gleichen Zeit wie die mesopotamische – und wenn Sie das nicht umhaut, kann ich Ihnen auch nicht weiterhelfen.

Südlich von Lima liegt der Pachacámac, ein Tempel- und Palastkomplex. Er war bedeutend länger mit Leben erfüllt, als die USA bisher existieren, und die Anlage ist genauso eindrucksvoll wie die besten Altertümer aus der Zeit des antiken Rom. Einer der Tempel beherbergte die Sonnenjungfrauen, indigene Mädchen, die wegen ihrer Schönheit auserwählt wurden und in einem Haus nur für Frauen lebten. Zur Keuschheit angehalten, kochten und webten sie für den Herrscher und seine Priester und hüteten für sie das Feuer. Einige wenige von ihnen waren auserwählt. Sie waren berühmt und wurden verehrt, ehe man sie mit einer Baumwollschlinge erdrosselte und dem Sonnengott opferte. Sicher eine grausige Praxis, aber auch nicht schlimmer als die Verbrennung sogenannter Ketzer durch die Inquisition in ungefähr derselben Zeit in Europa oder später das massenhafte Grauen des

Sklavenhandels, der von ›zivilisierten‹ Ländern ausging, als das Reich der Inka zerfiel.

An die Straßenränder hat die peruanische Regierung Palmen pflanzen lassen, als wollte sie den Anschein erwecken, hier könnte etwas Grünes überleben. Nach und nach verschwinden die Palmen aus dem Landschaftsbild, und nun folgen vier Stunden exotische Monotonie, nur unterbrochen von wenigen Augenblicken, in denen der Bus um eine Ecke biegt und plötzlich der Pazifik vor uns liegt. Dann fühle ich, wie sehr er mir gefehlt hat – wie aufheiternd das goldene Sonnenlicht auf dem Blau ist und wie einladend das Anschwellen und Ausrollen der Wogen.

Wir kommen zur Mittagszeit in Pisco an. Obwohl es eine geschäftige Stadt von beinahe 100 000 Einwohnern ist, fühlt man sich hier ganz anders als im undurchdringlichen Wahnwitz von Lima mit seinen acht Millionen. Hier hat man den Eindruck, alles sei machbar. Tiffany und ich zelebrieren diesen Abend an der ansonsten menschenleeren Hostelbar. Wir schauen auf den leeren Swimmingpool runter und genehmigen uns mehrere Runden des Getränks, das nach der Stadt benannt wurde: Pisco Sour besteht aus Zitronensaft, Zuckersirup, Cocktailbitter, Pisco (einem speziellen Weinbrand aus heimischen Muskattrauben) und rohem Eiweiß. Das beschert mir einen tüchtigen Kater, den ich, als wir am nächsten Morgen ein Motorboot besteigen, mit an Bord nehme. Tiffany geht es prächtig. Sie ist so trinkfest wie ein Seemann. Ich hingegen ähnele mehr einer dahinwelkenden Blume.

Mit etwa 20 Touristen, die alle leuchtend orange Rettungswesten tragen, sticht das Boot in die große blaue Weite, die man unter dem Namen ›Stiller Ozean‹ kennt. Ein kleines Eckchen nur von der bemerkenswertesten Besonderheit unseres Planeten: dem weltumspannenden großen Blau.

Wir hatten die Tour am Tag zuvor aufs Programm gesetzt, weil wir noch nicht wussten, wie köstlich Pisco Sours sind und wie viele davon ich brauchen würde, um mich selbst zu verarzten. Als unser Motorboot weiter aufs Meer hinausfährt und die Äquatorsonne auf uns niedersticht, nüchtere ich aus. Aber zum Glück macht der Stille Ozean seinem Namen alle Ehre. Bisher haben wir ruhige See, und meine Angst, das Frühstück wieder von mir zu geben, verflüchtigt sich, als unser Ausflugsziel in Sicht kommt – die Islas Ballestas (Armbrustinseln).

Diese zerbröckelnden, unwirklich anmutenden Felsspitzen wachsen aus dem Meer wie ausgetrocknete Muscheln, die zu lange in der Sonne lagen. Ihre Umrisse scheinen zu flirren. Erst als ich näherkomme, wird mir klar, dass das keine Fata Morgana ist, sondern es sich um unzählige Vögel handelt. Als wir noch näher heranfahren, schauen Guanokormorane und die wegen ihrer möhrenfarbenen Beine unverkennbaren Buntscharben über den Klippenrand auf uns hinunter wie herablassende kleine Aristokraten. Ihre Flügel sind weit aufgespannt, damit sie in Licht und Wärme trocknen können.

Das Boot wird langsamer und schaukelt hin und her, als der Fahrer um die Felsnasen der Inselchen steuert, wo die Wellen sich kräuseln und in weißer Gischt enden. Immer wenn das Wasser zurückweicht, werden Seesterne und vielfarbige Seeanemonen sichtbar, die sich nur knapp unter der Gezeitenlinie halten und dort ein Leben führen, das sich zweibeinige Hominiden nicht einmal im Ansatz vorstellen können.

Plötzlich stürzt ein Guanotölpel aus dem Himmel herab. Er hat nicht die meerblauen Füße, für die viele andere Arten der eher unglücklich benannten Seevogelfamilie berühmt sind. Er schießt nur zwei Meter von uns entfernt ins Wasser. Wenig später taucht er wieder auf. Den Fisch, den er von oben erspäht hatte, hat er verfehlt. Aber nun stürzen andere Tölpel vom Himmel über uns ins Meer wie Pfeile, die ein himmlisches Heer abgeschossen hat. Manche treffen ins Schwarze und schlingen ihren zappelnden Fisch hinunter. Andere schaukeln auf dem klaren Meereswasser und schöpfen nach ihren spektakulären, wenn auch erfolglosen Versuchen erst einmal Atem.

Die Luft ist von ihrem Geschrei erfüllt und von dem scharfen Geruch nach Ammoniak, der vom Guano dieser Vögel herrührt. Er bedeckt die Inseln als weißliches Pulver, fast wie schmutziger Schnee.[1]

Unser Kapitän steuert uns geschickt durch ein Felsentor, und nun sehen wir unsere erste Gruppe von Mähnenrobben. Sie lümmeln auf glitschigen Felsen herum und lassen sich von der Tropensonne wärmen, offenbar ungestört von unserer Präsenz – immerhin ist dies hier eine Tour, die täglich angeboten wird.

Wir fahren durch eine kleine Grotte, und dort liegt König Pepe mit seinem Harem. Er ist so groß wie ein gottverdammter Grizzlybär und protzt mit seiner üppigen Mähne, die der Art ihren Namen gegeben hat. Der Bursche thront über den Weibchen wie eine Dogge über einer Meute von kläffenden Corgis, und seine Stimme wummert gegen die Grottenwände und übertönt jedes andere Geschrei – auch unsere eigenen Aaahs und Ooohs.

Als wir um eine andere Ecke fahren, bietet sich uns ein seltsamer Anblick: Pinguine. Pinguine, die auf diesen Felsen – Achtung, ganz schlimmer Kalauer! – cool abhängen. Ich habe noch nie einen Pinguin in freier Wildbahn gesehen, und ausgerechnet hier hätte ich auch keinen erwartet. Aber es gibt vier Pinguinarten, die in den Tropen leben, darunter eben auch diese schick angezogenen Herren Humboldt-Pinguine.

Zum ersten Mal seit meiner Landung in Peru spüre ich mehrere Stunden lang weder Angst noch Beklemmung, sondern nur Erstaunen und Ehrfurcht. Und auf dem Rückweg zum Hafen stellen sich plötzlich Delfine ein. Ihre blauen Rücken schlitzen die Wasseroberfläche auf, ehe sie wieder verschwinden, immer parallel zur Bahn des Motorboots. Sie begleiten uns nach Hause.

In den folgenden Jahren wird dieser morgendliche Ausflug zu einer jener Reiseerinnerungen werden, die ich wie ein Juwel bewahre. Ein Edelstein, den ich jederzeit und noch Jahrzehnte später hervorholen kann, um meine Stimmung aufzuhellen oder mir die Schönheit unseres Planeten, des von der Sonne aus betrachtet dritten, in Erinnerung zu rufen.

Nach der Ausfahrt habe ich das Gefühl, dass wir Peru vielleicht doch lebendig wieder verlassen könnten.

Ein Jahr nach unserem Besuch in Pisco wird die Stadt von einem Erdbeben der Stärke 8,0 erschüttert. Die Kathedrale San Clemente im Stadtzentrum stürzt ein und begräbt unter sich 187 Gläubige, die sich zu einem Gedenkgottesdienst für einen sehr verehrten Bürger der Stadt zusammengefunden haben. Die Stadt selbst bricht in sich zusammen: 85 Prozent von Pisco, das hauptsächlich aus Lehmziegelhäusern besteht, liegen in Trümmern. In der Region kommen insgesamt 540 Menschen ums Leben.

Selbst in meiner morbiden Fantasie ist es schwer, die Erinnerung an unsere 24 Stunden in Pisco mit der Realität in Einklang zu bringen, die dort heute noch herrschen muss, mehr als ein Jahrzehnt nach dem Erdbeben: das menschliche Leid, die Schuttberge, die Zerstörung so vieler Menschenleben.

Aber das ist eben auch der Luxus von Reisenden: Wir sind Geister, eben noch hier, im nächsten Moment schon wieder woanders. Nirgends lange genug, um wirklich mit den Orten vertraut zu werden oder mit den Menschen, die dort ihr Leben zubringen. Unsere Erfahrungen sind flüchtig, unsere Vertrautheit ist oberflächlich, und wir bauen zum jeweiligen Ort nur eine kurzzeitige und trügerische Beziehung auf. Dabei muss ich immer an eine meiner Lieblingszeilen aus Jane Austens Roman *Stolz und Vorurteil* denken. Mister Bennet beichtet dort die Schwere seiner Sünden als Vater: »Ich habe keine Angst, von Schuldgefühlen überwältigt zu werden. Sie sind schnell genug wieder vorüber.« Das ist ein brutales Urteil über die menschliche Spezies, aber ein ehrliches.

Tiffany und ich steigen schon bald wieder in einen anderen Bus, der uns nach Huacachina bringen soll. Und während wir Pisco verlassen, gleitet die Stadt bereits nach hinten in unsere Erinnerung. Bis zu den verheerenden Zerstörungen ist es noch ein Jahr hin.

Ich bin kein Rettungsschwimmer. Wäre ich einer, würden massenhaft Leute ertrinken. Und doch sitze ich drei Meter über dem Strand auf einem Rettungsschwimmerhochsitz, der eine Lagune im ausgedörrten Küstenland von Peru überragt.

Unter mir steht ein streunender Hund. Einer von den Hunden, die man überall in den Entwicklungsländern findet und die nach keiner bestimmten Rasse aussehen, sondern irgendwie dem *Hund an sich*, der grundsätzlichen *Idee* von einem Hund nahekommen. Dieser hier starrt mit hellen Augen zu mir hinauf und wedelt wie wild mit dem Schwanz. Es sieht fast so aus, als würde er lächeln. Aber ich weiß es besser und falle nicht darauf herein. Gewiss, jetzt wirkt das Tier liebenswert, richtiggehend süß sogar, aber es ist mir auf den Fersen, seit wir im Wüsten-Urlaubsort Huacachina unser Hostel verließen.

Dieser Hund will mich mit Tollwut anstecken.

Die hellen Augen, das Wedeln mit dem Schwanz: Lug und Trug. Er will mich beißen und das Virus auf mich übertragen. Das wird dann im Laufe einiger Monate durch verschiedene Nerven wandern, bis es sein Ziel erreicht hat: mein Gehirn. Und dann werde ich sterben. Und zwar unter Höllenqualen.

Ich weiß, dass dieser Hund Tollwut hat, denn hätte er keine, wäre ich nicht voller Angst. Wenn ich bei meiner 67-maligen akribischen Lektüre der Gesundheitshinweise in *Lonely Planet: Peru* eines gelernt habe, dann dies: Wenn es um Tollwut geht, sollte man von Furcht und Schrecken erfüllt sein. Lieber einen leeren Rettungsschwimmerhochsitz erklimmen, als unter Schmerzen und im Delirium zugrunde zu gehen.

Nach dem ersten Blick auf Huacachina erinnerte mich diese kleine Stadt an eine alte Postkarte, auf der eine weit entfernte Welt abgebildet ist – eine Oase in der arabischen Wüste mit einer natürlichen Lagune aus purpurfarbenem Wasser und üppigen Palmen, die wie ein Gebetskreis drumherum stehen. Und genau wie auf so einer Postkarte hat auch hier alles einen leichten Gelbstich, alles wirkt ein bisschen verblasst.

Aber nun fühlt es sich nach Tod an. Okay, ich verstehe, hier also werde ich sterben …

All die Leute unter mir, deren Umrisse sich in den Sand dieser peruanischen Oase eingeprägt haben, genießen die winterliche, aber äquatorial warme Sonne, trinken Cocktails, gleiten in einen Mittagsschlummer, lesen ihre Bücher oder suchen Schatten unter den Palmen rund um die stille Lagune. Sie sind die wirklichen Verrückten, denn sie riskieren, sich von diesem Ungeheuer die Tollwut zu holen, und das für einen banalen Nachmittag der Muße. Ihr gleichgültiges Verhalten wird sie das Leben kosten.

Von Zeit zu Zeit sehe ich ihre verblüfften Gesichter, die zu mir hochschauen. »Wer ist dieser weiße Junge dort oben?«, denken sie vielleicht. »Er ist doch kein Rettungsschwimmer, oder?« Nein, das ist er ganz sicher nicht, es sei denn, sie wollen einen Rettungsschwimmer, der nur das Hundepaddeln perfekt beherrscht und nicht richtig durch seine wasserbespritzten Brillengläser gucken kann. Welch ein Glück für alle, dass Winter ist und das Wasser zu kalt zum Schwimmen.

Eines jener verblüfften Individuen ist Tiffany. Sie beobachtet mich, wie ich da verdrießlich auf meinem Hochsitz hocke, und hofft, dass ich irgendwann hinabsteige. Aber ich werde nirgendwohin gehen. Jedenfalls nicht, solange dieses Ding da unten mir mit seinem tödlichen Sabber auflauert. In einem Akt der Selbstaufopferung tut Tiffany ihr Bestes, um den Hund von mir wegzulenken. Aber aus irgendeinem Grund hat Tollwuff keine Augen für sie. Nur ich interessiere ihn, und so muss ich Tollwuff eben aussitzen. Es macht mir gar nichts aus, hier womöglich den ganzen Tag herumzuhocken. Und wenn die Sonne untergeht und ich immer noch hier oben sitze, getrennt von meiner Verlobten – egal. Alles besser als der Tod auf vier Pfoten.

Nach circa 20 Minuten wird es Tollwuff endlich langweilig; er lässt von mir ab und widmet sich lieber ein paar Gringos mit Sandboards, die die hügelhohen Dünen, von denen Huacachina umgeben ist, erklimmen.

Ich klettere den Rettungsschwimmerstuhl hinab und betrete wieder festen Boden, aber das Adrenalin schießt immer noch durch meinen Körper wie ein elektrischer Schlag. Und tatsächlich zittere ich. Gerade vorhin erst haben Tiffany und ich unser partywütiges Hostel verlassen, um die Wonnen von Huacachina zu genießen, und nun kehren wir leer und abgekämpft zurück. Ich lege mich auf das klamme Bett in unserem schummrigen Zimmer und versuche, mein Hirn auszuschalten. Aber ich schaffe es nicht, denn die optimistischen, widerlichen Eurodance-Beats dringen in jeden Winkel dieser schmuddeligen Absteige.

Ich weigere mich, das Hostel noch einmal zu verlassen, egal wie laut das Rum-Bum-Bum dieser unerträglichen Musik dröhnt, aber Tiffany geht (mehrmals) nachschauen, ob Tollwuff nicht vielleicht draußen vor der Tür sitzt und darauf wartet, sein Werk zu vollenden. Tut er nicht, aber als wir einige Stunden später aus dem Haus gehen und in die Abenddämmerung eintauchen, können wir ihn in weiter Entfernung ausmachen – nur noch als winzige Silhouette oben auf den Dünen, wo er die Gruppe der Sandsurfer verfolgt, die ihn am Ende genauso enttäuschen werden wie wir.

Immerhin, ich habe gewonnen. Ich habe den Hund besiegt und all diese Ignoranten, die mich angestarrt haben. Ich verdiene einen Orden, verdammt noch mal. Ich habe keine Tollwut, und das ist alles, was zählt.

Tiffany und ich entdecken bald, dass es in Huacachina nicht viel zu tun gibt, zumindest für Leute, die mit Dünenbuggys oder Sandsurfen nicht groß was anfangen können. Was bleibt, sind Essen, Trinken, Schlafen – und Hundevermeidung. Wir verlassen das Partyhostel und suchen uns eine Unterkunft, die zwar teurer ist, aber den Luxus der Ruhe bietet. Außerdem gibt es dort Papageien mit gestutzten Flügeln und hölzerne Statuen von irgendwelchen kleinen Burschen aus einer alten Kultur, die einen Kopfschmuck tragen und riesige erigierte Penisse zur Schau stellen. Wir essen jeden Abend im selben Pastaschuppen, lesen dieselben Bücher, machen zur selben Zeit ein Nickerchen und genießen unser Dessert immer im selben Café mit Blick auf die Lagune.

In jenem Café stoßen wir eines Abends auf Cute Kitty, eine reizende Katze – Jahre bevor *Felis catus* zu einer weltweiten Internetsensation werden sollte, die sich allen Erklärungen entzieht. Das schwarz gestreifte Kätzchen des Cafés ist zum Spielen aufgelegt und hat große, ausdrucksvolle Augen, die es zu einem Internetstar gemacht hätten, wenn das Schicksal es nicht in Huacachina abgeworfen hätte. Stattdessen streift es nun also auf der Suche nach milden Gaben im Dämmerlicht um die Tische und zeigt dabei die Dreistigkeit eines Geschöpfs, das weiß, dass die Gringos bei seinem Anblick Ooooh und Aaaah machen werden. Die Baristas lassen ihm dieses Verhalten durchgehen, denn sie haben vermutlich begriffen, dass die unwiderstehliche Cute Kitty die Touristen dazu bewegt, mehr Trinkgeld zu geben.

Auch wir haben Freude daran, die gestreifte Gestalt dabei zu beobachten, wie sie unter den Tischen entlanghuscht und Schnürsenkeln, Baristas und Vögeln hinterherjagt.

Aber eines Abends macht Tiffany den fatalen Fehler, einen langen Rock zu tragen, der bei jeder Bewegung raschelt. Es ist wissenschaftlich bewiesen, dass raschelnde Röcke auf Katzen unwiderstehlich wirken, und der von Tiffany raschelt wirklich wie verrückt. Während wir uns ein Karamellcrêpe teilen, lässt sich Tiffany auf Cute Kittys Spieltrieb ein. Unter dem Tisch hascht die Katze nach dem Stoff; sie springt herum, schlägt die Krallen hinein, und wer weiß, vielleicht wird auch mal spielerisch in den Rock gebissen. In ihrem Überschwang setzt Cute Kitty ihre Pfote an Tiffanys Bein an und reißt ihr die Haut auf. Ganz leicht nur.

»Echt mal, so was ist gar nicht gut«, sage ich, als Tiffany den Rock anhebt, um mir die Verletzung zu zeigen.

»Ist ja bloß ein Kratzer«, antwortet sie und scheucht die Katze fort.

»Bist du sicher? Vielleicht hat sie dich ja auch gebissen. Wir konnten doch nicht sehen, was sie unter dem Tisch getrieben hat.«

Tiffanys Stimme nimmt einen Tonfall an, der in den vergangenen Monaten immer häufiger zu hören war: »Jeremy …«

Um dem etwas entgegenzusetzen, ziehe ich den *Lonely Planet: Peru* (5. Auflage) heraus und lese ihr etwas von einer Seite vor, die schon ein Eselsohr hat. »Das Tollwutvirus ist im Speichel infizierter Tiere vorhanden und wird meist durch einen Biss übertragen …« Den nächsten Halbsatz betone ich besonders: »… wenngleich bereits jede Kontaminierung verletzter Hautpartien mit infektiösem Speichel zu Tollwut führen kann.«

»Das wäre wirklich verrückt. Ich glaube, sie hat mich doch gar nicht gebissen.«

»Aber weißt du, sie könnte es getan habe. Lecken reicht schon. Manchmal ist bereits ein kleiner Kratzer fatal.« Und mit meinem Doktortitel in Tollwutwissenschaften setze ich beschwörend hinzu: »Echt jetzt!«

Dann beginne ich zum x-ten Mal einen Vortrag darüber zu halten, warum keine Krankheit der Welt so schreckenerregend ist wie Tollwut. Dass man, wenn die Symptome auftreten, praktisch schon tot ist. Nichts und niemand kann einen retten. Dass man behandelt werden muss, bevor die Symptome einsetzen, also während man noch gar nicht mit Sicherheit weiß, ob man sich angesteckt hat. Und dass die Symptome notorisch bizarr sind: Schaum vorm Mund, Wahnvorstellungen, Schwindel und, als Tüpfelchen auf dem ›I‹, Angst vor Wasser. Ja, am Ende kriegt man buchstäblich Krämpfe, wenn einem die Krankenschwester ein Glas H_2O bringt.

Und wenn Sie das Glück haben, rechtzeitig zu merken, dass Sie infiziert sein könnten, wartet auf Sie eine Behandlung, die nicht gerade leicht zugänglich, preiswert oder angenehm ist. Es handelt sich um fünf Injektionen innerhalb von einigen Wochen (und es ist noch nicht lange her, da waren es 21 Spritzen in den Bauch – wenn ich als Kind im Bett daran denken musste, konnte ich keinen Schlaf finden, und manchmal geht es mir heute noch so).

»Jeremy …«

Ich blättere um und lese die Worte vor, die ich praktisch schon auswendig kann. Sie gehen in meinem Kopf längst wie ein Mantra herum. »Jede durch ein Säugetier verursachte Biss- oder Kratzwunde ... sollte rasch und gründlich mit reichlich Seife und Wasser gesäubert werden. Danach ist ein Antiseptikum aufzubringen ... Man sollte unverzüglich Kontakt mit medizinischem Personal vor Ort aufnehmen« – und das betone ich überdeutlich, weil es zu meinem Gefühl von Dringlichkeit passt –, »damit die Postexpositionsprophylaxe gegen Tollwut eingeleitet werden kann.«

Tiffany steuert die Toilette an – entweder um sich den Kratzer auszuwaschen oder weil sie einen Moment Ruhe vor mir haben will. Vermutlich beides.

Aber meine hochtrabende Vorlesung geht weiter, als wir in unser neues und besseres Hostel zurückkehren, an der Bar einen Drink schlürfen und uns auf unser Zimmer zurückziehen. Ich erzähle Tiffany – nicht zum ersten Mal – eine Geschichte, die ich aus der Zeitung habe: In Minnesota kreuzte ein Mann mit unerklärlichen Symptomen im Krankenhaus auf. Die Ärzte waren perplex und machten Test um Test, bis sich der Patient schließlich daran erinnerte, vor mehreren Monaten von einer Fledermaus gebissen worden zu sein. Aber da war es bereits zu spät. Viel zu spät.

Nun ist Tiffany eine unglaublich starke, sehr unabhängige und eigensinnige Person, und ich liebe sie für all diese Eigenschaften, die mir weitgehend fehlen. Aber selbst die robusteste Persönlichkeit kann dem grausigen Schrecken der Tollwut nicht endlos standhalten, und an jenem Abend gelingt es mir, sie ernsthaft zu erschrecken. Bevor sie einschläft, hört sie noch, wie ich ihr ins Ohr flüstere: »Tollwut, Tollwut, Tooooollwut ...«

Am nächsten Morgen begibt sich Tiffany nach dem Frühstück ins Internetcafé, um ihre eigenen Recherchen zum T-Wort anzustellen. Wir sind ja im Jahre 2006, und noch hat niemand ein Smartphone, aber in jeder von Touristen besuchten Stadt auf dem Planeten gibt es mindestens ein Internetcafé – rappelvoll mit Reisenden, die versuchen, Tausende Fotos auf eine schwindsüchtige Verbindung hochzuladen.

An jenem Nachmittag kehren wir an den Schauplatz der Untat zurück. Tiffany trägt diesmal Jeans, und wir haben eine neue Mission: Cute Kitty (die in Wahrheit vielleicht Killer Kitty ist) nachzuspionieren.

Trotz aller Evidenz und unbestreitbarer Logik kann Tiffany die strahlende Klarheit meiner Ausführungen immer noch nicht ganz akzeptieren: Dieses muntere Tier ist vom Tollwutvirus befallen, das sich bestimmt schon seinen Weg durch die Katzennerven bis hin zum empfindlichen Säugetiergehirn bahnt.

Als wir unseren Kaffee trinken, schauen wir nur mit halbem Auge auf das purpurfarbene Wasser der Lagune, die im Hintergrund faul daliegt. Cute Kitty spielt unter den Tischen, und immer, wenn sie sich uns nähert, verscheuchen wir sie. Tiffany nutzt ihre Spanischkenntnisse und versucht die Kellnerin über die Katze auszufragen. Sie kann jedoch keine handfesten Informationen über ihre Herkunft oder allgemeinen Lebensumstände einholen und kriegt auch nicht raus, wie oft sie in der Nacht von tollwütigen Fledermäusen gebissen worden ist. Ich schätze, so etwa 52-mal.

Nach etwa einer Stunde – die Tassen sind leer, und Tiffany langweilt sich – muss ich widerwillig zugeben, dass es der Katze gut zu gehen scheint, aber ich füge sofort mit Nachdruck hinzu, dass ein Tier monatelang Tollwut in sich tragen kann, ohne auch nur ein einziges äußerliches Symptom zu zeigen. Und doch ist Tiffany im ungefilterten Sonnenschein eines typischen Huacachina-Tages nicht besonders überzeugt davon, dass das Tollwutvirus in ihrer Blutbahn schon munter Kajak in Richtung Gehirn fährt.

Tiffany hat jene fünf Spritzen nie bekommen. Am Ende stellte sich heraus, dass sie sich nicht mit Tollwut angesteckt hatte. Ich aber habe bei ihr monatelang nach möglichen Symptomen Ausschau gehalten. Und ich kann Ihnen sagen: Es schlaucht ganz schön, wenn man abwarten muss, ob einem die Verlobte nicht womöglich an Tollwut wegstirbt.

Nach so viel ›Entspannung‹ fühlt sich unsere Abreise aus Huacachina wie ein Ausbruch aus dem Irrenhaus an. Wir legen etwas drauf für einen Luxus-Bus, der sich so nennt, weil er eine Klimaanlage und vorne einen Fernseher hat, der Steve Martins Neuverfilmung von *Der rosarote Panther* zeigt, allerdings auf Spanisch und vor einer Landschaft, die so leer ist wie das Ende der Welt.

Und dann sehen wir sie: Löwen, die über der Autobahn schweben. Vor uns befördert ein Tieflader für einen Wanderzirkus einen Gitterkäfig mit zwei Löwen darin, ein geschmeidiges Weibchen und ein Männchen mit großer Mähne. Als wir sie überholen, steht der männliche Löwe auf und brüllt, während sich Steve Martin gerade Hamburger in die Taschen stopft.

Die Löwen sind vielleicht ein gutes Omen, weil wir allmählich unseren Reiserhythmus finden. Wir gewöhnen uns zusehends an die wie elektrisch aufgeladene Spannung des Kulturschocks, bis sich das irgendwann nur noch wie ein leichtes Kribbeln beim Aufstehen anfühlt. In Arequipa, der wohl schönsten Stadt Perus, wohnen wir in einem Hostel, das auf dem Dach ein köstliches Frühstück serviert. Der aktive, schneebedeckte Vulkan Misti beherrscht den Horizont.

Genau hier trinken wir auch unsere ersten Tassen Coca-Tee, und ich habe das Gefühl, endlich wieder atmen zu können. Und was ist das für eine Luft! Sie ist frisch, klar, dünn, schneidend und erfrischend wie Eis, was vermutlich daran liegt, dass es auf gut 2300 Metern weniger davon gibt. Beim Sightseeing pausieren wir für weitere Tassen Coca-Tee, lutschen Coca-Bonbons und kauen sogar frische Cocablätter. Und statt zu befürchten, dass Misti in die Luft fliegen und uns alle in einer schwefeligen Hölle begraben wird, bestaune ich seine schwungvollen Flanken. Reiner Zufall? Die Leute in Peru betrachten Coca als ein Allheilmittel, und die Inkas hielten die Blätter für ein heiliges Geschenk der Götter. Heutzutage verfälschen wir es, indem wir das unscheinbare Blatt durch verschiedene chemische Verfahren (man denke an Säure und Ammoniak) in industrielles Kokain verwandeln, damit es irgendwelche Yuppies schnupfen können. Und auch wenn Cocablätter heute fast überall auf der Welt illegal sind, könnten sie in ihrem unbehandelten, natürlichen Zustand ein wirksames Heilmittel für allerhand Gebrechen sein.

Nach einigen Tagen in Perus weißer Stadt brechen wir ins Colca-Tal auf. Um die Höhenkrankheit zu lindern – der höchste Punkt unserer Reise wird auf 4900 Metern liegen, höher als der Gipfel des Mont Blanc –, zeigen uns die Guides, wie wir die Cocablätter anlecken und auf unsere Schläfen kleben sollen. In Colca beobachten wir, wie der schwerste Vogel der Welt, der Andenkondor, die aufsteigenden Luftströme nutzt, wandern durch die idyllische Landschaft in der Umgebung des Dorfs Chivay, erhaschen einen flüchtigen Blick auf den größten Kolibri des Planeten und verbringen eine alkoholreiche Nacht tanzend mit äußerst attraktiven Einheimischen – die zweifellos dafür bezahlt werden, immerhin sind wir auf einer gebuchten Tour. Danach geht es weiter nach Puno und zum höchstgelegenen schiffbaren See der Welt, dem Titicacasee, wo wir auf einer Insel herumdösen, auf der man sich wie vor 100 Jahren fühlt. Ich fühle mich wieder wie ein *guter Reisender,* und ich könnte nicht erleichterter sein.

Wir beginnen, uns an den kleinen Dingen zu erfreuen, die Peru ausmachen: geröstete Maiskörner auf jedem Restauranttisch, ultratheatralische peruanische Seifenopern, übertrieben viel Stärke zum Abendessen (Pommes, Röstkartoffeln und Reis auf demselben Teller), gebratenes Cuy (Meerschweinchen), das am Straßenrand verkauft wird, wunderschön schlichtes Tongeschirr, künstlerische und handwerkliche Details an Türen, Fenstern und Tischen, die zu sagen scheinen, dass man sich im Leben mit schönen kleinen Dingen umgeben sollte.

Wir haben fast die Hälfte der Reise hinter uns, als uns ein anderer Bus in Cuzco absetzt. Die Region von Cuzco hebt sich für mich wie Braillezeichen vom Rest unserer Reiseroute ab, weil hier die Prägung durch die Inka noch immer am markantesten ist. Da ich im wunderlichen öffentlichen Schulsystem der Vereinigten Staaten erzogen worden bin, hatte ich nie etwas über die Geschichte irgendwelcher Orte südlich des Rio Grande gehört. Es dauerte Wochen, ehe ich in New

York die Unterschiede zwischen den Maya, den Inka, den Azteken, den Olmeken und den Dutzenden anderen Gruppen für mich geklärt hatte, die die reichhaltige und dramatische Geschichte von Mittel- und Südamerika bevölkerten. Zumindest bis Kolumbus mit Krankheiten, Gewalt und Sklaverei im Gepäck auftauchte, eine ganze Hemisphäre mit ihnen überzog und damit unzählige Zivilisationen und eine über 10 000-jährige, vorwiegend eigenständige Geschichte auf den Kopf stellte.[2] Als wäre er in ein Raumschiff gestiegen und hätte eine außerirdische Welt geplündert.

Diese verlorene Welt kommt in Cuzco, dem großstädtischen Herzen des Inkareichs, so richtig zum Vorschein, inklusive taktiler Eindrücke. Die Inka errichteten die gesamte Stadt in Form eines Pumas, den nur die Götter von oben sehen konnten. Als ich im Herzen der Stadt herumlaufe, fahre ich mit den Fingern an Steinwänden entlang, an die Inkakinder einst ihre Bälle warfen: unmögliche, monströse Steine im Stile eines neuweltlichen Zyklopenmauerwerks. Das Volk der Inka setzte – zusammen mit denen, über die es herrschte – diese Steine, von denen manche mehr wiegen als ein afrikanischer Elefant, ohne die Hilfe von Rädern oder Mörtel. Das Ganze wird als ›Trockensteinmauerwerk‹ bezeichnet, und mit seiner Hilfe entstand eine Stadt, die der Welt von Tolkien oder Lovecraft entsprungen zu sein scheint.

Inzwischen haben Tiff und ich gelernt, die Dinge langsamer anzugehen und uns jeden Tag auch fürs Nichtstun Zeit zu lassen. Wir verbringen angenehme Stunden in Cafés mit Blick auf die Plaza de Armas und ihre herrlichen Barockkirchen, die gleichermaßen ein Symbol für die Gläubigkeit des Landes wie auch für seine blutige Kolonisierung sind.[3]

Cuzco ist auch der Startpunkt für den Inka-Pfad, unsere geplante Viertageswanderung über 45 Kilometer und gut 1500 Höhenmeter vom sogenannten Heiligen Tal bis hinauf zum Highlight für jeden Gringo: Machu Picchu. Aufgrund der nachvollziehbaren Beliebtheit dieser geführten Wanderung hatten wir sie schon fünf Monate vorher, wenige Minuten nach dem Kauf unserer Flugtickets, gebucht.

Am Vorabend unseres Starts gehen wir zu einem Informationstreffen, bei dem wir unsere Guides und Mitreisenden kennenlernen. Als Tiffany und ich langsam zum Hostel zurücklaufen und dabei die Abenddämmerung auskosten, die von Lampen beleuchteten Straßen und die großartigen Steinblöcke, reden wir über Kleinigkeiten, die den morgigen Aufbruch betreffen. Eins dieser banalen Gespräche, die einen großen Teil des Reisens ausmachen.

Als wir unser Zimmer erreichen, geht Tiffany direkt ins Bad, um zehn Minuten darauf die Tür zu öffnen und jene Worte auszusprechen, auf die ich mich seit unserer Abreise aus New York mental vorbereitet habe: »Ich glaub, ich bin krank.« Ein paar Minuten später kauert sie über der Toilette und übergibt sich. Wir haben 21 Tage durchgehalten, ohne dass einer von uns krank wurde. So viel dazu!

Peru und die Tollwut sind sich in einer wichtigen Hinsicht gleich: Beide führen dazu, dass man Angst vor Wasser bekommt. In Peru lernt man schnell, Eiswürfel, Limonade, Duschen und sogar Händewaschen zu fürchten. Man wird dauernd davor gewarnt, auf keinen Fall das Leitungswasser zu trinken und im Restaurant kein Wasser anzunehmen, das nicht aus der Flasche kommt. Den Mund beim Duschen geschlossen zu lassen und nur kurz zu duschen, keinen Fruchtsaft zu bestellen, zum Zähneputzen auf keinen Fall Leitungswasser zu benutzen, nichts mit einem Eiswürfel darin zu trinken, kein Obst oder Gemüse zu essen, das man nicht schälen kann, denn wer weiß schon, womit es gewaschen wurde? Und eine Wasserflasche, bei der das Siegel am Verschluss zerrissen ist, nicht an die Lippen zu führen.

Perus Wasser ist berüchtigt, versagt kläglich bei diversen Standards der Weltgesundheitsorganisation und befördert regelmäßig auch die Peruaner selbst ins Krankenhaus. Das Wasser des Landes beheimatet nicht nur ein ganzes Sammelsurium an Bakterien, die verweichlichte westliche Eingeweide nur schwer verdauen können, sondern kann auch gefährliche Parasiten, E. coli und ein höllisches Potpourri an schweren Schadstoffen beherbergen. Eine Sorge, die wir Amerikaner erfolgreich durch den Clean Water Act bekämpft haben … na ja, dachten wir wenigstens, bis zu der Sache mit dem Trinkwasser in Flint im Bundesstaat Michigan.

Beim Wasser waren Tiffany und ich bis jetzt zwanghaft vorsichtig. Ein Pärchen, das wir in Huacachina kennengelernt haben, hat uns erzählt, dass sie an ihrem ersten Tag in Peru Limo bestellt hätten. Und erst, nachdem sie beide schon davon getrunken hatten, schauten sie sich gegenseitig an und sagten: »O, Scheiße!«. Und in der steckten sie dann auch buchstäblich, als sie sich die nächsten paar Tage lang die Seele aus dem Leib kackten und kotzten. Und ein Austauschstudent, dem wir begegnet sind, hatte an seinem letzten Abend im Land beschlossen, etwas Leichtsinniges zu tun: sich die Zähne mit Leitungswasser zu putzen. Am Ende landete er im Krankenhaus und verpasste seinen Flug nach Hause. Wenn man nach Peru reist, muss man wirklich zwei oder drei Tage zusätzlich für die Kotzgötter einplanen.

Als Tiffany auf dem Boden des Badezimmers liegt, kommen wir zu dem Schluss, dass sie trotz unserer maximalen Anstrengungen normales Leitungswasser konsumiert hat. Aber vielleicht können wir den Inka-Pfad ja trotzdem noch machen? Bis zum Morgen könnte alles aus ihrem System raus sein.

Dann spüre ich, wie sich mein Magen umdreht. Und ich denke: »O nein! O nein! O nein! Jetzt hat's mich auch erwischt!« Das Monster ist da. Ich spüre, dass sich in meinem Körper fiebrige Hitze breit macht und mein Herz vor Angst verkrampft. Ich schnappe Tiffany die Toilette weg, kann mich aber nicht übergeben, wie sehr ich es auch versuche. Als ich dann allerdings auf der Schüssel sitze, geht es mir gleich deutlich besser. Das Ganze ist nur ein falscher Alarm – mir geht's gut. Und Tiffany bekommt das Bad gerade noch rechtzeitig zurück, um weiter würgen zu können.

Als die Nacht voranschreitet, wird klar, dass wir nicht auf dem Inka-Pfad wandern werden. Tiffany liegt noch immer im Bad auf dem Terrakottaboden, spuckt mittlerweile Galle und wird von Stunde zu Stunde schwächer. Bevor die Dämmerung über den Bergen auftaucht, laufe ich zum Treffpunkt und informiere unsere Guides, dass wir raus sind.

Wieder zurück – Tiffany liegt erschöpft im Bett –, empfinde ich eine Mischung aus Erleichterung und Beklemmung. Die Entscheidung ist getroffen, aber was jetzt? Tiffany zeigt den ganzen Morgen über keinerlei Anzeichen von Besserung und kann nicht mal Wasser (aus der Flasche!) bei sich behalten. Bei unserer Ankunft im Hostel ist mir die Reklame für eine Reiseklinik aufgefallen. Ich gehe zum Tresen und bitte das Empfangspersonal, dort anzurufen. Nicht mal eine Stunde später klopft ein junger, gepflegter Arzt an unsere Tür. Nachdem er Zeuge wird, wie Tiffany die Elektrolyte, die er ihr verabreicht, wieder ausspuckt, rät er uns, in seine Klinik am Stadtrand zu gehen. Ich lasse das Hostel ein Taxi rufen.

Bis zu diesem Tag war Tiffany immer unsere Übersetzerin. Sie hatte sowohl in der Grundschule als auch in der Highschool Spanischunterricht und kam, obwohl sie alles andere als fließend sprach, damit durch. Ich dagegen habe nie Spanisch gelernt, und selbst wenn, hätte das sowieso keinen Unterschied gemacht. Ich habe das seltene Talent, dass ich völlig unfähig bin, Wörter aus einer anderen Sprache auszusprechen – und auch so manche in meiner Muttersprache. Ich neige dazu, mir einfach irgendeine Aussprache auszudenken, die in meinen Ohren richtig klingt, und dann dabei zu bleiben. Deshalb blamiere ich mich oft, wenn ich den Mund aufmache. Aber nachdem ich ein paar Wochen lang halbherzig zugehört habe, um einigermaßen klarzukommen, versuche ich jetzt, das Aufgeschnappte anzuwenden.

Wie durch ein Wunder ergibt mein verstümmeltes Spanisch für den Fahrer gerade genug Sinn. Das noch größere Wunder ist aber, dass Tiffany die ganze halbstündige Fahrt übersteht, ohne das Taxi, in dem es keine Sicherheitsgurte gibt, von oben bis unten vollzukotzen.

Wie sich herausstellt, handelt es sich bei der Klinik um ein großes Vorstadthaus in einer vornehmen Gegend. Tiffany wird sofort nach der Ankunft aufgenommen und von einem anderen Arzt untersucht. Sie ist die einzige Patientin. Als US-Amerikaner haben wir zwei das Privileg – und zufällig auch das nötige Kleingeld –, diese Privatklinik für Touristen mit ihrem schattigen Pavillon und ihrer Aussicht auf den Pillku Urqu, der wie eine Wand in den Himmel ragt, aufzusuchen.[4]

Die Ärzte, die auf Krankheiten spezialisiert sind, die Gringos niederstrecken, wollen eine Stuhlprobe. Und sie wollen auch Blut. Doch beim Anblick der Nadel gebiete ich ihnen mit unverständlich ausgesprochenen, aber hinreichend lauten Schreien von »Nueva aguja!« Einhalt. Ich hatte nämlich gelesen – wieder und wieder, manchmal spät in der Nacht im Schutze der Dunkelheit, wie ein Teenager, der gerade erst den Playboy seines Vaters entdeckt hat –, dass man sich in Peru vor Nadeln in Acht nehmen sollte, weil sie manchmal … wie soll ich es ausdrücken? … mehr als einmal benutzt werden.

Und so schmettere ich wie eine Trompete, die nur einen einzigen Ton hat: »Nueva aguja! Nueva aguja!« Tiffany sagt, ich solle mich beruhigen, und erklärt dem verdutzten Doktor, der meine tadellose spanische Aussprache nicht versteht, dass ich mir nur Sorgen machen würde, ob die Nadel sauber sei. Er lacht über meine arrogante Dummheit und versichert uns, dass sie nigelnagelneu sei – obwohl ich bis ans Ende meiner Tage davon überzeugt sein werde, dass er sie in Wahrheit irgendwo am Straßenrand gefunden und mit einem blutigen Lappen abgewischt hat.

Eine Stunde später haben wir eine Diagnose: Das hier ist nicht bloß die typische Reisediarrhoe.

»Sie haben einen Parasiten«, sagt der Arzt auf Englisch zu Tiffany.

»Was? Wie denn?«

»Schlechtes Essen, schlechtes Wasser. Das kann passieren. Ganz schnell.«

Wie sich herausstellt, hat der mikroskopisch kleine *Cyclospora*-Parasit schon mindestens eine Woche lang in ihrem Körper gebrütet. Und auch wenn wir nie mit Sicherheit erfahren werden, was die Ursache war, hat Tiffany eine besonders unappetitliche Portion Hühnersalat in Verdacht. Der Arzt sagt, dass sie sich mit Medikamenten in ein paar Tagen wieder erholen wird, aber über Nacht dableiben soll, bis sie wieder Wasser bei sich behalten kann. Über Nacht? Wir sind gerade noch damit beschäftigt, das Wort ›Parasit‹ zu verarbeiten, ein winziges lebendes Tierchen, das sich eine Zeit lang von Tiffany ernährt hat und in ihr gewachsen ist. – Das war natürlich, bevor Tiff unser Baby im Bauch trug.

Während der Doktor spricht, fange ich an zu schwitzen und spüre, wie mir ein Schauer über den Rücken läuft.

»Denken Sie, dass ich auch einen Parasiten habe?«, frage ich.

Er sieht mich kühl an. Tiffanys Miene zeigt ihre übliche Verzweiflung.

»Haben Sie Durchfall?«, fragt er.

»Äh … nein.«

»Erbrechen?«

»Nein.«

»Blut im Stuhl?«

»Nein.«

»Dann nicht.«

»Können Sie mich vielleicht einfach kurz untersuchen, um sicherzugehen? Ich hab nichts gegen Untersuchungen.«

Und Tiffany sagt nur: »Jeremy …«.

Der Arzt schaut von ihr zu mir und schüttelt dann den Kopf. Trotzdem holt er ein Thermometer raus und steckt es mir in den Mund. Das Ergebnis ist völlig normal.

»Aber ich hab in meinem Reiseführer gelesen, dass man gar kein Fieber haben muss, um …« Ich höre auf, als er mir jenen kaum verhohlenen mitleidsvollen Blick zuwirft, den ich so oft bei New Yorker Ärzten gesehen habe: als ob ich ein entstellter Hundewelpe wäre, der vom Rasenmäher überfahren wurde und von da an nur noch auf der linken Seite Fell hat.

»O. k.« Ich gebe nach. Aber heimlich denke ich: »Die werden schon sehen! Wenn ich jämmerlich krepiert bin, werden sie sagen: ›Mann, wir hätten das echt ernst nehmen sollen. Er hatte recht. Und jetzt ist er tot, einfach nur tot.‹«

Der Arzt wechselt das Thema. »Bevor wir Ihnen Ihr Zimmer zeigen, müssen Sie zahlen. In bar.«

Tiffany und ich schauen uns an. Außer dem, was wir als Budget für die Reise eingeplant haben, haben wir nicht viel Geld, und keiner von uns hat bei unserer Rückkehr in die Staaten einen Job. Wir besitzen eine Reisekrankenversicherung, die uns die Behandlung aber nur – und auch nur vielleicht – im Nachhinein zurückerstatten wird. Und so warten wir mit angehaltenem Atem, als er eine Zahl aufschreibt und an uns weiterreicht. Der Arzt hat jeden einzelnen Posten aufgelistet, und ich wandere die lange Liste entlang nach unten, bis ich auf die Gesamtsumme stoße: 300 Dollar. Ich muss beinahe lachen. Dreihundert! Dafür bekommt man in den Staaten kaum einen Doktor zu Gesicht, und hier zahlen wir das für einen Haus… ähm… Hostelbesuch, eine Konsultation, Laboruntersuchungen, Medikamente, eine Infusion und eine Übernachtung im Einzelzimmer mit einer fantastischen Aussicht auf die Berge.

Als ich etwa eine Stunde später mit dem Bargeld zur Klinik zurückkehre, sagt man mir, dass Tiffany nach oben auf ihr Zimmer gebracht wurde. Gerade als ich die Tür öffne, sehe ich eine Krankenschwester mit einem kleinen weißen Hund (er hat bestimmt Tollwut) zu ihren Füßen, die im Begriff ist, eine Infusion in Tiffanys Arm zu legen. Und wieder rufe ich »Nueva aguja! Nueva aguja!« dazwischen.

»Beruhige dich, Jeremy«, sagt Tiffany. »Es ist o. k, alles o. k.«

Die Krankenschwester muss vorgewarnt worden sein, dass es da einen Gringo gibt, der laut »Nueva aguja!« brüllen würde, und zeigt mir die Verpackung, in der die Nadel enthalten war. Trotzdem verzerre ich mein Gesicht noch heftiger als Tiffany, als die Nadel durch ihre Haut in die Vene gestochen wird.

Als die Abenddämmerung am Pillku Urqu emporsteigt, kommt der Arzt zurück. Er bringt einen befreundeten Quechua in traditioneller Kleidung und ein zerlegtes Bettgestell mit. Das Wort ›Quechua‹ bezieht sich sowohl auf die indigene Bevölkerungsgruppe, direkte Nachfahren der Inka, als auch auf deren Sprache. Der Mann, dessen von

Falten überzogenes Gesicht jene typischen, enorm kräftigen Züge der Inka aufweist, wird uns von unserem Arzt als spirituelles Oberhaupt der Gemeinschaft vorgestellt, eine Art Schamane. Und tatsächlich wirkt er zugleich streng und sanft. Seine Gegenwart strahlt Weisheit aus, obwohl wir kein Wort von dem verstehen, was er sagt. Seine Augen leuchten, und er lacht gern.

Der junge Arzt und der Nachfahre der Inka machen sich ans Werk und bauen flink ein Bett zusammen, damit ich die Nacht bei meiner von Parasiten geplagten Verlobten verbringen kann. Und ich fühle mich, als wäre ich in eine verrückte Traumwelt eingetaucht, in der Schamanen Betten für bemitleidenswert panische Amerikaner zusammenbauen.

Am Ende eines Tages, der kein Ende zu nehmen schien, schlafen wir beide tief und fest. Von den Bergen rund um Cuzco sanft behütet, schlummern wir unter Sternen, die aufgrund der Höhe noch ein bisschen heller leuchten.

Am nächsten Morgen wird Tiffany, die wieder Flüssigkeiten bei sich behalten kann, von den Ärzten entlassen. Wir beschließen, es so richtig krachen zu lassen, und ziehen in ein Hotel. Es ist zur Abwechslung ein richtiges und echtes Hotel mit Klimaanlage, TV, heißer Dusche und – der größte Luxus von allen – einem richtigen Bett. Zwei Nächte lang können wir uns von feuchten oder nach Schimmel riechenden Betten erholen oder von solchen, die sich wie ein Taco-Fladen über einem zusammenfalten oder so klein sind, dass wir getrennt schlafen müssen.

Gerade als wir uns in diesem Luxus einrichten, blubbern aus dem Abgrund meines Hirns Gedanken an die Oberfläche. Ich sitze auf der Toilette und denke: »Was ist, wenn ich der Nächste bin? Was ist, wenn ich Durchfall bekomme? Was, wenn ich anfange, alles vollzureihern?« Die Gedanken nehmen Fahrt auf. »Das hier ist wahrscheinlich nicht nur ein Parasit, sondern irgendwas Schlimmeres. Ich hab sicher innere Blutungen. Wenn ich runter ins Klo schaue, wird alles voller Blut sein, und zwar eimerweise. Und ich werde sterben, bevor sie mich im Hubschrauber nach Hause fliegen können.«

Als ich aus dem Bad komme, sage ich zu Tiffany: »Ich glaub, ich muss zum Arzt.« Sie ist bleich und von ihrem 48-stündigen Kampf mit einem echten Parasiten erschöpft. »Ich fühl mich furchtbar, echt furchtbar«, sage ich. »Ich denke, ich bin vielleicht auch krank.«

»Aber Jeremy …«

»Mir ist total heiß und irgendwie auch schlecht. Und ich hab mir auf dem Klo meine Kacke angeschaut. Sieht irgendwie komisch aus, vielleicht ist sogar Blut drin. Willst du mal gucken?«

Welche Frau würde sich nicht gern aus ihrem Krankenbett schleppen, um einen Blick auf die Scheiße ihres Angetrauten zu werfen? Aber weil Tiffany nicht weiß, was sie sonst tun soll, folgt sie mir ins Bad.

»Sieht in Ordnung aus«, sagt sie, nachdem wir beide wie alte Wahrsager beim Untersuchen von Teeblättern in die Schüssel gestarrt haben.

»Wirklich?«

»Schatz, du bist nicht krank«, sagt sie, nachdem sie alles runtergespült hat. »Falls du es wärst, hättest du längst Symptome. Überleg doch mal, du hattest dieses – o Gott, ich kann nicht mal dran denken – dieses Hühnchenzeug gar nicht. Lass uns einfach wieder ins Bett gehen und ein bisschen fernsehen. Ich bin so müde.«

Ich will mit ihr streiten, es in ihren Dickkopf reinbekommen, dass ich derjenige bin, der in unmittelbarer Gefahr schwebt, dass ich dringend medizinische Hilfe brauche. Aber weil sie so bleich aussieht, halte ich den Mund.

»Mal sehen, was kommt … ähm … White Chicks?«

Die kompromisslose Lächerlichkeit des Films schafft es, mich so weit einzulullen, dass ich am Ende nur noch so viel wie möglich schlafen will. Und das tun wir dann auch.

Am nächsten Morgen beschließe ich allerdings, dass meine Symptome einen weiteren Besuch im Internet-Café nötig machen. Und so verbringe ich einen großen Teil unseres letzten Tages in Cuzco mit Recherchen über den tropischen Tod.

Jahre später sollte mir Tiffany gestehen, dass es in Peru einen Moment gab, an dem sie darüber nachdachte, mich zu verlassen. Als ich an unserem letzten Tag in Cuzco im Internet-Café war und nur an mich selbst und meinen bevorstehenden Tod dachte, saß sie allein draußen auf einer Bank und beobachtete das rege Treiben in der Stadt. Der Parasit hatte sie ausgelaugt, die drei Wochen Reisen mit mir aber sogar noch mehr. Damals dachte sie: »Vielleicht kann ich mein Leben nicht mit jemandem verbringen, der so verrückt ist.«

Am Ende schaffen wir es nach Machu Picchu. Nur dass wir nicht den 45 Kilometer langen Inka-Pfad hinaufklettern, sondern schlicht den Zug von Cuzco nach Aguas Calientes nehmen, dort übernachten und dann, in der einsetzenden Morgendämmerung, den Bus nach oben zur historischen Stätte nehmen. Dort stoßen wir zufällig auf unsere Wandergruppe, die gerade ihr beschwerliches, einmaliges Abenteuer hinter sich gebracht hat. Als wir uns gegenseitig anstarren, die Gruppe und wir beide, fragen wir uns, wie es wohl gewesen wäre. Wäre da nicht ein Haufen mieser *Protozoen* gewesen, die sich in Tiffanys Eingeweiden eingenistet hatten, hätten wir Gefährten sein können und nicht, wie jetzt, Fremde.

Machu Picchu ist großartiger, als man es sich vorstellen könnte. Doch zu diesem Zeitpunkt sind wir so müde und ausgelaugt, dass sich nichts real anfühlt, sondern eher wie ein Traum. Wir sind ein paar Stunden lang dort, und dann sind wir es nicht mehr, und die verschollene Stadt verschwindet wieder im Nebel – wie ein Gespenst aus einer nie wiederkehrenden Vergangenheit.

Nach unserer Ankunft in den Vereinigten Staaten sollte ich endlich, zum ersten Mal seit Jahren, zu einer Psychologin gehen. Für sie gab es an meinem Verhalten kaum einen Zweifel: Sie brauchte nicht mal eine Stunde, um eine Zwangsstörung zu diagnostizieren. Zum ersten Mal wurde Steve von jemandem dabei ertappt, wie er mir ins Ohr flüsterte. Diese Zwangsstörung, die sich in meiner Hypochondrie in Bezug auf Krebs, AIDS, Tollwut, Parasiten oder jede andere beliebige Krankheit äußerte, hatte schleichend mein ganzes Leben übernommen. Von da an ließen sich ihre Anfänge rückblickend bereits in meiner Kindheit erkennen, in meiner Angst vor Ärzten und Krankenhäusern und Spritzen sowie einer außergewöhnlichen Fähigkeit, mich auf Dinge zu fixieren. Und dann später, bei ihrem gelegentlichen Aufflackern in meiner Jugend und meinen Unijahren, bis wir schließlich irgendwann im erbarmungslosen New York City landeten. Dort ließ mich mein Verstand dann endgültig im Stich.

Die Zwangsstörung ist ein Leiden der Übertreibung. Das ist ihr Ding. Sie greift jene kleinen, angsterfüllten Gedanken auf, die jeder Mensch mit sich herumträgt, und bläst sie auf, bis sie alles ausfüllen. Sie ist eine Krankheit der Verschwendung von Zeit und Leben und der vergeblichen Mühen. Man wird zum Sklaven ihrer endlosen, erdrückenden Gedanken und ihrer sich im Kreis drehenden Launen. Meine Zwangsstörung ließ mich pausenlos von einer Panik in die nächste schlittern, bewirkte, dass ich dermaßen mit mir selbst beschäftigt war, dass ich die Bedürfnisse des Menschen, den ich am meisten liebe, quasi ignoriert habe, und machte mich, der einst aus einer Laune heraus allein nach Kenia gereist war, zu einem schlechten Reisenden.

Wenn ich heute an jenen Hund denke, vor dem ich eine Leiter hochgeflohen bin – was ich seither viel häufiger tue, als man das nach so vielen Jahren erwarten sollte –, empfinde ich Bedauern und so etwas wie anhaltende Melancholie. Der arme Tollwuff wollte einfach meine Aufmerksamkeit. Er wollte mir hinterherspringen und das Gesicht ablecken, wollte gestreichelt und getätschelt und hinterm Ohr gekratzt werden, während ich »Du bist ein guter, du bist ein feiner Tollwuff« gemurmelt hätte. In Wahrheit wollte er einfach nur das, was wir alle wollen: ein bisschen Liebe. Und klar, vielleicht einen Teil meines Abendessens.

Während ich das hier schreibe, ist Tollwuff mit ziemlicher Sicherheit schon tot und vergessen, und die großen Sandhügel um Huacachina dienen als Beinhaus für seine ausgezehrten Knochen. Ich stelle mir vor, wie er sein ganzes Leben erfolglos damit zugebracht hat, im Umkreis dieser Bilderbuchoase Liebe zu finden, und wünschte, ich hätte ihn nicht so schäbig behandelt. Er war nur eines von vielen Opfern meiner Zwangsstörung.

Und dennoch, etwas beim Namen zu nennen, zerstört es noch lange nicht. Alles wurde erst mal schlimmer, viel schlimmer, bevor es besser wurde. Nach meiner Rückkehr aus Peru verbrachte ich die nächsten paar Monate damit, auf der Suche nach Blut in meiner Kacke herumzuwühlen. Ich war wie besessen davon, einen Hinweis, eine Bestätigung dafür zu finden, dass ich mir irgendeine tödliche tropische Krankheit eingefangen hatte oder kurz davor war, an Darmkrebs zu sterben.

O ja, Tiffany und ich waren damals noch jung. Und ja, wir mussten uns um Jobs kümmern, eine Hochzeit planen und hatten eine Zukunft vor uns, die bis weit über den aktuellen Zeithorizont hinausreichte. Trotzdem konnte ich an nichts anderes denken als an Scheiße, Krankheit und Tod. Ich war noch immer ein Gefangener, kannte jetzt aber immerhin den Namen meines Gefängniswärters.

Doch bevor wir es zurück in die Staaten schaffen sollten, noch vor den unzähligen Therapiestunden, der Rückkehr zu Psychopharmaka nach so vielen Jahren und Steves Enttarnung sollten wir erst noch unser Date mit dem Amazonas haben.

Welch ein Glück, dass dort noch nie jemand auf schreckliche Weise gestorben ist …

KAPITEL ZWEI

Ins Amazonasgebiet

SOMMER 2006, FORTSETZUNG

Zwischen mir und meinem plötzlichen Tod gibt es nur eine dünne Schicht aus Luft, eine Mischung aus Stickstoff, Sauerstoff, Argon und Kohlenstoffdioxid. Bei einem Sturz von der Klippe würde sie meinen Fall nicht wirklich bremsen. Ich würde auf dem Erdboden aufschlagen und mich augenblicklich in Matsch verwandeln.

Obwohl wir auf dem Weg zum peruanischen Amazonas sind, wo es vor Leben nur so wimmelt, fühlt sich die Welt an diesem Morgen nicht gerade belebend an. Ich sitze in einem roten Zwölfsitzer-Touristen-Van, der sich an der massiven, trockenen Westflanke der Anden nach oben windet. Es gibt keine Leitplanken, keine Zäune und keine Steinmauern, die die Fahrzeuge davor bewahren würden, über die Klippe hinaus in die luftige Leere und ein paar Hundert Meter abwärtszuschlittern. Unser Fahrzeug hat, wie so vieles in Peru, keine Sicherheitsgurte. Diese schlecht instand gehaltene Straße hier, die eher einer staubigen Piste gleicht, ist kaum breiter als unser Kleinbus.

Tiffany, von ihrem Kampf mit dem Parasiten vollständig genesen, sitzt neben mir. Die anderen Sitze werden von weiteren Reisenden belegt. Unser Guide, den wir an diesem Morgen gerade erst getroffen haben, sitzt vorne in der Nähe des Fahrers. Und der Fahrer, der einzig und allein zwischen uns und unserer Fahrt gen Himmel steht, ist ein gottverdammter Superheld, der uns mit sicherer Hand heil durch alle Gefahren hindurchmanövriert.

Es gibt nur zwei Wege, die in den Nationalpark Manú im Herzen des peruanischen Amazonas führen. Über Land auf dieser Straße hier, auf der einen Seite der Anden nach oben, auf der anderen Seite wieder nach unten. Oder durch die Luft mit einem kleinen Flugzeug, das auf einer schmalen, aus dem Regenwald herausgeschnittenen Flugpiste landet. Ob Letzteres die bessere Option gewesen wäre, weiß ich nicht genau, aber es wäre wenigstens schneller gewesen. Wir wüssten schon längst, ob wir tot wären.

Die Straße den Berg hinauf ist so schmal, dass man sie jeweils nur in eine Richtung befahren kann, und welche Richtung freigegeben ist, hängt vom Wochentag ab. Im Ernst. Am Montag, Mittwoch – dem Tag, an dem wir losgefahren sind – und Freitag fährt man auf der Westseite des Berges nach oben und auf der Ostseite nach unten, während man dienstags, donnerstags und samstags auf der Ostseite nach oben und auf der Westseite nach unten fährt.

An Sonntagen ist die Straße für alle in beide Richtungen offen – also für die Lebensmüden.

Hin und wieder streift die rechte Seite des Kleinbusses an der Felswand entlang, was ihr Kratzer einbringt. Wenn die Straße noch enger wird, steigt der Fahrer aus, klappt den Seitenspiegel ein und tastet sich dann unvorstellbar langsam Zentimeter für Zentimeter vorwärts, vor und zurück, vor und zurück. Dabei reibt sich der Bus am Fels entlang, als handele es sich hierbei um ein merkwürdiges Paarungsritual mit dem Berg, bis sich die Straße endlich wieder weitet und alle erleichtert seufzen, während sich unser Fahrer eine wohlverdiente Zigarette ansteckt.

Man kann sich aber auch unschwer vorstellen, dass alles ganz anders läuft. Ein Rad rutscht über die Kante, ein Felsbrocken löst sich, der Van kippt zur Seite und dann …

Tja, dann heißt es auf Nimmerwiedersehen in Peru. Wobei es garnicht so sehr der Tod ist, der mein Gehirn in Aufruhr versetzt, als die bildliche Vorstellung der kurzen Momente des Schreckens unmittelbar davor, die Erkenntnis, dass ich jetzt sterben werde.

»Schau einfach nicht aus dem Fenster«, sagt Tiffany zu mir.

Ein guter Ratschlag. Nur schwer zu befolgen, denn das Fenster ist einfach so verdammt durchsichtig.

Wäre ich nicht so furchtbar verkrampft, würde ich sogar gern aus dem Fenster schauen, immerhin fahren wir gerade einen Berg hinauf. Die Landschaft ist typisch für den Westen von Peru: braun, sonnengegerbt und staubtrocken. Es gibt kleine, zerzauste Bäume mit mehr Ästen als Blättern, hie und da ein bisschen Gestrüpp und ein paar Büsche und eine nahezu klare Aussicht bis nach ganz unten – falls man beschließen sollte, am Rand des Abgrunds zu stehen und runterzuschauen. Aber wieso sollte man das?

Auf rund 2900 Metern halten wir in dem kleinen Bergstädtchen Paucartambo für eine kleine Snackpause an, die wir allerdings kurz ausfallen lassen, weil wir im Zeitplan zurückliegen. Wir mussten an diesem Morgen eine Stunde lang am Flughafen auf eine Mitreisende namens Jane warten. Jane ist aus Kalifornien, um die fünfzig und hat das liebenswerte Gesicht und auch die Energie eines Eichhörnchens. Jane hatte gestern ihren Flug vom LA International Airport verpasst.

Das Gespräch der Gruppe mit ihr lief in etwa so ab:

»Seht ihr, das hier ist mein Ticket. Da steht 6 Uhr 10 drauf.«

»Ja, aber das bedeutet 6 Uhr 10 morgens, nicht abends. Wenn es 6 Uhr 10 Uhr abends wäre, würde da 18 Uhr 10 stehen, das ist die 24-Stunden-Zählung.«

»Nein, nein, da steht nichts von morgens oder abends.«

»Bei der 24-Stunden-Zählung braucht man kein morgens oder abends. Es ist eine 24-Stunden-Uhr.«

»Die Fluggesellschaft hat es vermasselt. Da sollte eigentlich 6 Uhr 10 morgens draufstehen, nicht abends.«

»Aber da steht gar nichts von abends.«

»Wenn du 6 Uhr 10 liest, an welche Zeit denkst du denn dann?«

Kollektives Seufzen.

»Aber Fluggesellschaften arbeiten genau deshalb mit der 24-Stunden-Uhr, um solche Fehler zu vermeiden.«

»Aber es ist ihr Fehler.«

»Nein, du hast dich einfach in der Zeit vertan.«

»Aber daran ist die Fluggesellschaft schuld.«

»He, guck mal da, ein Berg!«

Die gesamte Gruppe versucht, Jane neun Tage lang davon zu überzeugen, dass der Fehler – so verständlich er auch gewesen sein mag (irgendwie) – auf ihrer Seite lag. Aber Jane ist eine schlechte Verliererin.

Jane ist Vogelliebhaberin, und ihre Ausstattung lässt keinen Zweifel daran: ein Hochleistungsteleskop, das beste Fernglas auf dem Markt und brandneue Bücher mit Hochglanz-Abbildungen der über 1700 Vogelarten in Peru (fast doppelt so viele wie in den gesamten USA – in einem Land, das siebenmal kleiner ist). Jane ist Vogelliebhaberin, was man an ihrem blitzenden und blinkenden Equipment ablesen kann.

Außerdem ist sie die einzige andere Amerikanerin in unserer Gruppe, einem bunten Haufen von Touristen aus allen reichen Ecken der Welt: Da sind das australische Pärchen und das dänische Pärchen, der schwedische Opa mit seinem Enkel, die Freundinnen aus Kanada und das Trio holländischer Mädels.

Als wir weiter hinauffahren, wird die Straße richtig schlimm – tja, alles ist eben relativ. Manchmal müssen wir alle aus dem Van klettern, um sein Gewicht zu verringern, damit ihn der Fahrer aus einer Mulde herausbugsieren kann. Ein anderes Mal steigt unser Guide aus, holt von hinten ein paar Planken heraus und legt sie über die Furchen in der Straße, und dann rollt der Wagen im Schneckentempo darüber. Überall gibt es Anzeichen von Erdrutschen: Geröll, das über die Straße verteilt daliegt, als hätte ein Riese es dort hingefegt, aber seinen Mülleimer vergessen. Ein Erdrutsch zur richtigen (oder falschen) Zeit, und wir wären alle Matsch.

Und dann passiert es. Auf 3530 Metern Höhe erklimmen wir den höchsten Punkt eines Anstiegs, und der erschöpfte Van kommt schwankend zum Stillstand. Unser Guide verkündet, dass Mittagspause ist, woraufhin wir alle wie brave Schulkinder nach draußen strömen. Direkt vor uns liegt ein Plateau mit der gleichen trockenen, zerzausten und stauberstickten Landschaft mitsamt ihren vereinzelten Pflanzen, die sich über eine halbe Ewigkeit hinweg daran gewöhnt haben, ein Dasein auf der Grundlage von atmosphärischer Spucke zu fristen. Doch als wir auf den Rand des Plateaus, den Bergpass, zugehen, bietet sich uns ein Anblick, den ich für den Rest meines Lebens in mir tragen werde: zwei Berge, die von wild wucherndem Dschungel bedeckt sind, und eine undurchdringliche Wolkendecke, die sich zwischen ihnen hindurchschiebt.

Das ist meine erste Begegnung mit dem Amazonasregenwald, der größten Explosion von Leben auf unserem Planeten – und vielleicht im ganzen Universum. Nach Wochen im braun verbrannten und vertrockneten Westen von Peru ist hier ein Ökosystem, das im Wasser versinkt und vor Photosynthese nur so strotzt, das Kohlendioxid einsaugt und Sauerstoff ausatmet, sein eigenes Wetter erzeugt und das dramatische Leben – viele Billionen einzelne Leben – von vielen Millionen Arten ermöglicht, von denen die meisten nirgendwo sonst vorkommen als in diesem riesigen grünen Garten.

Der Schrecken der Fahrt fällt von mir ab, als wäre ich soeben neu geboren worden, während ich die Augen nicht von der Kulisse vor mir, der Erhabenheit des Ganzen, abwenden kann.

Ich habe nie wirklich daran geglaubt, dass ich es in den Amazonasregenwald schaffen würde.

Nach dem Mittagessen werden wir wieder zurück in den Van gestopft. Nur, dass wir dieses Mal nicht bergauf, sondern auf der anderen Seite bergab fahren und in eine völlig neue Welt eintauchen.

Alles ist grün, Chlorophyll auf Steroiden. Bäume recken und biegen sich, kämpfen in Zeitlupe um Raum, ihre grünen Blätter spreizen sich, suchen verzweifelt nach Licht. Farne recken sich wie grüne Kronen in die Höhe, und Moos und Flechten bedecken alle verfügbaren Flächen wie ein magisches Auge, das in allen Grüntönen leuchtet. Und da ist nicht nur Grünzeug, sondern auch Wasser. Es ergießt sich in seichten Fällen von den Klippen, es tropft an den Rändern von Farnen herab, es sammelt sich in winzigen Pools, die von Epiphyten geschaffen wurden, und es streicht wahrscheinlich über unzählige Orchideen, die vor unseren Blicken verborgen sind. Die Luft riecht nach wucherndem, blühendem, sich entfaltendem Leben.

Schnell steigen wir in die Wolken hinab. Genau wie Schlösser im Märchen sind Nebelwälder fast immer in eine Wolkendecke gehüllt, die ein eigenständiges Ökosystem mit Hunderttausenden Kreaturen, die es nirgendwo sonst gibt, ununterbrochen mit Feuchtigkeit versorgt.

Die Straße wird nicht besser. Tatsächlich wird sie sogar schlechter, weil überall Wasser ist. Es ist, als hätte Gott versehentlich einen Eimer umgekippt und dadurch allerhand Pfützen, Matsch, Wasserfälle und kleine Flüsschen erschaffen, alles rutscht und gleitet. Doch das ist mir mittlerweile egal: Meine Nebennieren überschwemmen mein System nicht mehr mit Kortisol, denn ich bin hier.

Ich liebe die Natur, und das ist noch untertrieben. In der Natur finde ich zu Gott. Wenn ich irgendwo im Wald bin, fühlt sich mein Atem wie ein Gebet an. Ein Hain aus alten Bäumen ist eine Kirche, und Tiere sind geheiligte Wesen.

Schon als Kind kam mir der Regenwald am Amazonas immer wie mein Mekka, mein Jerusalem, mein Buddha-Baum vor.

Ich bin zu der Überzeugung gelangt, dass jedem einzelnen Menschen die Liebe zur Natur eingepflanzt ist. Dabei handelt es sich um eine evolutionäre, existenzielle, beinahe metaphysische Realität, die irgendwo in den Windungen unserer Doppelhelix angelegt ist. Die Wissenschaft hat sich darauf geeinigt, diesen Samen als ›Biophilie‹ zu bezeichnen. Der Begriff wurde erstmals in den 1960er-Jahren von Erich Fromm geprägt, aber erst 1984 durch den unvergleichlichen Edward O. Wilson populär gemacht. Der Begriff ›Biophilie‹ stammt, wie jeder gute wissenschaftliche Begriff, aus dem Griechischen und bedeutet etwa ›Liebe zum Leben‹ oder ›zu lebendigen Dingen‹. Wilson formuliert es so: »Der Drang, sich mit anderen Lebensformen zu verbinden.«

Das gilt aber nicht für jeden von uns im gleichen Maß. Ich glaube, dass einige von uns mit einer größeren Naturliebe zur Welt kommen als andere. Viele andere wissen einfach nicht, wie man mit dieser Liebe umgeht, sie hegt und pflegt. Wer in einem mehrstöckigen Wohnhaus geboren wird und immerzu nur auf Beton und TV-Bilder glotzt, dem kommt die Natur im ersten Moment natürlich fremd und bedrohlich vor.

Ich bin auf 16 Hektar mit Feldern und Wäldern im Mittleren Westen der USA aufgewachsen. Na gut, es war gar kein richtiger Wald. Als Kind dachte ich, es wäre einer, ein Wald aus Licht und Schatten, auch wenn es nur ein paar Baumreihen zum Grundstück des Nachbarn hin und eine Handvoll kleiner Haine waren. Trotzdem war alles groß genug, damit ein kleines Kind darin eintauchen und beeindruckt werden konnte.

Die Natur lag mir aber auch im Blut. Leon C. Snyder, mein Großvater mütterlicherseits, war Botaniker an der Universität von Minnesota und Gründer des Minnesota Landscape Arboretum. Als ich geboren wurde, war er längst ein leuchtendes Vorbild für die Familie, und seine Kinder behandelten den störrischen weißhaarigen Senior, als wäre er heiliggesprochen worden.

Auf der anderen Seite wurde mein Vater 1942 auf dem Hof unserer Familie geboren und hat nie irgendwo anders gelebt. Seine Familie züchtete Kühe und baute Getreide an. Und als ich schließlich zur Welt kam, hatten meine Eltern aus dem Hof bereits eine Hobby-Landwirtschaft gemacht, in der sie Himbeeren, Erdbeeren und eine bestimmte Azaleensorte anbauten, die mein Großvater gezüchtet hatte.

Ich hatte eine ziemlich idyllische Kindheit, mit Feldern, Wäldern und Freunden – bis zum Zusammenbruch meiner Mutter. Sie, die bis dahin mein Fels in der Brandung gewesen war, ›erodierte‹ gleichsam in der geologischen Zeitspanne eines einzigen Tages.

Ich bin zehn Jahre alt, und es ist gut, zehn zu sein. Ich renne einen Pfad hinab, den ich so gut kenne, dass er praktisch zur Familie gehört: die langen geraden Reihen aus Erdbeeren entlang, über den Damm und an der Wiese entlang, auf der die Kühe träge grasen, durch die Baumreihe und die Himbeersträucher hindurch und hinein in die Victory Woods – benannt nach einer berüchtigten Party am Victory in Europe Day, dem Tag des Sieges der Alliierten in Europa –, die das Ufer unseres örtlichen Sees säumen.

Chip, mein kleiner schwarzer Hund, ist an meiner Seite. Ich halte einen Stock in der Hand, doch in diesem Moment ist er gerade ein Schwert, und ich befinde mich auf einer Mission, schlage vielleicht gerade ein paar Kobolde in die Flucht oder bin auf der Suche nach einem eifersüchtigen Drachen. Die Sonne scheint mir auf den Rücken, und der Himmel ist wolkenlos. Am Waldrand liegt der See, wo das Drama unter einem Baldachin aus noch immer grünen Blättern endet. Noch grün, aber nicht mehr lange.

Siegreich mache ich mich auf den Heimweg, wobei ich mich für die lange Strecke um die Bauminseln inmitten der Maisfelder unseres Nachbarn entscheide. Auf einer dieser Inseln fläze ich mich auf einen Baumstamm, lege die Füße hoch und stelle das Schwert neben mich. Ein paar Vögel singen. Was für welche, weiß ich nicht, und es interessiert mich auch nicht besonders. In den vereinzelten Sonnenflecken tanzen Schmetterlinge, die ich genauso wenig kenne. Und trotzdem bin ich froh, dass sie hier sind. Dieser Ort, dieser Pfad, dieses Land, das sich von meinem Haus wie eine wogende See ausbreitet, ist beinahe eine physische Verlängerung von mir selbst, ein unverzichtbarer Bestandteil meiner eigenen Geschichte. In jenem kleinen Hain, umgeben von Mais, verspüre ich einen kindlichen Frieden, den ein Erwachsener nur schwer nachvollziehen kann, selbst rückblickend mit 25 Jahren Abstand.

So ist das mit Erinnerungen. Was ihnen vorausgeht und auf sie folgt, färbt auf sie ab. Der Kontext ist wichtig, selbst wenn er im betreffenden Moment scheißegal war. In jenem Augenblick, im August 1990, war ich noch frei.

Zwei Monate später sollte meine Mutter einen Nervenzusammenbruch haben.

Das Weibchen des Andenfelsenhahns scheint auf schnabellose Männchen zu stehen, denn der orange Kamm des Männchens verbirgt den Schnabel unter seinen neonfarbenen Federn. Im Profil sieht dieser sonderbare Vogel wie ein oranger Servierteller mit nur einem Auge aus.

Als die Sonne hinter den Bäumen versinkt, beobachten wir stumm, wie eine Gruppe von männlichen Andenfelsenhähnen ihr wichtigstes Ritual aufführt. Bei jeder Morgen- und Abenddämmerung an jedem Tag jedes Jahres kommen diese spärlich beschnäbelten Kerlchen heraus, um für die Weibchen auf immer demselben Balzplatz, dem sogenannten Lek, zu tanzen. Dabei geben sie kreischend und stolzierend eine Darbietung zum Besten, die weniger würdevoll als vielmehr, nun ja, geil ist. Falls ein Weibchen in ihrem langweilig braunen Gewand auftaucht, drehen die Männchen durch und versuchen, sich gegenseitig auszustechen. Und wenn sich die letzten Strahlen der Sonne durch die Blätter stehlen und auf sie fallen, funkeln die leuchtenden, scharlachrot-mandarinorange-farbenen Vögel wie Juwelen.

Doch leider, für uns wie für diese gefederten Kerlchen, taucht an diesem Abend kein Weibchen auf.

Beim Abendessen, im warmen Licht von Kerosinlampen und zu den nächtlichen Geräuschen unzähliger Insekten, die alle auf einmal summen, surren, klampfen und fiedeln, unterhält uns Tomás, unser Guide, mit Geschichten über den Wald. Kleine Frösche, die sich an Bäume klammern oder in einer winzigen Bromelienbadewanne liegen, zirpen in der Ferne, und Nachtvögel singen ihre uralten Lieder, und das alles in einem Chor, der gewiss dazu beigetragen haben dürfte, unsere Vorfahren zur Erfindung der Musik zu inspirieren.

Die Unterhaltung wendet sich schnell der Frage zu, welche Arten wir in den kommenden acht Tagen zu sehen bekommen dürften. Geduldig fragt Tomás (der unverschämt gut aussieht) jeden am Tisch, was er oder sie am liebsten sehen würde, und natürlich ist die häufigste Antwort »einen Jaguar«. Tomás warnt uns, dass der Amazonas nicht mit Afrika oder dem amerikanischen Westen vergleichbar ist. Die Tiere, vor allem die großen, bleiben in der Regel tief im Wald und schleichen sich davon, bevor man auch nur in ihre Nähe kommt. Man darf nicht erwarten, Tiere wie Jaguare oder Tapire oder Ameisenbären oder Anakondas zu sehen. Was man aber erwarten kann, ist eine schwindelerregend irre Vielfalt von Vögeln und Insekten. Im Amazonas unterwegs zu sein, ist keine Safari, es ist vielmehr ein Vollbad in der Natur.

Dennoch sage ich, als ich an der Reihe bin: »Capybara«.

»Ein Capybara?«, fragt Tomás überrascht.

Als Kind hatte ich ein Buch über den Amazonasregenwald, und beim Anblick des Fotos vom Capybara[1] dachte ich: »Kann es so ein Geschöpf auf der Welt wirklich geben?«

»Na ja, ein Capybara ist ziemlich wahrscheinlich, Jeremy«, sagt Tomás mit einem charismatischen Lächeln, das zweifelsohne schon viele einsame Touristenherzen zum Schmelzen gebracht hat. »Sie hängen oft am Flussufer rum.«

Das Capybara ist das größte Nagetier der Welt mit einem Gewicht von bis zu 90 Kilo. Falls Sie noch nie eins gesehen haben: Es sieht aus wie eine Weltraumkreatur aus *Star Wars.* Capybaras haben den Kopf eines Meerschweinchens, den Körper eines Riesenhundes und die Beine eines haarigen Schweins. Auf ihrer Schnauze haben sie eine große Duftdrüse, die ›Morillo‹ genannt wird und wie eine monströse, vollgesaugte Zecke aussieht. Diese Flusspferdratten fühlen sich in den Niederungen des Amazonas so sehr zu Hause, dass sie im Wasser schlafen können, während nur Schnauze und die Morillo über die

Oberfläche herausragen. Jetzt mal ehrlich, wer hat nicht schon mal davon geträumt, in einer mondbeschienenen Nacht einem Capybara zu begegnen?

Beim Nachtisch verwöhnt uns Tomás mit einer Geschichte darüber, wie er kürzlich mit einem Schamanen Ayahuasca genommen und anschließend eine Nachtwanderung gemacht hat.

Ayahuasca, das von einigen indigenen Gruppen bei spirituellen Ritualen oder Heilpraktiken eingesetzt wird, ist ein potentes Halluzinogen, das durch Kochen der Caapi-Liane hergestellt wird. Tomás hatte vorher schon mal Ayahuasca genommen, aber nichts gespürt. Doch diese Nacht war anders.

Er folgte dem Schamanen durch den nächtlich behüteten Regenwald und spürte, wie die ganze Natur zum Leben erwachte. Er hörte die Blattschneiderameisen kauen und fühlte, wie die Blumen den Laden für die Nacht dichtmachten. Er nahm das Wachsen der Pilze wahr und roch in weiter Ferne den Moschus der Pekaris. Die Wanderung gipfelte in einer Harpyie, dem größten Raubvogel im Amazonas, die auf einen niedrigen Ast herabflog, um die beiden Männer zu beäugen.

Er lächelt, nachdem er die Geschichte beendet hat, kippt ein Glas Whiskey hinunter und blickt in all die glotzenden Gringo-Gesichter, die ihn anstarren. Ich bin mir sicher: Wenn Tomás bei einem Lek-Tanz antreten müsste, würde er gewinnen. Will sagen, falls Tiffany mich auf diesem Trip für Tomás verlässt, wäre ich zwar am Boden zerstört – aber ich würde es absolut verstehen.

Je mehr man reist, desto mehr weiß man fähige Guides zu schätzen. So ein Guide ist Animateur, Enzyklopädie und Babysitter in einem. Hier im Manú haben wir Glück, denn Tomás gehört zu den Besten, die wir je hatten.

Später in jener Nacht lese ich leicht angetrunken im Bett ein bisschen in Dickens' *Bleak House*, bis die Kerosinlampe ausgedreht wird und mich die Geräusche des Nebelwaldes wie eine Decke einhüllen. Keine Autoalarm, keine Polizeisirenen, keine grölenden Betrunkenen stören die Nacht, nur die Lieder unzähliger wilder Geschöpfe.

Die Nacht fühlt sich weniger bedrückend an, und zum ersten Mal seit Monaten schlafe ich tief und fest.

Am nächsten Morgen steigen wir bei Tagesanbruch wieder in den Van und fahren weiter den Berg runter. Wir frühstücken unterwegs, um sicherzugehen, dass wir es rechtzeitig zum Richtungswechseltor schaffen.

Ein paar Stunden später und etwa 1000 Meter tiefer lassen wir den Nebelwald hinter uns und tauchen endlich in den größten Tieflandregenwald der Welt ein.

Das Amazonasbecken erstreckt sich über mehr als 7,5 Millionen Quadratkilometer – was fast der Größe des US-Festlandes entspricht – und ist zum überwiegenden Teil von Wald bedeckt. Das hier ist die großartigste Vorstellung der Natur auf ihrer allergrößten Bühne.

Doch wie um die akuten Probleme des Amazonas zu unterstreichen, werden wir in der Tieflandebene gleich zu Beginn mit der Nase auf grobe Siedlungen und kleine Cocapflanzungen gestoßen, die aus dem geschützten Wald herausgeschlagen wurden. Belege dafür, dass die Menschen versuchen, aus dem unfruchtbaren und nährstoffarmen Dschungelboden ihren Lebensunterhalt zu erzielen. Nach wenigen Jahren werden sie den Boden ausgezehrt haben und noch mehr Bäume fällen.

Irgendwann passieren wir schließlich das Richtungswechseltor. Ein paar Fahrzeuge stehen schon da und warten darauf, die gefährliche Reise in die andere Richtung anzutreten. Viel Glück, euch allen!

Gegen Mittag erreichen wir das Dorf Atalaya, eine provisorisch wirkende Ansammlung aus maroden Häusern und anderen Bauten. Bei diesem winzigen Städtchen kann ich mich vor allem an einen süßen Hundewelpen erinnern, den die Gruppe durchknuddelt und von einem zum anderen reicht. Ich fasste ihn nicht an, brülle allen anderen aber auch nicht die ganze Zeit »Tollwut« zu. Heißt das also … es geht bergauf?

Mitten zwischen den ganzen Kritzeleien in Atalaya hängt ein Schild, das mit Absicht nur schwer zu übersehen ist. Neben den Umrissen eines langhaarigen Mannes mit Pfeil und Bogen stehen die folgenden Worte:

¡CUIDADO!
Zona de tránsito de indígenas en aislamiento
Evite conflictos
No intentar contactarlos
No entregarles ropa, alimento, herramientas u otras
No fotografiarlos (podrían interpretar a la cámara como arma)
En caso de occurencias, comunicarlo al Ministerio de Cultura

Hier ist eine Übersetzung, wenn es Ihnen wie mir geht und Sie von Spanisch genauso viel verstehen wie von Astrophysik: »Achtung! Transitzone isoliert lebender indigener Menschen. Vermeiden Sie Konflikte. Suchen Sie keinen Kontakt. Bieten Sie ihnen keine Kleidung, Nahrung, Werkzeuge oder andere Dinge an. Machen Sie keine Fotos von ihnen (sie könnten die Kamera für eine Waffe halten). Bei Vorfällen kontaktieren Sie das Kulturministerium.«

Der Manú-Nationalpark ist die Heimat der Mashco-Piro, eines der letzten von der Außenwelt noch nicht kontaktierten Volksstämme der Welt, sowie der Yora, eines Stammes, den man als nur geringfügig kontaktiert bezeichnen könnte. Wenn von offizieller Seite der Begriff ›unkontaktiert‹ verwendet wird, heißt das nicht, dass diese Menschen gänzlich isoliert wären. Sie haben durchaus einen gewissen Kontakt mit anderen Stämmen, haben es aber bislang vermieden, dauerhaft mit der modernen Welt in Kontakt zu treten oder sich zu integrieren. Der Begriff ›freiwillige Isolation‹ dürfte hierfür passender sein. Diese Menschen wissen, dass die moderne Welt da draußen ist. Sie sehen Flugzeuge und haben – bisweilen gewalttätige – Auseinandersetzungen mit illegalen Holzfällern und Drogenschmugglern. Sie handeln oder unterhalten sich manchmal mit anderen Indigenen, die mit der modernen Welt schon mehr zu tun haben, würden aber auch töten, um ihre Sicherheit und Unabhängigkeit zu bewahren. Die Mashco-Piro haben im Laufe der Jahrhunderte die Erfahrung gemacht, dass sie in fast vollständiger Isolation am sichersten sind.[2]

Die Anwesenheit der Mashco-Piro ist einer der Gründe, warum es illegal ist, den Nationalpark Manú ohne einen Guide zu betreten. Die peruanischen Beamten wollen nicht, dass sich dumme Gringos im Nationalpark wie in Disneyland aufführen und umgebracht werden, geben aber auch vor, die Mashco-Piro zu schützen. Unkontaktierte Volksstämme sind nach wie vor medizinisch gesehen extrem anfällig, weil sie gegen viele unserer häufigsten Erkrankungen kaum eine natürliche Immunität besitzen. Als Missionare in den 1980er-Jahren mit den Yora im Amazonas Kontakt aufnahmen, führte eine Atemwegserkrankung zum Tod von 70 von insgesamt nur 200 Stammesmitgliedern – trotz medizinischer Notfallversorgung.

Wenn der peruanischen Regierung – und übrigens auch jeder anderen Amazonasnation – ihre indigene Bevölkerung wirklich am Herzen läge, dann würden sie damit aufhören, auf deren Territorium Lizenzen an Öl-, Gas-, Forstwirtschafts- und Landwirtschaftsunternehmen zu vergeben. Ein einziges Niesen, das von einer gewöhnlichen Erkältung herrührt, könnte den Großteil eines Stamms auslöschen.

Nach dem Mittagessen in Atalaya besteigen wir das Transportmittel, auf das wir für die nächsten acht Tage angewiesen sein werden. Es sieht aus wie ein riesiges, rund 18 Meter langes Kanu, hat aber einen Außenbordmotor und eine Plane als Regenschutz. Das Boot bietet nicht nur Platz für unsere ganze Gruppe, sondern auch für diverse Kisten und Fässer mit Ausrüstung, weil man zu unseren Zielorten alles selbst mitbringen muss.

Und dann geht es los.

Die Verzweiflung meiner Mutter schien aus dem Nichts zu kommen, als wäre sie aus heiterem Himmel von einem Blitz niedergestreckt worden, den einer der gelangweilten Götter herabgeschleudert hatte.

Monatelang fand sie sich damit ab, auf einer Couch zu liegen, in unregelmäßigen Abständen schluchzend und schlafend. Die Ärzte stopften sie mit Medikamenten voll und stellten sie wegen Selbstmordgefahr unter permanente Beobachtung. Niemand wusste, ob sie sich je wieder erholen würde. Niemand wusste, ob sie das Jahr überleben würde. Aus einer gesunden, optimistischen und tüchtigen Person war über Nacht jemand völlig Unzugängliches geworden.

Natürlich war das alles die Sichtweise meines zehnjährigen Selbst. In Wirklichkeit ging ihr Zusammenbruch auf eine Mischung aus Stress, Frustration und Schmerzen zurück, die sich über Jahre hinweg angestaut hatten, so wie sich im Inneren eines Teekessels Druck aufbaut, bis irgendwann der Pfiff ertönt. Jener Pfiff war ein Schmerzensschrei, und er war so schrill, dass er das Leben aller um sie herum erschütterte.

Bis zu dem Zeitpunkt war mein Vater oft distanziert und launisch gewesen. Er lebte selbst mit schweren Depressionen und Angststörungen, weshalb er sich jahrelang nicht nur als Ehemann, sondern auch als Vater schwertat. Als Reaktion darauf versuchte meine Mutter alles, um ihn glücklich zu machen, was unter anderem hieß, dass sie ununterbrochen arbeitete, um mehr Geld nach Hause zu bringen. Zur Zeit ihres Zusammenbruchs war sie nicht nur mit der Erziehung von drei Jungs beschäftigt, sondern hatte auch drei Jobs. Sie war krank und gebrechlich geworden. Der psychische Tribut wurde zuallererst physisch sichtbar, während mein Vater an ihrem Zerfall unfreiwillig Anteil hatte.

Für das, was als Nächstes passiert ist, habe ich mir mit den Jahren die folgende Legende zurechtgelegt. Wie viel davon wahr ist und wie viel erfunden, weiß ich nicht, aber es fühlt sich zumindest wahr an – und vielleicht ist das ja das Beste, was wir alle von Erinnerungen erwarten können.

Als die Familie zerbrach, hatte ich zwei Möglichkeiten: Ich konnte mich entweder von meiner Mutter lösen und mein Leben weiterleben, sie wie einen unnötigen Ast an einem Baum absägen. Oder ich konnte ihr auf ihrem Weg abwärts folgen, auf einer düsteren Wendeltreppe hinunter an einen Ort, der mir wie die Hölle vorkam. Also beschloss ich, selbst eine Miniversion von Dante, Odysseus, Orpheus oder jedem anderen die Unterwelt betretenden Helden zu werden und meiner Mutter in den Abgrund zu folgen. Damit will ich nicht sagen, dass das Ganze eine bewusste Entscheidung zu einem bestimmten Zeitpunkt gewesen wäre, sondern eher die unbewusste, zutiefst emotionale Reaktion eines Zehnjährigen.

Ich fing an, die Schule zu schwänzen, um zu Hause bei meiner Mutter zu bleiben. Wenn sie depressiv, selbstmordgefährdet und quasi kataton war, dann würde ich das in Gottes Namen eben auch sein.

Psychisch krank zu sein, steckte mir in meinen Genen. Diese Anlage wartete nur auf eine Krise, um richtig auszubrechen.

In den Monaten vor unserer Abreise nach Peru stellte ich im Kopf eine Liste zusammen, auf welche Arten einen der Amazonas umbringen konnte:

- Biss von einer Giftschlange (vergiss Jaguare, Piranhas und Anakondas – diese Ängste sind völlig überzogen)
- Malaria (bringt immer noch mehr als 400 000 Menschen im Jahr um)
- Typhus
- Gelbfieber
- Spinnen (Wanderspinnen haben den tödlichsten Biss aller Arachniden)
- Tetanus

- Oroya-Fieber
- Chagas-Krankheit
- die Pest (ganz genau, die mittelalterliche Variante)
- Kaiman (der riesige Schwarze Kaiman ist wahrscheinlich das gefährlichste Großwild in der Region)
- herabfallender Ast oder umstürzender Baum (ernsthaft, der wohl wahrscheinlichste Killer im Regenwald)
- Feuerameisen (manche einheimischen Stämme haben sie in der Vergangenheit als Strafe benutzt)
- Tollwut
- Ertrinken

Und trotzdem, all meinen Erwartungen (auch denen auf meiner Liste) zum Trotz ziehen die nächsten acht Tage wie in einer Art Tagtraum vorüber. Die Symptome meiner Zwangsstörung, von denen ich damals noch gar nicht weiß, dass sie Symptome sind, sondern die ich schlichtweg für rationale Reaktionen auf einen drohenden Tod halte, verziehen sich unter die Oberfläche. Nein, nein, sie sind noch immer da – Steve und ich werden zusammen sein, bis dass der Tod uns scheidet. Aber sobald wir auf dem Alto Madre de Dios sind, dem Oberen-Mutter-Gottes-Fluss, hat Steve sich beruhigt und zurückgezogen.

Tatsächlich dreht sich ein Großteil meiner Erinnerungen an diese acht Tage im Biosphärenreservat Manú darum, auf dem Wasser zu sein, entweder auf dem Río Madre de Dios oder dem Río Manú.

Der von den Anden gespeiste Oberlauf des Madre de Dios, der Alto Madre de Dios, ist ein wilder Fluss voller Stromschnellen, der von meterhohen Uferbänken und einem lückenlosen Wald mit majestätischen, gottgleichen Bäumen gesäumt wird, die annähernd 60 Meter hoch in den Himmel ragen. Oberhalb des Flusses erhebt sich der Pantiacolla-Kamm, eine letzte, von üppigem Urwald bedeckte Bergkette der Anden.

Auf dem Madre de Dios wird einem wahrhaftig bewusst, dass man das grüne, feuchte, schlagende Herz des Amazonas betreten hat.

In der Hoffnung, an jedem Strand einen Jaguar und auf jedem Hügel einen Tapir zu sehen, halte ich zunächst nach Wildtieren Ausschau. Aber Tomás hatte recht – und war so schlau, uns gleich am ersten Abend darauf hinzuweisen. Hier geht es nicht um die großen Tiere. Es geht einfach darum, hier zu sein.

Nach einer Weile falle ich in eine Art Wachtraum. Es kümmert mich nicht mehr, ob ich einen Großen Ameisenbären oder ein Capybara sehe. Ich bin nicht mehr auf der Suche. Ich bin einfach nur hier.

Zum ersten Mal seit unserer Ankunft in Peru vor vier Wochen haben Tiffany und ich absolut nichts zu tun: Wir müssen kein Hotel finden, kein Geld wechseln, kein Restaurant aussuchen, keine Entscheidungen treffen. Wir haben nur das hier: den Lauf des Flusses, das riesige Blätterdach, die regelmäßige Sichtung auffliegender Reiher, die schräg abfallenden Strände und die ins Wasser gleitenden Schildkröten, wenn die Bugwelle unseres Bootes über ihren Liegeplatz auf einem umgestürzten Baumstamm schwappt.

Die Landschaft ändert sich nicht, und ihre Schönheit nimmt nicht ab. Alles ist einfach. Nach ein paar Stunden auf dem Fluss stellt sich langsam das Gefühl ein, dass man das gigantische Ausmaß dieses Regenwaldes und die unglaubliche Dimension der größten Wildnis der Welt – auch wenn das naiv ist – erfassen kann. Und man fragt sich, ob wir nicht auch genauso sein sollten.

Der Nationalpark Manú ist größer als der US-Bundesstaat Connecticut. Er ist auch ein starker Anwärter für den Ort mit der höchsten Biodiversität auf dem Planeten, was hieße, dass hier mehr Arten leben als an jedem anderen Ort vergleichbarer Größe. Mehr als auf Sumatra, Papua-Neuguinea oder im Kongo – alle anderen Kandidaten für dieses Prädikat liegen ebenfalls in Amazonien. Nach Angaben der UNESCO beherbergt der Park selbst über 200 Arten von Säugetieren, 800 Vogel-[3] 68 Reptilien- und 77 Amphibienarten. Und Achtung, jetzt kommt's: Wissenschaftler haben im Manú 15 000 Pflanzenarten identifiziert. Das sind fast so viele wie in den gesamten USA, und das auf einer Fläche, die 570-mal kleiner ist.

Doch der größte Reichtum jedes Regenwaldes sind die kleinen Dinge: die Insekten. Man schätzt, dass im Amazonasbecken 2,5 Millionen Insektenarten leben. Das sind mehr Arten als wir auf dem restlichen Planeten benannt haben, seit Carl von Linné 1758 sein immer noch gültiges System zur Benennung von Tierarten eingeführt hat.

Die große Mehrheit der Lebensformen im Amazonas – und auf dem restlichen Planeten – kennt die Wissenschaft nicht mal. Wir haben wirklich keine Ahnung, was sich da draußen alles rumtreibt.[4]

Was den Amazonas angeht, kann man gar nicht übertreiben – das ist einfach unmöglich. Es ist etwa so, als würde man versuchen, hinsichtlich der Genialität von Shakespeare oder der Freuden von Eiscreme oder der Geburt eines Kindes zu übertreiben. Der Amazonas ist besoffene Karaoke: Er ist die lebendige Übertreibung.

Trotzdem geht es nicht besonders geschmeidig voran. Gerade ist Trockenzeit, was bedeutet, dass der Fluss seinen jährlichen Tiefpunkt erreicht hat. Dieses Jahr ist der Wasserstand des Madre de Dios niedriger als es irgendjemand in unserer Mannschaft je erlebt hat. Unser Steuermann muss, beinahe wie zuvor der Fahrer unseres Vans, nicht nur ein ausgeprägtes Wissen über den wechselhaften Verlauf des Flusses, sondern auch Nerven wie Drahtseile haben, um zu verhindern, dass wir auf Grund laufen oder, was noch schlimmer wäre, dass das Boot kentert.

Manchmal zwingt uns der niedrige Wasserstand auszusteigen, die Hosenbeine hochzukrempeln und durchs Wasser zu waten. Ein paar Hundert Meter stromabwärts können wir dann wieder an Bord gehen. In solchen Fällen kann man uns alle sehen, die Amis und die Dänen und die Holländer, wie wir behutsam durchs Wasser staksen und dabei unsere Stiefel oder unsere Schuhe über dem Kopf halten.

Tomás und der Steuermann sprechen viel über den ungewöhnlichen niedrigen Wasserstand und den Klimawandel. Die globale Erwärmung, verursacht durch all die Treibhausgase, die in den letzten mehr als 100 Jahren in die Atmosphäre geblasen wurden, ist hier längst allgegenwärtig. In den Jahren 2005 und 2006 wurde der Amazonas von einer sogenannten Jahrhundertdürre getroffen. Mit anderen Worten, es handelte sich um eine Dürre, die so verheerend war, dass sie unter normalen Umständen statistisch gesehen nur einmal in 100 Jahren auftreten sollte. Doch 2010 traf den Amazonas die zweite Jahrhundertdürre, und dann, 2015, die dritte. Falls das zur neuen Norm wird – wonach es stark aussieht, wenn wir nicht endlich anfangen, den Klimawandel als das Monster zu behandeln, das er ist –, dann könnte sich das Amazonasgebiet in einer Weise verändern, die sich niemand von uns ausmalen kann.

Als wir kurz vor dem Abendessen bei unserer ersten Lodge im Amazonas ankommen, ziehen Tiffany und ich uns in unsere Hütte zurück. Und als wir die Tür öffnen, passiert das hier:

»Boa«, keucht Tiffany.

»Was ist?«

»Da drüben, über dem Bett.«

»Aaahh …«, sage ich. »Die ist groß. Ich mein', richtig groß.«

»Ja. Riesig!«

Das achtäugige, achtbeinige Tierchen ist grau und braun und hat einen breiten Hinterleib, auf dem lauter weiße Punkte glitzern. Auf seinem Bauch könnte man Sternbilder zeichnen. Forscher haben rund 3600 Spinnenarten im Amazonas benannt, aber wir haben keine Ahnung, ob diese hier dazugehört oder irgendetwas noch Unbeschriebenes ist. Wenn man im Amazonas unterwegs ist, kann es gut sein, dass man mit Lebewesen abhängt, die keinen Namen haben.

»Willst du sie wegmachen?«, fragt mich Tiffany.

»Nein, verdammt, das Ding da fass ich bestimmt nicht an.«

»Na gut, ich genauso wenig.«

»Und was machen wir dann?«

Wir wechseln einen Blick, schließen die Tür und rennen los, wobei wir wie kleine Kinder laut »Tomás« rufen.

Er rettet uns natürlich. Aber die Tatsache, dass er hinreichend beeindruckt ist, als er die Hüttentür öffnet und das Spinnentier sieht, ermutigt uns. »Sie ist *grande*«, sagt er, als ob er erwartet hätte, dass wir wie typische Gringos übertreiben würden. Wenngleich so groß wie ein kleiner Hund (ich bin ein typischer Gringo), ist die Spinne harmlos. Tomás denkt, dass es eine stattliche Wolfsspinne ist. Sie ist für Menschen ungefährlich, aber ein gottverdammter Albtraum, wenn man ein Grashüpfer ist.

Wie sich herausstellt, bekommen es Erwachsene mit, wenn ein Fünftklässler regelmäßig die Schule schwänzt. Selbst solche wie mein Vater, der alle Hände voll damit zu tun hatte, seine Ehefrau vor der völligen Auflösung zu bewahren.

Dieses Verhalten brachte mir meinen ersten Besuch bei einem Therapeuten ein. Ich erinnere mich nicht daran. Ich kann mich nicht mal mehr an den ersten unter all den vielen Therapeuten, die ich aufsuchte, erinnern. Ihre verwirrten Gesichter hängen immer noch in meinem Frontallappen fest. Sie ähneln den Gesichtslosen Männern von Braavos – der Gilde von Attentätern in *Game of Thrones*. Ich erinnere mich immerhin an das Gebäude der Therapeuten in meiner Heimatstadt Buffalo in Minnesota. Es war nur zwei Querstraßen von meiner Grundschule entfernt.

Ich hasste den kurzen Fußweg vom Auto zur Eingangstür, weil ich Angst hatte, dass mich ein Mitschüler aus der fünften Klasse sehen und mein Geheimnis aufdecken könnte. Als wäre ich ein Täter, der sich seinen Weg durch das Blitzgewitter der Reporter vor Gericht bahnt.

Das Gebäude war ein altes Bauernhaus mit minutiös gepflegten Außenanlagen, so als ob sie ihren Patienten ihre eigene geistige Aufgeräumtheit unter die Nase reiben wollten. Das Wartezimmer sah nach den späten 1970er-Jahren aus. Die Möbel waren kratzig, und der ganze Ort roch eigenartig, eine Mischung aus dem Zuhause alter Leute und dem süßlichen Verwesungsgeruch toter Mäuse in den Wänden.

Wenn ich endlich drin war, musste ich mich hinsetzen und mit irgendeinem Fremden über meine ganzen Probleme in der Schule und zu Hause reden – ich habe das Bild eines Mannes mit schwarzem Bart und einem ernsten, gelehrten Gesicht vor Augen. Vielleicht war das ja der Erste.

Ich war ein sensibles, künstlerisch veranlagtes Kind, das sich mehr für Tiere interessierte als für Laster und Kanonen und viel lieber in einem selbst ausgedachten Traumland lebte als Sport trieb. Ich hatte schon immer das Gefühl gehabt, dass ich unter Mädchen eher ich selbst sein konnte als unter den typischen Jungs vom Land. Ich kam mir nie wie der typische Junge vor, wie er in einem konservativen Städtchen erwartet wurde. Ein unterschwelliges Gefühl der Unzulänglichkeit plagte mich.

Buffalo, ganz am Rand der Metropolregion Minneapolis-Saint Paul gelegen, ist ein schwer zu beschreibender Ort. Er ist ein Zwischending aus einem kleinen Agrarstädtchen und einer lebhaften Stadt im Speckgürtel. Heutzutage ist Buffalo für Antiquitätengeschäfte und Autohäuser bekannt. Als Kind war es wunderbar, in einer Landschaft voller Felder und Seen und kleiner Landstraßen aufzuwachsen. Doch je älter ich wurde, desto mehr fühlte ich mich von etwas eingeengt, das ich die Minnesota-typisch freundliche, radikal konservative Einstellung der Stadt nennen würde.

Politik war weniger etwas, über das offen gesprochen wurde, als vielmehr eine grundlegende Macht, die darüber richtete, wer etwas wert war und wer nicht. Und die Hierarchie dieses Wertes war – unausgesprochen – klar. Wenn du kein Christ warst, gehörtest du nicht zu den Erretteten. Wenn du nicht hetero warst, dann war bei dir irgendwas kaputt. Wenn du nicht sportlich warst, dann warst du ein Homo. Manche waren willkommen, andere nicht. Und die psychisch Kranken – was aus Sicht einer überraschend großen Zahl von Leuten, mit denen ich aufwuchs, ein Zeichen dafür war, dass man Jesus nicht genug liebte – zählten definitiv nicht zu den Auserwählten.

Ich konnte nichts an der Schule leiden. Ich war gelangweilt, unruhig und verängstigt. Die Jungs, besonders wenn ich sie nicht so gut kannte, weckten in mir ein Gefühl von latenter Bedrohung, so als ob sie mich von jetzt auf gleich verprügeln würden.

Die Pausen waren am allerschlimmsten. Mit einem Mal schwand die Autorität des Lehrers, und wir wurden alle auf einen Schulhof voller unausgesprochener Hierarchien und unberechenbarer Dramen befördert.

Ich war zwar kein übermäßiger Freund fester Strukturen. Aber mir war klar, dass die Lehrer meine Sicherheit gegenüber bestimmten Mitschülern garantierten, die eine latente Bedrohung für mich waren. Das Ganze war nicht nur eine Frage der physischen Sicherheit, sondern auch der sozialen Inklusion. Man muss auf Gedeih und Verderb wissen, wo man in den Pausen hingehört. Ecken, Bäume und Schaukeln waren allesamt gute Verstecke, um sich vor den umherstreifenden Jungs fernzuhalten, die ihren Frust auf die Welt vielleicht gern an meiner kleinen zarten Gestalt auslassen würden.

Meine schulische Situation in der fünften Klasse war seltsam. Unsere Klasse hatte zwei Lehrer: Miss Laurie war morgens zuständig und Mister Craig nachmittags.

Miss Laurie, empathisch und gutherzig, war zierlich und hatte schwarzes, lockiges Haar. Als wir meine Situation an sie herantrugen, hatte sie den Mut, mir zu erzählen, dass sie selbst manchmal an einer tiefen Depression litt und bereit war, wo sie nur konnte zu helfen.

Mister Craig, groß, blond und gutaussehend, betrachtete meine ganze Situation mit der Skepsis von jemandem, der in seinem ganzen Leben noch nie Erfahrungen mit irgendeiner psychischen Erkrankung gemacht hat, sich aber sicher ist, dass er alles darüber weiß. Er dachte, dass ich wie ein Baby einfach nur zu Hause bleiben wollte.

Die komplett widersprüchlichen Reaktionen meiner Lehrer setzten mehr oder weniger den Standard, wie Erwachsene in den folgenden acht Jahren auf mich reagierten. Die einen waren mitfühlend, großzügig und unvoreingenommen. Sie gaben sich Mühe, mich zu verstehen, und behandelten mich meistens einfach wie ein ganz normales Kind. Viele andere waren aber wie Mister Craig und versteiften sich darauf, dass ich die Situation ausnutzen oder mir das alles ausdenken würde oder einfach nur ein durch und durch verdorbenes Kind war.

Ich gab es auf, darauf zu vertrauen, dass Erwachsene – und selbst Therapeuten – mir glauben, mich ernst nehmen oder mir wirklich zuhören würden.

In mir entstand eine Wunde, die mit der Zeit immer größer und schließlich zu einem Teil von mir wurde. Ich fing an, die Welt, die Gesellschaft um mich herum als etwas zu empfinden, das mich zurückwies, das meine Geschichte verdrehte, mich zu einem Lügner, einem Feigling, einem Schwächling verzerrte, zu einer Person machte, die man am besten ignorierte, bis sie verschwand.

Das ist all denen gegenüber unfair, die mir wirklich versucht haben zu helfen, ob in der Schule, in unserer Kirche oder in der Gemeinde. Doch diese Gefühle eines heranwachsenden jungen Mannes schlugen aus gutem Grund Wurzeln: Ich versuchte einfach zu überleben.

Damit das gelingt, muss alles verborgen bleiben.

Unsere Tage bestehen entweder darin, flussabwärts zu fahren oder einen Trampelpfad entlangzuwandern.

An einem Tag ziehen Dutzende Totenkopfäffchen und dazwischen vereinzelte Kapuzineraffen über unseren Köpfen vorbei, während sie laut schnattern und einen Schauer aus Blättern, Samen und Dreck auf uns herabregnen lassen. Tiffany nennt es unsere »Affendusche«. An einem anderen Tag hält die Gruppe plötzlich völlig reglos inne und lauscht dem verräterischen Krachen, das von einer Herde von über 100 Weißbartpekaris direkt hinter den undurchdringlichen Bäumen stammt. Obwohl wir sie nie zu Gesicht bekommen, nehmen wir ihren stechend ranzigen Geruch wahr. Und eines Nachts, lange nach Sonnenuntergang, entdecken wir die einzige Salamanderart im Park, den fremdartig aussehenden – und mit einem wunderbaren Namen versehen – Pilzzungensalamander, der sich an einem Blatt festklammert.

Statt einem Ort des Todes finde ich einen Ort unaufhörlicher Wunder vor.

Wie sich herausstellt, kann Jane, die Vogelliebhaberin, genauso gut Vögel bestimmen, wie sie die Uhr lesen kann. Tiffany schnappt schnell einige der Basics auf: Spechte fliegen einen unverkennbaren Eintauchen-und-aufsteigen-eintauchen-und-aufsteigen-Kurs, Aras fliegen hoch oben und gradlinig und immer zu zweit. Aber Jane, was für eine große Vogelbeobachterin sie auch sein mag, scheint das mit den Vögeln nicht so recht hinzukriegen. Sie verwechselt Papageien mit Aras und Spechte mit Tukanen.

Ich bin nicht von der streitsüchtigen Sorte. Normalerweise bin ich das Paradebeispiel für die Minnesota-typische Freundlichkeit, doch eines Tages, mittendrin auf unserer Reise, raste ich aus.

»Ein Reiher«, trällert Jane vom Boot aus einer Vogelsilhouette entgegen, die noch ein gutes Stück entfernt auf einem Ast über dem Wasser steht.

»Ich glaub, es ist in Wirklichkeit ein Anhinga«, sage ich. Der Anhinga, auch Schlangenhalsvogel genannt, ist eine bestimmte, im Wasser jagende Vogelart mit einem außergewöhnlich langen Hals. Er ist die Giraffe aus der Ordnung der *Suliformes* und im Manú weit verbreitet.

»Nein, ein Reiher«, sagt Jane.

»Anhinga, glaube ich«, wiederhole ich mit so viel Minnesota-typischer Freundlichkeit, wie ich kann.

»Reiher.«

»Ich bin mir ziemlich sicher – siehst du den Hals? Es ist ein Anhinga.«

»Reiher.«

»Na gut, ich sag Anhinga.«

20 Sekunden Schweigen, bis wir deutlich näher dran sind, dann sagt sie: »Siehst du, Jeremy. Ein Reiher.«

»Anhinga«, korrigiert Tomás sie.

Zur großen Erleichterung aller sagt Jane mehrere Stunden lang gar nichts mehr.

Ich habe auf meinen Reisen schon viele Vogelbeobachter getroffen, und ich respektiere ihr Engagement und ihre Hingabe. Aber wenn Sie eine Vogelbeobachterin oder ein Vogelbeobachter sind, dann hören Sie jetzt auf zu lesen, o. k?

Achtung, ihr ganzen Nicht-Vogelfreaks hier, denn Vogelfreaks sind durchgeknallt. Ich habe Vogelbeobachter getroffen, die einfach weiterziehen würden, selbst wenn sie einen Elefanten ein Nashorn bespringen sehen würden, weil sie eigentlich nur den tansanischen Schneidervogel suchen. Ich habe Vogelbeobachterinnen getroffen, die viele Tausend Kilometer mit dem Flugzeug und Hunderte Kilometer auf furchtbaren Straßen zurücklegen, und die dann, wenn sie ihr Ziel endlich erreichen und den Gesang eines ganz bestimmten Finken hören, einen Punkt auf ihrer Bucket List abhaken und sagen: »Na gut, das war's dann. Jetzt könnte ich eigentlich schon früher heimgehen.« Ich hab Vogelbeobachter getroffen, die gewohnheitsmäßig – gewohnheitsmäßig, wohlgemerkt – aufstehen, bevor die Sonne es tut, um einen Vogel zu finden. Im Dunkeln!

Verstehen Sie mich nicht falsch, ich liebe Vögel, und je mehr ich reise, desto mehr lerne ich die Vielfalt unserer weltweiten Avifauna zu schätzen. Wer ist nicht verrückt nach winzigen fliegenden Dinosauriern? Aber mich selbst als Vogelbeobachter zu bezeichnen, würde mich wahrscheinlich dazu zwingen, diverse Dinge zu tun, zu denen ich nicht fähig bin – zum Beispiel um vier Uhr morgens aufzustehen.

Eines Morgens, noch nicht mal auf einer Wanderung, sondern während wir die paar Meter von unserer Lodge zum Boot zurücklegen, als Tomás uns plötzlich schnell und lautlos ein Zeichen gibt. Da ist irgendwas. Es deutet über uns in die Bäume. Wir heben unsere Köpfe, und dort, gerade mal zwei Meter von uns entfernt, ist ein Tier, das aussieht wie eine Kreuzung aus einem Alien und einem Teddybären mit orangefarbenem Fell. Ein kollektives Keuchen, fast wie das Geräusch eines langen Seufzers, entweicht der Gruppe.

Das Tier, das annähernd die Größe eines Säuglings hat, bewegt sich langsam und präzise durch die Bäume, seine mit vier Klauen versehenen Vordergliedmaße krallen sich an Äste und ziehen es vorwärts, während seine – wie ein Handstaubsauger geformte – Schnauze zittert.

»Eine Tamandua«, flüstert Tomás angemessen ehrfürchtig.

Ein baumbewohnender Ameisenbär. Wir haben ihn vermutlich auf dem Weg ins Bett erwischt, denn sie sind nachtaktiv.

Die Tamandua scheint trotz unserer Gegenwart vollkommen unbesorgt. Einige Tiere im Nationalpark Manú haben ihre Angst vor Menschen verloren, nachdem sie über so viele Generationen nicht mehr gejagt worden waren.

Unbeirrt und gleichmäßig klettert der Tamandua direkt über unseren Köpfen durch den Baum, um dann im Morgenlicht zu schlummern.

Nach der Hälfte der Reise lassen wir das Weißwasser des Alto Madre de Dios hinter uns und biegen auf den Río Manú ein. Im Gegensatz zum Mutter-Gottes-Fluss ist der Manú eine langsam fließende, sedimentreiche, schokoladenfarbene Wasserstraße.

Kurz nachdem wir auf dem Manú ankommen, halten wir an und melden uns bei den Waldhütern an.

Wir sind im Begriff, ein Gebiet zu betreten, das als die sogenannte Pufferzone des Parks bekannt und nur für kurze Touristenaufenthalte vorgesehen ist. Dahinter liegt die Sperrzone, die den Naturwissenschaftlern oder Archäologen mit einer speziellen Regierungserlaubnis vorbehalten ist. Genau dort leben die unkontaktierten Stämme bis heute.

Eines Morgens, tief in der Pufferzone, gleiten wir in einem Katamaran auf einen See. Das Wasser ist reglos, die Wolken darüber spiegeln sich perfekt. Die ganze Welt ist, abgesehen vom rhythmischen Paddelgeräusch unserer Guides, still.

Wir treiben auf dem Salvador-See, einem Altwassersee[5] mit seiner eigenen Wildtierwelt. Marmorreiher staksen durch die Schatten, prähistorisch aussehende Hoatzine rasten tief unten in den Uferbäumen, pelzige Fledermäuse dösen auf Baumstämmen, und ein kleiner Kaiman sonnt sich.

Aber der wahre Star hier ist der Riesenotter. Stundenlang schauen wir einer Familie zu, wie sie auf dem See schwimmt, spielt und frisst. Diese Tiere sind, ihrem Namen getreu, riesig und können bis zu 1,70 Meter erreichen, genau meine Größe. Mit ihren großen Augen, ihren Fangzähnen und den hübschen weißen Klecksen auf ihrem Hals, die wie Rorschachtests aussehen, sind diese Fleischfresser sowohl majestätisch als auch schön. Da sie extrem gesellig sind, machen sie alles gemeinsam, und gemeinsam nehmen sie es sogar mit den größten Raubtieren des Amazonas wie dem Schwarzen Kaiman und dem Jaguar auf.

Ich erinnere mich noch, wie mich in der National Geographic ein vor Jahren aufgenommenes Foto von einem dieser Tiere in den Bann zog. Und hier bin ich jetzt, wie im Traum, ein kurzzeitiger Gast in ihrem Seekönigreich.

»Sicher, dass du nicht mitkommen willst?«, fragt mich Tiffany, als das Boot in einem flachen Teil des Manú vor Anker geht.

»Ich geh auf gar keinen Fall da rein«, sage ich zu ihr.

Wir haben diese Unterhaltung schon mal geführt, mehrmals. Nur weil ich insgesamt weniger Angst habe als im ersten Teil unserer Reise, heißt das noch lange nicht, dass ich bescheuert bin. Ich werde bestimmt nicht in einem Fluss wie dem Amazonas schwimmen.

Dafür gibt es einen guten Grund, und es sind nicht Piranhas oder Schwarze Kaimane. Nö, es ist der Candirú, oder wie ich ihn gern nenne: das Urinhöllenbiest. Das Urinhöllenbiest (UHB) ist ein winziger parasitärer Wels, der anschaulich auch als Harnröhrenwels oder Penisfisch bekannt ist und angeblich – angeblich! – in die Harnröhre eindringen und dort verweilen kann, der also in Ihrem Pissestrahl rumhängt. Man erzählt sich, dass der Candirú alias UHB, wenn jemand ins Wasser pinkele, den Urinstrahl nach oben schwimme und sich dann mithilfe von nach hinten gerichteten Haken ins Innere der Harnröhre einklinke. Ich kann diesen Satz noch nicht mal schreiben, ohne dass mein Unterleib taub wird.

Ich habe diese Geschichte mehrfach gehört. Sie wird seit Jahrhunderten von der indigenen Bevölkerung verbreitet, ist, wie sich herausstellt, aber ziemlicher Bullshit. Danach dringt der Candirú in die Harnröhre ein, wofür es aber bis heute nur sehr wenige direkte Beweise gibt. Die meisten Geschichten stammen aus dem 19. Jahrhundert, und die zuverlässigsten handeln davon, dass der Candirú nicht in der Harnröhre, sondern in Vaginen stecken bleibt. Vorsichtig, meine Damen. Es gibt einen jüngeren Vorfall aus dem Jahr 1997, bei dem einem jungen Mann ein Candirú aus der Harnröhre geschnitten werden musste, aber selbst das wurde in Frage gestellt. Wahrscheinlich sind solche Dinge möglich, aber sehr unwahrscheinlich – wie der Stachelrochenangriff, bei dem Steve Irwin getötet wurde.

Doch selbst wenn ich all das damals schon gewusst hätte, glaube ich trotzdem nicht, dass ich in die ruhigen Wasser des Manú gestiegen wäre. Stattdessen wurde ich zum Fotografen der Gruppe und dokumentierte den Spaß, den die anderen hatten.

An jenem Abend liegen Tiffany und ich in getrennten Hängematten, eine Armlänge voneinander entfernt.

»Wenn du jetzt gerade irgendwas zu essen haben könntest, alles, was es auf der Welt gibt, was hättest du gern?«

»Mhm …« Tiffany, unsichtbar in ihrer Hängematte, überlegt ausgedehnt. »Den Krabbensalat meiner Mutter.«

»Den Krabbensalat deiner Mutter? Den würdest du essen? Von allen Dingen, die es auf der Welt gibt?«

»Ja, was stimmt damit nicht?«

»Nichts. Das muss ja ein ganz besonderer Krabbensalat sein.«

»Surimi, imitiertes Krabbenfleisch.«

»Das ist ein Verkaufsargument?«

Unter uns liegt die Uferböschung des Flusses, das Wasser gleitet gemächlich vorüber. Ein umgestürzter, noch immer blühender Baum mit grünen Blättern treibt vorbei, ein Eisvogel stößt herab.

»Es ist das Einzige auf der Welt, was ich gerade haben will, abgesehen von einer guten Tasse Kaffee. Für einen Kaffee würde ich töten.« Fast jeder Kaffee, den wir in Peru aufgetrieben haben, war ein Nescafé, was vielleicht an unseren günstigen Hostels lag.

»Mmh …«

»Was ist mit dir?«

»Keine Ahnung. Vielleicht Pizza, Tacos. Jedes Essen, das keine Kartoffeln enthält. Oder ein Tee, einen starken English Breakfast. Schluss mit Lipton.«

»Hab ich schon Kaffee gesagt?«

»Hast du.«

Stunden später haben wir all unsere Sehnsüchte ausgiebig aufgelistet, die sich nach sechs Wochen mit eintönigem peruanischen Touristenfraß wie juckender Schorf auf einer Wunde gebildet haben.

An unserem letzten Tag auf dem Fluss stehe ich plötzlich im Boot – was nicht ratsam ist. Ich deute mit dem Finger und rufe: »Er schöpft! Schaut mal, er schöpft!«

Die Aufmerksamkeit aller richtet sich auf mich. Und ich rufe wieder: »Da, er schöpft, verdammt noch mal!«

Ein Schwarzmantel-Scherenschnabel, ein Vogel, dessen Unterschnabel mehrere Zentimeter länger ist als der Oberschnabel, hat vor dem Boot gerade seinen orange-schwarzen Schnabel geöffnet, und nun durchschneidet die untere Hälfte das Wasser wie ein Pflug auf dem

Feld. Hinter ihm öffnet ein anderer Scherenschnabel seine Kiefer und macht es dem ersten gleich.

Wir haben Hunderte Scherenschnäbel auf dem Fluss gesehen, seltsam aussehende Vögel mit riesigen Schnäbeln und schwarzen Augen, die in schwarzem Gefieder verschwinden. Wir haben sie manchmal beim Fliegen und manchmal beim Relaxen am Strand beobachtet, aber nie beim Schöpfen, einem Fressverhalten, bei dem sie ihren Unterschnabel ins Wasser tauchen, bis er zufällig mit einem Beutetier in Berührung kommt. Der Schnabel klappt zu, und die Beute wird verschlungen. Ich hatte so sehnsüchtig darauf gewartet, das zu sehen!

Der Großteil der Mannschaft kichert über mich. Mittlerweile sind sie mit meiner sehr enthusiastischen Reaktion auf Wildtiere vertraut. Ein paar von den anderen Touristen zücken ihre Kameras. Zu diesem Zeitpunkt schon fast wie aus Pflichtgefühl. Aber die meisten lächeln einfach nur und schauen träge zu. Nicht mal Jane, die leidenschaftliche Vogelliebhaberin, sieht sonderlich interessiert aus. Aber ich bin überglücklich.

Später am Nachmittag, als die Sonne gerade sinkt und einen feurigen Schein auf das Blätterdach wirft, wird das Boot langsamer. Tomás tippt mir auf die Schulter. Ich folge mit meinem Blick seinem Finger. Direkt am Flussufer ist eine Capybara-Familie. Ein Augenpaar kreuzt meines, und dann sind sie verschwunden – wie verschluckt von dem Wald, in den sie geflohen sind.

»Capybaras, Jeremy«, sagt Tomás. »Ich hab dir deine Capybaras besorgt.«

Am nächsten Tag falle ich in ein Loch.

Es passiert nicht im gefährlichen Dschungel, sondern auf einer kleinen Straße auf dem Rückweg nach Cuzco. Ich mache einen Schritt und stürze dann durch die Luft, bis mich ein Bein und mein Rucksack auffangen. Da stecke ich, ein Fuß baumelnd, der andere senkrecht zur

Straße in die Luft ragend. Und erst nachdem mich Tiffany und einer aus dem Team rausgezogen haben, entdecken wir einen gezackten Bewehrungsstahl, der wie ein Speer aus dem Loch nach oben ragt. Wäre ich nur ein kleines bisschen anders gefallen … ich stelle mir noch immer vor, wie sich die abgebrochene Stahlstange durch meinen Unterleib bohrt. Ich verblute in einer Stadt im Amazonas.

Vielleicht ist genau das in einer anderen Dimension passiert. Ich starb in Peru, und Tiffany heiratete Tomás. Konnte ich es ihr zum Vorwurf machen?

Doch in dieser hier trage ich kaum mehr als einen verstauchten Knöchel davon.

Am selben Nachmittag fliegen Tiffany und ich zurück nach Lima. Und am nächsten Tag, unserem letzten in Peru, besuchen wir den Zoo von Lima. Aber diesmal, statt ein »Falso« entgegengeschleudert zu bekommen, werden unsere Nuevo Soles akzeptiert. Ich frage nach einem Rollstuhl, weil ich im Grunde nur humpeln kann. Zwischen den Seehunden und den Krokodilen werde ich von einem armen Peruaner empfangen, den man gezwungen hat, in ein Teletubbies-Kostüm zu schlüpfen – das rote, Po. Und obwohl er derjenige ist, der wie ein Pädophiler aus dem Weltall aussieht, besitzt er die Frechheit, mit dem mürrischen Gringo im Rollstuhl Mitleid zu haben.

Tiff kann nicht aufhören zu lachen, als sie das Foto schießt.

Einen Monat später, auf dem Klo meiner Eltern in Minnesota, habe ich gerade den Karton einer Klopapierrolle in Stücke gerissen und stochere jetzt, auf der Suche nach Blut, in der Kloschüssel in meinem Kot herum.

In einem abgelegenen Teil meines Gehirns weiß ich, dass das ein völlig gestörtes und ekeliges Verhalten ist, das vermutlich einiges über meinen Geisteszustand aussagt. Doch mein Frontallappen weiß, dass es absolut notwendig ist. Wenn ich nicht in meiner Kacke herumwühle, finde ich kein möglicherweise vorhandenes Blut, und dann bin ich höchstwahrscheinlich sterbenskrank, ohne zu wissen, dass ich sterbenskrank bin. Das Einzige, was mich vor diesem Unwissen rettet, ist, die Krankheit in meiner Kacke zu finden.

Die Toilette, im Erdgeschoss unseres um die Jahrhundertwende erbauten Farmhauses, ist nicht größer als eine Kabine auf dem Flughafenklo. Sie wurde in den 1950er-Jahren eingebaut, zusammen mit den Wasserleitungen, die das Haus in die Gegenwart katapultierten. Die Blumen-und-Vögel-Tapete, der Duft einer ganz bestimmten Seife und die Lichtverhältnisse sind mir ebenso vertraut wie das Gesicht und die Stimme meiner Mutter.

Tiffany klopft an die Tür. Sie weiß, dass ich schon zu lange hier drin bin. Sie hat einen Verdacht, was ich treibe. Aber ich muss den Beweis dafür finden, dass, obwohl wir Peru längst verlassen haben, Peru mich noch nicht verlassen hat. Peru hat mir todsicher Typhus oder Malaria oder Gelbfieber oder Oroya-Fieber oder die Pest oder irgendeine bislang unentdeckte Killerkrankheit angehängt. Und selbst wenn Peru unschuldig ist, habe ich definitiv Darmkrebs.

Tiffany klopft mittlerweile mit mehr Nachdruck. Meine Mutter ist auch an die Tür gekommen, und beide rufen meinen Namen. Unter enormen Anstrengungen betätige ich die Spülung und öffne die Tür. Mein Gesicht ist aschfahl, mein Körper zittert.

Dann sage ich: »Ich muss mit einem Arzt reden.«

Um ehrlich zu sein, hatte ich mir über das Leben nach Peru nicht viele Gedanken gemacht. Ich war mir so sicher, dass ich dort sterben würde, dass ich der Zukunft nur wenig Bedeutung beimaß. Ich verwendete meine ganze Energie darauf, jeden einzelnen Tag zu überstehen, und verschwendete keinen Gedanken an eine vage, unbestimmte Heimkehr.

Aber Tiffany, die immer alles im Griff hat, schon. Wir zogen zurück nach Minnesota, um wieder nah bei unseren Familien und Freunden zu sein. Tiffany hatte sich bereits eine neue Stelle bei der Organisation Teach For America gesichert und ihren Bruder Chris damit beauftragt, uns eine Wohnung und ein sehr gebrauchtes Auto zu besorgen. Als wir auf dem Flughafen Minneapolis-Saint Paul landen (aus meiner Sicht: überraschenderweise, ohne dabei zu sterben), holt er uns in unserem ›neuen‹ Wagen ab. Ich erinnere mich daran, dass ich, während wir die Autobahn entlangfuhren und nach draußen auf die allzu vertraute Skyline von Minneapolis blickten, dachte: »Na gut, und was zum Teufel jetzt?«

Es stellt sich heraus, dass ich darauf nur wenig Einfluss habe. Während wir verzweifelt versuchen, uns an unser neues Leben zu gewöhnen, fange ich an, in meiner Kacke nach Blut zu suchen. Und ich kann nicht aufhören. Die ganze Erleichterung und relative Gelassenheit, die ich tief im Amazonas verspürt hatte, verflüchtigten sich wie ein Geist, der durch den Lärm der Stadt verscheucht wird.

Ich weiß mit dieser besonderen Gewissheit, die nur den Klarsichtigen vorbehalten ist, dass ich mir im Wald etwas eingefangen habe, einen blinden Passagier in meinem Körper, der mich langsam umbringt. Eines Tages würde ich aufs Klo gehen, und da wäre nichts als Blut, Blut, das aus dem Stuhl herausquillt.

Monatelang sah unsere Routine so aus: Ich kam zitternd, mit pochendem Herzen und schweißtriefend aus dem Bad und teilte Tiffany mit, dass ich sterben würde. Und ich konnte nicht begreifen, warum sie mir nicht glaubte. Es dauerte immer Stunden, bis ich wieder runterkam. Ich hörte auf, irgendwas zu essen, das nur im Entferntesten rot war – keine Tomaten, keine Erdbeeren, keine Himbeeren oder Paprika. Ich zwang Tiffany, mich zum Arzt zu bringen. Ich brachte Stuhlproben mit, und sie machten ihre Tests und sagten: »Sie sind gesund. Keine Parasiten. Alles in Ordnung.«

Aber ich glaubte ihnen nicht. Was immer es war, es wartete nur auf den richtigen Moment, um sich zu offenbaren und diese fünf magischen Worte zu sagen: »Du bist am Arsch, Alter.«

Man könnte vielleicht meinen, dass es mir jetzt leichtfiele, das alles zuzugeben, weil ich hier so nüchtern darüber schreibe. Nichts könnte weiter von der Wahrheit entfernt sein. Wenn man psychisch krank ist, lernt man sehr schnell, wie man das geschickt vor der eigenen Familie, vor Freunden, Arbeitskollegen und sogar vor Therapeuten verbirgt. Verrückt zu sein, kann einen dazu bringen, verrückte Dinge zu tun, und was man am allerwenigsten will, ist, dass andere wissen, was für verrückte Dinge man getan hat. Verrückt zu sein, hat mich dazu gebracht, monatelang in meiner eigenen Scheiße herumzuwühlen. Und selbst wenn man langsam akzeptiert, dass es die Krankheit ist, die einen dazu bringt, derartige Dinge zu tun (»Steve ist schuld!«), lösen sich Scham, Angst und Abscheu darüber nicht einfach in Luft auf. Das bleibt. Wahrscheinlich für immer.

Wenn ich jetzt, mehr als zehn Jahre später, an jene Zeit zurückdenke, ist mein unwillkürlicher Reflex zu sagen: »Mein Gott, Jeremy, was bist du für ein erbärmlicher und widerlicher Mensch.«

Erst wenn ich etwas länger darüber nachdenke, kann ich mir selbst ein bisschen vergeben.

»Na schön, Jeremy, wieso erzählst du mir nicht, was los ist?«, fragt mich die Psychologin ein paar Wochen nach unserer Ankunft in Minnesota.

Es ist das erste Mal seit Jahren, dass ich zur Therapie gehe. Und das fühlt sich zugegebenermaßen wie ein Scheitern an, ein Eingeständnis meiner Schwäche, ein Einknicken vor meiner Familie und meiner Vergangenheit, die komplett von psychischen Krankheiten beherrscht wurden.

In Wahrheit war ich selbstgefällig und fast schon arrogant geworden, weil ich dachte – oder wohl eher hoffte –, ich würde mich vielleicht nie mehr direkt mit psychischen Krankheiten auseinandersetzen müssen. Vielleicht hatten das College und das Erwachsenwerden und das Herumkommen in der Welt das Thema ja für mich erledigt. Vielleicht hatte ich die ganze Sache überwunden, sodass sie in späteren Jahren einfach zu Erinnerungen an eine verunglückte Jugend werden würde. Doch als ich hier sitze und diese Fremde vor mir anschaue, wird mir klar, dass sich dieser Traum eindeutig als Illusion erwiesen hat.

Auf der anderen Seite, wenn es etwas gibt, das ich gut – ich meine so richtig verdammt gut – kann, dann Therapie. Ich beschreibe das letzte Jahr unverblümter und detaillierter als ich das meinen Eltern oder selbst Tiffany gegenüber gekonnt hätte: von den Ärzten in New York über Welpen in Peru bis zum Herumwühlen in meiner eigenen Kacke in Minneapolis.

Zum Schluss sieht mich die Therapeutin an: »Nun ja, Sie haben eindeutig eine Zwangsstörung.«

»O. k.« Ein tiefer Atemzug. »Davon hab ich schon mal gehört. Was ist das?«

Psychische Erkrankungen sind viel verbreiteter, als wir denken. Nach Angaben der gemeinnützigen US-Organisation National Alliance on Mental Illness macht pro Jahr jeder fünfte Erwachsene in den USA eine psychische Erkrankung durch. Wenn Sie also fünf Freunde oder Familienmitglieder nehmen, hatte aller Wahrscheinlichkeit nach allermindestens einer oder eine von ihnen mit einer psychischen Erkrankung zu kämpfen. Wieso ist das nicht deutlich sichtbar? Weil diejenigen von uns, die mit einer psychischen Krankheit zusammenleben müssen, so verflucht gut darin werden zu schauspielern, vorzutäuschen, ihre Schmerzen wegzulächeln oder ihre Angst kleinzulachen. Und je länger man es mit einer psychischen Erkrankung zu tun hat, desto besser wird man darin, sie zu verschleiern. Die meisten meiner Freunde wissen, dass ich mit einer psychischen Erkrankung zu kämpfen hatte, weil ich offen damit umgehe, aber auch unter meinen engsten Freunden hat bisher nur eine Handvoll miterlebt, wie sie sich äußert.

Aber halten Sie sich fest: Fast die Hälfte aller wohnungslosen Menschen in den USA leidet an einer schweren psychischen Erkrankung, und fast ein Viertel der Gefängnisinsassen hatte in jüngster Zeit eine psychische Krankheit. Schlimmer noch, 70 Prozent aller jugendlichen Straftäter leiden unter psychischen Problemen. Wen wundert es da noch, dass von einer Krise der psychischen Gesundheit gesprochen wird?

Auf meine neue Diagnose, die sich zu meinen alten Diagnosen schwere Depression, Angststörung, Schlafstörung und Posttraumatische Belastungsstörung gesellt, folgt eine monatelange Konfrontationstherapie. Ich muss mich selbst dazu zwingen, Arztserien wie *Grey's Anatomy* oder *Dr. House* zu schauen und meine aufflackernde Angst zu beobachten. Dabei soll ich meinen Gefühlen Zahlen zuordnen: Gregory House, der einen CT-Scan auf Multiple Sklerose durchführt, ist eine Vier; ein Patient, der bei *Grey's* an einem rekordverdächtigen Tumor stirbt, jep, das ist eine Neun. Ich muss mich dazu zwingen, mir selbst meinen Stuhl anzuschauen, bis ich davon gelangweilt bin – was länger dauert, als man erwarten würde. Ich muss die Memoiren von Krebsüberlebenden lesen. Und ich soll Krankenhausspaziergänge machen, um Menschen zu sehen, die, nun ja, wirklich im Sterben liegen. Allerdings fehlt mir für diesen letzten Schritt der Mut.

Ich nehme, zum ersten Mal seit der Jahrtausendwende, Escitalopram, ein Psychopharmakon. Es hilft mir bei meiner Zwangsstörung und Depression, die sich seit der Landung in Minnesota wieder bemerkbar macht.

Das Medikament bewirkt allerdings auch, dass ich an Sex ungefähr so viel Interesse habe wie an Höherer Mathematik. Und ich will die ganze Zeit nur schlafen.

Außerdem muss ich Steve formell kennenlernen. Ich muss sagen: »Hallo, Steve.«

»Hallo, Jeremy.«

»Ich kenne dich jetzt. Ich weiß, dass du nicht ich bist. Ich weiß, dass du etwas anderes bist. Ein Kobold. Ein Hochstapler. Eine Störung. Ich kenne deine Waffen und deine Tricks.«

»Alles klar, Mann. Verstehe. Aber mit deinem Magen stimmt gerade was nicht, oder? Hab ich dir schon erzählt, dass Magenkrebs der schlimmste Krebs überhaupt ist?«

»Ah, o. k. Ah … ähm … Tiff? … Tiffany! Vielleicht sollte ich den Arzt anrufen?!«

Ich habe noch einen langen Weg vor mir.

Wenngleich ich damit beschäftigt bin, aus dem Abgrund meiner Zwangsstörung herauszukriechen, brauche ich trotzdem einen Job und eine Krankenversicherung. Nur weil man täglich in seinen eigenen Exkrementen rumwühlt, heißt das in Amerika noch lange nicht, dass man keinen Vollzeitjob durchhalten kann.

Das Wichtigste zuerst: Ich brauche eine Krankenversicherung – dringend. Ich konnte keine private Versicherung auftreiben, die mich versichern will, weil ich Vorerkrankungen habe (Sag bloß!), die den Namen Depression, Angst- und Zwangsstörung tragen.

Um meine Versicherungsprobleme im Zeitalter vor Obamacare zu lösen, müssen Tiffany und ich uns etwas einfallen lassen. Also heiraten wir, nur in Anwesenheit unserer Eltern, im Rathaus. Wir nennen es unsere »Scheinhochzeit«, weil wir vorhaben, unsere richtige Hochzeit erst im folgenden Sommer zu feiern. Manchmal muss man in den USA jemanden heiraten, um eine Krankenversicherung zu bekommen.

Was mein anderes Bedürfnis, einen Job, betrifft, fange ich in einer Bäckerei zu arbeiten an, wo ich Brot und Muffins und Zimtschnecken zubereite. Die Arbeit gefällt mir, sie hat einen meditativen Charakter. Aber für jemanden, der Escitalopram nimmt und für seine psychische Gesundheit außerdem zehn Stunden Schlaf braucht, ist es untragbar, um 3 Uhr 30 aufzustehen. Rund zwei Prozent der Menschen brauchen nachts zehn Stunden Schlaf. Warum? Die Gene sind schuld! Deshalb erwache ich eines Morgens im Dezember – es ist noch dunkel – mit einer ausgewachsenen Panikattacke. Tiffany muss meinen Arbeitgeber anrufen und ihm sagen, dass ich mitten im Feiertagstrubel kündige. Als Nächstes probiere ich einen Buchladen. Das läuft ganz gut, bis ich den Rauch bemerke. Der Buchladen liegt direkt neben einem Tabakladen mit einer Raucherlounge. Während ich die Bücher sortiere, denke ich über Nikotin nach – und über Krebs. An manchen Stellen riecht es sogar nach Krebs. Ich muss mich täglich auf dem Buchladenklo einschließen, um meiner Zwangsstörung gut zuzureden. Ich habe das Klo noch deutlich vor Augen. Eines sonnigen Frühlingstages rufe ich meinen Chef an und kündige.

Als aus dem Frühling Sommer wird, beginne ich, mich endlich zu stabilisieren. Die Kombination aus intensiver Therapie und Medikamentenbehandlung stellt Steve gerade so weit ruhig, dass ich mich manchmal selbst von außen betrachten und Steve bei seinen miesen Tricks erwischen kann, bevor sie zu weit gehen.

Ich fange an, in Teilzeit im Homeoffice zu arbeiten, was es mir besser ermöglicht, auf mich achtzugeben. Ich kann die Zwangsgedanken nicht aufhalten, aber immerhin zum ersten Mal in meinem Leben als das wahrnehmen, was sie sind. Das bin nicht ich, sondern Steve. Nicht rational, sondern irrational.

Wenn ich abends vor dem Einschlafen im Bett liege, denke ich oft an den Amazonasregenwald. Die unzähligen, am Flussufer versammelten Schmetterlinge, die Blattschneiderameisen, die unbeirrt unseren Weg kreuzen, die Vögel, von denen ich noch nie gehört hatte, die unter dem düsteren Blätterdach umherflitzen, die Schatten der Bäume auf dem Fluss, das Funkeln des Sonnenlichts auf dem Altwassersee.

Ich fange an, nach Nachrichten über die Region zu suchen, und stolpere über eine Website namens Mongabay.com, die zum damaligen Zeitpunkt komplett von ihrem Initiator Rhett Butler (Ja, im Ernst! Wie der männliche Hauptcharakter aus *Vom Winde verweht* – und fragen Sie erst gar nicht, ob ihn das juckt) betrieben wird. Ich lese die Seite täglich, absolut obsessiv, und bin richtig enttäuscht, wenn Rhett sie ein paar Tage lang nicht aktualisiert.

Kurz vor Weihnachten verbreitet sich die Nachricht, dass der Baiji oder Chinesische Flussdelfin, ein 20 Millionen Jahre alter Bewohner des Jangtse, ausgestorben ist. Ich habe noch nie einen Baiji gesehen und bin auch noch nie in China gewesen, aber die Nachricht trifft mich wie ein Schlag. Ich muss irgendwas tun. Also schreibe ich einen Artikel und schicke ihn per E-Mail an Mongabay. Rhett antwortet und sagt, dass er ihn veröffentlichen wird. Es ist mein erster Umweltschutzartikel.

Der Sommer ist da, und an einem heiteren Julitag holen Tiffany und ich unsere richtige Hochzeit nach. Für viele unserer katholischen Verwandten ist es eine schräge Hochzeit. In einer Zeremonie, die ich mir selbst ausgedacht habe und die Elemente aus unterschiedlichen Kulturkreisen mit frei erfundenen Elementen vermischt, werden wir von Tiffanys Bruder und seinem Ehemann unter der Sonne und dem blauen Himmel getraut. Mein ›Trauzeuge‹ ist eine Frau, und das Essen ist griechisch-türkisch, denn wieso nicht? Anschließend tanzen wir alle ausgelassen in einer Scheune der Gemeinde, wo wir am Lagerfeuer, inmitten von Schafen, mit reichlich Baklava und einer Menge stolzer Homosexueller feiern.

Zwei Wochen später fahren Tiffany und ich durchs Land, um unser neues Leben zu beginnen. Schon wieder, unser dritter Anlauf in zwei Jahren. Ich bin in Santa Fe im Bundesstaat New Mexico für das sogenannte Great Books Masters Program, einen literarischen Masterstudiengang an der St. John's College angenommen worden.

Wenngleich sich seit sechs Monaten mein psychischer Zustand verbessert hat, bin ich ziemlich sicher, dass wir nie dort ankommen, sondern verunglücken und sterben werden.

Teil 2
Begegnung mit der Natur

KAPITEL DREI

Der gute Reisende

WINTER 2002

Ein Geräusch dringt an mein schlummerndes Gehirn. Irgendjemand klopft. Ich würde am liebsten »Verschwinde!« rufen, aber das Klopfen hält an.

Ich wache in einem fremden Bett in einem fremden Zimmer auf, und für einen kurzen Moment überkommt mich Panik. Wo bin ich? In Minnesota? In Irland?

Aber dann fällt's mir wieder ein. Ich bin in Kenia.

In Afrika.

In der Zeit vor meinem vierten Weihnachtsfest verbrachten meine Eltern viel Zeit im Keller. Mein Vater ging regelmäßig nach dem Abendessen nach unten, bis kurz darauf Werkzeuggeräusche nach oben drangen. An den Wochenenden verschwand er oft stundenlang und tauchte nur für ein Glas Milch und einen kurzen Blickwechsel mit meiner Mutter auf.

Am Morgen des ersten Weihnachtsfeiertags 1983 wurde das Resultat ihrer Schufterei endlich enthüllt. Auf einer 1,20 mal 1,20 Meter breiten Sperrholzplatte, deren eine Ecke ausgesägt worden war, wodurch eine L-Form entstand, hatten sie mir, dem jüngsten ihrer drei Kinder, ein Naturdiorama gebaut.

Und obwohl es längst nicht mehr da ist, habe ich es immer noch in lebhafter Erinnerung. An einem Ende befindet sich eine Art Dschungel, üppige Bäume, die sich von einem in schattig-dunklem Grün bemalten Grund erheben – jener Art Farbe, in der Tiere untertauchen können. Nach etwa 20 Zentimetern geht der Dschungel in eine Savanne über, wo die Bäume spärlicher sind und das Grün des Grases unter der Sonne verbleicht. Gelbe Farbkleckse zeigen an, wo die Vegetation gegen die Dürre kämpft. Am Ende der Savanne liegt ein See, eine auf die Platte geklebte Glasscheibe. Ein Teil des Ufers ist von Schilfgras gesäumt, hochgewachsen und weidenartig, und von da aus bahnt sich ein Fluss seinen Weg bis an den Rand der Welt. Bei Sonnenuntergang versinkt der See schnell im Schatten einer angrenzenden Bergkette, deren blauviolette Gipfel bis zu einer Höhe hinaufragen, wo der Schnee – weiße Farbe – niemals schmilzt. Entlang der Linie, an der das Diorama abknickt, ragen diese Berge auf und trennen den trockensten Lebensraum, die Wüste, vom Rest. Dünen heben und senken sich hier, als spielten Kinder unter einer Decke. Ein paar leicht schiefe Kakteen stehen wacklig herum, so als würde sie diesmal vielleicht nicht mal mehr ihre Fähigkeit, extreme Trockenheit zu überleben, retten.

Als das Geheimnis des Kellers vor meinen Augen enthüllt wurde, war ich offen gesagt sprachlos. Was kann man zu so einem Liebesbeweis schon sagen? Und was sagt man, wenn man bedenkt, dass mein Vater zu jenem Zeitpunkt unserer Beziehung oft distanziert, unnahbar und heikel war?

Wie hat er an diesem Morgen aber gestrahlt!

»Hol deine Tiere«, sagte er.

Ich rannte auf mein Zimmer. Die Treppe hoch, nach rechts, und am Ende des Flurs noch mal rechts. Hier bewahrte ich die kleinen Plastiktiere auf, die ich mir von meinem Taschengeld im Billigwarenladen unseres Orts gekauft hatte.

Als ich zurückkam, stellte ich sie auf, so wie ich es schon unzählige Male vorher getan hatte. Aber jetzt hatten sie richtige Ökosysteme:

die Tapire kamen in den Dschungel, die Elefanten in die Savanne, die Kamele in die Wüste und die Krokodile ans Ufer des Sees.

Ich kann mich an keine Zeit erinnern, zu der ich nicht verrückt nach Tieren gewesen wäre. Lange bevor ich irgendwelche andere Berufswünsche hatte, wollte ich Zoowärter werden. Damals kannte ich schon Tausende von Arten und wusste, wo auf der Welt sie zu finden und wie bedroht oder zahlreich sie waren.

Abgesehen von meiner Familie, galt meine erste große Liebe den Tieren. Dabei ging es mir nicht so sehr um die Nutz- und Haustiere, die es in unserer Kleinstadt zuhauf gab. Ich interessierte mich nicht sonderlich für Kühe und Pferde und Katzen, sondern es waren die wilden Tiere, die es mir angetan hatten. Und je seltsamer und exotischer sie waren, desto besser.

Als ich älter wurde und neue Sehnsuchtsobjekte entdeckte – Dinosaurier, Mädchen, Bücher, Theater –, geriet meine erste große Liebe für wilde Tiere erst mal in Vergessenheit. Als Teenager versuchte ich mich dann ein oder zwei Jahre lang als Umwelt- und Tierschutzaktivist, was einen in den frühen Neunzigern in einer Kleinstadt in Minnesota zu einem ziemlichen Exoten machte. Und trotzdem trug ich T-Shirts über den Amazonasregenwald und darüber, wie dringend er gerettet werden musste, schrieb Briefe an Kosmetikfirmen, in denen ich sie aufforderte, ihre Produkte nicht länger an Tieren zu testen, und spendete mein Taschengeld an Umweltschutzgruppen, statt mir davon kleine Plastiktiere zum Spielen zu kaufen.

Das machte meinen Vater richtig wütend: »Wieso schmeißt du dein Geld einfach so raus?« Er selbst hatte mit 14 seinen Vater verloren und danach mit seiner Mutter und seinem jüngeren Bruder jahrelang alles getan, um den Bauernhof vor dem Bankrott zu retten.

Später entschuldigte er sich mehrfach dafür. Mein Vater tat oder sagte immer alles mehr als nur einmal. »Du hattest recht«, sagte er immer wieder. »Du hättest dein Geld nicht besser ausgeben können.«

Nach etwa einem Jahr ließ ich meine Aktivistenphase hinter mir. Die Last der Sünden dieser Welt wurde zu schwer, ich war es müde, zu versuchen, anderen ins Gewissen zu reden, und wartete, zunehmend zynischer werdend, darauf, dass Unternehmen und Politiker irgendwas unternahmen. Zu Hause hatte ich schon genug Probleme: Meine Mutter fiel von einer kräftezehrenden Depression in die nächste, mein Vater war mit dem Kampf gegen seine eigenen Dämonen beschäftigt, meine Brüder waren in der High School und benahmen sich noch schräger als sonst. Und ich hatte tagtäglich damit zu kämpfen, meine eigene Depression und Angststörung vor der Welt zu verbergen.

Ich ließ also zu, dass meine erste große Liebe für die Tiere und die Natur in einen langen Dämmerzustand fiel – wie eine Schildkröte, die sich auf dem Grund eines Sees eingräbt und sich einen Kokon aus Schlamm schafft, in dem ihre Körpertemperatur dann auf etwa fünf Grad Celsius abfällt, die Sauerstoff aus dem Wasser aufnimmt und schlummernd den langen kommenden Winter überdauert.

Und doch sind es die Tiere, die mich an diesem Morgen, 18 Jahre nachdem mir meine Eltern ein Naturdiorama gebaut haben, hierherbringen. Endlich steige ich aus dem Bett und schaffe es an die Tür des Hotelzimmers. Ich öffne schlaftrunken, und vor mir steht ein großer schwarzer Mann.

»Jeremy Hance?«, fragt er, mit einem für mich ungewohnten Akzent.

»Ja.«

»Ich komme vom Safari-Anbieter. Es geht um Ihre Bezahlung.« Mein offensichtlicher Out-of-bed-Look scheint ihn etwas zu irritieren, immerhin ist es hier wahrscheinlich schon Mittag oder so.

Ich bitte ihn, kurz zu warten, gehe zurück in das dunkle Zimmer und hole einen meiner Schuhe. Ich ziehe einen Umschlag aus dem Innenfutter und nehme 800 US-Dollar in bar heraus, so wie es der Safari-Betreiber verlangt hat. Na ja, nicht in einem Schuh, sondern in Dollar, in druckfrischem Bargeld. Das mit dem Schuh hat damit zu tun, dass mir das als die sicherste Art vorkam, so viel Geld über Tausende von Kilometern zu transportieren. Ich reiche ihm das Geld.

Er zählt es nach und sagt: »Wir sind quitt, Mister Hance.« Er teilt mir noch mit, dass ich am nächsten Morgen um 6 Uhr für meine neuntägige Safari abgeholt werde.

Und dann ist er weg.

Ich setze mich aufs Bett, mein Gehirn noch immer im Halbschlaf. »Ich bin in Kenia«, sage ich zu mir selbst. In Nairobi. Auf einem Last-Minute-Trip allein nach Afrika, bevor meine Auslandsstudienzeit zu Ende geht. Und wieso auch nicht? Immerhin bin ich 22 und ein *guter Reisender* – ich bin spontan, abenteuerlustig und absolut tiefenentspannt.

Ich ziehe die Jalousien hoch, und blendendes, heißes Sonnenlicht flutet herein. Was für ein Unterschied zu dem sonnenlosen Winter, den ich hinter mir habe, zu dem Dauerregen, in dem sich die Lichter von Galway brachen, wo ich meine Auslandsstudienzeit verbracht hatte. Ich blicke fünf Stockwerke nach unten auf das Zentrum von Nairobi. Autos bewegen sich nach einem nicht zu durchschauenden System über eine Kreuzung. Ein Mann, der dieses Verkehrschaos womöglich verursacht hat, zieht mitten im Innenstadtverkehr mit einer Hand einen Pferdewagen hinter sich her.

Auf einmal fühle ich mich ängstlich, eingeschüchtert, fast wie ein Kind. Na gut, ich könnte auch den ganzen Tag in diesem netten gemütlichen Hotel in Nairobi bleiben. Ich könnte ein bisschen fernsehen, im Restaurant unten essen gehen und erst morgen so richtig loslegen. Ich könnte mich vor diesem Abenteuer verstecken, das ich selbst angestoßen habe, das sich aber plötzlich fast wie eine Bedrohung anfühlt.

Wir schreiben das Jahr 2002, vier Jahre vor der Diagnose meiner Zwangsstörung und der erkenntnisreichen Perureise. Und obwohl diese Versuchung noch eine Weile anhält, zwinge ich mich schließlich, das Hotel zu verlassen, so wie man sich zwingen muss, zum Zahnarzt zu gehen. Ich habe nur einen Tag in Nairobi, und den werde ich bestimmt nicht in einem blöden Hotel verbringen. Ich ziehe mich an und nehme den Fahrstuhl runter zur Lobby.

Die Luft draußen ist klebrig vor Feuchtigkeit. Über mir erheben sich Wolkenkratzer, und das Sonnenlicht, in dem sie schimmern, ist eines der intensivsten, das ich je gesehen habe. Die Stadt hat einen modernen Glanz, wirkt aber auch irgendwie runtergekommen – wie ein Garten, den man sich selbst überlassen hat.[1]

Bisher habe ich nur die Autobahn vom Flughafen zum Hotel gesehen, auf der sich Scharen von Männern zwischen den Fahrzeugen durchschlängeln und Zeitungen, Süßigkeiten, Zigaretten – eigentlich so ziemlich alles – verkaufen. Ein mobiler 24-Stunden-Laden.

Jetzt schlendere ich ziellos ein paar Häuserblocks weit und lande schließlich auf einem zentralen Platz in der City, wo ich einfach rumstehe und die Leute um mich herum beobachte. Jeder von ihnen sieht anders aus als ich, 1000 unterschiedliche Schattierungen von schwarzer Haut, während meine wie blanchierte Mandeln mit einem rosigen Hauch aussieht.

Zum ersten Mal in meinem Leben bin ich eine ethnische Minderheit. »Komisch«, denke ich, »dass so ein großer Teil der Menschheitsgeschichte in den letzten 1000 Jahren aus Herrschaft, Sklaverei, Krieg und Massensterben bestand, die mit unterschiedlichen Melaninkonzentrationen zusammenhingen.«

Aus der Menschenmenge kommt ein Mann auf mich zu. Er ist ungefähr 30 und gut gekleidet, seine Gesichtszüge sind offen und freundlich. Er winkt, als wären wir bereits alte Freunde.

»Hallo, ich bin Charles«, sagt er.

»Jeremy«, sage ich.

»Ich hab dich gesehen, ich arbeite im Hotel als …«. Das letzte Wort entgeht mir, denn es fällt mir schwer, diesem für mich neuen Akzent zu folgen.

»Ah, o. k.« Keine Ahnung, ob er die Wahrheit sagt.

»Amerikaner?«

»Ja.«

»Ich liebe Amerika. Bin so traurig über das am 11. September.«

Die Terrorangriffe lagen erst vier Monate zurück. »Ja, schlimm.«

»Erstes Mal?«

»Mhm«, sage ich, angestrengt zuhörend und hin- und hergerissen, ob ich mich loseisen soll oder nicht.

»Das erste Mal in Nairobi?«

»Ah – ja, ja. Ich war eine Weile in Irland zum Auslandsstudium, und dann … na ja, ziemlich lange Geschichte, aber dann hab ich beschlossen, das hier zu machen.« Ich wedle mit der Hand, als ob das alles erklären würde. »Ich geh auf Safari, weißt du. Ich liebe wilde Tiere.« Ich habe keine Ahnung, warum ich ihm das alles erzähle, außer, dass es die Wahrheit ist.

»Ah, du wirst so viele tolle Sachen sehen, Elefanten, Löwen, Nashörner. Die ›Big Five‹. Kenia hat sie alle. Wann geht's los?«

»Morgen.«

»Schön. Du wirst eine super Zeit haben. Hast du jetzt vielleicht Lust, dass ich mit dir eine Runde durch Nairobi drehe, Bruder?«

»Eine Runde drehen?«

»Eine Führung. Ich geb dir eine sehr schöne Stadtführung, Bruder. Das wär doch schön, oder? Nairobi bedeutet ›kühles Wasser‹. Das kommt aus der Sprache der Massai. Kennst du die Massai? Sie sind einer der vielen Stämme von Kenia. Ich geb dir eine tolle Führung und werd dir alles über die Massai und unsere Geschichte erzählen.«

Kurze Pause.

Dann sage ich: »Okay, wieso nicht?«

Ich war nicht immer ein *schlechter Reisender*, müssen Sie wissen. Für einen kurzen Abschnitt meines Lebens, etwa zwischen 18 und 25, war ich ziemlich gut darin zu reisen, und damit meine ich, dass ich ohne Panikattacken, bedauerliche Fäkalereignisse oder Katzenangst über die Runden kam. Ich habe sogar eine Spontaneinladung eines völlig Fremden zu einer Stadtführung angenommen – was auch immer man davon halten soll. Man könnte sogar so weit gehen, mich als ›abenteuerlustig‹ zu beschreiben. Man könnte.

Was auch immer ich war, und was immer ich sogar heute noch bin – ich hatte schon immer ein unbändiges Fernweh in mir, eine große Neugier auf die Kirschen in Nachbars Garten. Daran sind meine Mutter und Walt Disney schuld.

Meine Mutter zog mich mit den Geschichten ihrer Rucksackreise durch Europa groß. Was heute keine Seltenheit mehr ist, hatten sie und eine Freundin schon 1968 gemacht, im Alter von 19 Jahren. Sie hing in entlegenen Dörfern herum, die noch nie einen Amerikaner zu Gesicht bekommen hatten (nicht mal im Krieg), freundete sich mit einem Gigolo an, um sich die unerbetene Aufmerksamkeit griechischer Männer vom Hals zu halten, und starb fast an einer schweren allergischen Reaktion auf Rotwein.

Sie erkundete ein Europa, das es heute nicht mehr gibt – ein von Massentourismus oder Globalisierung unberührtes Europa, in dem das Englisch italienischer Männer auf Beatles-Texte beschränkt war und jede Reiseroute abrupt am Eisernen Vorhang endete.

Das alles war für sie eine prägende Erfahrung. Und das gab meine Mutter an mich weiter, wenn sie erzählte und uns ihre Dias zeigte.

Ich habe die allgemeine Abneigung gegen Urlaubsdias noch nie verstanden, weil ich es immer geliebt habe, wenn meine Mutter ihre eigenen aus dem Schrank holte. Und bei jedem Foto sprudelten ihre Geschichten wie ein Geschenk aus ihr hervor.

Der zweite Schuldige: Disneyworld. Als ich acht war, sparten meine Eltern genügend Gutscheinschnipsel von Müslischachteln zusammen, um für ihre drei Kinder Gratisflüge nach Orlando zu bekommen. Und so saß ich mit offenem Mund da, während mich eine Bootsattrappe durch die Dschungelrundfahrt beförderte und mich ein U-Boot in die Tiefen des Ozeans brachte. Selbst damals hasste ich schon Fahrten, die es auf Nervenkitzel oder Schrecken abgesehen hatten, aber die Ozean- und die Dschungelfahrt boten mir ungefährliche Abenteuer in einem artenreichen Paradies voller Animatronics.

Und trotzdem konnten sie nicht mit dem sogenannten World-Showcase im Epcot Center mithalten, einer Art Weltausstellung, die verschiedene Kulturen feiert. In Marokko verknallte ich mich unsterblich und präpubertär in eine Bauchtänzerin, sah die Geschichte Norwegens auf einer Bootsfahrt mit dem Maelstrom und bestaunte die nachgebaute Architektur Chinas.

Das Ganze war eine Illusion, aber was kümmert das einen Achtjährigen? Schon bei unserer Abreise wünschte ich mir nichts drängender, als die Welt zu sehen, die mir damals noch jung, exotisch und voller Möglichkeiten vorkam.

Genauso empfinde ich auch heute noch, wenn ich zum ersten Mal in einer fremden Stadt aufwache, einem Pfad im Amazonas folge oder in ein Boot im Okavangodelta steige. Alles ist möglich.

Also verbringe ich meinen einzigen Tag in Nairobi mit Charles, dem zum Freund gewordenen Fremden, und gerate von einem wilden Abenteuer ins nächste. Mir wird zum ersten Mal Sex mit einer Prostituierten angeboten (ich lehne entschieden ab); ich schaue mir an, wie Dutzende von Tänzern das komplette Wahnsinnsrepertoire der über 40 umwerfend unterschiedlichen Stämme Kenias abspulen; und ich esse im Restaurant Carnivore so viel Fleisch, dass ich darüber nachdenke, vorzeitig zum Vegetarier zu werden.

»Guten Morgen, Mister Hance.« Die Stimme spricht meinen Namen komisch aus. »Das hier ist Ihr Weckruf.«

Es ist fünf Uhr am nächsten Morgen in Nairobi, und ich breche jetzt zum Great Rift Valley auf, um … na ja, einfach alles zu sehen.

Die Zeit (17 Jahre) hat inzwischen die ganze fünfstündige Fahrt an jenem Tag weitgehend ausradiert, und mein bescheuertes Gedächtnis setzt erst wieder in dem Moment ein, als der Van endlich an unserem

Ziel, dem Baringosee im Great Rift Valley, anhält – wie die Auftaktszene eines Films, der mitten in der Handlung beginnt.

Ich steige aus, und der Fahrer bittet mich zu warten, während er Walter, meinen Guide, holt. Als ich das tue, höre ich mit einem Mal etwas, das wie das Zähneklappern eines Riesen klingt. Klack, klack, klack. Ich gehe dem Geräusch nach, zu einem kleinen Hain aus Akazien, die in der Nähe des Seeufers stehen, und betrete ihn, um die sengende Sonne und die drückende Hitze hinter mir zu lassen. Als ich den Kopf hebe, sehe ich zwei enorme Vogelhintern, die sechs oder sieben Meter hoch über dem Boden thronen.

Wenn man das Wort ›Marabu‹ ausspricht, stellt man sich womöglich einen langbeinigen, eleganten Vogel vor. Doch der Marabu ist viel besser als das: Er ist ein riesiger, unansehnlicher Albtraum. Sein Schnabel sieht aus wie eine monströse Flachzange. Sein Gesicht ist gefleckt und hässlich, sein roher, roter Kopf ist der eines riesigen Geiers auf dem Körper eines Storchs. Auf seinem Kopf kräuseln sich ungepflegte Strähnen aus Altmännerhaar, und seine Augen sind klein, rund und wach. Er sieht aus, als würde er mit mehreren klaffenden Kopfwunden rumlaufen.

Ich bin verliebt.

Einer von ihnen plustert sich auf, und sowohl das damit verbundene Geräusch als auch das Ausmaß der Flügel sind atemraubend. Die Flügelspannweite übertrifft die Körpergröße jedes Menschen. Und tatsächlich kann es der Marabu beinahe mit der Flügelspanne des Wanderalbatros, der größten überhaupt, aufnehmen.

Der Name ›Marabu‹ stammt möglicherweise von dem arabischen Wort ›murabit‹, was etwa ›religiöser Lehrer‹ oder ›Heiliger‹ bedeutet. Vielleicht wurden muslimische Kaufleute von dem stillen, stoischen Vogel an islamische Eremiten erinnert – abgesehen vom Klappern. Doch die Einheimischen nennen ihn aufgrund seines düsteren Kleides, seiner finsteren Visage und seiner buckligen Haltung, die wirkt, als würde er den Boden ständig nach Toten absuchen, auch den Totengräbervogel. In Wahrheit ist er jedoch eher Gerichtsmediziner als

Totengräber, denn er liebt es, frisch Verstorbene mit makelloser Präzision zu zerstückeln. Vielleicht sucht er dabei ja nach dem Geheimnis des Lebens – oder vielleicht ist er einfach hungrig.

Während ich so unter diesem klappernden Ungetüm stehe, frage ich mich, wie ich überhaupt 22 Jahre leben konnte, ohne je von diesem prächtigen Vogel, diesem unansehnlichen »Todesser« der Vogelwelt, gehört zu haben.

Wir irren, wenn wir sagen, dass die Dinosaurier ausgestorben sind. Das trifft für die meisten zu, aber nicht für alle. Einige waren nie weg, und heute sind ihre direkten Nachfahren überall. Ein paar kleine, gefiederte, zweibeinige Maniraptora-Theropoden haben den unvorstellbaren Asteroideneinschlag vor 65 Millionen Jahren überlebt. Sie hatten wahrscheinlich kleine, drachenförmige Köpfe, besaßen Flügel, Schwänze und Federn wie Krähen, und einige waren vielleicht sogar flugfähig. Sie lebten womöglich in den Aushöhlungen toter Bäume oder ließen sich (wie die Höhlenschwalben der amerikanischen Kontinente oder die Salangane Indonesiens) in Höhlen nieder, was ihnen erlaubte, die langen Nachwehen des Weltuntergangsknalls zu überstehen.

Wenn Sie ein Hühnchen essen, dann essen Sie einen Dinosaurier mit 60 Millionen Jahren Evolution auf dem Buckel. Ein Hühnchen, aber eben auch ein Dinosaurier.

Nach meiner Bekanntschaft mit diesem afrikanischen Albtraum kommt der Fahrer mit meinem Guide, Walter, zurück. Er ist um die 40, verschwitzt, hat einen kleinen Bierbauch und eine Lakers-Mütze auf dem Kopf, die er nie abnimmt. Sein Lächeln ist breit – wie er selbst – und aufrichtig. Mein Anblick scheint ihn sofort zu amüsieren: Ein junger, allein reisender weißer Kerl, der nicht aufhören will, mit dem Finger auf ein Paar Marabus zu zeigen.

Als ich mit dem Gefuchtel fertig bin, folge ich ihm zum Campingplatz, wo ich Albert, unseren Koch, treffe: Ein schlauer Fuchs über 60, der einen trockenen Humor und immer ein Lächeln parat hat. Albert zaubert eine beeindruckende Mahlzeit hervor, die er komplett auf dem Feuer zubereitet hat.

Ich habe eine der günstigsten Safaris gebucht, die es gibt: eine neuntägige Campingsafari für 800 US-Dollar. Ich würde in Zelten schlafen, am Lagerfeuer essen und ab und zu unter Umständen eine kalte Dusche bekommen, manchmal in Gesellschaft einer Gottesanbeterin.

Gerade als Albert das Mittagessen auftischt, tauchen zwei andere Touristen auf: Anna und Rens, ein Paar aus Holland, beides freischaffende Illustratoren. Ich habe riesiges Glück. Nur wir drei mit einem Guide, einem Koch und einem Safari-Van.

Rens und Anna hatten ihre Tour schon eine Woche vor mir begonnen, sodass ich im Grunde also gerade ihre Party sprenge. Aber beide sind offen und warmherzig. Anna nimmt mich unter ihre Fittiche, als wäre ich ihr kleiner Bruder, und hört sich mit Engelsgeduld meinen Liebeskummer an: über die Liebschaft, die ich zurücklassen musste, und das Mädchen daheim, das ich liebe und das jetzt mit einem anderen zusammen ist (womit übrigens Tiffany gemeint ist – später sollte ich sie zurückerobern).

Der einzige Grund, warum ich überhaupt hier in Kenia bin, ist ein Autounfall in Irland.

Ein paar Monate vorher verbrachte ich mit einem befreundeten Pärchen von Auslandsstudenten das Wochenende in dem winzigen Dorf Glencolumbkille. Wir machten Tageswanderungen und besichtigten dabei Turmruinen und Hinkelsteine. Bei Einbruch der Nacht beschlossen wir, eines der örtlichen Pubs anzusteuern und ein (oder zwei) Bier zu trinken, was in Irland fast jedes Trio von Leuten um die 20 tut.

Die Straße war dunkel, als wir das Dooey Hostel verließen, und sie war – wie viele der ländlichen Wege in Irland – eng von Steinmauern gesäumt. Weil wir es nicht eilig hatten, schlenderten wir. Es gab keine Sperrstunde, keine Eltern, keine Regeln. Dann kam aus der Dunkelheit ein Auto angeschlittert. Das Erste und Einzige, was ich wahrnahm, bevor die Zeit stehenblieb, war, dass das Auto kein Licht anhatte, obwohl es stockdunkel war. Ich kraxelte die Steinmauer hoch, um seiner Attacke zu entgehen. Bis heute sehe ich es vor mir, wie eine Bestie aus vorsintflutlichen Zeiten. Der Wagen streifte meine Freundin, und ich hörte, wie sie aufschrie, und spürte, wie das fahrende Ungetüm aus Stahl mir einen Pferdekuss verpasste, während es mit einem Geräusch wie beim Metallschneiden an der Mauer entlangschabte und dabei Funken schlug. Das Auto kam erst zum Stehen, als es meinen anderen Freund anfuhr und etwa zwei Meter durch die Luft schleuderte.

Nach dem Unfall herrschte heilloses Durcheinander. Geschrei. Gestöhne. Geheule. So eine harmlose Nacht, die so schnell in Trümmern lag. Zwei junge Frauen stiegen aus dem Auto. Es gab allerlei Entschuldigungen und Schuldzuweisungen. Ich weiß bis heute nicht, ob die Frauen betrunken oder high oder beides waren, aber es brauchte schon ein besonderes Maß an Dummheit, um ohne Licht auf einer dunklen irischen Straße entlangzufahren. Mein Freund, der durch die Luft geflogen war, war wie durch ein Wunder unverletzt, aber meine Freundin glaubte, ihr Bein wäre gebrochen. Ich selbst kam mit kaum mehr als einem Kratzer davon.

Aufgrund der Abgeschiedenheit dauerte es eine Stunde, bis der Krankenwagen kam, und dann noch eine Stunde, um zum nächsten Krankenhaus in Donegal zu fahren. Das Bein meiner Freundin war zum Glück nicht gebrochen, aber schlimm verstaucht. Wir hatten alle auf wundersame Weise Glück gehabt.

Wochen später tauchte ein Versicherungsvertreter in Galway auf. Er bot mir 1200 US-Dollar Schmerzensgeld an, und meinen Freunden angesichts ihrer schwereren Verletzungen zwar mehr, aber auch nicht viel mehr. Er sagte, dass wir die Fahrerin auch verklagen könnten, sich das aber jahrelang hinziehen würde.

Er war sehr überzeugend, und so willigten wir alle drei ein, das Geld zu nehmen. Wir waren jung, keiner von uns war, zumindest körperlich, ernsthaft verletzt, unsere Eltern, die uns vielleicht zu etwas anderem geraten hätten, waren weit weg, und unser Groll gegen die beiden Frauen hielt nicht lange an.

Psychologisch gesehen geht sowas allerdings nicht einfach spurlos an einem vorbei. Ich kann meinen Abscheu gegen Autos und das Autofahren bis zu jenem Tag zurückverfolgen, und seitdem ist er auch dank mehrerer weiterer Unfällen nur noch größer geworden – bei einem davon flog sogar ein Auto in die Luft.

Mit 22 hatte ich plötzlich 1200 US-Dollar, die mir keine Ruhe mehr ließen. Ich hätte sie natürlich für etwas Sinnvolles wie – keine Ahnung, Studiengebühren oder so – ausgeben können. Aber ich habe die ganze Sache eher so betrachtet: Was passiert war, war zwar erschreckend gewesen, hatte aber wie durch ein Wunder kein schlimmes Ende genommen, wieso das Geld also nicht für etwas Cooles ausgeben? Ich war bereits in Europa und hatte hier schon eine Menge gesehen, aber jetzt konnte ich verdammt noch mal überallhin gehen.

Ich fing an zu recherchieren. Ich zog Trips nach Kenia, Tansania, Nepal oder Indien in Betracht, und endlich, etwa eine Woche vor Weihnachten, fand ich genau das, wonach ich suchte. Die Flüge kosteten etwa 400 US-Dollar und die günstige Campingsafari 800 US-Dollar – ich buchte alles eine Woche, bevor es losgehen sollte. Mir war klar, dass ich Gefahr lief, meine Tierbesessenheit aus der Kindheit und meinen jugendlichen Umweltaktivismus neu zu entfachen – und ich war damals gar nicht sicher, ob ich das wollte.

Ich war glücklich an der Uni, wo ich Englische Geschichte und Literatur studierte, mich in meiner Introvertiertheit einnistete und die moderne Welt größtenteils ignorierte, indem ich mich in die Lektüre von Romanen flüchtete, die von Leuten geschrieben worden waren, die schon lange tot waren. Ich wusste, dass ein größeres Maß an Empathie – für das Schicksal weit entfernter Wälder, für Menschen, die ich noch nie getroffen hatte, oder Arten, die niemand sonst kannte – das Risiko mit sich bringen konnte, neuen Schmerz und Kummer zu empfinden.

Ich erinnerte mich noch gut daran, wie schmerzhaft es als Jugendlicher gewesen war, sich Sorgen zu machen und zu sehen, wie sich nichts änderte, wie die Tatsache, dass mir die Zerstörung des Amazonas und die Ausrottung von Arten nicht scheißegal war, dazu geführt hatte, dass ich mich noch mehr alleingelassen gefühlt hatte.

Aber jetzt hatte ich die Gelegenheit, die Serengeti zu sehen. Also, scheiß drauf.

Manchmal muss man im Leben was riskieren.

Von den Leinwandwänden eines Zelts umgeben, niste ich mich in meinem Schlafsack ein und lese eine Ausgabe von *Harry Potter und der Gefangene von Askaban*, die ich am Flughafen London Gatwick gekauft habe. Sie gefällt mir, denn sie hat das britische Cover. Es zeigt den Hippogreif mit Harry und Hermine auf dem Rücken, wie sie vor einem Vollmond in den Himmel steigen. Anders als in der US-Version wirkt das Bild nicht wie ein Cartoon.

Plötzlich dringt von draußen eine Stimme ins Zelt. »Ja?«, frage ich, obwohl ich niemanden erwarte.

Es ist Walter mit einem Mitarbeiter einer nahegelegenen Lodge. Ein junger Mann, der vermutlich ein paar Jahre älter ist als ich, bedeutet mir schüchtern winkend, ihm zu folgen. Ich ziehe meine Schuhe an und gehorche.

Walter zwinkert mir zu, als ich an ihm vorbeigehe.

Wir marschieren querfeldein zum Ufer runter und Richtung Lodge. Es ist Neumond, und der Himmel ist so schwarz und scheinbar leer, wie er es nur sein kann. Als wir zur Veranda der Lodge hinaufsteigen, sehe ich, dass sich dort eine Gruppe von Touristen versammelt hat. Anna und Rens sind auch schon da. Und direkt hinter ihnen, am Ufer des Baringosees, mäht eine Herde Flusspferde gerade den Rasen.

»Gehen Sie nicht zu nah ran«, flüstert der junge Mann. Als ob er das wirklich betonen müsse!

Ich bleibe neben den anderen Touristen stehen und staune mit offenem Mund. Der junge Mann knipst eine Taschenlampe an – beziehungsweise eine »Fackel«, wie sie sie hier nennen – und richtet den

Strahl auf die Hippos. Sie sind verdutzt. Eines der Flusspferde ist ein Kalb, das nah bei seiner Mutter bleibt und wie sie den Rasen stutzt.

»Sie müssen hierbleiben«, flüstert der junge Mann mir zu. »Man sollte nie zwischen ein Flusspferd und das offene Wasser kommen. Wenn man ihnen den Fluchtweg versperrt, rennen sie einen über den Haufen.«

(Ein paar Tage später beobachte ich am Naivashasee, wie ein Flusspferd mit riesigen Stoßzähnen auf ein paar Fischer losgeht, denen es nur knapp gelingt zu verhindern, von der rasenden lila Bestie zum Kentern gebracht zu werden. Die Männer paddeln um ihr Leben, während sich das Hippo mit aufgerissenem Maul hinter ihnen aufbäumt.)

Flusspferde sehen ungefähr so aus, wie sich Paläontologen nach dem ersten Skelettfund im 19. Jahrhundert einen Dinosaurier vorgestellt haben könnten: eine merkwürdige Kreuzung aus einem pummeligen, übergewichtigen Reptil und einem Riesenschwein. Sie sind wirklich verdammt riesig. Mit einem durchschnittlichen Gewicht von 1400 Kilogramm sind Flusspferde die fünftgrößten Landsäugetiere der Erde, wobei sie nur von den Savannen- und Waldelefanten Afrikas, den Asiatischen Elefanten und den Breitmaulnashörnern übertroffen werden.

Aber diese Hippos hier, außerhalb des Wassers und akribisch den Rasen stutzend, wirken seltsam grazil – ein Wort, das zugegebenermaßen wahrscheinlich noch nie zur Beschreibung dieser Tiere benutzt wurde. Es sind fast schon zarte, wunderschöne Geschöpfe. Die Dunkelheit spiegelt sich auf ihrer glatten, purpurnen Haut, und ihre Mäuler bewegen sich mit einer Behutsamkeit, die Flusspferden nur selten nachgesagt wird. In diesem Moment kann ich beinahe verstehen, warum die alten Griechen sie ›Hippopotamus‹ nannten, was so viel heißt wie ›Wasserpferd‹. Die erste Verwendung dieses Namens findet sich bei Herodot, der sie auf einer Reise nach Ägypten im 5. Jahrhundert v. u. Z. sah.[2]

Vielleicht war Herodot, als er die Flussniederungen des Nils bereiste, den Nilpferden ganz ähnlich wie wir bei einem nächtlichen

Abenteuer begegnet. Vielleicht hatten die alten Griechen an diesen bulligen Tieren auch eine gewisse, Pferden nicht unähnliche, Anmut und Schönheit bemerkt. Oder vielleicht hatten die Ägypter sie einfach schon vorher ›Wasserpferde‹ genannt, bevor die Griechen dem Volk, das mit den Tieren besser vertraut war, den Namen einfach klauten. Die Griechen waren dafür berüchtigt, dass sie anderen Kulturen alles Mögliche – Götter, Geschichten, technische Errungenschaften, Philosophien oder was auch immer es gerade zu holen gab – stahlen: Das war einer der Schlüssel ihres Erfolges.

Wie dem auch sei, Herodots Darstellung der Flusspferde ist bekanntlich seltsam, aber andererseits sind das diese Tiere selbst auch. Und vermutlich hängt die eigene Sicht auf ein Flusspferd davon ab, wie die Leute um einen herum über sie reden.

Als ich irgendwann wieder ins Bett gehe, kann ich nicht mehr Harry Potter lesen. Ich habe das Gefühl, dass ich Zeuge von etwas viel Fantastischerem und Wundersamerem geworden bin als von Zauberern in London und Hippogreifen über Hogwarts: Ich habe erlebt, wie ein Dutzend Hippopotami unter einem mondlosen, rabenschwarzen Nachthimmel rumhängen und ein bisschen Gras kauen.

Ich bin erst zwei Tage hier und im Grunde jetzt schon in diesen Ort verliebt.

Wir nennen diesen Kontinent deshalb Afrika, weil die alten Römer ihn so genannt haben. Warum sie das taten, ist ein Rätsel. Eine Theorie geht davon aus, dass der Name auf einen längst ausgelöschten Stamm in Nordafrika zurückzuführen ist. Eine andere, dass er von einem verloren gegangenen Phönizier- oder Berberwort abstammt. Doch wohl kein anderer Kontinent auf der Erde dürfte von Fremden so sehr missverstanden werden wie der afrikanische. Zunächst mal ist Afrika nicht jener Monolith, als welcher es so gern dargestellt wird. Alles, was über Afrika gesagt wird, stellt unweigerlich eine grobe und ungenaue Verallgemeinerung dar.

Zum jetzigen Zeitpunkt ist der Kontinent – der zweitgrößte auf Erden – in 54 Länder unterteilt, das sind mehr als in Nord- und Südamerika zusammen. Von den südlichen Gestaden des Mittelmeeres bis zum Kap der Guten Hoffnung werden über 1000 Sprachen gesprochen, und 3000 historische Volksstämme mit einer jeweils eigenen Kultur, Geschichte und Identität bewohnen diesen Kontinent.

Fremde nehmen Afrika regelmäßig als einen Erdteil wahr, der tief in Armut, Korruption und Konflikten versunken ist, doch das ist ein schwerwiegender Irrtum. Man kann hier auf bittere Armut stoßen, in vielen Ländern herrscht Korruption, und manche Regionen sind sehr anfällig für Konflikte. Ich war aber auch schon in einem Lebensmittelladen in Botswana, der an einen megaschicken Biosupermarkt in Europa erinnerte, habe erstklassige Museen besucht und Mahlzeiten genossen, die ich als Fünf-Sterne-Menüs bezeichnen würde. Was nicht heißen soll, dass das eine typische Erfahrung in Afrika wäre – so etwas gibt es nicht – oder dass es gut wäre, wenn Afrika den westlichen Weg des Materialismus und des Konsums einschlägt. Es geht lediglich darum, die schiere Vielfalt des Lebens auf dem Kontinent zu betonen, auf dem die Menschheit geboren wurde.

Falls es überhaupt ein typisches Merkmal gibt, das ich im Laufe meiner persönlichen Erfahrungen in vier afrikanischen Ländern südlich der Sahara beobachtet habe, dann ist es die generelle Freude am Leben – selbst unter Umständen, die so mancher Westler als ärmlich bezeichnen würde.

Wie es scheint, gedeiht Gemeinschaft, die Kunst des Zusammenlebens, hier besser als überall sonst, wo ich bisher gewesen bin.

Das Great Rift Valley, der Große Afrikanische Grabenbruch, ist der absolute Wahnsinn. Er verläuft vom Afar-Dreieck – das an Äthiopien, Eritrea und Dschibuti grenzt – bis nach Mosambik und markiert die Linie, entlang derer Afrika sich selbst auseinanderreißt. Die geologischen Platten, aus denen der Kontinent besteht, driften hier, wenn auch nur um einige wenige Millimeter im Jahr, aktiv auseinander.

Die vulkanischen und tektonischen Kräfte können trotzdem manchmal spektakulär sein. Im Jahr 2018 tat sich in Kenia eine riesige, bis zu 20 Meter breite Spalte auf, die eine Schnellstraße zerschnitt und ein Haus zum Einsturz brachte. Wissenschaftler glauben, dass Regenfälle die Spalte freigelegt hatten, die mit Vulkanasche gefüllt gewesen war.

In einigen Millionen Jahren, womöglich im zweistelligen Millionenbereich, wird Afrika in zwei separate Kontinente auseinanderfallen. Dabei wird Ostafrika im Grunde dort, wo die Afrikanische Platte und die Somaliaplatte liegen, in zwei Teile zerbrechen, während die Meere in den Zwischenraum eindringen und ihn füllen. Können Sie sich den Tag vorstellen, an dem der Ozean da reinrauscht und das Land für immer teilt? Danach müssen Sie sich einfach ein paar weitere Millionen Jahre gedulden – wer weiß, wie sich die Tiere und Pflanzen des neuen Kontinents dann von denen auf dem alten Kontinent unterscheiden werden. Wird es Zwerghippos geben? Vier Meter große Marabus? Oder Hyänen, die aussehen wie Jim Carrey?

Meine Safari folgt hauptsächlich dem Great Rift Valley, einer wirklich wilden Landschaft, die mit schlafenden Vulkanen, potenziellen Erdbeben, kochenden Geysiren und einigen der herrlichsten Szenerien aufwartet, die unser hübscher kleiner Planet zu bieten hat.

Am Ufer des Bogoriasees schauen wir zu, wie ein afrikanischer Seeadler seine Beute, einen Flamingo, gegen drei Marabus verteidigt. Der mutige Adler hält sie durch Schnappen und Flattern in Schach, dreht sich über dem geschundenen toten Körper, einem Haufen aus Knochen und Federn, hin und her, schlägt mit dem Schnabel nach einem der Störche, um sich gleich wieder umzudrehen und einen anderen zurückzudrängen. Die Marabus staksen knöcheltief im Schmodder herum und ziehen, nicht besonders synchron, ihre Kreise um den Adler. Irgendwann hat der Räuber diesen Todestanz schließlich satt. Er packt die Beute mit seinen Krallen und hebt ab. Den Marabus bleibt nichts als ein einziges Flamingobein und ein paar pinke Federn, die durch die

Luft schweben. Schnell machen sich die Leichenbeschauer ans Werk und fangen an zu sezieren.

Jenseits dieses Dramas wechseln ein paar Hundert Flamingos auf jene Art, wie es eben nur Flamingos können, synchron zwischen Stehen und Marschieren. Manchmal steckt einer den Kopf unter Wasser, um von den Cyanobakterien zu fressen, einer der wenigen Lebensformen, die überhaupt in diesem alkalischen Natronsee überlebensfähig sind.

Die Geysire und heißen Quellen, die rund um den See verstreut liegen, sind so sengend heiß, dass ein Flamingo, wenn er hineinfliegt, bei lebendigem Leib gekocht wird – was die Knochen belegen, die wir von einem dieser unglückseligen Vögel finden. In Wahrheit ist die gesamte Uferzone des Bogoriasees ein echtes Flamingo-Mausoleum: Federn, Knochen und Schädel, abgenagt oder ausgekocht.

Unser nächstes Ziel, der Nakurusee, stellt sich als mein persönliches Highlight heraus. Genau das dürfte sich jedes nicht auf diesem Kontinent lebende Kind unter der afrikanischen Savanne vorstellen. Ein Rudel Löwen döst neben der Keule eines jungen, in der Nacht davor getöteten Zebras. Kaffernbüffelherden ziehen zu Tausenden über die Hügel. Impalamännchen thronen im grellen Morgenlicht über ihrem Harem aus Weibchen, und Hornvögel heben in der Dunkelheit einen Termitenbau aus. Ein paar Breitmaulnashörner, die größten Landsäugetiere der Welt nach den Elefanten, jagen einer Reihe von Touristenbussen hinterher. Eine Grünmeerkatzenfamilie fällt in unser Camp ein und macht Albert so sauer, dass er ihnen mit wehenden Hosen nachjagt. In Windrichtung steht ein einsamer Wasserbock, dessen zwei krummsäbelartige Hörner wie aus dem Hintergrund, dem Pink weit entfernter Flamingos und dem Blau des Sees, herausgemeißelt wirken.

Kenia ist wahrhaftig ein Land der Wunder.

Eines Tages sitze ich nach dem Mittagessen in der Nachmittagshitze, die meisten Tiere haben vernünftigerweise irgendwo Zuflucht gesucht, und hole meinen Harry Potter aus dem Rucksack. Ich bin kurz vor dem Ende, wo es schwerfällt, sich nicht in den Bann der Erzählung ziehen zu lassen, als ich plötzlich neben mir die Gegenwart von etwas spüre. Von etwas Fremdartigem und Unbekanntem.

Ich hebe den Kopf und schaue in die Augen eines mächtigen Pavianmännchens.

Wir beide, zwei Primaten, die über 90 Prozent ihrer DNA miteinander teilen, starren uns einen Augenblick lang gegenseitig in die Augen. Dann lässt der Pavian seine Hand blitzartig in meine Tasche schnellen und zerrt eine Kodak-Filmdose heraus. Es ist das Jahr 2002 und ich habe keine Digitalkamera – die haben nur wenige –, deshalb schleppe ich ein paar Dutzend Filmdosen mit mir herum. Mit dem Schatz in der Hand, entwischt der Pavian in die nahe Vegetation, um kurz darauf aber von einem anderen, noch größeren Primaten verfolgt zu werden. Rens hat das Ganze mit seinen scharfen Augen beobachtet und beschließt, den Helden zu spielen. Während er dem gut 30 Kilo schweren Affen nachjagt, brüllt er laut, springt auf und ab und wedelt wild mit den Armen. Seine äffischen Possen zeigen offensichtlich Wirkung, denn ein paar Meter weiter, dort, wo der Pavian sie hingeschmissen hat, findet er meine Filmdose im Gras.

Die Kartonverpackung ist zerdrückt, weil der Pavian hineingebissen hat. Vermutlich hat er sich das Ganze aber noch mal anders überlegt, als ihm klar wurde, dass er Kodak nicht essen kann. »Hab sie«, sagt Rens, als er zurückkommt.

In dieser Nacht, als das Feuer langsam herunterbrennt und ein paar Tusker-Biere herumgereicht werden, sitzt Albert da und erfreut uns mit Geschichten von Löwen, die Menschen umbringen. Er erzählt, dass es am Nakurusee einen »Tsavo-Löwen« gebe. »Menschenfresser«, sagt er. »Liegt ihm im Blut.«

Die ursprünglichen Tsavo-Löwen von 1898 waren zwei mähnenlose Männchen, die im Team zusammenarbeiteten, um Dutzende von Menschen in Kenia zu töten und zu verschlingen (die Rede war damals von 135 Opfern).[3]

»Ist nur ne Frage der Zeit«, sagt Albert.

Das sind alles ganz lustige Gruselgeschichten, bis ich – allein – zum Schlafen in mein Zelt muss, wo mich nichts als ein dünnes Zelttuch vom Busch trennt. Am Nakuru sehe ich zum ersten Mal Löwen: wendige Weibchen, die auf Bäume klettern, und Männchen mit dichten Mähnen, die im sonnenüberfluteten Gras schlafen.

Beim Einschlafen höre ich das gutturale Gebrüll von einem von ihnen, und der Klang versetzt mein Reptiliengehirn in Aufruhr. Ich denke an unsere Vorfahren vor Zehntausenden von Jahren, die jede Nacht beim Gebrüll der Löwen einschliefen und nicht wussten, ob ihnen das größte Raubtier Afrikas in dieser Nacht Unheil und Verzweiflung, einen grausamen und gewalttätigen Tod, bereiten würde.

Ein einziges Reiseziel ließ in mir keine Vorfreude aufkommen, als ich mir im Internet-Café die Safariroute durchlas: der Hell's Gate National Park. Die Beschreibung klang wahrscheinlich etwa so: »Genießen Sie einen Tag auf dem Fahrrad im Hell's Gate National Park, einem von nur zwei Parks im Land, in denen man mitten unter Wildtieren herumradeln kann. Der Park umfasst einen faszinierenden Abschnitt des Great Rift Valley, mit wilden Klippen und tiefen Schluchten. Eine Landschaft, die so unvergesslich ist, dass sie den Film *Der König der Löwen* inspirierte!«

Das Problem: Ich fahre nicht Fahrrad.

Na gut, ich weiß, Sie werden jetzt irgendwas in der Art sagen wie: »Jeremy, du bist in den 1980er-Jahren im ländlichen Amerika auf einer 16-Hektar-Farm aufgewachsen – Wow, Sie erinnern sich sogar an die Hektarzahl! – und fährst nicht Fahrrad?«

Lassen Sie mich eins klarstellen: Es ist nicht etwa so, als ob ich nie gelernt hätte, Fahrrad zu fahren. Das heißt … na gut, eigentlich ist es genau das. Ich habe nie Fahrradfahren gelernt. Meine älteren Brüder haben es ziemlich schnell gelernt, und meine Eltern haben mehrfach versucht, es mir beizubringen, aber es hat einfach nie geklappt. Ich erinnere mich noch, wie ich um unsere kreisrunde Auffahrt herumradle, erst langsam, dann schneller, und dann umfalle – und aufgebe.

Als Kind rannte ich früher immer zu Fuß nebenher, wenn meine Freunde zu irgendwelchen Wäldern und Wiesen radelten. Irgendwann fiel mein kleiner Körper schließlich zurück, während sie vorauspreschten und lange vor mir an unserem Ziel ankamen. Schnaufend und keuchend, bildete ich allein die Nachhut, und wenn ich mit Seitenstechen und völlig außer Atem endlich angetorkelt kam, lehnten ihre Räder – diese verhassten Dinger – an den Bäumen.

»Hey, Leute«, keuchte ich dann. »Was geht ab?«

Fahrräder erinnern mich immer daran, wie unzureichend ich bin. Es ist dasselbe Minderwertigkeitsgefühl, das jedes Mal aufkommt, wenn ich zwölf Stunden lang schlafe oder nicht mehr als ein paar Stunden am Tag arbeiten kann, wenn ich ohne ersichtlichen Grund so niedergeschlagen bin, dass ich nur noch ins Bett gehen kann, oder wenn die bloße Erwähnung von Krebs bei einem beiläufigen Gespräch dazu führt, dass ich überstürzt auf die Toilette flüchte. Mag sein, dass es etwas typisch Menschliches ist, immer hinter den eigenen Erwartungen zurückzubleiben, sich selbst an dem zu messen, was andere erreicht haben oder irgendwie das Gefühl zu haben, dass man die Liebe, die einem entgegengebracht wird, gar nicht wirklich verdient hat – oder vielleicht schiebe ich alles einfach auf die verdammten Fahrräder! Schließlich gibt es kein Gesetz, das einen zwingt, auf diesen blöden zwei Rädern fahren zu können, oder?

Am zweiten Tag der Safari, nachdem ich Walter ein wenig kennengelernt habe und weil ich finde, dass er ein geselliger Mensch ist, spreche ich ihn nach dem Abendessen an: »Hey Walter, wegen der Radtour im Hell's Gate National Park …«

»O ja, die ist schön«, sagt er.

»Ja, bestimmt. Die Sache ist nur … na ja, ich fühl mich beim Radfahren nicht so richtig wohl.«

Er nimmt mich genauer in Augenschein.

»Also, ich kann Rad fahren. Kann ich absolut.« Eine Lüge. »Als Kind bin ich ständig geradelt. Alle meine Freunde waren beeindruckt.« Wieso habe ich das gerade gesagt? »Es ist nur, ich bin schon ein paar Jahre lang nicht mehr Rad gefahren und hab mich deshalb gefragt, ob ich vielleicht irgendwas anderes machen könnte?«

»Irgendwas anderes?«

»Genau.«

»Du willst nicht Rad fahren?« Er benutzt beide Hände, als ob er einen imaginären Lenker hält.

»Nein.«

Er zuckt mit den Schultern, lächelnd, als wüsste er Bescheid. Dann sagt er: »Na klar. Willst du lieber laufen? Ich könnt dir wahrscheinlich einen heimischen Guide besorgen, der mit dir hinläuft. Aber es wird ein bisschen was extra kosten.«

»O ja, klingt super!«, sage ich mit mehr Erleichterung und Enthusiasmus, als ich zeigen wollte. »Ich zahle gern ein bisschen mehr.«

Walter lächelt in sich hinein, wie so oft, wenn er sich über uns seltsame Amerikaner und Europäer amüsiert. Wie merkwürdig wir doch sind, welch zarte neurotische Vögel, die er beschützen und bei Laune halten muss. »Ich kümmer mich drum«, sagt er. »Mir fällt schon was ein.«

Als Anna und Rens davon erfahren, lassen sie mir natürlich keine Ruhe.

In den Niederlanden werden die Leute quasi auf dem Fahrrad geboren. Ihre Mütter gebären sie direkt auf winzige Kinderfahrräder ohne Stützen, woraufhin die holländischen Krankenschwestern die frischgeschlüpften Neugeborenen in irrem Tempo durch die Flure schubsen. Diejenigen, die zusammenstoßen oder umkippen, werden als Opfer an die holländischen Götter, deren Namen unaussprechlich und unmöglich zu schreiben sind, in die Grachten geworfen.

So hätte auch mein Schicksal ausgesehen, wenn ich in Huizen, Nijkerk, Hoogeveen oder irgendeiner anderen niederländischen Siedlung mit drolligem Namen entbunden worden wäre.

»Bist du sicher, dass du nicht mit uns kommen willst?«, fragt mich Anna in ihrem makellosen Englisch. »Man kann Fahrradfahren nicht verlernen.«

Was ich ihr nicht erzähle, ist, dass man das Fahrradfahren doch verlernt, wenn man es gar nicht erst kapiert hat.

»Nee, ich komm schon klar.«

»Wir können den ganzen Weg zusammen radeln. Es macht uns nichts aus, langsam zu fahren.«

»Danke, aber ich laufe gern. Ich hab das Gefühl, dass ich zu Fuß mehr sehen werde.«

Sie mustert mich eigenartig, dann zuckt sie mit den Schultern.

Am Vorabend der Wanderung in Hell's Gate erwähnt Albert im Feuerschein beiläufig, dass es im Park Löwen gibt.

»Löwen?«, frage ich. »In Hell's Gate?«

»Klar.« Albert nickt. »Ein paar.«

»Und sie lassen Touristen da rumlaufen und rumradeln?«

Walter hebt die Schultern auf eine Art, die eindeutig »Ja klar« bedeutet.

»Wieso?«, frage ich.

»Es sind nicht so viele, und sie scheuen in der Regel vor Menschen zurück. Aber genau deshalb kannst du da nicht einfach allein reinspazieren. Du brauchst unbedingt einen Guide. Keine Angst, er bringt einen Knüppel mit.«

»Einen Knüppel!« Ich schreie praktisch.

»Ach, Jeremy«, sagt Anna. »Du und deine Sorgen.«

Am nächsten Morgen taucht mein Guide tatsächlich mit einem Knüppel auf.

Aber anstelle des 90 Kilo schweren Ex-Armeeoffiziers, den ich für eine derart gefährliche Reise erwartet habe, ist es ein 16-jähriger Junge namens Simon. Er ist schlaksig und hat ein charismatisches Lächeln, und er stützt sich auf seinen Knüppel – eigentlich eher ein Stock –, als wäre er damit geboren worden.

»Simon wird gut auf dich aufpassen«, sagt Walter und drückt damit mehr Zuversicht aus als ich in dem Moment aufbringen kann.

Wir machen uns daran, gemeinsam über die staubige Piste zu stapfen, immer nach Wildtieren Ausschau haltend.

Wir sehen Impalas und Zebras und Giraffen, wobei Letztere über den Horizont galoppieren. Jeder von uns hat im Zoo schon mal eine Giraffe gesehen, aber eine Giraffe zu sehen, ohne dass man sie rennen sieht, ist in etwa so, wie alkoholfreies Bier zu trinken: ein kleines bisschen sinnlos.

Simon fragt, wie es in den USA wirklich ist, und ich versuche, ihm ehrlich zu antworten. Ich stelle ihm Fragen über ihn selbst.

Er ist kurz zurückhaltend, taut dann aber bald auf. Er hat Träume. Er will eines Tages ein Tourguide wie Walter sein, vielleicht eine eigene Firma haben und die ganze Zeit im Busch verbringen. Er will zur Schule gehen und Biologie studieren, und er will seinem Land dabei helfen, seine natürliche Pracht zu bewahren. Er will so vieles.

Und heute wie damals frage ich mich, ob irgendwas von alldem für Simon wahr geworden ist – für diesen talentierten und schlauen Kerl, der in einem armen, von politischen Unruhen und einer explodierenden Bevölkerung geplagten Land aufgewachsen ist.

Im Gras finden wir den Schädel eines afrikanischen Büffels. Er ist ausgeblichen und wuchtig und hat schwarze Hörner. So kann man sich den Schädel des Minotaurus vorstellen, wie er immer noch in seinem Labyrinth liegt, wo Theseus das Ungeheuer Tausende Jahre zuvor getötet hat.

»Guck mal.« Simon hebt ihn vom Boden auf und hält ihn sich vors Gesicht. »Mach ein Foto.«

Das tue ich.

»Und jetzt gib mir deine Kamera, und ich mach ein Foto.«

Ich halte mir den gehörnten Schädel über den Kopf, und Simon drückt auf den Auslöser.

»Was passiert, falls wir von einem Löwen angegriffen werden?«, frage ich Simon.

»Wir klettern auf einen Baum«, sagt er. Mein Blick wandert über die Landschaft. Es gibt nicht viele Bäume, und keiner davon ist für einen schnellen und verzweifelten Aufstieg nah genug.

»Ähm, Simon?«

»Hmm?«

»Was ist, wenn es überhaupt keine Bäume gibt?«

»Dann müssen wir akzeptieren, dass es Zeit ist zu sterben.«

Ich schaue ihm ins Gesicht, weil ich vermute, dass das ein Scherz ist. Aber sein Gesichtsausdruck zeigt deutlich, dass dem nicht so ist. Er meint es verdammt ernst.

Simon ist so viel besser darin, Mensch zu sein, als ich es bin.

Es sollte etwa zwei Jahre dauern, bis sich meine Mutter etwas von ihrem Zusammenbruch erholte. Der Augenblick, in dem meine Mutter eines Tages aus dem Bett stieg und, noch immer im Schlafanzug, zu *Don't Worry, Be Happy* von Bobby McFerrin tanzte, wird in unserer Familiengeschichte heiliggehalten.

Es waren zwei Dinge, die sie vor dem Selbstmord bewahrt haben: Lithium und zehn Kilometer am Tag.

Die Ärzte probierten jedes Medikament an meiner Mutter aus, aber nichts davon funktionierte, bis sie Lithium nahm. Erst jenes chemische Element, das leichteste Metall auf Erden mit der Ordnungszahl drei, erlaubte es ihr, wieder zu tanzen.

Zur selben Zeit etwa sagte ein anderer, äußerst hellsichtiger Therapeut meiner Mutter, dass sie vor allem eine Sache tun musste, um zu überleben: jeden Tag zehn Kilometer im Freien laufen. Alles andere – ihr Job (von dem sie auf unbestimmte Zeit freigestellt war), unsere Erziehung, ihre Beziehung – konnte warten. Aber sie musste jeden Tag zehn Kilometer laufen. Und das tat sie. Wenn man hört, wie sie davon erzählt, haben ihr die zehn Kilometer Laufen am Tag am Rande eines kleinen Städtchens durch Felder und um Seen herum wirklich das Leben gerettet.

Dennoch war meine Mutter nie mehr dieselbe. Sie hat nie wieder außer Haus gearbeitet, litt weiterhin unter Phasen lähmender Depression und schrecklicher Angst, konnte nie mehr ohne Medikamente leben und landete mehr als einmal in der Psychiatrie. Doch im Laufe der Jahre hatte sie nicht nur gelernt, dass sie auf sich selbst achtgeben musste, sondern auch die nötigen Strategien dafür. Sie lernte den Wert von Sport und der Natur kennen. Und sie lernte Resilienz, ein heute zunehmend wichtiges Feld in der Mental-Health-Forschung. Meine Mutter wurde für uns alle zu einem Beispiel dafür, wie man eine psychische Erkrankung überlebt – wie man es schafft, mit seinen Dämonen zu leben.

In der Zwischenzeit, nur wenige Monate nach dem Zusammenbruch meiner Mutter, sollten sich psychische Erkrankungen langsam auch beim Rest der Familie bemerkbar machen. Meinem Vater wurde eine schwere Depression und eine zeitweise lähmende Angststörung diagnostiziert. Einem meiner Brüder wurde eine bipolare und schizoaffektive Störung diagnostiziert. Er unterzog sich einer Elektrokonvulsionstherapie. Mein anderer Bruder hatte mit Depressionen und einer Angststörung zu kämpfen. Es war, als hätte sich ein Kobold aus irgendeiner unterirdischen Katakombe eingeschlichen, der sich nach und nach über uns alle hermachte.

Mit den Jahren wurde klar, dass ein Großteil der Familie meiner Mutter auch schon an der einen oder anderen psychischen Krankheit oder einer Sucht gelitten hatte. Demgegenüber waren auf väterlicher Seite eher jene zu finden, die behaupteten, dass psychische Krankheiten gar nicht existieren würden oder die Folge einer Sünde gegen Gott wären – was wohl hieß, dass sie selbst auch psychische Probleme hatten.

In den Graslandschaften des Naturschutzgebiets Maasai Mara, die den kenianischen Abschnitt der berühmten Serengeti bilden, passiert es oft, dass ich herumschreie: »Ein Elefant!« – »Da, ein Löwe!« – »Hey, da ist ein Vogel! Was für einer ist das, Walter?« … Mein ungebremster Enthusiasmus gehen Anna, Rens und Walter bestimmt auf die Nerven, aber sie nehmen es locker.

»Du bist dauernd so aufgeregt, Jeremy«, sagt Anna grinsend zu mir. »Ich wünschte, ich könnte so viel Energie aufbringen.«

Und ich will am liebsten rufen: »Weil wir verdammt noch mal in Afrika sind, und das hier ist einfach der absolute Wahnsinn! Überall gibt es Riesen, die Megafauna ist hier nie ausgestorben, es gibt ein Komplettpaket an Fleischfressern und Pflanzenfressern, und alles ist so groß und so schön, die Welt ist … Da! Da vorn, ein Nilkrokodil, das gerade einen riesigen Fisch aus dem Fluss zieht. Heilige Scheiße!«

Aber ich glaube, dass ich es mit der Lautstärke auch noch aus einem anderen Grund übertreibe. Allein zu reisen ist einsam, und die Monate in der Ferne machen mir allmählich zu schaffen. Ich weiß, dass der schicksalhafte Tag nicht mehr weit ist, an dem ich mich nach fünf Monaten Auslandsstudium wieder nach Hause nach Minnesota aufmache. Und deshalb schreie ich, wenn ich einen Elefanten sehe, deshalb posaune ich es heraus, wenn ich einen Geparden sichte, deshalb gestikuliere und brülle ich, wenn ich einen Löwen sehe – weil das das Allerbeste überhaupt ist, und weil es mich zumindest kurzzeitig davon abhält, darüber zu brüten, was die Zukunft bringen wird.

Hier im Maasai Mara machen wir die Big Five, die Großen Fünf, voll: zu den Nashörnern, Löwen und Kaffernbüffeln, die wir allesamt schon gesehen haben, kommen unzählige Elefanten und ein Leopard. Die Big Five sind im Afrikatourismus ein großes, aber auch ein dummes, albernes Ding. Der Begriff stammt von den Großwildjägern vergangener Zeiten – also weißen Typen mit Geld und Knarren. Elefanten, Löwen, Leoparden, Nashörner und Kaffernbüffel werden als ›Big Five‹ bezeichnet, weil sie die gefährlichsten Tiere sind, die man zu Fuß jagen kann. Dass das Flusspferd nicht dazugehört, überrascht mich, aber ich vermute, dass die mannhaften Jäger sie einfach vom sicheren Ufer aus abgeknallt haben. Inzwischen werden die Big Five in erster Linie dazu verwendet, Touristen zu ködern und Safaris in so was Ähnliches wie eine dämliche Checkliste zu verwandeln, die Guides unter einen unangebrachten und unvernünftigen Druck setzt.

Mitten in der Nacht schrecke ich hoch. Irgendwas ist draußen. Irgendwas Großes liegt auf der Zeltwand, und dieses etwas, was immer es auch ist, atmet. Als ich früher an diesem Abend meinen Harry Potter zur Seite gelegt und die Augen geschlossen hatte, konnte ich im Tal das gelegentliche Brüllen eines Löwen hören.

Das Geräusch eines Löwen ist alles andere als normal. Es ist kein lautes Brüllen, wie es häufig beschrieben wird, sondern noch viel abgefuckter. Es handelt sich um einen kehligen Ruf, der aufsteigt, anschwillt und wieder abfällt. Es erinnert beinahe an die Totenklage eines Rachedämons. Ein schauriges, schweißreibendes, steinzeitliches Grauen, das selbst Lovecraft nicht angemessen beschreiben konnte. Es klingt, als würde der Löwe brüllen: »Komm her, komm her, komm her!«

Und wir alle wissen, warum er das gern hätte.

Das Geräusch hallt noch immer in meinem Inneren nach, als ich mitten in der Nacht aufwache und merke, wie sich der rätselhafte Körper gegen mein Zelt drückt. »Das ist kein Löwe, kein Löwe, kein Löwe«, sage ich mir immer wieder. »Es ist bestimmt nur einer der Hunde. Die Hunde würden durchdrehen, wenn ein Löwe im Camp wäre. Sie hätten sich die Seele aus dem Leib gebellt, und alle wären wach.«

Unser Lagerplatz im Mara wird von ein paar verlotterten gelben Hunden bewacht. Ihre Aufgabe ist die gleiche, die sie seit Ewigkeiten für die Massai ausüben: Alarm zu schlagen, wenn sich ein Löwe zu nah heranpirscht und sich notfalls für ihr ›Rudel‹, die Massai, zu opfern. Unser Camp, das mit seinen permanenten Zeltbauten und einer voll ausgestatteten Küche auf einem Hügel über der sanft gewellten Savanne des Mara liegt, wird von einigen Massai auf einem Land betrieben, das ihnen die Briten einst genommen haben.

Ich wälze mich hin und her, während es dem rationalen Teil meines Gehirns nicht ganz gelingt, den primitiven instinktiven Teil meines Gehirns zu beruhigen, der ›Löwe‹ meldet. Ich überlege kurz zu schreien, laut zu rufen, weiß aber, dass ich mich damit vermutlich lächerlich machen würde. Da liegt so gut wie sicher ein Hund. Und wenn es doch ein Löwe wäre und ich rumbrüllen würde, würde ihn das nicht gerade auf meine Anwesenheit aufmerksam machen? Kann ein Löwe einen Menschen durch ein Zelt aus dickem Segeltuch hindurch wittern? Na klar. Ich versuche, mich nicht so viel zu bewegen, keine Geräusche zu machen. Ich versuche, flach und lautlos zu atmen. Ich versuche, mich in Luft aufzulösen.

Einmal dreht sich das Tier auf die andere Seite um, woraufhin ich den Rückzug antrete und meinen Schlafsack so leise wie möglich in die hintere Ecke ziehe.

Und während ich dieses und jenes abwäge, gleite ich irgendwann erst in einen gequälten Halbschlaf und dann in tiefes Schlummern. Als ich aufwache, ist das Innere des Zelts in der aufgehenden Sonne klamm geworden.

Die Gestalt ist weg. Vorsichtig trete ich ins Freie, und dort, seine Vorderbeine ausstreckend, steht der gelbe Massai-Hund. Sein Gesichtsausdruck scheint zu sagen: »Keine Angst, Kumpel, ich pass auf dich auf.«[4]

Später an jenem Morgen stoßen wir auf eine Gepardenmutter mit drei Jungen. Auf einem flachen Stein baden sie in der aufgehenden Sonne.

Die Mutter liegt da, während die Jungen auf ihrem geschmeidigen Körper herumturnen. Wie immer lässt Walter den Fahrer in rücksichtsvoller Entfernung anhalten, worauf wir in stillem Schweigen zusehen. Die Zeit scheint stillzustehen.

Die Gepardin steht auf und streckt sich, gähnt, setzt sich auf den Hintern und lässt zu, dass die Jungen um sie herumpurzeln. Eine Zeitlang scheint sie träge und mit geringem Interesse den Horizont zu beobachten. Doch dann spannt sich ihr Körper an, die Ohren stellen sich auf. Vielleicht wittert sie etwas oder hat es mit ihren feuergelben, enorm scharfen Augen erspäht.

Offenbar findet zwischen ihr und ihren Jungen eine Art Kommunikation statt: »Bleibt hier, ich bin gleich wieder da. Ich werde eure Mägen füllen.« Die Jungen hören auf zu spielen und stehen in einer Reihe nebeneinander, während sie ihrer Mama dabei zusehen, wie sie vom Felsen herunter und ins hohe Gras schleicht. Sie bewegt sich mit einer über Jahrmillionen hinweg erworbenen Präzision – gemächlich, geschmeidig, gleichmäßig. Am unteren Ende des Hügels grast eine Impalaherde. Für einen Moment verlieren wir die Gepardin aus den Augen, doch dann sehen wir sie wieder, dieselbe Art der Bewegung, so lautlos, so geschmeidig, dass es beinahe regungslos wirkt. Schließlich hält sie bei einem Büschel aus Gras an, der den Impalas die Sicht auf sie versperrt.

Sie wartet. Wir warten. Die Zeit gleitet dahin.

Als ob ein Startschuss gefallen wäre, schnellt sie vorwärts. Sie hat längst das Impala bestimmt, das an diesem Morgen sterben wird. In der Kurve kippt ihr Körper wie der Kiel eines Schiffs im Sturm zur Seite.

Als ihr Feind mit einem Schlag schrecklich sichtbar wird, geraten die Impalas in Panik. Mit gut zweieinhalb Meter hohen Sätzen nehmen sie in alle Richtungen Reißaus. Die Gepardin rennt mitten unter ihnen. Ihre Vorderbeine schießen blitzschnell nach vorn. Sie setzt zum Sprung an, und dann ist sie auf ihrem Opfer und reißt es zu Boden. Ihre Kiefer umklammern seinen Nacken. Stille. Als sie wieder aufblickt, ist ein Leben für immer ausgelöscht.

Der Fahrer hat unseren Wagen ein Stück weit bewegt, um uns eine bessere Sicht zu verschaffen. Trotzdem halten wir Distanz und lassen der mörderischen Mutter jede Menge Raum.

Aber ein stehendes Fahrzeug im Maasai Mara zieht andere Fahrzeuge wie Geier an, die einen Artgenossen auf einer Beute erspähen. Plötzlich taucht ein weiterer Van auf, dann noch einer und noch einer. Sie fahren ganz nah heran und parken nur wenige Meter von der Gepardin entfernt. Walter flucht. Wir fahren zu einem von ihnen hin und fordern den Guide auf, zurückzusetzen, der uns einfach ignoriert. Rens fängt an, sich die Nummernschilder der Fahrzeuge aufzuschreiben. Jetzt tauchen noch mehr Touristen-Vans auf.

In diesem Durcheinander läuft die Gepardin wieder und wieder um ihre Beute herum, während sie nach ihren Jungen sucht. Sie gibt klagende Rufe von sich, um sie zu finden. Geparden brüllen nicht, sie zirpen wie Vögel.

Binnen weniger Minuten haben die Vans die Gepardin und ihre Beute umzingelt. Dutzende Kameras klicken, während Leute in gedämpftem Ton sprechen.

Die Gepardin umkreist unablässig ihre Beute. Einmal nimmt sie sie ins Maul und versucht, sie zu bewegen, doch sie ist umzingelt. Sie hält inne und ruft erneut nach ihren Jungen. Sie will, dass sie zum Fressen kommen, doch bei all den Fahrzeugen halten die Jungen sich im Gras verborgen.

Und dann passiert es plötzlich: Sie gibt auf. Sie lässt die Beute zurück und schleicht zurück zu ihren Jungen, auch wenn die Kameras weiterhin klicken.

Die meisten der Touristen sind wahrscheinlich Tausende von Kilometern weit geflogen und haben eine Menge Geld gezahlt, um solche gefährdeten Tiere zu sehen – und gerade haben sie dieses hier noch mehr gefährdet. Es ist nicht übertrieben, dass der Verlust jener einen Mahlzeit für eines der Jungen den Unterschied zwischen Leben und Tod ausgemacht haben dürfte.

Eine einzelne Jagd kostet eine Gepardenmutter unheimlich viel Energie, und sie schafft es nur etwa jedes zweite Mal, ihre Beute zu erlegen. Schlimmer noch: Aufgrund ihrer geringen Größe sind Geparden ständig auf der Hut vor den Tyrannen der Savanne: den Löwen.

Löwen sind selbst entsetzliche Mörder, stehlen aber auch oft die Beute kleinerer Raubtiere wie Geparden und Hyänen.

Im Maasai Mara gibt es Regeln für den Tourismus. Vans müssen 25 Meter Abstand zu allen Tieren halten. Sie dürfen ein Tier auch niemals verfolgen, sondern müssen es seiner Wege ziehen lassen. Außerdem sollen maximal fünf Fahrzeuge an ein und demselben Ort zusammenkommen. Es ist Walter hoch anzurechnen, dass er sich auf der gesamten Reise an diese Regeln hält. Alle Guides und Fahrer kennen diese Regeln, aber im Gegensatz zu Walter befolgen sie sie kaum. Das liegt an dem enormen Druck durch die Touristen, die von ihnen erwarten, dass sie die Big Five finden und ihnen jedes Tier in jeder erdenklichen Situation präsentieren – das Trinkgeld des Guides könnte davon abhängen. Jedes dieser etwa fünf Fahrzeuge hatte die 25-Meter-Grenze unterschritten.

Aber die Maasai Mara ist kein verdammter Zoo und auch nicht die Serie *Planet Erde*. Was das Beobachten von Wildtieren angeht, haben wir, die Touristen, ein Recht auf gar nichts. Das Ganze ist eine Ehre und ein Privileg. Die Guides sollten sich die Zeit nehmen, die Regeln und die Gründe dafür zu erläutern – und die Touristen sollten sich daran halten.

Walter meldet den Vorfall bei den Park Rangern und gibt die Nummernschilder der Übeltäter weiter. Ob das irgendwas bewirkt hat, weiß ich nicht. Und das Schicksal der Gepardin und ihrer Jungen wird für immer unbekannt bleiben.

An unserem letzten Abend in Ostafrika versammeln sich ein paar Massai-Krieger hinter dem nächtlichen Lagerfeuer. Hinter und über den großen, schlaksigen Körpern der Männer, ihren ockerfarbenen Shuka-Gewändern und ihrem langen, geflochtenen, pechschwarzen Haar flackern die Sterne.

Einer der Männer tritt vor und gibt einen lauten Ruf von sich. Er ist der Vorsänger, der Olaranyani. Ihm antwortet der Chor mit einstimmigen bestätigenden Zwischenrufen. Der Olaranyani übernimmt die Melodie, die anderen die Harmonie.

Schließlich tritt einer der Männer nach vorn aufs Feuer zu, und der Tanz beginnt. Mühelos lösen sich seine Fersen vom Boden, die Sohlen stehen nahezu senkrecht, dann federt er über die Zehen nach oben. Für einen Moment scheint er, mit den gestreckt an seinem Körper liegenden Armen, in der Luft zu hängen, wie der Mond in der Gravitation unseres Planeten. Dann fällt er, während sein Haar noch kurz im Scheitelpunkt der Bewegung bleibt. Es scheint immer länger zu werden, so als wollte es noch ein wenig Zeit mit den Sternen verbringen.

Nach ein paar vertikalen Sprüngen kehrt der Tänzer zur Gruppe zurück, und ein anderer nimmt seinen Platz ein. Und auch er springt in den Himmel.

Obwohl ich weiß, dass das alles nur eine Show ist und keine authentische Zeremonie, werde ich in ihren Bann gezogen. Um ein bisschen Geld zu verdienen, damit sie ihre Familien ernähren können, springen diese Männer auf einem Stück Land, das einst ihnen gehörte und kein Naturreservat war, in den Nachthimmel. Der große US-amerikanische Reiseschriftsteller Peter Matthiessen warnte im Jahr 1972, die Massai könnten zu einem Menschenzoo für Touristen werden.

Den Massai ist es trotz unvorstellbarem Druck gelungen, einen bedeutenden Teil ihrer Tradition, ihrer Kultur und Sprache zu bewahren. Doch der Druck, sich zu ›modernisieren‹ und zu ›assimilieren‹, nimmt nur noch weiter zu. Ich weiß das alles. Deshalb fühlt es sich ausbeuterisch an, wenn ein Haufen Fremde diese Männer dabei anglotzen, wie sie ihren hochrituellen Adamu-Tanz aufführen, der den Übergang von der Jugend ins männliche Erwachsenenalter markiert. Das hier sind keine professionellen Tänzer, sondern einfach nur Männer, die für uns etwas vorführen, das man in ihrem Dorf schon seit Hunderten oder gar Tausenden von Jahren zu rituellen Zwecken tut.

Und dennoch gibt es einen Moment, in dem all diese Bedenken verblassen und ich nicht anders kann, als über unsere Spezies, über ihre

Vielfalt und Schönheit, zu staunen. Diese jungen Männer im Zenit ihrer Jugend erinnern mich an das antike griechische Wort ›Arete‹, das so viel wie Exzellenz oder ausgeschöpftes Potenzial bedeutet. Hier, in dieser Nacht an einem Feuer in Kenia, wird für einen kurzen Augenblick die Schönheit unserer Spezies sichtbar.

Und falls der Tourismus eine Möglichkeit ist, wie die Massai dem vielfältigen Druck der modernen Welt standhalten und sich trotzdem ihre Kultur und Identität bewahren können, dann heißt das, dass diese Bedingungen vielleicht nicht die beste aller Welten erzeugen, aber sie könnten zumindest das Beste aus der Welt herausholen, in der wir gerade leben.

Was ich damals nicht wusste: Damals während dieser zehn Tage in Kenia war ich auf dem Gipfel meiner Kräfte. Wir denken immer nur, dass wir auf ewig so stark und leistungsfähig bleiben wie in unserer Jugend.

Ich war, was das Reisen angeht, ein verdammter Superheld. Tatsächlich habe ich es sogar genossen, im Flugzeug zu sitzen. Bei Nacht über die Sahara zu fliegen, in dem Wissen, dass 10 000 Meter unter mir der Wüstenfuchs in der Dunkelheit jagte, fühlte sich neuartig und wunderbar an. Ich dachte selten über den Tod nach. Ich machte mir keine Sorgen über Autounfälle, trotz des jüngsten Vorfalls in Irland. Ich hatte keine Angst vor Schlangenbissen oder Malaria oder irgendeinem unaussprechlichen und undefinierbaren Leiden. Als ich in Irland meine Impfungen erhielt, hatte ich das Gefühl, gerade irgendeine Superkraft erlangt zu haben – mein Gott, ich liebe Impfungen! Jetzt konnte mir keine Krankheit mehr etwas anhaben!

Tatsächlich aber ging es seit damals nur noch bergab.

Komischerweise verließ ich Kenia nicht mit dem plötzlichen Wunsch, mein Englischstudium sausen zu lassen und Umweltschutz im Hauptfach zu studieren. In vielerlei Hinsicht hielt die Schildkröte in meinem Inneren, mein innerer Ökoaktivist, immer noch Winterschlaf. Erst der peruanische Amazonas sollte sie wieder vollends aufwecken. Aber eines hat der Trip nach Kenia mir dennoch bewiesen: Ich war in der Lage, mein Fernweh zu stillen. Ich konnte mir die Welt ansehen.

In der Zwischenzeit sollte ich wieder mit Tiffany zusammenkommen, wir schlossen die Uni ab, zogen nach New York, verbrachten fünf wahnwitzige Wochen in Peru, zogen wieder nach Minnesota und heirateten zweimal – einmal wegen der Krankenversicherung –, bevor wir uns dann zum Masterstudium nach Santa Fe aufmachten und völlig unerwartet nach Surinam und Guyana aufbrachen.

KAPITEL VIER

Ich hasse die Sonne und weitere Geschichten aus Surinam

SOMMER 2008

Als wir einem Bekannten in Santa Fe erzählen, dass wir nach Surinam und Guyana reisen, sagt er: »Ihr geht nach Afrika?«

»Nein, das ist in Südamerika, am nördlichen Rand des Amazonas.«

»Ich bin ziemlich sicher, dass es in Afrika ist.«

»Nee, Südamerika.«

»Echt jetzt, das denk ich nicht. Ich *weiß*, dass es in Afrika liegt.«

Na klar, Vollidiot. Ich glaube, dass wir uns verdammt noch mal ziemlich sicher sind, auf welchen Kontinent wir fliegen. Beim Thema Geografie sind wir Amerikaner im Allgemeinen in etwa so gut, wie wir es im Kampf gegen den Klimawandel sind.

Nachdem wir uns in unserem neuen Zuhause in Santa Fe eingerichtet haben, habe ich plötzlich ganz viel Freizeit. Ich habe meinen Great-Books-Master am St. John's College begonnen, in dessen Verlauf ich einen Haufen Bücher von echt toten weißen Typen lesen und anschließend bis zum Erbrechen darüber reden würde. (Schon mal was von Titus Lucretius Carus gehört? Macht nichts, ich vorher auch nicht.) Das Reden fällt mir sehr leicht, doch die Tage sind lang, und ich habe gerade nichts zu tun. Ich will mit meinen Erinnerungen an den peruanischen Amazonas, die mich bis heute immer wieder einholen, etwas Sinnvolles anfangen.

Also wende ich mich an Rhett, den Chef von Mongabay, und frage ihn, ob ich vielleicht ein paar Artikel schreiben kann. Obwohl ich ehrlich gesagt nicht viel zu bieten habe. Ich habe null wissenschaftlichen Hintergrund und weniger Kurse in Journalismus belegt als in Physik, was so viel heißen soll wie gar keine. Ich bin so ein typischer Anglistikabsolvent: besessen von Shakespeare und Jane Austen und den Brontës. In einer ultrakapitalistischen Gesellschaft, in der tiefgründiges Denken und die Liebe zu Worten ungefähr genauso viel Wertschätzung erfahren wie Philosophen und Puppenmacher, sind meine Fähigkeiten weitgehend überflüssig.

Trotz meiner fehlenden Erfahrung willigt Rhett ein. Ich vermute, dass es mein Eifer ist, der ihn überzeugt – *und* natürlich die Tatsache, dass ich bereit bin, umsonst zu schreiben. Und so fange ich im September 2007, etwas mehr als ein Jahr nach dem Amazonas, mit meinem inoffiziellen, unbezahlten Praktikum an. Rhett schickt mir wissenschaftliche Artikel oder Pressemitteilungen, die ich behandeln soll, und ich schreibe Artikel. Am Anfang schaffe ich alle paar Wochen einen Artikel. Doch als ich tiefer in die Materie eintauche und durch die gute alte Trial-and-*ganz-viel*-Error-Methode langsam besser werde, schreibe ich nach und nach immer mehr, bis ich schließlich so viel Zeit in diese Arbeit stecke, dass es zu einem Teilzeitjob reichen würde.

Als diese Partnerschaft ungefähr sechs Monate alt ist, schickt mir Rhett eine E-Mail: »Hey, willst du diesen Sommer nach Surinam reisen?«

Offensichtlich hat die Association for Tropical Biodiversity, eine globale wissenschaftliche Organisation, ausgerechnet in Paramaribo, der Hauptstadt von Surinam, eine Konferenz organisiert. Schätze, die Biodiversitäts-Nerds hatten schon mal von Surinam gehört.

Rhett schreibt so was Ähnliches wie: »Hey, hast du Lust, dir diese Konferenz reinzuziehen? Wir könnten uns *zum allerersten Mal* persönlich treffen *[Hervorhebung des Autors]*. Ich komme für deinen Flug, dein Hotel usw. auf.«

Vermutlich ist das seine Art, mich für die vorangegangenen sechs Monate zu bezahlen. Und ich bin mehr als einverstanden, meine

Schreibkünste gegen eine Reise nach Surinam einzutauschen – wo auch immer das ist.

Ich muss es erst mal googeln.

Surinam, den meisten Menschen auf der Welt unbekannt, ist sowohl im Hinblick auf seine Bevölkerung als auch seine Landmasse das kleinste Land in Südamerika. Darüber hinaus beheimatet es eine der vielfältigsten Bevölkerungen Südamerikas und die einzige, die Niederländisch spricht. Das Land grenzt im Westen an Guyana und im Osten an Französisch-Guayana. Gemeinsam bilden diese drei winzigen Länder die Guayanas, die ungefähr die Hälfte des sogenannten Guayana-Schildes bedecken, einer 1,7 Milliarden Jahre alten geologischen Formation, die sich aus dem nördlichen Teil des Amazonasbeckens erhebt. Dieser Schild gehört faktisch nicht zum Amazonasregenwald, wenngleich beide Ökosysteme vielfach dieselben Arten beherbergen.

Zum Zeitpunkt seiner Einladung kennt Rhett weder meine bisherige psychische Vorgeschichte noch meine aktuelle Diagnose. Er weiß nichts über meine Zwangsstörung, meine Angststörung oder Depression, meine Angst vorm Fliegen, vor streunenden Hunden oder Katzen, meine Angst vor Flugzeugen, vor rohem Hühnerfleisch oder vor Malaria und auch nichts über meine Angst vor der Angst. Es hilft nichts – man muss so eine psychische Krankheit verstecken. Muss sie vor Freunden, potenziellen Partnern und ganz besonders vor Arbeitgebern und jeder anderen Person verstecken, die verrückt genug ist, dir anzubieten, dass sie dich nach Surinam schickt.

Also tue ich, was getan werden muss, wenn so eine unglaubliche Gelegenheit ins Haus flattert. Ich sage »Ja, verdammt!«, und darunter P.S.: »Aber kann meine Frau mitkommen?« Denn ich brauche unbedingt jemanden, der meine Hand hält.

Die Sache ist nur: Ich habe nicht nur vor all den oben genannten Dingen Angst, sondern auch vor Schlangen. Und in Surinam gibt es *eine Menge* Schlangen. Na gut, Sie fragen jetzt zu Recht, warum ich meine lähmende, erdrückende Angst vor Schlangen nicht schon erwähnt habe, als ich kreuz und quer durch Peru gereist bin. Die Antwort ist einfach: *Damals* hatte ich noch keine Angst vor Schlangen. Ich hätte vermutlich sogar zum Spaß mit einer Schlange gekuschelt und Fußball gespielt – auch wenn Letzteres herausfordernd gewesen wäre. Ich habe aber *jetzt* Angst vor Schlangen. Hat Steve so entschieden.

Es ist nämlich so: Wenn man mit einer Zwangsstörung lebt, stellt man schnell fest, dass die individuellen Zwangsvorstellungen nicht unveränderlich sind. Tatsächlich läuft es eher so: Je mehr es einem gelingt, eine von ihnen zurückzudrängen, desto wahrscheinlicher ist es, dass an ihrer Stelle ein paar neue nachwachsen. Ich habe die vergangenen zwei Jahre intensiver Therapie damit verbracht, an meinen Zwangsvorstellungen über Krebs und andere potenziell tödliche Krankheiten zu arbeiten. Doch Rhetts Einladung nach Surinam hat Steve dazu ermutigt, mir etwas Neues ins Ohr zu flüstern: »Schlangen, Schlangen, Schlangen.«

Diese plötzliche Phobie gegen die Vertreter der Schuppenechse, Unterordnung *Serpentes,* der Eigentlichen Schuppenkriechtiere, geht vermutlich auf eine Geschichte zurück, die Rhett in Belize mit zwei Terciopelo-Lanzenottern erlebt hat und die fast schiefgegangen wäre. Rhett, der so ziemlich überall gewesen ist, hat jede Menge Geschichten auf Lager, etwa die, wie er beinahe von einem Waldelefanten getötet oder von einem Gorilla verfolgt wurde oder sich ein unbekanntes, unbeschreibliches und scheußliches Fieber eingefangen hat, das noch immer in ihm schlummert wie ein Bär im Winterschlaf.

Rhett hat sogar ein Foto von mit Schusswaffen und Pfeil und Bogen bewaffneten Männern, die ihm im indonesischen Teil Neuguineas den Weg versperren. Das heißt also, dass Rhett *ein Foto machte,* während drei Typen ihre Knarren auf ihn richteten. Diese Art Kerl ist Rhett. Und das ist *nicht* die Art Kerl, die ich bin.

Rhetts Schlangengeschichte setzt sich in meinem Hirn fest, und mit einem Mal bin ich überzeugt, dass mich in Surinam wahrscheinlich eine Schlange töten wird.

Eine Zwangsstörung heftet sich an die einfachsten Anekdoten – oder auch nur ein einzelnes Wort –, die dazu führen können, dass der Schalter für Zwangsgedanken umgelegt wird. Es ist, als würden in meinem Gehirn ununterbrochen Murmeln herumrollen, und ein einziges Wort – wie ›Schlange‹, ›Krebs‹, ›Tollwut‹, ›Elefant‹, ›Flugzeug‹, ›Motorrad‹, ›Schnee‹, ›Nachtisch‹ oder ›Keks‹ – liefert ihnen die nötige Anfangsgeschwindigkeit, um eine scheinbar endlose Kreisbewegung aus Furcht, Verzweiflung und sinnlosem Gefeilsche in Gang zu setzen. Nichts an einer Zwangsstörung ist rational – man muss erst gar nicht danach suchen.

Nachdem ich für die Reise zugesagt habe, begehe ich einen Anfängerfehler in Sachen Zwangsstörung. Statt gegen meinen neuen ›besten Freund‹ – Schlangen – anzukämpfen, fange ich an, mehr über die Terciopelo-Lanzenotter herauszufinden.

Das Internet ist so ziemlich das Schlimmste, was Menschen mit einer Zwangsstörung je passiert ist. Ein unmittelbarer Zugang zu den allerschrecklichsten, grässlichsten und die Seele zermarternden Dingen, die einem menschlichen Wesen zustoßen können, ist ein gefundenes Fressen für Zwangsstörungen.

Durch den Höllenschlund von Google lerne ich, dass die Terciopelo-Lanzenotter zu den Grubenottern gehört. Sie heißt auch Fer de Lance, französisch für ›Speerspitze‹, und beißt im Gegensatz zu den meisten Schlangenarten erst, bevor sie flieht. Sie ist der Mike Tyson der Schlangenwelt. Diese unberechenbare Schlange ist für nahezu alle Schlangenbisse in Südamerika verantwortlich – eine Schätzung beziffert das mit 90 Prozent. Außerdem injiziert sie ihr Gift nicht nur, sondern *schießt* damit auch um sich, und das bis zu zwei Meter weit. Ein unbehandelter Fer-de-Lance-Biss führt zu Nekrosen, wodurch einem im Grunde das Fleisch abstirbt, und zu Fäulnis, was entweder eine Amputation oder, na ja, Sie wissen schon, einen Sarg erfordert.

Ich fange an, mir Bilder von Fäulnis anzuschauen, wie sich manche 20-Jährige Pornos reinziehen.

»Tja, schöner Mist«, sagt Tiffany, als wir einen Lebensmittelladen in Paramaribo betreten. Heute ist unser erster Tag hier, und wir sind von unserem Fahrer gerade darüber informiert worden, dass wir eine halbe Stunde Zeit haben, um genug Essen für *zwei Wochen* einzukaufen. Keine Chance, uns irgendwas liefern zu lassen oder aufzufüllen, sobald wir erst mal im Küstendschungel angekommen sind.

Ich frage: »Was denkst du, wie viele Lebensmittel brauchen wir für zwei Wochen?«

»Ich hab keine Ahnung.«

»Denk dran, er hat gesagt, dass es nichts zum Kühlen gibt.«

»Wie könnte ich das vergessen …«

»Glaubst du, es gibt Alkohol hier?«

»O Gott, das hoffe ich!«

Im gewohnten Überschwang der Gefühle hatten Tiff und ich das Gefühl, dass wir nicht an einen Ort wie Surinam reisen könnten, um dann die ganze Zeit in Hotelzimmern und Konferenzräumen damit zu verbringen, Tee aus Styroporbechern zu trinken und mit gleichgesinnten Westlern zu plaudern. Also haben wir uns bei einer Organisation, die sich dem Schutz und der Erforschung von Meeresschildkröten verschrieben hat, vor Beginn der Konferenz zu zwei Wochen Freiwilligendienst an der Küste gemeldet. Und danach wollen wir für eine Woche in den Regenwald von Guyana. Wir haben die Lektion aus Peru noch immer nicht gelernt: Kürzere Trips sind gesündere Trips.

Dieser surinamische Laden hier ist voller Farben, Gerüche und Formen, die erfreulich neu für uns sind. Eigentlich sollten wir dieses Erlebnis hier genießen, weil nur wenige Dinge eine Kultur besser beschreiben als das, was es im Lebensmittelladen gibt. Es macht aber nicht halb so viel Spaß, wenn es ein Zeitlimit gibt oder deine Ernährung in den nächsten zwei Wochen von deiner Sorgfalt abhängt.

»Los, teilen wir uns auf«, sagt Tiffany.

20 Minuten später kehrt sie mit Kartons voll Kräckern und Keksen, kleinen Päckchen mit Kochbananenchips, uns bekannten und unbekannten Früchten, einem Dutzend Dosen mit Bohnen, ein

paar Paketen Basmatireis, sechs Nudelpackungen und so vielen Dosen Tomatensauce zurück, dass wir darin baden könnten, und dazu mit Traubengelee, Instantkaffee und Tee. Sie hat sogar Erdnussbutter gefunden.

Ich habe Brot besorgt, bin aber von den Schweinsgesichtern und dem Pomtajer-Auflauf und der Tannia-Knolle und dem Tisch abgelenkt worden, auf dem getrockneter Fisch aufgetürmt ist.

»Meine Güte, Jeremy, was würdest du nur ohne mich machen?«

»Ich hab Schokolade!«, prahle ich und gebe stolz mit einem Haufen Riegel an, die ich mir unter meine mit Brot beladenen Arme gesteckt habe. »Und ich hab den Alkohol gefunden.«

»Zeig ihn mir.«

Wir werfen Weinflaschen, ein Paar Six-Packs mit Bier und eine Flasche Whiskey in den Wagen.

Dann schieben wir das überladene Gefährt zur Kassiererin, die mit aufgerissenen Augen diese beiden Gringos anstarrt, die aussehen, als würden sie sich Vorräte für die Zombie-Apokalypse anlegen. Als sie die Waren zu scannen beginnt, dreht sich Tiff zu mir um: »Glaubst du …«

»Ich geh mal noch ein paar Flaschen Wein mehr holen«, sage ich, ihren Gedanken zu Ende führend.

Nach unserem Triumph beim Shoppen bringt uns der Fahrer nach Osten zum Fluss Marowijne, der natürlichen Grenze zwischen Surinam und Französisch-Guayana. Dort werden wir auf ein Boot umsteigen, das uns nach Norden an den Ort unseres zweiwöchigen Wildnisabenteuers bringt.

Sobald wir aus Paramaribo raus sind, wird die Straße ungemütlich und löchrig, während sie auf beiden Seiten von dichter Vegetation gesäumt wird. Manchmal steht ein farbenfrohes Haus am Straßenrand, oder wir sehen eine Frau dort auf einer Decke sitzen, die Obst und Gemüse verkauft. Hühner laufen frei herum, und Kleinkinder watscheln mit nichts als Windeln neben der Straße rum.

In Surinam gibt es zwei Regionen: die schmale, scheibchenartige Küste, an der 90 Prozent der Menschen leben, und das Landesinnere.

Wir müssen den Kopf nur nach rechts drehen, um dessen Rand – dichten tropischen Regenwald – zu sehen. Und tatsächlich ist Surinam, wenn man die Waldfläche als Grundlage nimmt, das grünste Land auf der Erde. Erstaunliche 98 Prozent des Landes liegen im Schatten eines nahezu lückenlosen Blätterdaches.

Zu jenem Zeitpunkt haben wir keine Ahnung, dass die Schnellstraße, auf der wir fahren, nur zwei Jahrzehnte vorher während eines Bürgerkriegs der Schauplatz heftiger Kämpfe war.[1]

Es ist schon erstaunlich, dass ein paar Flugstunden reichen, um einen in ein Land zu bringen, von dessen Vergangenheit und Gegenwart man keinen Schimmer hat. Man muss nicht das Geringste über ein Land wissen, um eines Tages dort zu landen, durch seine Straßen zu schlendern und mit seinen Bewohnern in Kontakt zu treten. Eine Reise durch unsere Ignoranz.

Die meisten Leute, die wir durch das Fenster eines klimatisierten Wagens sehen, sind direkte Nachfahren der sogenannten Maroons: Sklaven, die ihre Ketten abgeworfen und tief im Regenwald eigenständige Kulturen aufgebaut hatten. Ihre Nachfahren leben entlang einer der wenigen Schnellstraßen in Surinam. Sonst gibt es nichts als Regenwald.[2]

Mit dem Auto brauchen wir nur zwei Stunden, um beinahe die Hälfte des Landes zu durchqueren und den Fluss Marowijne zu erreichen. Hier treffen wir unsere beiden Guides, zwei indigene Männer vom Stamm der Kalihna, beziehungsweise Kariben, und lassen das Auto zurück und besteigen ein motorisiertes Kanu.

Als wir den Marowijne hinunterfahren, betreten wir das Land, das das Volk der Kariben schon seit Tausenden von Jahren bewohnt. Sie waren bereits da, als die ersten Europäer auftauchten und Gewehre, Stahl und Keime – unsägliche Seuchen – mitbrachten.

Wir können kaum mit den beiden reden, weil sie nur minimal Englisch sprechen und wir null Niederländisch oder Karibisch. Die Kommunikation in den nächsten paar Stunden besteht hauptsächlich aus Zeigen, Nicken und Lächeln. Ich fühle mich gut, richtig gut. Tatsächlich fühle ich mich in diesem Moment sogar *großartig*, denn ich bin wieder in der grandiosesten Wildnis der Welt. Durch irgendeine verrückte Laune des Schicksals habe ich es irgendwie innerhalb von drei Jahren zweimal zum Amazonasregenwald geschafft. Klein-Jeremy wäre verdammt stolz auf mich.

Tiffany und ich legen die Füße hoch und schauen zu, wie die Landschaft vorbeizieht, eine ununterbrochene Wand aus turmhohen Regenwaldbäumen unter einem ausladenden Himmel. Von Zeit zu Zeit ragen große, hintereinander in Reihe liegende Felsbrocken aus dem Ufer heraus, die fast wie abgetrennte Finger eines steinernen Riesen aussehen. Vögel fliegen von einer Seite des Flusses zur anderen, ihre Schatten kräuseln sich auf dem Wasser.

Die Zeit selbst gleitet wie eine Wolke dahin. Wir haben keine Ahnung, wie lange die Reise dauern oder wie unser Ziel am Ende aussehen wird.

Im Jahr 2008 gibt es keine Reiseführer über Surinam. Glauben Sie mir, ich habe danach gesucht – ich habe einen Fetisch für Reiseführer. Ich weiß gern, in welchen Restaurants ich essen und welche Museen ich besuchen sollte, welche Krankheiten ich mir einfangen könnte und wie schnell ich es von jedem Punkt aus in ein Krankenhaus schaffen kann. Selbst wenn ich nur für ein paar Tage dort bin, will ich den süßen kleinen *Lonely Planet* im Handgepäck haben, damit ich mir unterwegs das Kapitel zur Geschichte durchlese. Für mich ein unverzichtbares Ritual. Aber ich konnte noch nicht mal einen Reiseführer über die Guayanas finden, das heißt über Surinam, Guyana und Französisch-Guayana. Man kann sicher sein, dass eine Region wirklich weit vom Schuss sein muss, wenn der US-amerikanische Koch und Moderator Anthony Bourdain dort noch keine Sendung gedreht hat. Wie gern hätte ich gesehen, wie Bourdain mit seiner markanten Statur durch die Straßen von Paramaribo schlendert, wo das Meer immer lockt, die Sonne unaufhörlich scheint, die hölzernen niederländischen Gebäude vor sich hin rotten und die griechisch anmutenden Statuen langsam von tropischem Schimmel verzehrt werden.

Nach langer Suche war ich zu einem Zugeständnis gezwungen, indem ich mir stattdessen den wuchtigen *Südamerika für wenig Geld* von Lonely Planet besorgte. Darin gab es sehr kurze Abschnitte über Surinam, Guyana und Französisch-Guayana, aber kaum genug, um meinen inneren Drang zu befriedigen.

Als eine Stunde vergangen ist, zeigen unsere karibischen Guides aufgeregt mit den Fingern auf etwas. Sie wollen uns irgendwas sagen, aber wir können nicht erkennen was. Sie wenden das Boot und fahren zu einem kleinen Strand am Rand des Mangrovenwaldes zurück. Sind wir da? Gehen die Meeresschildkröten hier an Land?

»Ich glaub, sie sagen ›Anakonda‹«, sagt Tiffany.

Bei dem Wort ›Anakonda‹ tue ich, was jeder normale Mensch tun würde: Ich stehe im Boot auf.

Energisch bewegt einer unserer Guides seine Hand auf und ab, was so viel heißt wie »Setz dich! Du bringst uns noch zum Kentern, weißer Junge.« Ich gehorche, aber dann können wir die Anakonda sogar im Sitzen sehen. Sie liegt unter den kathedralenartigen Wurzeln einer Mangrove am Strand.

Aber die Anakonda hat keinen Kopf mehr.

Der Guide legt an, und wir springen alle ans Ufer. Wäre die Schlange noch am Leben gewesen, wäre ich natürlich im Boot geblieben. Selbst ohne Kopf ist diese grüne Anakonda noch *riesig*. Dabei ist es gar nicht so sehr ihre Länge, die mich sprachlos macht – man erwartet schließlich, dass eine Anakonda lang ist –, als ihr Durchmesser: weniger Palme, eher Eiche. Das liegt zum Teil an den Gasen, die nach ihrem Tod freigesetzt wurden, zeigt aber auch, dass eine Anakonda wie die hier ein ganzes Capybara verschlingen könnte. Sie ist riesengroß, überwältigend, und besitzt ein wunderschönes Muster aus schwarzen Punkten, aus denen es manchmal gelb hervorblitzt. Sie ist furchtbar und absolut Ehrfurcht gebietend.

Die grüne Anakonda ist die größte Schlange der Welt, was ihr Gewicht betrifft, und möglicherweise auch die längste. Unsere Guides sagen uns später, dass sie die tote Schlange auf gut sechs Meter geschätzt haben. Die größten Anakondas, die bis dato bestätigt wurden, liegen zwischen 6,70 und 7,60 Metern, obwohl es Geschichten über noch viel größere Tiere gibt. Kann sein, dass so ein Leviathan noch irgendwo da draußen existiert. Kann aber auch sein, dass menschliche Zerstörungswut ihn schon längst ausgelöscht hat.

Nach meiner Heimkehr versuchte ich, das Rätsel, warum der Schlange der Kopf abgetrennt worden war, zu lösen. Doch wie bei so vielen Reiseerlebnissen gab es bei dieser Sache kein richtiges Ende, keinen sich harmonisch in das Erlebnis einfügenden Schluss. Ein Jaguar frisst manchmal den Kopf einer Anakonda, doch dafür sah der Schnitt zu sauber und präzise aus. Womöglich hat ihr jemand den Kopf abgehackt, um ihn einem Touristen als Souvenir zu verkaufen. Falls das zutrifft: Was für ein trauriges und sinnloses Ende ist das für ein Geschöpf, das sowohl schrecklich schön als auch ganz schön schrecklich ist, dessen Leben vorzeitig beendet wurde und dessen Gene für Riesenwuchs für immer verloren sind.

Wir lassen das Tier am Strand zurück. Der Urwald würde die Reste, die Tausenden Lebewesen Nahrung liefern, schon bald verschlingen.

Weiter flussabwärts steuern wir wieder aufs Ufer zu, nur dass es dieses Mal nicht darum geht, eine ermordete Schlange zu begaffen, sondern in einem einheimischen Dorf ein bisschen Sprit zu besorgen. Während der eine Guide verschwindet, um Sprit zu kaufen – leider gibt es hier keinen –, geht der andere zu einem Baum und klettert mühelos an ihm nach oben. Er kommt mit einer frisch gepflückten Mango zurück und zeigt uns, wie man sie schält. Bis heute konnte es keine Mango mit dieser aufnehmen. Der Saft, noch warm von der tropischen Sonne, tropft an unseren Fingern herab, als sich das Boot weiter seinen Weg flussabwärts Richtung Meer bahnt. Dort gibt es im nächsten Dorf, Galibi, eine weitere Chance auf Sprit. Abgesehen davon, dass es der Name dieses Dorfs ist, kann sich das Wort ›Galibi‹ auch auf ein Mitglied des Kalihna-Stamms beziehen.

Während einer der Männer aussteigt, um Sprit aufzutreiben, schwimmen vier Jungs in die Nähe unseres Motorboots, und ein kleiner Junge sitzt am Ufer. Er trägt ein Hemd, ist aber von der Taille abwärts nackt. Ihre Mutter hält sich, bis zu den Schultern im Wasser, an einem der vertäuten Boote fest.

Ein Teil von mir möchte gern hallo sagen oder irgendeine Geste des Grußes machen. Aber wieso ihre Träumerei stören? Die Kinder ziehen hier für ein paar Fremde gerade eine Show ab, wie es Kinder überall tun. Sie machen Handstand unter Wasser und Saltos und lächeln dabei, als wären sie auf einer Bühne. Dann geht plötzlich eine Rauferei los, als sich zwei der Brüder wegen irgendwas streiten.

Der Jüngere der beiden, auf ganzer Linie unterlegen, lacht ununterbrochen, während sich sein älterer Bruder auf ihn stürzt wie ein Orca auf einen Seehund und ihn wiederholt zu ertränken versucht, aber jedes Mal scheitert. Während die beiden sich balgen, schwimmt der dritte ans Boot heran, um uns ein Flusslebewesen zu zeigen, das er in einer Colaflasche gefangen hat. Wie ein eingesperrter Flaschengeist wuselt der winzige Gliederfüßer in seinem Gefängnis herum. Die Mutter strahlt, und wir können nicht anders, als ebenfalls über diese kleinen Jungs zu strahlen, die nicht durch das Fernsehen, Videospiele, Smartphones und die permanente Reizüberflutung der Welt, die wir für kurze Zeit hinter uns gelassen haben, abgestumpft sind.[3]

Warana Lodge wirkt wie etwas aus einer anderen Zeit: nichts als Kilometer um Kilometer unberührter Strand zu beiden Seiten. Man könnte so tun, als wäre man ein polynesischer Kundschafter vor Tausenden von Jahren, der ganz zufällig auf eine unbekannte, nicht kartierte Küste stößt, auf ein wahres tropisches Paradies.

Doch die ersten Menschen, die wir in Warana sehen, sind keine amerikanischen Ureinwohner, sondern alte weiße Frauen – als wären wir nicht gerade bei einer abgelegenen Lodge im Amazonas angekommen, in einem Land, von dem nur zwei Prozent der US-Amerikanerinnen und -Amerikaner je gehört haben, sondern bei einem Kentucky Fried Chicken. – Die Prozentzahl habe ich mir gerade ausgedacht, was aber nicht heißt, dass sie nicht trotzdem vollkommen und absolut korrekt wäre.

Unter den Frauen, die, wie sich herausstellt, mit der gemeinnützigen US-Organisation Elderhostel unterwegs sind, entdecken wir auch eine Frau in den Zwanzigern, die einen Bikini trägt. Nicole hat gerade ihr Studium abgeschlossen, arbeitet den Sommer über mit Meeresschildkröten und wird in den kommenden zwei Wochen unsere Übersetzerin, inoffizielle Reiseführerin sein und unsere Freundin werden.

Nach einer kurzen Begrüßung zeigt man uns unser Zimmer. Es handelt sich um eine nackte Betonunterkunft mit zwei Stockbetten, wie ein Studentenwohnheim, das gebaut wurde, um die Katastrophe eines nuklearen Holocaust zu überleben. Wir hatten für unseren zweiwöchigen Freiwilligendienst mit Meeresschildkröten einen Spottpreis bezahlt: 400 US-Dollar pro Kopf.

Etwa eine Stunde nach Sonnenuntergang und unserem ersten Abendessen mit Bohnen und Reis treffen wir Nicole und die Damen von Elderhostel. Wir sind alle mit Stirnlampen und Wanderschuhen ausgerüstet, als wir damit anfangen, was von jetzt an unsere tägliche Routine sein wird: auf der Suche nach vorsintflutlichen Kolossen, die aus den unergründlichen Tiefen nach oben gekrochen sind, den Strand entlangzulaufen. Das Ganze mag wie eine etwas dramatische Beschreibung einer Meeresschildkröte klingen, aber ich versichere Ihnen, dass sie völlig zutreffend ist. Warten Sie nur ab.

Nicole hat kein Licht dabei. Sie sagt, sie könne besser im Mondlicht sehen, das sich auf dem Wasser spiegelt, oder einfach anhand von Formen, deren Umrisse sich in der Dunkelheit abzeichnen, falls kein Mond da ist. Sie kann die Spuren einer Lederschildkröte in völliger Dunkelheit entdecken.

Ich konzentriere mich dagegen voll und ganz auf die Strahlen, die von den roten Stirnlampen ausgehen (Schildkröten können das rote Lichtspektrum nicht sehen), weil ich den Strand vor mir nach irgendwas Unerwünschtem (Schlangen) absuche. Natürlich müsste das schon eine durchgeknallte Schlange sein, die sich unter freiem Himmel auf einem offenen Strand versteckt, wo doch der angrenzende Regenwald viel bessere Gelegenheiten zum Verstecken und Jagen bietet. Denn immerhin arbeiten die meisten Schlangen mit dem Überraschungsmoment.

Und jetzt stellen Sie sich mal vor, Sie wären ein Astronaut oder eine Astronautin, der oder die auf einem fremden, weit entfernten Planeten landet. Ihr Shuttle setzt zur Landung an, die Luke öffnet sich, und als Sie die metallische Gangway runterlaufen, sehen Sie sich plötzlich einem badewannengroßen und viele Hundert Kilo schweren Wesen gegenüber. Sein Gesicht ist blau mit weißen Sprenkeln, die aussehen wie die Sterne am Himmel, und anstelle von Vorderbeinen hat es große, sensenförmige Gliedmaßen. Es bewegt sich stetig und mit einer ruhigen Unermüdlichkeit, als sei die Bewegung eine Art Meditation. Sie können nicht mit ihm kommunizieren, weil Sie seine Sprache nicht sprechen und das fremde Wesen keine menschliche Sprache beherrscht. Aber es scheint, dass dieses Wesen zu einer Spezies gehört, die bedeutend älter, weiser und gelassener ist als Ihre eigene.

Nach einer Viertelstunde zu Fuß treffen wir auf dieses fremdartige Wesen – allerdings nicht auf einem weit entfernten Felsbrocken im All, sondern hier auf unserem eigenen Planeten.

Auf dem in tiefe Nacht gehüllten Strand hebt eine weibliche Lederschildkröte den Kopf. Aus ihren Augen tropft Glibber, während sie ihre Eier – um die 100 – ablegt und dabei stöhnt. Lederschildkröten, monströs, entsetzlich und schön, sind die ältesten und größten Meeresschildkröten der Welt.

Nicole, ganz und gar sachlich, mit einem Stift im Mund, öffnet ihre Tasche und holt ein Maßband, eine Schnur und einen Scanner für Erkennungsmarken heraus. Zuerst messen wir die Länge des sogenannten Carapax, des Rückenschilds der Schildkröte. Dabei achten wir darauf, außer Reichweite der kräftigen, sensenförmigen Vorderflossen zu bleiben, denn sie sind stark genug, um einem Menschen das Bein zu brechen. Dann suchen wir die Flossen und den Kopf der Lederschildkröte nach Erkennungsmarken ab, die andere Biologen – vielleicht am anderen Ende der Welt – direkt unter der Haut angebracht haben könnten, damit dieses Weibchen in einer Datenbank identifiziert werden kann. Und schließlich, während die Schildkröte weiter ihre Eier legt, lassen wir einen Faden im Nest zurück und binden das andere Ende an einem Stock weit oben in den Dünen fest. Am nächsten Tag wird Nicole per Triangulation die genaue Position des Nests bestimmen und es, falls es zu nah an der Flutlinie liegt, ausbuddeln, um es entweder über die Flutlinie oder in ihre Brutanlage zu verlegen.

Die Lederschildkröte zählt zu den sagenhaftesten Wundern unserer Welt. Sie ist die letzte lebende Art aus der Familie der *Dermochelydiae,* die 110 Millionen Jahre alt ist. Ihre Vorfahren schwammen schon gemeinsam mit längst ausgestorbenen Haudegen wie dem Urzeithai *Cretoxyrhina* und dem Kronosaurus durch die kreidezeitlichen Meere. Lederschildkröten sind nur sehr entfernt mit jedem anderen Lebewesen verwandt, das gilt auch für unsere sechs anderen Meeresschildkröten.

Im Gegensatz zu ihren entfernten Cousinen hat die Lederschildkröte aber keinen gewöhnlichen harten und knochigen Panzer. Stattdessen ist ihr fast gummiartiger Carapax von Haut bedeckt, wodurch zwischen Panzer und Körper kein Platz bleibt. Lederschildkröten ernähren sich fast ausschließlich von Quallen und sind geschickte Taucher, wobei diese Beschreibung eigentlich noch zu schwach ist: Lederschildkröten sind Tiefseetaucher, die nachweislich bis zu knapp 1300 Meter tief tauchen – das ist fast das Doppelte des höchsten Gebäudes der Welt, des Burj Khalifa in Dubai. Auf ihren Wanderungen durch die Ozeane sehen diese großen Reptilien mehr von der Welt als ein Großteil der Menschen. Bei einer Lederschildkröte wurde aufgezeichnet, dass sie in einem Jahr über 19000 Kilometer weit geschwommen ist, von Indonesien bis nach Oregon.

Wir bleiben etwa 20 Minuten bei diesem wunderschönen und Ehrfurcht gebietenden Weibchen, bevor wir weiterziehen.

Wenn Nicole läuft, dann *läuft* sie. Dabei achtet sie nicht darauf, wohin sie tritt, und strahlt eine Selbstsicherheit aus, als führe sie eine ganze Armee an. Ihre Augen sind ununterbrochen nach vorn gerichtet, suchen nach den unverkennbaren Markierungen im Sand, die auf eine nistende Schildkröte hindeuten.

Während wir weitaus schneller laufen, als mir lieb ist – als könnten hier nicht überall Schlangen lauern –, stoßen wir plötzlich auf etwas, womit nicht zu rechnen war: einen Haufen Holländer. Im nächsten Moment sind wir umzingelt, und alle reden und sind wegen irgendwas sichtlich erregt. Trotz ihrer Aufregung scheinen sie uns aber irgendwas mitteilen zu wollen. Nicole schiebt sich an der Gruppe vorbei wie eine New Yorkerin an einer Horde gaffender Touristen. Und weiter geht's den Strand entlang.

Nicole erklärt uns, dass es sich bei den Niederländern um Touristen handelt, die für eine Nacht da sind, um Schildkröten zu sehen. Sie wohnen im Dorf Galibi, wo wir auf der Bootsfahrt hierher gehalten haben. Solche Gruppen kommen ein paarmal in der Woche.

»Ich spreche kein Niederländisch«, fügt sie hinzu, als wollte sie dieses Zusammentreffen irgendwie kommentieren.

Ich schaue der Gruppe nach, die in die entgegengesetzte Richtung losgelaufen ist. Ihre Rotlicht-Taschenlampen bewegen sich hastig und im Zickzack durch die Nacht – irgendwie ein Sinnbild für ihre aufgekratzte Stimmung.

Wir setzen unseren Weg fort, marschieren im Nicole-Tempo. Deshalb bin ich irritiert, als Nicole plötzlich stehenbleibt, innehält und ein paar Schritte rückwärts geht.

Der Strahl einer Taschenlampe zieht unsere Blicke auf sich. Wir folgen ihrem Licht und sehen eine große bräunliche Schlange, die sich teilweise eingerollt hat.

»Fer de Lance«, sagt der Mann mit der Taschenlampe, der in der Lodge beschäftigt ist. Dafür, dass er nur ein paar Meter von ihr entfernt steht, spricht er mit erstaunlich ruhiger Stimme.

Mein Puls beginnt zu rasen.

»Giftig«, fügt er hinzu, als wäre die Tatsache, dass er hier steht und seine Taschenlampe auf eine meterlange Schlange gerichtet hat, nicht schon Erklärung genug.

»Verdammt«, sagt Nicole. »Wir hätten voll auf sie drauftreten können.«

»Komisch«, antwortet er. »Ich hab noch nie eine von denen am Strand gesehen.«

Manchmal ist das Leben so, selbst für all diejenigen, die psychisch total im Eimer sind. Da vergeudet man unzählige Stunden damit, sich über irgendwas Schlimmes den Kopf zu zerbrechen, und sich gleichzeitig selbst zu sagen, wie lächerlich und nutzlos solche Sorgen sind, nur damit es einem dann doch passiert. – Na schön, um genau zu sein, ist es *nicht* wirklich passiert. Die Schlange hat ihre Fangzähne nicht in mein Fleisch gegraben und mir 200 Milligramm flüssiges Gift injiziert.

Mit einem Mal ergibt das Rätsel der aufgeregten Holländer einen Sinn.

Ich betrachte sie im Strahl der Taschenlampe: ihren geschmeidigen Körper, der sich dreht und windet, ihre gelben Streifen, die glitzern, ihre Schuppen, die wie ein reflektierendes Kettenhemd aussehen, ihren wohlgeformten Kopf und ihre glühenden Augen. Und ich muss zugeben, dass sie schön ist. Und autonom.

Für sie sind wir eine Belästigung, eine Unterbrechung ihrer Jagd. Und wenn wir noch ein bisschen näher kommen, wird sie uns als echte Bedrohung wahrnehmen, und das zu Recht.

Wie viel mehr Terciopelo-Lanzenottern sind durch die Hand eines Menschen gestorben als umgekehrt? Erschossen, erschlagen, zerstückelt, ihre langen Körper in Millionen Häusern über Tausende von Jahren aufgehängt?

Da wir die Schildkrötenkartierungen nur am frühen Morgen und kurz nach Beginn der Dämmerung durchführen, haben wir viel Zeit totzuschlagen. Sehr viel. Also schlagen wir richtig zu, indem wir unzählige Runden Reisescrabble und Karten spielen und so viel lesen, wie unser Herz begehrt. Wenn es nach mir ginge, würde ich so ziemlich jede Stunde jedes einzelnen Tages lesen. Solche Tage waren mir das Liebste am College.

Wir sitzen an dieser Grenze zwischen zwei Ökosystemen – der Dschungel hinter uns, der Ozean vor uns – und beobachten, wie sich die Wellen den Sand hinaufkämpfen, wie sich die Flut zurückzieht und die Geier in den Überresten herumpicken. Wir beobachten, wie sich die Horde von Totenkopfäffchen vom Cashewbaum ernährt, wie die großen Strandameisen einander über ihre sandigen Berge folgen und die Eidechsen im Sand liegen und die Hitze von unten und oben aufnehmen. Wir beobachten, wie sich die Schatten der Regenwaldbäume langsam in Richtung Meer recken, bis sie vom Ende eines weiteren Tages verschluckt werden.

Ich sitze im Schatten eines tropischen Baumes, der den Strand liebt, während Tiffany ihren Stuhl in die tropische Sonne rückt.

Ich will an dieser Stelle ehrlich sein: Die Sonne und ich haben ein kompliziertes Verhältnis.

Ich verstehe ja, dass die Erde ohne die Sonne nur ein eiskalter toter Felsbrocken wäre, der haltlos durchs All treibt. Aber andererseits … na ja, seien wir ehrlich, die Sonne ist eine ziemliche Idiotin. Sie beschießt uns mit krebserregenden Strahlen. Es ist wie bei dem unsterblich schönen Apollo, dem Gott des Lichts, der mit seinen goldenen Pfeilen Plagen in die Welt senden kann.

Aber die Sonne macht mich auch glücklich. Im unerträglich langen Winter von Minnesota brauche ich eine Lichttherapie, damit ich funktioniere, das heißt eine speziell konzipierte Lichtbox, die mir eine halbe Stunde lang 10 000 Lux ins Gesicht schleudert. Die Leuchten sollen das Sonnenlicht so gut wie möglich imitieren. Das Ganze ist eine simulierte, winzige Sonne, die die größere ersetzen soll, von der die Menschen in Minnesota zwischen November und März weitgehend im Stich gelassen werden. Wie ein ausgehungerter Wolf, der scin Maul in den Bauch eines frisch erlegten Rehkitzes steckt, schiebe ich mein Gesicht in dieses wunderbare Licht.

Sonnenlicht macht mich glücklich und bewirkt, dass ich nicht den *ganzen* Winter im Bett verbringen will – sondern nur den größten Teil. Aber ich habe auch Angst vor Sonnenlicht, so wie ich Angst vor Schlangen und Autos und streunenden Hunden und Stechmücken habe, und zwar aufgrund seiner krebserregenden Eigenschaften.

Wie gesagt, die Sache ist kompliziert.

Ich trage lange Ärmel im Sommer, und ich liebe Hüte, je breiter die Krempe, desto besser. Wenn es die Modepolizei zuließe, würde ich sieben Monate im Jahr einen Sombrero tragen. Im Sommer halte ich mich wie ein Spion im Schatten auf. Ich bringe Liegestühle, Picknickdecken und sogar Kinderplanschbecken dorthin, wo die Sonne ihre schreckliche Wirkung nicht entfalten kann. Und falls Sie mich je zu einem Sommerfest einladen sollten – was Sie vermutlich nicht tun werden, nachdem Sie dieses Buch zu Ende gelesen haben –, dann dürften Sie mich dabei erwischen, wie ich mich am Rand Ihres Gartens, am Haus oder an der Garage entlangschiebe und mich stets bei den Büschen oder unter den Bäumen aufhalte. Ich bin ein Schattenmeister.

Im Gegensatz zu mir mag Tiffany die Sonne – vielleicht ein bisschen mehr, als es gut für sie ist. Sie sagt, dass sie als Kind »jede Menge« Sonnenbrände gehabt habe. Tiff hat polnische und irische Vorfahren, weshalb sie in etwa so weiß ist wie die Gischt des Meeres und sich so schnell die Haut verbrennt. Es ist, als würde man in Benzin getränkte Holzspäne in die Nähe eines Feuers bringen.

Eines Morgens in Surinam wacht Tiffany auf, und ihre Haut hat die Farbe von Tomatensauce. Klitzekleine Beulen sprießen aus ihrer Haut. Nachdem wir mehrere Angestellte befragt haben, stellt sich heraus, dass sie keinen Sonnenbrand hat, sondern Hitzepickel. Das heißt, ihre Haut hat angesichts all der Sonne und Hitze Surinams das Handtuch geworfen. Im Englischen sagt man dazu auch ›prickly heat‹ [prickelnde Hitze]. Eigentlich auch ein ganz guter Name für einen Cocktail. Das hat man jedenfalls davon, wenn man sich mit der Sonne zu sehr anfreundet.

Der Hitzeausschlag bewirkt, dass sich Tiffany für den Rest der Reise zu mir in den Schatten gesellen muss. Sie muss ihre Haut so kühl wie möglich halten, was bei 32 Grad Hitze ohne Ventilatoren oder Klimaanlage oder Eiswürfel gar nicht so einfach ist. Sie tut mir leid, auch wenn ich im hintersten Winkel meines Gehirns denke: *»Ich hab's dir gesagt.«*

Nach ein paar Tagen kommen zwei neue US-Touristen in Warana an. Die Neuen gehören zu der Sorte, die nicht im Betonbunker übernachtet. Sie haben einen Aufschlag bezahlt, um in der deutlich bequemeren Lodge zu schlafen und die köstlichen Speisen zu essen, die durch den örtlichen Koch täglich zubereitet werden.

Katie, um die 20 und aus Arkansas, ist in diesem hintersten Winkel der Welt gelandet, weil sie schon immer von Meeresschildkröten besessen war.

Simon, der andere Neuankömmling, kommt aus New York City. Wie dieser 40-Jährige ausgerechnet in Surinam gelandet ist, kann ich nicht genau sagen, aber er ist ein Hardcore-Tierfreund.

Ich habe großen Respekt vor Tierschützern. Die Wissenschaft ist absolut auf ihrer Seite. Je mehr wir über die kognitiven und emotionalen Fähigkeiten anderer Arten lernen, desto mehr wird uns klar, dass wir Menschen nichts Einzigartiges sind. Wir sind ganz und gar nicht die einzige ›bewusste‹ Spezies auf diesem Planeten. Wir sind nicht die einzige Spezies, die Freude oder Leid empfindet. Wir wissen, dass Fische Schmerzen empfinden und Elefanten trauern, dass Oktopoden und Papageientaucher Werkzeuge benutzen und Hunde Hunderte menschliche Wörter lernen. Und wie viele ihrer Laute verstehen wir? Wir wissen, dass Bienen zählen und Goldfische die Musik verschiedener Komponisten auseinanderhalten können, und wir wissen, dass Tiere eine Persönlichkeit haben.

Über Jahrhunderte haben die Menschen in der westlichen Welt Tiere hauptsächlich als stumpfe Roboter betrachtet, als Sklaven ihrer

Instinkte ohne irgendeine emotionale oder intellektuelle Fähigkeit. Danke dafür, Descartes. Doch mittlerweile zeigt uns die Wissenschaft immer deutlicher, wie abstrus diese Sichtweise ist – fragen Sie einen beliebigen Hundebesitzer, und er wird Ihnen das bestätigen.

Doch unser Tierfreund Simon … Na ja, am ersten Abend, während wir alle zusammen herumsitzen, erzählt er uns, dass er sich keine Wildtier-Dokus anschauen kann, weil er nicht damit klarkommt, wenn ein Tier ein anderes attackiert. Wir versuchen ihn daran zu erinnern, dass das zur Natur dazugehört: Tiere fressen, Tiere sterben. Wenn das Reh nicht stirbt, werden die Wolfswelpen nicht überleben. Es gibt immerzu Freude und Leid. Aber er beharrt auf seiner Anklage gegen Gewalt unter Tieren. Ich finde das zugegebenermaßen merkwürdig, bemühe mich aber, es zu respektieren – von einem sensiblen Typen zum anderen.

Simons Gefasel über das friedliche Königreich gilt allerdings nicht für sein eigenes Verhalten. Er hat ein Wutproblem und bekommt jedes Mal, wenn er beim Kartenspielen oder Scrabble zu verlieren droht, einen Anfall. Unzählige Spiele enden damit, wie der über 40-jährige Simon auf sein Zimmer stürmt, um mit seinen psychischen Problemen allein zu sein.

Nach ein paar Tagen an der Küste von Surinam haben Tiff und ich alle annähernd interessanten oder frischen Lebensmittel aufgebraucht. Unsere ganzen Snacks sind weg. Die Schokolade ist so schnell geschmolzen, dass wir jeden Bissen davon in den ersten 24 Stunden unseres Aufenthalts verschlungen haben. Das frische Obst reichte nur für drei Tage und wir sind die ganze Zeit hungrig, haben aber auch absolut kein Interesse an dem, was es zu essen gibt.

Unsere Mahlzeiten bestehen gezwungenermaßen aus einer von drei Optionen: Bohnen mit Reis, Nudeln mit Tomatensauce oder Sandwiches mit Erdnussbutter und Gelee. Damit es abwechslungsreich bleibt, rotieren wir.

Und auch der Alkohol ist nicht so toll, wie wir uns erhofft hatten. Der Wein hat keine Zimmertemperatur, selbst wenn er im Schatten gelagert wird; er ist eher heiß, wie Glühwein. Zimmerwarmes, in tropisch feuchter Umgebung aufbewahrtes Bier ist eklig, auch wenn es manche Europäer so trinken. Wir brauchen unbedingt was Kühles, zum Beispiel ein Bad in Eiscreme. Immerhin erfüllt wenigstens der Whiskey seinen Zweck mit größter Effizienz.

Die Ameisen entdecken unsere Vorräte binnen weniger Tage, und von der zweiten Woche an fische ich sie nicht mehr aus unseren Reispackungen oder unseren Erdnussbutter- und Geleegläsern. Wir betrachten die unglückseligen Arthropoden einfach als Eiweißquelle.

Wenn wir Reis machen, treiben winzige Ameisenkörper an die Oberfläche, sobald das Wasser kocht. Irgendwie ist jedes Essen auf die eine oder andere Weise ein Ameisenfriedhof.

Eines Nachmittags dreht sich Tiffany, die Adleraugen hat, zu mir um und sagt: »Eine Lederschildkröte.«

»Wo?«

»Da, im Wasser.« Sie zeigt auf eine schwarze, fußballartige Form, die gerade so aus den Wellen herauslugt.

»Mitten am Tag?«, frage ich skeptisch. Lederschildkröten legen ihre Eier normalerweise nur nachts.

Doch wie sich herausstellt, hat Tiffany recht – wie immer. Die schwarze Form ist der Kopf einer Lederschildkröte, die kurz darauf ihren monströsen Körper auf den Strand schiebt. Ich renne los, um Nicole zu holen, und dann schauen wir drei zu, wie die werdende Mutter ihre Pflicht am hellichten Tage erledigt.

Als sie aus dem Wasser steigt und die fremdartige Welt an Land betritt, benutzt sie ihre enormen Vorderflossen, um sich selbst, Zug für herkulischen Zug, den Strand hochzuhieven. An irgendeinem Punkt beschließt sie, dass sie weit genug gekommen ist, und beginnt dann den langen Prozess, mit ihren kleineren hinteren Extremitäten ein Nest auszugraben. Als das Nest fertig ist, bewegt sie ihr Hinterteil über die

Grube und legt ihre rund 100 Eier hinein. Sie deckt sie mit Sand zu und tarnt das Nest dann, indem sie sich immer wieder im Kreis bewegt, während ihre kräftigen Vordergliedmaßen überall Sand in die Luft werfen. Das hat den Effekt, dass Räuber, darunter auch Menschen, im Grunde keine Ahnung haben, wo sie nach den nährstoffreichen Embryos graben sollen. Der gesamte Vorgang dauert über eine Stunde, und zum Schluss sieht die Mutter völlig geschlaucht aus.

Irgendwann macht sie sich schließlich wieder auf den Rückweg ins Meer, wo sie in den Wellen verschwindet.

Sie wird vermutlich noch ein paarmal auftauchen, um weitere Gelege – bis zu neun – anzulegen, bevor sie den Strand endgültig verlässt und wieder aufs offene Meer hinausschwimmt, um in lichtlosen Tiefen Quallen zu fressen.

Anschließend wird sie alle paar Jahre hierher zurückkehren, um erneut Eier abzulegen. Man sagt, dass ihre Lebensspanne irgendwo zwischen 40 und 150 Jahren liegt. Genau weiß das niemand, und wie bei der maximalen Länge einer Anakonda gehen die Angaben stark auseinander.

Ich muss oft an jene Zeile aus *Hamlet* denken: »Es gibt mehr Ding' im Himmel und auf Erden, als Eure Schulweisheit sich träumt, Horatio.«

Wir sind alle Horatio.

Trotz unserer guten Absichten sind Tiff und ich das, was man beschissene Freiwillige nennen könnte.

Ich glaube nicht, dass das ganz allein unsere Schuld ist. Ein Teil davon schon, aber manches liegt auch an mangelnder Organisation von Seiten des Anbieters. Ich vermute, wir waren die allerersten Touristen, die sich für diese günstige, freiwillige Selbstversorgungsoption entschieden haben. Und na klar: Wären wir von der anpackenden Sorte gewesen, hätten wir den Mitarbeitern wahrscheinlich trotzdem auf die Nerven gehen und dauernd fragen können: »Hey, können wir irgendwie helfen? Hm, hm, hm? Können wir ein Dach flicken? Oder ein Boot reparieren? Oder können wir irgendwelche Früchte im Dschungel ernten oder ein paar Pekaris jagen gehen?« Und natürlich hätte die Lodge am Ende mit einem undichten Dach, einem in die Luft gejagten Boot, mit vergifteten Angestellten und zwei sehr verlorenen Amerikanern dagestanden, wäre es uns erlaubt gewesen, derartige Dinge zu tun.

An freiwilligem Engagement auf Reisen ist nichts auszusetzen. Aber ich denke, man sollte sich bewusst machen, dass es sich dabei um eine überwiegend egoistische und selbstbezogene Tätigkeit handelt – wie bei jeder Form des Reisens. Hier geht es nicht darum, dem Ganzen einen moralisch verwerflichen Anstrich zu verpassen, sondern nur darum, die Kirche im Dorf zu lassen. Es geht trotzdem vor allem um *einen selbst*. Nichts können die Verantwortlichen vor Ort weniger gebrauchen als einen Haufen Amis, die vor lauter Selbstgefälligkeit noch aufgeblasener sind, als wir es ohnehin sind. Mal ehrlich: Das Beste, was wir wahrscheinlich für Galibi getan haben, war, dass wir etwas Geld für die Dorfkasse dagelassen haben, ein ganz kleines bisschen.

Zum einen erweisen sich Tiffany und ich als schlechte Frühaufsteher. Ich schiebe es auf meine Schlafstörung, die sich mehr oder weniger in dem Bedürfnis äußert, länger zu schlafen, als wach zu sein und im Normalfall bis mindestens 10 Uhr zu schlafen. Hinzu kommt das Escitalopram, mein Antidepressivum, welches das morgendliche Aufstehen zur Qual macht – als wäre ich Dornröschen, nur mit dem Unterschied, dass ich, weil kein trotteliger Prinz jemals aufgetaucht ist, ein ganzes Jahrhundert lang geschlafen habe und jetzt der Märchenwecker klingelt! Ich muss mich Neuron für Neuron in die reale Welt hieven.

Was für eine Ausrede Tiffany hat, weiß ich nicht, aber wahrscheinlich einfach das normale menschliche Bedürfnis nach Schlaf. Doch nachdem wir uns einige Tage lang um 5 Uhr morgens aus dem Bett gequält hatten, um auf der Suche nach eierlegenden Schildkröten am Ufer entlangzulaufen, sagten wir uns irgendwann »Nö!«

Dabei ist am Morgen *nicht etwa überhaupt niemand* rausgegangen. Die Gruppe ist ohne uns einfach um zwei Amis ärmer – und mit Ausnahme von Nicole sind so ziemlich alle Amis hier entbehrlich.

Eines Morgens klopft Bep, ein Mitglied des hiesigen Stammes und einer der Guides der Lodge, an unsere Tür. Er will sehen, ob wir zu der unchristlichen Zeit 4 Uhr 30 Uhr aufstehen wollen, um mehrere Stunden lang mit ihm den Strand rauf- und runterzulaufen. Das wollen wir auf keinen Fall.

Aber das rächt sich. Während Bep am jenseitigen Ende des Strands unterwegs ist, wo er von Mangroven abgelöst wird und der sandige Strand in üppiger Vegetation verschwindet, sieht er etwas Außergewöhnliches: Ein Jaguar, der gottverdammte König des Amazonas, gleitet in die Baumreihe hinter dem Strand. Bep nähert sich der Stelle, um zu untersuchen, was er dort getrieben hat, und findet den frisch erlegten, kopflosen Kadaver einer Grünen Meeresschildkröte. Der Jaguar hat der gepanzerten Gigantin wahrscheinlich aufgelauert, als sie an Land kam, um ihre Eier abzulegen, bevor er ihren Kopf mit seinen unfassbar starken Kiefern – im Verhältnis zu seiner Größe besitzt er die kräftigsten unter allen Katzenarten – zerquetscht und dann ihr Gesicht gefressen hat.

Am Nachmittag nimmt uns Bep mit, um zu sehen, was von der Leiche noch übrig ist. Nicht nur der Kopf ist verschwunden, sondern die Großkatze hat auch noch die Vorderflossen abgerissen. Die hinteren Extremitäten der Schildkröte stemmen sich hilflos gegen den Sand, was darauf hindeutet, dass sie nach ihrem Tod über den Boden geschleift wurde. Durch das gähnende Loch, wo zuvor ihr Kopf war, können wir ins Innere der Schildkröte blicken. Und überall dort, wo sie aus ihr herausgefallen sind, liegen Stücke von halbverzehrten Eiern herum, offensichtlich von irgendeinem kleineren Aasfresser verspeist. Sie war nicht dazu gekommen, die Eier zu vergraben, bevor der Tod in Gestalt eines Jaguars zuschlug.

Am nächsten Morgen ist der Körper der Meeresschildkröte ganz verschwunden. Der Jaguar hat ihn in den Wald gezerrt und nur eine einsame Flosse zurückgelassen. Grüne Meeresschildkröten sind wuchtige Tiere, die beinahe 200 Kilo wiegen können. Kaum vorstellbar, wie diese höchstens halb so schwere Katze das gepanzerte Meerestier in ihr Königreich zieht.

Einen Jaguar zu sehen ist so etwas wie der Heilige Gral der Wildtiersichtung in Zentral- oder Südamerika, und bis zum heutigen Tag hatte ich noch nicht das Vergnügen. Aber wahrscheinlich wäre ich sogar noch aufgeregter, wenn ich ein Riesengürteltier oder einen Kurzohrfuchs zu sehen bekäme, die beide seltener und scheuer sind.

An den späten Nachmittagen, wenn die Sonne sinkt, machen wir immer lange Spaziergänge am Strand. Der schmale Streifen aus Sand, die Grenze zwischen dem Dschungel und dem Ozean, sieht auf der Karte in der Lodge wie eine Schlange aus. Ein anderes Bild ergibt sich, wenn man ihn entlangläuft. Der weiche feuchte Sand, durch die Gezeiten permanent verschoben, macht einer zweiten Zone aus unkrautbewachsenen Dünen und hohem Grasland Platz, die abrupt an einer Wand aus 20 Meter hohen Bäumen enden. Der Wechsel ist so scharf, dass er beinahe künstlich wirkt, auch wenn Menschen hier, verglichen mit dem Großteil unseres Planeten, relativ wenig Einfluss haben.

Galibi ist – falls Sie *fancy* Begriffe mögen – ein Ökoton, eine Übergangszone zwischen zwei Ökosystemen. Der kleine Strand trennt zwei Ökosysteme voneinander, die unterschiedlicher kaum sein könnten: den Regenwald und das Meer. Nur an Orten wie diesem können sich Jaguar und Meeresschildkröte begegnen.

Gewissermaßen leben wir aber alle in einem Ökoton, einem Übergangszustand, der zwei Welten miteinander verbindet. Wir leben im Übergang zwischen unserer Vergangenheit und unserer Gegenwart. Im Übergang zwischen dem Menschen, der wir sind, und dem, der wir gern sein wollen. Im Übergang zwischen unserer privaten und unserer öffentlichen Persönlichkeit. Wir Menschen bewohnen nicht so sehr Orte, als vielmehr die Spannung – den Übergang – zwischen verschiedenen Varianten unseres Selbst.

Kaum jemand kennt die Spannung eines so verstandenen ›Ökotons‹ besser als diejenigen mit einer psychischen Erkrankung, bei der man permanent irgendwo zwischen ›normal‹ und ›nicht ganz richtig im Kopf‹ existiert. Das ist der Fluch einer chronischen psychischen Krankheit. Irgendwann schafft man es, Teile des eigenen Lebens so gut zu verbergen, dass es wirkt, als ginge es einem genauso prima wie allen anderen. Doch dann kommt ein schlechter Tag, eine schlechte Woche, ein schlechter Monat oder ein schlechtes Jahr, und man ist mit einem Mal wieder hier, verirrt in seinem persönlichen Dschungel und unfähig, den Weg nach draußen zu finden. Der Verstand sagt einem, dass man geliefert ist, und von da an heißt es nur noch: durchs Unterholz stolpern, in Stacheln treten und langsam an Hunger und Durst und Krankheit zugrunde gehen. Zugleich muss man aber irgendwie weitermachen, seinen Pflichten nachkommen, die sich wie Schlingpflanzen um den Körper schlingen. So lange, bis es einem irgendwann wieder besser geht oder alles immer schlimmer und schlimmer wird, und dann … Na ja, ein paar Zusammenbrüche, einige Krankenhausaufenthalte, hier und da Gefängnis und Obdachlosigkeit – und manchmal Selbstmord.

Steve ist vielleicht meine Zwangsstörung, aber meine Depression heißt Maleachi.[4]

Ich stelle mir Maleachi als eine Gestalt im dunklen Mantel vor, die mir zuflüstert, dass ich ein Versager bin, dass ich erbärmlich bin, dass ich am besten tot wäre und dass die Dunkelheit, die mich in solchen Momenten umgibt, nie mehr weichen wird. Maleachi redet gern viel über den Tod und über Selbstmord, und er mag es, wenn ich anfange, mir selbst so hart ich kann gegen den Kopf zu hämmern. So ein Typ ist Maleachi. Er ist ein abgeranzter Typ mit zwei Hörnern, gierig nach Verzweiflung und Selbstzerstörung.

Zum Glück taucht Maleachi normalerweise nicht auf, wenn ich auf Reisen bin. Alles ist zu neu und zu abwechslungsreich und zu wunderbar für Maleachi, wenn ich in einem fremden Land bin. Reisezeit ist Steve-Zeit, und zwar auf Koks. Aber wenn ich wieder nach Hause komme, nachdem ich über Wochen in einer anderen Kultur mit unzähligen unbekannten Situationen, die zu bewältigen sind, alles zusammengehalten habe, wendet mir Maleachi sein bleiches Gesicht zu und sagt: »Jetzt bin ich dran.«

Maleachi und ich haben uns in der fünften Klasse kennengelernt. Ein ›absolut tolles‹ Jahr, vom Zusammenbruch meiner Mutter über meine erste Therapie bis hin zu meinen ersten Medikamenten. Von der fünften Klasse bis zu meinem letzten Schuljahr habe ich so ziemlich alle marktüblichen Psychopharmaka genommen – und wieder abgesetzt. Einige davon gibt es bis heute, während andere verschwunden sind – und ihre seltsamen Namen, ihre hochkomplexen Nebenwirkungen und alles Gute oder Schlechte, was sie ihren Konsumenten beschert haben, mit ihnen.

Meine Mutter hat jahrelang eine Liste von ihnen aufbewahrt. Inzwischen ist sie aber verschwunden. Bei den meisten habe ich sowieso keinen Schimmer, welche Medikamente es waren. Ich weiß nur noch, dass ich mir wie eine pervertierte Version von Alice in *Alice im Wunderland* vorkam: *Na gut, diese Pille macht ihn hyperaktiv, diese Pille macht ihn schläfrig, und diese Pille hier bewirkt rein gar nichts.*

Viele dieser Medikamente waren neu. Darüber, was einige von ihnen bewirkten oder warum sie (manchmal) funktionierten, war wenig bekannt. Und noch weniger wusste man über ihre Wirkung auf Jugendliche, deren Gehirne und Körper auch so schon bedeutende Veränderungen durchmachen.

Ich war ein schmächtiger, schlaksiger Junge. Aber eines der Medikamente verursachte Aufgedunsenheit und Gewichtszunahme und führte dazu, dass ich mit elf aussah, als hätte ich einen Bierbauch. Bis es abgesetzt wurde, nannten mich meine Brüder monatelang »der gestrandete Wal«. Ein anderes machte mich manisch. Ich erinnere mich noch, wie ich an einem eisigen Januartag durch kniehohen Schnee um unser Haus rannte, von der Vorder- zur Hintertür und wieder zurück.

Einmal, in meinem ersten Jahr an der Highschool, machte ich gerade noch Hausaufgaben am Küchentisch, und als Nächstes fand ich mich im hinteren Teil eines Krankenwagens wieder, mit den Gesichtern von Fremden und meiner Mutter über mir.

Ich hatte einen epileptischen Anfall gehabt, genauer gesagt einen sogenannten *Grand mal,* ausgelöst durch das Medikament Wellbutrin. Ich war wie eine Stoffpuppe vom Stuhl gekippt und warf mich auf dem Boden hin und her. Ich habe das Zeug nie wieder angefasst.

Und dann war da noch Nardil.

Nardil ging mit ein paar ziemlich abgefahrenen Vorschriften einher: Ich konnte keinen Käse, kein verarbeitetes oder haltbar gemachtes Fleisch und nichts Eingelegtes essen, darunter auch Pickles. Ich durfte keine Acker- oder Sojabohnen und auch nicht bestimmte Arten von Brot sowie koffeinhaltige Getränke zu mir nehmen.

Aber es kam noch schlimmer. Als meine Psychiaterin mir Nardil verschrieb, gab sie die Anweisung, ich sollte in die Kinder- und Jugendpsychiatrie eingewiesen werden, um das Medikament in einem … intensiveren Umfeld einzustellen.

Ich denke, es muss noch andere Gründe für meinen ersten Aufenthalt in *Einer flog übers Kuckucksnest* gegeben haben. Denn wer landet schon in der Psychiatrie, nur weil er keinen Käse mehr essen darf? Ich kann mich aber beim besten Willen nicht mehr daran erinnern. Es gibt so Vieles, an das ich mich nicht mehr erinnern kann. So vieles.

Aber eins weiß ich noch. Ich war 13 Jahre alt.

Gegen Ende unseres Aufenthalts in der Warana Lodge spielen die Amerikaner – Tiffany, Nicole, Katie, Simon und ich – gerade eine weitere endlose Partie Scrabble, als wir draußen ein Zischen hören.

Wir schmeißen unsere Spielsteine auf den Tisch und schleichen in Richtung der geöffneten Tür. »Schlange?«, frage ich jammernd.

Niemand antwortet. Als wir die Schwelle erreichen, sehen wir ein Opossum auf einem Kaktus, mit aufgerichteten Nackenhaaren und Speichel, der ihm aus dem Maul fliegt.

Wir gehen alle nach draußen und halten knapp zwei Meter vor dem Beuteltier inne, das sich aber kaum um uns zu kümmern scheint. Und dann sehen wir auch warum: Ein *weiteres* Opossum taucht auf dem Kaktus auf.

Die beiden Opossums gehen in Angriffsstellung, nähern sich einander, und ihre Mäuler öffnen sich. Das zweite Tier stimmt in das Zischen ein.

In dem Moment beschließt Simon, die Lage zu retten.

»He, ihr«, sagt er, wobei er sich auf den von zwei duellierenden Opossums belagerten Kaktus zubewegt. »Kein Grund zu kämpfen.«

Die Opossums können entweder kein Englisch oder sind unbeeindruckt, weil sie sich gleich darauf einen Kampf liefern. Sie richten sich auf und stürzen sich aufeinander, wobei sie ein überraschend merkwürdiges Geräusch machen, das an kreischende Vögel erinnert. Männliche Opossums tragen Revierkämpfe aus. Das ist ihr Ding.

»He, Jungs. Kommt schon, jetzt beruhigt euch mal«, sagt Simon zu zwei miteinander auf einem Kaktusast ringenden Opossums.

»Nicht anfassen!«, rufe ich Simon hinterher. »Sie könnten Tollwut haben!«

»Jeremy!«, sagt Tiffany, bevor sie sich zu Simon umdreht. »Lass sie in Ruhe, Simon. Lass sie einfach ihr Ding machen!«

»He, Opossums«, fährt Simon fort, wobei er sich ihnen nähert. Während er sie anfleht, streckt er langsam seine Hand aus.

»Simon!«

An diesem Punkt halten die Opossums inne: Sie stellen fest, dass da gerade fünf *Homo sapiens* nur wenige Meter von ihnen entfernt stehen, darunter einer, dessen Hand sich gerade auf sie zubewegt, und beschließen, dass sie mit diesem Blödsinn nichts zu tun haben wollen, so sehr sie sich auch nicht leiden können. Und so machen sie sich in unterschiedliche Richtungen davon.

»Seht ihr?«. Simon lächelt. »Es hat funktioniert.«

In jener Nacht, unsere Lebensmittelvorräte sind fast aufgebraucht und unsere Geschmacksknospen sterben vor Langeweile, tut Nicole etwas Riskantes.

Sie klaut aus der Küche ein paar Teller Essen und liefert es heimlich an uns, die Bunkergang – das Essen, das eigentlich nur für die bestimmt ist, die auf großem Fuß leben. Zart gebratener Fisch, Ofenkartoffeln und eine Art Kohlsalat: das Paradies. Diese Mahlzeit ist wie dieser Strand, der Dschungel, diese Art Leben – nur in Form von gottverdammtem Essen.

Wir fühlen uns wieder wie Menschen.

»Was war das?«, fragt Tiffany in der Dunkelheit unseres nächtlichen Bunkers. »Warst du das?«

»Nein.«

Irgend*etwas* hat gerade ein Geräusch verursacht. Und dieses Etwas befindet sich *in* unserem Bunker.

»Schhh… Es hat aufgehört.«

Wir warten im Dunkeln.

Vor ungefähr einer halben Stunde haben wir das Licht ausgemacht, um zu schlafen. Wir lassen die Tür nachts immer einen ganz kleinen Spalt weit offen, weil das ohne Klimaanlage unsere einzige Möglichkeit ist, in diesem stickigen Atomschutzbunker etwas frische Luft zu bekommen.

Plötzlich ist da wieder das Geräusch, ein Klappern, als ob irgendetwas den Inhalt unserer Taschen durchstöbere, die unter dem Bett verstaut sind.

»Willst du nachsehen?«, fragt Tiffany von ihrer Koje aus.

Wir haben beide jeweils die untere Etage eines Stockbetts belegt und die obere freigelassen. Vor Stockbetten habe ich auch Angst, aber aus gutem Grund. Drei Jahre zuvor war ich aus der oberen Etage eines

Stockbetts gefallen und hatte mir, als ich auf dem Teppich unten aufschlug, das Gesicht demoliert.

»Nein, verdammt«, sage ich zu ihr.

Da, schon wieder das Geräusch. Flapp, flapp, peng, klonk, *kuller* – klick, klick, klick.

»Einer von uns muss nachschauen.«

»Es könnte eine Fer de Lance sein.«

»Es ist *keine* Fer de Lance«, sagt Tiffany mit einem Hauch von Verzweiflung in der Stimme.

Und wieder, klick, klick, klick.

»Es klingt *größer.*«

Tiffany hat recht. Das hier klingt nach einem großen Tier in unserem Bunker, und Schlangen sind noch dazu leise. Sie sind Jäger aus dem Hinterhalt und keine Plünderer. Ich muss an den Jaguar denken, der die weit über 100 Kilo schwere Grüne Meeresschildkröte umgebracht und in den Wald geschleppt hat.

»Was machen wir jetzt?«, frage ich.

Das hier ist so ziemlich der schaurige Höhepunkt jedes guten Horrorfilms. Ein Serienmörder? Ein gottloser Geist? Ein surinamischer Yeti?

»Hol eine Taschenlampe!«, sagt Tiffany plötzlich. Unsere Furcht hat uns dazu gebracht, die naheliegendste Lösung völlig auszublenden.

Ich krabble in meinem Bett herum und mache auf der Suche nach der Taschenlampe Armbewegungen wie beim Brustschwimmen. Ich finde sie, aber nur um zu hören, wie sie vom Bett runter auf den Boden fällt. »Mist verdammter!«

Mit irgendeinem fleischfressenden Tier im Zimmer werde ich bestimmt nicht da unten herumtasten.

Ein Lichtstrahl durchschneidet die Dunkelheit. Tiffany war erfolgreich.

»Da, da drüben«, sage ich und deute auf die Stelle, von der das Geräusch kam, was, wie sich herausstellt, unter dem Bett meiner Frau ist. Sie hängt den Kopf über die Seite und leuchtet mit der Lampe. Ich erwarte einen Schrei oder zumindest ein lautes Keuchen. Aber es folgt nur Gelächter.

»Was?«, rufe ich laut. »Was ist?«

»Es ist nur eine Schildkröte, eine kleine Grüne.«

»Eine Schildkröte?«

Sie streckt ihre Hand unters Bett und holt behutsam eine winzige Grüne Meeresschildkröte hervor. Sie liegt auf dem Rücken und ihre Flossen wedeln nutzlos in der Luft herum.

»Sie hat an unseren Packtaschen aus Plastik geraschelt.«

Ich bin mir nicht sicher, ob ich je etwas Hilfloseres gesehen habe als dieses winzige Schildkrötenkerlchen.

»Ich lass sie raus.« Mit einem Schritt durchquert sie den Bunker und schiebt mit einem Zeh barfuß unsere Tür auf.

Und dann: »O nein, Jeremy, guck mal!«

Mittlerweile auch aus dem Bett, spähe ich nach draußen und sehe mindestens ein Dutzend weitere Schlüpflinge, die sich in unsere Richtung bewegen. Ein Nest in unserer Nähe muss geschlüpft sein. Und vom künstlichen Licht der Lodge angezogen, marschieren die Schlüpflinge landeinwärts statt in Richtung Ozean, wie sie es eigentlich tun sollten.

»Was machen wir jetzt?«

»Hol Nicole«, sagt Tiffany. »Ich trag die hier nach unten.«

Ich rase zu Nicoles Bunker hinüber und hämmere gegen ihre Tür. »Nicole! *Nicole!*«

Wie viele Feldforscherinnen ist Nicole im Grunde genommen eine Superheldin. Mit übernatürlicher Geschwindigkeit öffnet sie die Tür, als warte sie jede Nacht hinter der Tür nur darauf, dass wir mit einem Notfall bei ihr klopfen.

»Was los?«, fragt sie in ihrer typischen Nicolehaftigkeit.

Ich muss ihr die Situation nicht lange erläutern, als ich meine Arme über die Mini-Armee von Schlüpflingen schweifen lasse, die sich auf uns zubewegt.

»Hol ein paar Eimer!«, sagt Nicole. »Drüben in der Lodge.«

Während ich losrenne, hebt Nicole bereits mit jeder Hand einen Schlüpfling auf und rast mit ihnen Richtung Meer. Ich treffe sie auf dem Rückweg mit Eimern.

Wären sie näher am Meer geschlüpft, hätten sie unsere Hilfe gar nicht gebraucht. Doch die Nähe des Nests zur Lodge hat dazu geführt, dass sie deren Licht fälschlicherweise für das des Meeres hielten. Neugeborene Meeresschildkröten steuern immer auf den am stärksten erleuchteten Bereich zu. In einer normalen Welt ist das der Ozean, da er das Mondlicht reflektiert. Doch seit der Erfindung des elektrischen Lichts verlaufen sich Meeresschildkrötenbabys immer wieder, weil sie sich in Richtung eines imaginären Ozeans aufmachen, der in Wahrheit nur das Licht am Ende eines endlosen Tunnels ist. Bis zum Morgen werden sich Ameisen, Geisterkrabben, Opossums, Geier, Habichte oder allerhand andere hungrige Landlebewesen einen gepanzerten Leckerbissen geschnappt haben, und von den Anstrengungen einer Schildkrötenmutter wird nichts als ein paar winzige Kadaver übriggeblieben sein, die verstreut am Strand liegen.

Also greifen wir sie uns, werfen sie in den Eimer und lassen sie, nicht besonders feierlich, mit einem »Viel Glück!« auf den Lippen ins Meer plumpsen – um gleich darauf zurückzueilen und noch ein paar zu holen. Nach einer halben Stunde haben wir die circa 100 Babys erfolgreich gerettet. Und zum ersten und wahrscheinlich einzigen Mal habe ich das Gefühl, dass wir wirklich etwas Gutes getan haben, etwas, das diesen bedrohten Reptilien hilft. Wir haben ihnen die Chance gegeben, sich der nächsten Runde an Herausforderungen zu stellen.

Diese Meeresschildkröten haben eine Reise voller biblischer Gefahren vor sich: von Monsterfischen aus der Tiefsee über märchenhaft große Seevögel bis hin zu Haien, die – sind wir mal ehrlich – im Grunde Fabelwesen sind. Und selbst wenn sie dem allem aus dem Weg gehen können, gibt es immer noch den kommerziellen Fischfang. Die Schildkröten können sich in Langleinen verfangen und ertrinken, und ihre Leichen werden ungestraft zurück ins Meer geworfen. Wie es der Schriftsteller H. P. Lovecraft beschreiben (und eine junge Meeresschildkröte *fühlen*) könnte: Tief im stählernen Meer lauern unaussprechliche Schrecken.

Während ich das hier zehn Jahre später schreibe, frage ich mich, ob es eine dieser winzigen Schildkröten geschafft hat und gerade irgendwo durchs Meer schwimmt. Fachleute haben geschätzt, dass nur *jede Tausendste* Meeresschildkröte das Erwachsenenalter erreicht. Die Mütter müssen also zusammengenommen zehn Nester legen, um gerade mal einen tapferen Überlebenden zu erzeugen. Aber vielleicht, nur vielleicht, hat sich einer der winzigen Knirpse dem Trend widersetzt – ein Weibchen vielleicht, das gerade an denselben Strand in Surinam zurückkehrt, an dem es geboren wurde, um der nächsten Generation das Leben zu schenken.

Am nächsten Morgen sagen wir Nicole, Katie und Simon Lebewohl. Wir klettern mit unseren Rucksäcken ins Motorboot, und alles ist vorbei. Wir machen uns auf den Rückweg nach Paramaribo, wo die Stille des unversehrten Strandes und Waldes durch hupende Autos, Niederländisch und das Dröhnen in Konferenzräumen ersetzt wird.

Zumindest bis wir Surinam für ein weiteres, wenig bekanntes Land verlassen: Guyana.

KAPITEL FÜNF

Guyana ruft

SOMMER 2008, FORTSETZUNG

Unser Kleinbus hält an. Direkt vor der Windschutzscheibe streiten sich zwei Männer. Was sie brüllen, können wir nicht hören, aber da wir vor Hunger und Reisemüdigkeit platt sind, ist es uns eigentlich auch egal. Der Streit scheint vorüber, als sich einer der Männer wütend davonmacht. Kurz darauf kehrt er mit einem Kantholz zurück, schwingt es wie einen Schläger und zieht es dem anderen über den Schädel.

Blut, erschreckend rotes Blut, spritzt.

Ein Keuchen geht durch den Kleinbus. Leute gestikulieren und rufen.

Der Überraschungsangriff mit dem Holz löst ein plötzliches Gerangel unter mehreren Männern aus, bis es einigen von ihnen gelingt, den Angreifer vom Opfer wegzuziehen. Schnell werden die beiden Männer fortgeschafft.

Willkommen an der Grenze zwischen Surinam und Guyana, am malerischen Fluss Corantijn.

Ich kann nicht genau beziffern, wie viele Gewalttaten ich in Film und Fernsehen gesehen, in Computerspielen selbst begangen und von denen ich in Büchern gelesen habe. Aber nur ein paar Meter vor mir Zeuge von plötzlicher, echter Gewalt zu werden, ist etwas ganz anderes. Und auch wenn man selbst nicht derjenige ist, der attackiert wird, löst der Anblick von Gewalt ein körperliches Gefühl aus, ein Erschaudern, einen Schrecken, ein scheußliches Gefühl in der Magengegend, eine Erinnerung, die sich einem für immer ins Gedächtnis brennt. Das Entsetzen des Opfers, die Rage des Angreifers, jener schmale Grat zwischen Normalität und Schrecken – es ist, als würde man dabei zusehen, wie ein Kartenhaus in sich zusammenfällt, von dem man dachte, dass es aus stabilerem Zeug gebaut wäre.

Inzwischen warten wir schon seit einer Stunde bei 35 Grad Hitze. Wir sitzen im Bus in einem süßen Städtchen namens South Drain – das allerdings im nördlichen Teil des Landes liegt – und warten auf die Fähre, die uns über den Corantijn bringen soll, der als natürliche Grenze zwischen dem niederländischsprachigen Surinam und dem englischsprachigen Guyana fungiert.

Als die Fähre endlich anlegt und der Kleinbus auf sie fährt, um den Fluss zu überqueren, fühlt es sich an wie ein tiefer Seufzer. Guyana, wir kommen! Zwar definitiv hungrig, müde und grantig, aber unser Tag läuft trotzdem besser als der von diesem Kantholztypen.

Anscheinend sind zwei Wochen an der Küste von Surinam, gefolgt von einer einwöchigen Konferenz über Tropenbiologie in Paramaribo, für uns noch nicht Reise genug. Wieso also nicht einfach mal quer durchs Land von Paramaribo nach Georgetown, der Hauptstadt von Guyana, fahren und dann noch ins Landesinnere zu einer einsamen Urwald-Lodge namens Iwokrama reisen? Wieso das Ganze nicht gleich in einen Fünf-Wochen-Trip verwandeln? Immerhin ist in Peru alles ja so gut gelaufen.

Manche Leute – und damit meine ich Tiffany und mich – lernen einfach nicht dazu. Und hier sind wir also, gerade mal einen Tag nach dem Ende der Konferenz, auf dem Weg in ein neues Land.

Wir haben bereits annähernd zwölf Stunden in diesem Kleinbus hier verbracht, als wir in Georgetown eintreffen. Georgetown, benannt nach dem verrückten König George III. (Ich fühle mit dir, Bruder), hatte vorher noch viel bessere Namen, darunter Longchamps – französisch für lange Felder, vermutlich nach den von Sklaven gepflügten Feldern benannt – und Stabroek. Ich bin für Letzteres, weil die Google-

Translate-Übersetzung dieses (niederländischen) Wortes ins Englische ›Stab Pants‹ ergibt, was so viel heißt wie ›Stechhose‹. Und ich möchte so gern in einer Welt leben, in der es eine Stadt namens Stechhose gibt. Ist es ein versauter Witz? Oder etwas Gewalttätiges? Oder irgendein holländischer Modetrend? Keine Ahnung. Stechhose, und fertig.[1]

Durch die Fenster eines Kleinbusses und die träge Niedergeschlagenheit einer nicht enden wollenden Reise betrachtet, wird Georgetown seinem Slogan als »Gartenstadt der Karibik« nicht ganz gerecht. Die meisten Leute denken wahrscheinlich nur an Inseln, wenn wir von der Karibik reden, doch viele Menschen in den sogenannten Guayanas betrachten sich kulturell und historisch eher als karibisch denn als lateinamerikanisch. Georgetown ist auf jene typisch heruntergekommene, farbenfrohe und lebhaft tropische Art ein bisschen lahm, aber wir sind eigentlich ohnehin nur zum Essen und Schlafen hier.

Wehe uns, liebes Georgetown! Wir kennen dich kaum und richten daher wahrscheinlich zu hart über dich. Ich schiebe es auf den Kleinbus.

Irgendwann, völlig niedergeschlagen, gibt uns der Kleinbus schließlich frei, und wir trotten mit unseren viel zu großen Rucksäcken zu unserer Pension, einem umfunktionierten Stadthaus, das aussieht, als wäre es zu Zeiten von George III. erbaut worden.

Beim Eintreten begrüßen uns zwei über 50-jährige, mollige Damen aus Georgetown auf Englisch. Ihr Akzent ist breit und mit Wörtern gespickt, die wir nicht kennen. (Guyana war die einzige britische Kolonie in Südamerika, so wie Surinam die einzige niederländische war.) Aber wir verstehen das Wesentliche: Unser Zimmer ist fertig, und in einer Stunde gibt es Abendessen.

Wir stolpern die lange Treppe mit ihren schmalen Stufen hinauf, finden unser Zimmer, werfen unsere Taschen ab und lassen uns aufs Bett fallen. Zehn Minuten später steht Tiffany auf, geht ins Bad und fängt an, sich zu übergeben. Nachdem sie sich ein paarmal entleert hat, legt sie sich zurück ins Bett, und die ersten Worte aus ihrem Mund sind: »Es geht mir gut, Jeremy.«

»Echt? Klingt für mich nicht so.«

»Bloß die Hitze und der Tag«, sagt sie.

Tatsächlich ist es für Tiffany nicht ungewöhnlich, auf übermäßige Hitze und Erschöpfung mit Erbrechen zu reagieren. Als wir 2003 gemeinsam eine Rucksackreise durch Europa unternahmen, hat sich Tiffany praktisch jeden Tag übergeben. Das Ganze war während einer Hitzewelle von historisch epischem Ausmaß, die nach Ansicht der Weltorganisation für Meteorologie die schlimmste Hitzewelle auf dem Kontinent seit 1540 war.

»Bist du sicher, dass es kein … Parasit ist?«

»Jeremy …«

Um das Thema zu wechseln, schalte ich den Fernseher an, denn ich will sehen, was für schräge Sendungen in Guyana ausgestrahlt werden. Eine Stunde später ist Tiffany noch immer alles andere als scharf auf Abendessen, obwohl sie sich nicht mehr übergeben hat. Also mache ich mich über die vielen alten, knarzenden Stufen – Stufen, die vermutlich eine wilde und blutige Geschichte gesehen haben, von der ich keine Ahnung habe – auf den Weg nach unten, vorsichtig, auf leisen Sohlen und allein.

»Wo ist deine Frau?«, lautet die erste Frage, die man mir stellt, als ich mich an den für Zwei gedeckten Tisch setze. Ich erläutere unseren Tag und Tiffanys prekäre Lage, und plötzlich wuseln die beiden älteren Damen mit großmütterlicher Sorge um mich herum. »O, ihr armen Kinder!«, rufen sie. »Was können wir tun? Wie können wir euch helfen? O je, deine liebe Frau! So eine lange Reise, wie anstrengend für sie.«

Ihre Fürsorglichkeit ist wunderbar, aber für meinen modernen Geschmack auch einen Tick entwaffnend. Ich bin immer wieder von der Anteilnahme und Empathie fremder Menschen überrascht, denen ich im Ausland begegne. In einer Zeit, in der die USA international – mal wieder – der Buhmann sind (Irak-Krieg), ist man schon ein bisschen verlegen, wenn Leute, die viel weniger haben als man selbst, das alles gar nicht zu sehen scheinen und einen ganz selig einfach wie jeden anderen Menschen behandeln.

Auf Reisen kann einem das Beste und das Schlimmste widerfahren, was die Menschheit zu bieten hat. So könnte man an einem Tag ausgeraubt und am nächsten von einem Fremden aufgenommen werden. Doch über weite Teile der Geschichte kam dem Gast, wie arm oder unbedeutend er auch war, eine heilige Stellung zu. Vom Gastgeber erwartete man, dass er jedem dahergelaufenen Fremden Essen, Trinken, ein Dach über dem Kopf, Schutz und manchmal sogar Unterhaltung bot. Diese uralte Philosophie der Gastfreundschaft (im alten Griechenland *xenia* oder auf Hebräisch *hachnasat orchim*) und die besondere Stellung des Gastes gibt es in Kulturen überall auf der Welt, von China bis zu den indigenen Stämmen Amerikas. Und sie lebt zum Wohle der Menschheit in einigen Teilen der Welt bis heute fort, zumindest teilweise – auch wenn derartige Dinge in manchen Gegenden wie den Vereinigten Staaten größtenteils verschwunden sind.

Ich bin schon von mehr Fremden aufgenommen worden, als ich zählen kann. Manchmal ist die Verbindung schwach, ein Freund einer Freundin eines Freundes, und manchmal gibt es überhaupt keine Verbindung, sondern nur ein Bedürfnis.

Die beiden Damen stopfen mich bis oben hin mit Essen voll, hören sich an, was wir demnächst alles vorhaben, und stellen dann einen Teller zusammen, den ich Tiffany nach oben bringen soll.

Meine Frau will von dem Essen natürlich nichts wissen, doch es ist die Großzügigkeit, die zählt. Güte kann ein besserer Balsam sein als Essen oder Schlaf.

Glücklicherweise bricht diese tropische Nacht mit nahezu vollkommener Gelassenheit an, und so dauert es nicht mehr lange, bis wir den Tag abhaken und schlafen gehen.

Der Wecker klingelt im Dunkeln. Tiffany und ich schälen uns aus dem Bett, klauben im Zimmer unsere Sachen zusammen und schleichen uns so leise wie möglich die Treppe hinunter. Georgetown schläft noch.

In der Stille der Hauptstadt läuft vor dem Hotel ein Geländewagen im Leerlauf. Bei unserem Anblick steigt Claude aus, stellt sich mit seinem guyanischen Akzent vor, nimmt unsere Rucksäcke und wirft sie in den Kofferraum. Claude ist Afro-Guyaner, wie etwa 30 Prozent der Bevölkerung des Landes, ein Nachfahre von jemandem, der vor langer Zeit ein Leben in Ketten führte.

Und dann sind wir weg, noch immer im Dunkeln, unterwegs zu unserem Ziel tief im Inneren von Guyana.[2]

Als sich die Sonne allmählich bemerkbar macht, haben wir den Stadtrand von Georgetown bereits hinter uns gelassen, und wie die Stadt schwindet auch die Dunkelheit langsam im Hintergrund.

Vor uns liegt eine Reise von rund sieben oder acht Stunden, die sich über etwas mehr als 320 Kilometer oder etwa die halbe Länge des Landes erstreckt. Die Fahrt verläuft zunächst ziemlich reibungslos. Wir fahren auf einer Schnellstraße entlang des Demerara River, der sich in die entgegengesetzte Richtung bewegt: Er blubbert aus den Wäldern des Guayana-Schildes hervor und ergießt sich in den Atlantik hinter uns.

Nach ein paar Stunden entschwindet der Fluss unseren Blicken und die Schnellstraße verläuft weiter in Richtung Linden. Hier steigt die Straße an, und plötzlich sehen wir unter uns einen Krater in der Erde, der bis zum Horizont reicht. Man könnte meinen, ein massiver Kaiju wäre aus dem Weltraum herabgestiegen und hätte mit seinem gigantischen Maul ein Stück unseres Planeten herausgerissen. Doch das hier ist nicht das Werk eines übernatürlichen Ungeheuers, sondern schlicht das Produkt ameisenartiger Menschen, die das Land für eine einzige Sache kahl fressen: Bauxit.

Bauxit ist für die Gewinnung von Aluminium essenziell, und dieses kleine Land hier gehört zu den größten Produzenten überhaupt. Das Ganze hat aber auch seinen Preis: zerstörte Wälder, einen massiven

Energieaufwand und verschmutztes Wasser. Die Bewohner von Linden nutzen die alten Tagebauseen, um sich darin zu erfrischen, womöglich ohne sich bewusst zu sein, dass sie in einer giftigen Brühe schwimmen.

Aluminium ist zu annähernd 100 Prozent wiederverwendbar, was bedeutet, dass wir es recyceln können und dabei quasi nichts von dem Zeug verlieren. Es kann immer und immer wiedergewonnen werden, bis in alle Ewigkeit. Darüber hinaus erfordert Aluminiumrecycling viel weniger Energie als seine Gewinnung im Tagebau. Es ist schon seltsam. Die Leute verlangen von ihren Regierungen Sparsamkeit, wohingegen Verschwendung auf Kosten der natürlichen Ressourcen vollkommen in Ordnung geht.

Während die Zerstörung, die der Bergbau angerichtet hat, vor unseren Augen vorbeizieht, fühle ich mich mehr denn je als Reporter.

Nur eine Woche vorher, an dem Abend, als wir von den Meeresschildkröten in Galibi wieder nach Paramaribo zurückkehrten, traf ich Rhett Butler, den Gründer von Mongabay, zum ersten Mal. Nachdem ich neun Monate lang als Praktikant für Rhett gearbeitet und über siebzig Geschichten für ihn verfasst hatte, fühlte sich das Treffen fast schon folgenschwer und schicksalhaft an. Ich hatte gerade genug Zeit, um mich nach unserer Ankunft im Hotel zu duschen und anzuziehen, bevor Tiffany und ich uns auf den Weg nach unten zur Lobby machten.

Wir warteten ein paar Minuten, und dann war er da, Rhett Butler höchstpersönlich. Mit seiner hohen Stirn, dem intensiven Blick und seinen zerzausten Haaren war Rhett, damals 30, auf markante Weise gutaussehend. Wenn er grinste, tat er das auf eine schiefe Art, die irgendwie charmant war. Dass er noch dazu dieser authentische waghalsige Umweltschützer war, war auch nicht gerade von Nachteil.

»Hallo.«

»Hi, Rhett.«

»Hi.«

Hände wurden geschüttelt, gefolgt von einer unangenehmen Pause, bis Rhett den Blick abwandte und sagte: »Die malaysische Regierung nimmt jetzt also ihre Waldpolitik ins Visier.«

In dem Moment wurde Tiffany und mir klar, dass Rhett nicht der Typ für Höflichkeiten oder Small-Talk war. Stattdessen begann er sofort mit einer Litanei aus Abholzungsdaten, gepaart mit einem plötzlichen »und dann hatte ich heute ein Treffen mit ...«, gefolgt von einem Namen, den keiner von uns je gehört hatte, und dann »... sie sind wegen der Konferenz hier. Sie haben gesagt ...« Ich versuchte, irgendwie mitzukommen, während Tiffanys Augen glasig wurden und wir drei, allesamt Surinam-Außenseiter, zu einem nahe gelegenen indischen Restaurant liefen.

Unterwegs kamen wir an einer Tankstelle vorbei.

»Hier hab ich mein ganzes Essen herbekommen«, erklärte Rhett. Er war schon seit zwei Tagen hier – in einem absolut einzigartigen Land –, hatte aber überwiegend Tankstellenessen gegessen, was zum Teil daran lag, dass er sich in sein Hotel verkrochen und fast ununterbrochen gearbeitet hatte. Rhett schläft nicht viel. Er redete weiter darüber, dass sich diese Wissenschaftlerin jetzt mit jenem Wissenschaftler im Hinblick auf irgendwelche Biodiversitätsstrategien uneins sei, und es schien mir, als wäre er froh, diese ganzen Infos endlich bei jemandem abladen zu können.

Das Gespräch jenes Abends beschränkte sich fast ausschließlich auf Fachsimpelei, und ich hatte Mühe, mit Rhett, der den Kopf voller Daten, politischer Informationen und Persönlichkeiten hatte, mitzuhalten.

An einem Punkt versuchte Tiffany, das Gespräch auf etwas zu lenken, an dem sie sich leichter beteiligen konnte. »Welche Filme oder Fernsehsendungen magst du, Rhett?«

»O, ich mach mir eigentlich nichts aus Filmen oder Fernsehen, außer wenn ich im Flugzeug sitze und gerade offline nicht viel zu tun hab«, sagte Rhett. »Vor kurzem hab ich diese Herr-der-Ringe-Filme gesehen ... Die langweiligsten neun Stunden meines Lebens. Aber in Indonesien ist der Präsident gerade dabei ...«

Rhett gibt offen zu, dass er wenig für Dinge wie Theater, Ballett oder Shakespeare, den er absolut nervig findet, übrighat. Er bevorzugt

Reptilien, Amphibien und tropische Fische. Auf seinem Schreibtisch machen sich Aquarien und Terrarien den Platz mit drei Computerbildschirmen streitig.

Dabei hat Rhett sozial einiges auf dem Kasten. Man muss nur erst einmal verstehen, wie er tickt. Sein Sinn für Humor ist genauso groß wie sein Hang zum Abenteuer. Er verfügt über die außergewöhnliche Fähigkeit, eine Person, eine Organisation oder ein Umweltschutzprogramm mit bestechender Genauigkeit einzuschätzen. Bis heute vertraue ich seiner Meinung mehr als der von irgendjemand anderem, wenn es darum geht, wie wirksam eine NGO (Nichtregierungsorganisation) oder ihr Programm ist. Und genau wie ich liebt Rhett guten Klatsch und ein gepflegtes innerpersönliches Drama – offenbar nur nicht auf der Bühne.

Vielleicht – und jetzt spekuliere ich – steht für Rhett bei der Frage, ob Frodo den Ring zum Schicksalsberg schafft oder König Lear seine Irrtümer erkennt, einfach nichts Konkretes auf dem Spiel, während es bei sterbenden Wäldern, einem immer wärmeren Klima und aussterbenden Arten wirklich um etwas geht.

Kurzum: Obwohl ich ein paar Jahre gebraucht habe, um es zu kapieren, bin ich verdammt sicher, dass Rhett ein Genie ist – mit vielen Eigenheiten, die man von anderen Genies kennt.

Am Ende des Essens – und nachdem wir die neuen, aus einem Flugzeug in Peru geschossenen Fotos von unkontaktierten indigenen Völkern, das Eingeständnis der Bush-Regierung, dass es den Klimawandel wirklich gab (acht Jahre zu spät) und die Waldpolitik Surinams abgehandelt haben – fährt Rhett fort und sagt: »Wenn du mit deinem Master fertig bist, würde ich dich gern in Vollzeit anstellen, Jeremy.«

»Ja«, hauche ich.

Ich werde Autor. Ein richtiger Autor.

Schluck.

Hinter Linden wird die asphaltierte Schnellstraße zu einer breiten, schlammigen Piste durch den Dschungel, der Straße zwischen Linden und Lethem. Drumherum, auf beiden Seiten der Straße, liegt der Wald, dunkel, dicht und unheilvoll, wie eine grüne Mauer im Zwielicht. Er riecht nach Regen und nach Grün und nach Hitze. Er riecht nach Leben. Manchmal schrumpft er zu einem dichten Saum aus Blättern oder einem Sekundärwald zusammen, während im nächsten Moment die Bäume fast 30 Meter über uns in die Höhe ragen und in grünen Kronen gipfeln.

Als die Sonne für längere Zeit hinter dem schützenden Baldachin des Guayana-Schild-Regenwaldes verschwindet, wird die Straße beschissen, zu einer Kraterlandschaft aus Pfützen, Furchen und Löchern.

Das schreckt Claude, unseren Fahrer, nicht ab, der sich nun eine neue Strategie ausdenkt. Statt sich langsam und vorsichtig voranzuarbeiten, drückt Claude voll aufs Gas und katapultiert den SUV vorwärts, und dann, sobald sich ein Loch nähert, bremst er wieder ab und taucht in die Pfütze ein, um danach erneut aufs Gas zu treten. Das Pedal am Anschlag und Dreck umherschleudernd rasen wir aufs nächste Loch zu. Das einzige Problem ist, dass die Löcher nur ein paar Meter weit auseinanderliegen, und manchmal verwandelt sich die Straße auch in etwas, das man in New Mexico einen See nennen würde, und das Fahrzeug taucht in schlammiges Wasser ein.

Um solchen Seen auszuweichen, steuern wir zum linken Rand der Straße hin, wo Äste an der Seite entlangschaben, um dann wieder zum rechten Rand rüberzukreuzen, wo Äste die andere Seite zerkratzen, als hätten beide Seiten des Fahrzeugs mal eine richtige Abreibung nötig.

Die Passagiere im Innenraum, Claude und wir selbst, werden wie Crash-Test-Dummies hin und her geschleudert, während Claude weiter sein Ding durchzieht. Gas – brumm. Bremse – quietsch. Gas – brumm. Bremse – quietsch. Genau so bahnen wir uns unseren ruckeligen Weg in Richtung Iwokrama.

Die Stunden ›rasen‹ im Tempo einer toten Landschildkröte vorbei.

Das Mittagessen im Örtchen 58 Village, geschmortes Hühnchen in guyanischer Soße, verschafft uns eine willkommene Pause von dem permanenten Schleudertrauma. Die Gebäude dieses Dorfs an der Regenwald-Frontier sind aus massiven Baumstämmen gebaut, die aus dem Wald herausgeschnitten wurden – als hätten sich die Bäume noch mal neu sortiert. Unter ihnen ist auch eine bemerkenswerte Kirche.

Doch viel zu schnell sind wir wieder zurück auf unserem Roadtrip ins Schleudertrauma. Nur noch vier Stunden plus.

Der erbärmliche Zustand der Straße hat in gewisser Hinsicht allerdings auch etwas Gutes – sogar etwas sehr Gutes. Straßen in tropischen Wäldern ziehen in der Regel eine Sache nach sich: Zerstörung. Und je besser die Straße unterhalten wird, desto schneller schreitet die Zerstörung voran. Straßen bedeuten Zugang, und Zugang ist im modernen und kapitalistischen Sinne gleichbedeutend mit Ausbeutung. In der Forschung bezeichnet man dies auch als ›Fischgräteneffekt‹. Aus der Vogelperspektive kann man die Straße (das Rückgrat) und die zu beiden Seiten abzweigende Zerstörung sehen, menschliche Eingriffe in den Wald, die an versteinerte Fischrippen erinnern, deren spitze Knochen auf das Sterben des Waldes hindeuten.

Bereits jetzt lässt sich erahnen, was selbst so ein Holperweg wie dieser anrichten kann. Wir begegnen einer überraschend großen Zahl von Fahrzeugen, fast alles riesige Laster, die geschlagene Regenwaldbäume abtransportieren.

Guyana ist wie Surinam eines der grünsten Länder auf diesem Planeten und hat seine Umwelt in einem deutlich besseren Zustand erhalten, als das beinahe überall sonst der Fall ist. Es hat prozentual einen der höchsten Waldanteile auf Erden, und der Guayana-Schild zählt nach wie vor zu den intaktesten bedeutenden Ökosystemen weltweit. Doch wie alle tropischen Länder ist Guyana mancherorts trotzdem mit der Ausbeutung des Regenwaldes, der Zerstörung der Biodiversität und der Bedrohung seiner indigenen Völker konfrontiert.

Claude fährt uns gerade an einen Ort, der versucht, so etwas wie eine Alternative für diese permanente Spannung zwischen neoliberalem Kapitalismus und Umweltschutz zu bieten.

Iwokrama, oder formeller ausgedrückt das Iwokrama International Centre for Rainforest Conservation and Development, ist eine NGO, die zusammen mit indigenen Kooperationspartnern gut 2000 Quadratkilometer Regenwald in Zentralguyana unterhält. Die Arbeit dieser Gruppe ist insofern einzigartig, als alles, was sie tut, darauf abzielt, Wege zu einem nachhaltigen Waldmanagement zu entwickeln.

Wenn man irgendwo das Wort ›nachhaltig‹ hört, ist das in den meisten Fällen völliger und absoluter Bullshit. Da will einen ein Unternehmen oder eine Regierung für dumm verkaufen. Mittlerweile sind wir an einem Punkt angelangt, an dem das Wort – leider Gottes – überwiegend bedeutungslos ist!

Mein Wörterbuch, das Oxford English Dictionary, definiert ›nachhaltig‹ [sustainable] als »fähig, in einem bestimmten Maße oder auf einem bestimmten Niveau aufrechterhalten zu werden«. Das bedeutet, man könnte Ressourcen in demselben Maße oder auf demselben Niveau praktisch unendlich nutzen, ohne das Ökosystem dadurch zu beeinträchtigen. Nachhaltige Fischerei würde demnach bedeuten, nur so viele Fische zu fangen, dass die Gesamtpopulation oder andere von dem betreffenden Fisch abhängige Arten, wie Vögel oder Wale, nicht gestört werden. Ein nachhaltiger Holzeinschlag hieße, Bäume in einem Maße zu fällen, in dem man Bäume für immer und ewig fällen könnte, ohne dem Wald bleibenden Schaden zuzufügen.[3]

Iwokrama, das sich in eine unberührte Wildnis und eine nachhaltige Nutzungszone aufteilt, ist von der Neugierde auf die wahre Definition von Nachhaltigkeit getrieben. Zu diesem Zweck betreiben sie Forschung und wenden die nötige Sorgfalt auf, um das Ganze zu untermauern. Sie versuchen, mit der irrsinnigen natürlichen Ressource um sie herum Geld zu verdienen, ohne den Schatz, auf dem sie sitzen, im Wert zu mindern. Es ist, als hätte man eine Million auf der Bank und würde nur von den Zinsen leben – und von nichts anderem.

Iwokrama betreibt im Wald tatsächlich Holzeinschlag, wobei zu keinem Zeitpunkt aber mehr als ein halbes Prozent der Fläche freigegeben ist und jeweils nur fünf bis sechs Bäume pro Hektar gefällt werden. Das Zentrum wirtschaftet in einem 60-Jahre-Zyklus, was bedeutet, dass es erst 60 Jahre nach dem letzten Holzeinschlag in das gleiche Gebiet zurückkehrt. Das soll im Grunde den natürlichen Schwund imitieren und nicht die Ressourcen aufzehren, von denen der Holzeinschlag abhängt – also die Zinsen abschöpfen, ohne das Kapital anzufassen.

Neben dieser Holzgewinnung im kleinen Maßstab betreibt das Zentrum eine Touristen-Lodge, ein Forschungszentrum für Wissenschaftlerinnen und Wissenschaftler sowie eine Schmetterlingsfarm, die diese prächtigen Schönheiten ins Ausland verkauft. Das alles erfolgt in enger Zusammenarbeit mit 16 indigenen Communitys aus der Gegend, wobei sie manche von deren Leuten auch direkt beschäftigen. Im Wesentlichen lautet die Botschaft von Iwokrama also: »Hey, es ist möglich. Wir können mit den Ressourcen des Waldes Geld verdienen, ohne den Wald selbst dabei zu zerstören.«

Und es gibt noch eine Sache, die für Iwokrama spricht: Es ist ein unfassbar überwältigender Ort. Über einer Rasenfläche am Ufer des Flusses Essequibo, die häufig von weißen Reihern bevölkert wird, thront ein zweistöckiges Gebäude. Dieses Gebäude ist das Hauptquartier von Iwokrama und beherbergt die Verwaltung und den Speisesaal. Die Mahlzeiten werden im zweiten Stock eingenommen, mit Blick auf den Fluss und das Blätterdach des Waldes, hoch genug, um einen Blick auf Papageien, Aras, Spechte und andere Bewohner der Baumwipfel zu erhaschen.

Auf einer Seite des Hauptgebäudes ziehen sich Besucherhütten auf geschmackvolle Weise am Ufer des Flusses entlang. Direkt dahinter liegt der Wald. Von den Aktivitäten des Zentrums abgesehen, steht der Wald hier aufrecht und unbedrängt da. Mit Ausnahme der hintersten Winkel des Nationalparks Manú handelt es sich hierbei vermutlich um die intakteste Wildnis, die ich je erlebt habe – und vielleicht je erleben werde.

Als wir aber endlich in Iwokrama ankommen, ist mir das alles völlig egal. Es ist spät am Nachmittag und die Reisemüdigkeit hat wie eine Grippe zugeschlagen. Nachdem man uns zu unserer Hütte geführt hat, lasse ich mich aufs Bett fallen und empfinde etwas, was ich sonst auf Reisen selten fühle: eine lähmende Niedergeschlagenheit. Das hier ist der 24. Tag unserer Reise, und ich will nicht mehr. Ich will nicht länger ein Reisender sein. Ich will mit meinem Hund zu Hause auf der Couch sitzen und ein Buch für die Uni lesen, am liebsten eins mit über 800 Seiten von einem längst verstorbenen Russen. Und ich will auf den Abendregen warten, der in den magischen Sommern von Santa Fe fast täglich fällt.

Jemand klopft an die Tür. Es ist Louis, unser Guide, ein Angehöriger des örtlichen Macushi-Stamms zwischen 20 und 30. Er sagt, dass es in einer Stunde Abendessen gibt. Aber ich will kein Abendessen, es sei denn, es ist ein Burrito mit einem Haufen gehackter Chilis drauf, wie an Weihnachten. Was es aber nicht sein wird! Ich will für den Rest der Reise einfach nur hier rumliegen und vor mich hin jammern.

Manchmal bedeutet Reisen auch, sich von innen heraus zu motivieren weiterzumachen, selbst wenn Weitermachen nicht nur unmöglich scheint, sondern absurd, was noch schlimmer ist.

In den letzten paar Tagen, von Surinam nach Guyana, habe ich bemerkt, dass mir Maleachi auf den Versen ist. Als wir die Grenze überquerten, schien meine personalisierte Depression an jeder Ecke nur ein paar Schritte hinter mir zu sein.

Doch die Tage im unversehrten Regenwald drängen meinen elenden Gefährten schon bald wieder zurück.

Nachts gehen wir Kaimane beobachten, indem wir mit unseren Lampen nach den verräterischen, rot schimmernden Punkten suchen, die auf ein Krokodil hindeuten. Wir sehen Dutzende. Einmal gehen wir morgens eine Runde angeln, was mich genauso wenig reizt, wie ich Erfahrung darin habe. Trotzdem gelingt es uns, ein paar kleine Fische zu fangen, um sie anschließend wieder zurück in ihre Flussheimat zu werfen, darunter ein Piranha, dessen Zähne aussehen wie die eines winzigen Weißen Zwerghais. Und in der Nacht hören wir, wie sich viele Millionen von Insekten im Wald rufen, warnen, lieben oder einfach nur vor unbändiger Freude über das Leben singen.

In den heißen Nachmittagsstunden interviewe ich das Personal von Iwokrama und versuche … na ja, so zu tun, als wäre ich ein richtiger Journalist. Ich bemühe mich zu begreifen, welche Werte an diesem einzigartigen Ort gelten und wie sie umgesetzt werden. Unterdessen können wir beim Morgenkaffee den Flug scharlachroter Aras beobachten, Kometen am hellen Tage gleich, und beim abendlichen Bier den zarten, vom Vorbeiflug lautloser Fledermäuse verursachten Lufthauch spüren.

Jeden Abend sind die Fledermäuse beim Abendessen unsere Gäste. Wenn sie auftauchen, kriechen sie mit ihren Hinterbeinen und ihren Flügelhänden an der Unterseite des Reetdachs über uns entlang, um sich dann, kopfüber, fallen zu lassen. Daraufhin fangen sie sich mitten in der Luft und drehen über den Tischen von Iwokrama ihre Runden, auf der Jagd nach Insekten, die sich zu den elektrischen Lampen hingezogen fühlen – und das alles mit einer Präzision, die jeden Ingenieur vor Neid erblassen ließe. Beim Jagen fliegen sie an uns vorbei, und manchmal streichelt der Wind ihrer Flügel unsere Gesichter, ohne dass sie uns wirklich berühren. Sie scheinen zu flirten. Das Ganze hat alle Merkmale eines Balletts – Präzision, Schönheit, Anmut –, es fehlt bloß das Orchester.

Ich liebe die Natur, seit ich denken kann. Wilde Tiere und Bäume sind irgendwie mein Ding. Dabei bin ich nicht der Einzige, der in der natürlichen Welt ein Tonikum gegen unsere zunehmend chaotischen und disharmonischen postmodernen Lebenswelten findet. Inzwischen gibt es jede Menge wissenschaftliche Belege dafür, dass die natürliche Welt für alle psychisch Kranken ein Beruhigungsmittel darstellt.

Die Anzeichen dafür, dass die Natur gut für uns ist, waren schon bald nicht nur überzeugend, sondern überwältigend. Ein Sammelsurium von Hunderten von Studien liefert uns ein Bild unserer Spezies, die mental, physisch, emotional und spirituell tief mit der Natur verbunden ist. Oder einfacher ausgedrückt: Bäume, Seen, Flüsse, Berge, der Himmel, Vögel und Käfer dürften für unsere Gesundheit und unser Glück genauso lebenswichtig sein wie das Lachen.

Wissenschaftler haben zum Beispiel herausgefunden, dass ein 90-minütiger Spaziergang im Grünen Angst und Stress deutlich besser lindert als ein vergleichbarer Spaziergang in einer städtischen Umgebung. Darüber hinaus wurde gezeigt, dass Menschen mit ADHS massiv davon profitieren, wenn sie Zeit in der Natur verbringen, was in einigen Fällen genauso gut oder sogar besser wirkte als Medikamente. Und das gilt nicht nur für ADHS-Patienten. Die Natur scheint eine ungeheure Fähigkeit zu besitzen, die Konzentrationsfähigkeit jedes einzelnen Menschen zu erhöhen.

Die Forschung entdeckt auch direkte Zusammenhänge für Leute wie mich. Eine Studie der Stanford University aus dem Jahr 2015 fand heraus, dass ein Spaziergang in der Natur viel eher zwanghafte negative Gedanken – die in der Studie »Grübeln« getauft wurden – verringern konnte als ein Spaziergang in einer städtischen Umgebung. Sie zeigt außerdem, dass Menschen, die im städtischen Raum leben, über mehr psychische Probleme berichten als andere Gruppen.[4]

Auch die körperliche Gesundheit wird durch die Natur verbessert. Krankenhauspatienten genesen schneller und benötigen weniger Schmerzmittel, wenn sie durch das Fenster ihres Zimmers hindurch Bäume sehen können. Im Ernst. Es wurde auch nachgewiesen, dass der Ausblick auf eine natürliche Umgebung Stress lindert, den Bildungserfolg erhöht und Dinge wie Aggression und Impulsivität mindert.

Die Forschungen der Japanischen Gesellschaft für Waldmedizin deuten darauf hin, dass ein Aufenthalt in der Natur, vor allem über längere Zeiträume, durchaus in der Lage sein könnte, die Zahl der Natürlichen Killerzellen (NK-Zellen) in unserem Immunsystem zu erhöhen, die dazu beitragen, uns vor Viren oder gar Krebs zu schützen. Lassen Sie sich das bitte mal durch den Kopf gehen: Zeit in der Natur könnte dabei helfen, Krebs vorzubeugen!

Es fügt sich alles zusammen. Eine wissenschaftliche Untersuchung aus Europa, dem Vereinigten Königreich und Kanada hat gezeigt, dass die Wahrscheinlichkeit eines langen Lebens steigt, wenn man nahe am Grünen lebt. Und eine Studie aus Kanada hat herausgefunden, dass das Risiko, an gewöhnlichen Krankheiten oder an Herz- oder Atemwegserkrankungen zu sterben, für Menschen, die nahe am Grünen lebten, um acht bis zwölf Prozent abnahm.

Die Forschung ist dabei, die Realität hinter E. O. Wilsons Biophilie offenzulegen: Wir sind dafür geschaffen, die natürliche Welt zu lieben, und die Natur erwidert diese Liebe auf ihre Weise.

Die Natur ist ein Wunder.

Ich persönlich will am liebsten in ein kleines Häuschen am Meer oder in eine Hütte im Wald gehen, wenn meine Depression gerade am schlimmsten ist. Das erscheint mir viel gesünder als ein Aufenthalt in der Psychiatrie. Ich kann mich des Verdachts nicht erwehren, dass die Epidemie psychischer Erkrankungen in den Vereinigten Staaten und auf der ganzen Welt, von der manche sprechen, vielleicht, nur vielleicht, teilweise mit unserer Entfremdung von der Natur und ihrer Zerstörung zusammenhängt.[5]

Die Tage in Guyana driften vorüber wie ein losgemachtes Segelboot. Da ist Louis, der höflich über meine schwachen Witze lacht. Da sind die allabendlichen Aga-Kröten, die von der Lodge bis zu unseren Hütten Stellung beziehen. Da sind die Geckos an der Wand, die Tukane im Blätterdach des Waldes und die Spinnen, die im Licht der Taschenlampen gebannt sind. Da sind der Fluss und das endlose Grün, und da sind die Wolken. Da ist manchmal auch Regen, und ein Blitz, der eines Nachts den Himmel erhellt, und für einen kurzen Moment ist heller Tag.

Iwokrama hat ein Maskottchen namens Sankar. Sankar ist ein drei Meter langer Schwarzer Kaiman.

Wenn Sankar auf der Bildfläche erscheint, macht sich Louis auf den Weg zur Küche. Er schnappt sich ein paar Happen von einem frisch geschlachteten Huhn oder das Fleisch und die Knochen von einem kürzlich filetierten Fisch und trägt das alles dann in einem Eimer zum Flussufer.

»Komm her, Sankar!«, ruft er, gepaart mit einem klickenden Geräusch. »Hierher, Sankar, hierher!«

Wir haben Louis, unseren Macushi-Guide in Iwokrama, in den vorangegangenen Tagen im Wald und auf dem Fluss ziemlich gut kennengelernt. Das Volk der Macushi, deren Sprache zur karibischen Sprachfamilie gehört, bewohnt das Innere Guyanas, den Norden Brasiliens und den Osten Venezuelas. Wie die meisten Volksgruppen im Amazonas haben sie die letzten paar Jahrhunderte auf unfreiwilliger Wanderschaft verbracht, auf der Flucht vor dem Zustrom von Siedlern, die hinter Kautschuk, Holz oder Mineralien her sind – oder so ziemlich allem, was man ausbeuten kann.[6]

Die Gesellschaft von Louis, der viel Sinn für Humor und ein profundes Wissen über den Regenwald hat, ist eine wahre Freude. Sankar, der Schwarze Kaiman, scheint Louis' Gesellschaft ebenfalls zu genießen, denn er kommt tatsächlich – entweder aus Sympathie oder wegen des rohen Hühnchens. Geräuschlos und mit kaum sichtbaren Bewegungen – kaum eine Welle ist zu sehen – gleitet er heran, dorthin, wo wir ihn erwarten.

Dann holt Louis die Fleischhappen aus dem Eimer und wirft sie zu dem geduldigen Krokodil hin. Sankar öffnet sein Maul mit den 76 Zähnen, schnappt sich das Fleisch und verschlingt es im Ganzen. Manchmal taucht er nach einem Bissen für einen Moment unter, als wäre er schüchtern.

Er ist eine reizende Bestie.

Kaimane gehören zur Familie der Alligatoren, und der Schwarze Kaiman ist der größte unter ihnen und erreicht eine Länge von bis zu rund fünf Metern. Sie sind die größten Raubtiere im Amazonas und stellen sowohl die Anakonda als auch den Jaguar in den Schatten.

Die Fütterungszeit von Sankar ist zugleich eine gute Zeit, um Louis mit Fragen zu löchern. Wir erfahren, dass er an der Uni in Georgetown Biologie studiert hat. Er war der Erste in seiner Familie, der eine höhere Bildung genossen hat.

»Ich hatte schon dreimal Malaria«, sagt Louis eines Morgens beiläufig, wie jemand, der verkündet, dass er schon mal eine Grippe hatte. Dabei schmeißt er dem Kaiman ein Stück blutiges Hühnchen hin.

»Dreimal?!«, rufen wir laut.

»O ja, hat mich beinahe umgebracht, als ich sieben war.«

Louis' Familie hatte keinen Zugang zu Malariaprophylaxe oder auch nur Moskitonetzen. Stattdessen lebten sie mit und starben sie an dem gefährlichsten Fieber der Welt, wie es ihre Vorfahren schon jahrhundertelang vor ihnen getan hatten.[7]

Es kann sein, dass Malaria in Wahrheit aus der alten in die Neue Welt eingeschleppt wurde. Die jüngste Forschung hat keinerlei Belege für Malaria in vorkolumbianischen Zeiten gefunden. Möglicherweise kam sie mit den Sklavenschiffen aus Afrika hierher. Über die Sklaventransporte könnte die Malaria in die Neue Welt eingefallen sein wie das fahle Pferd der Apokalypse.

Sicher kennen Sie das: Wenn Sie ein Kind sehen, das ganz aufgedreht ist, und dann sagen »Ach, die hat bestimmt Ameisen in der Hose« – ich hab diese Redewendung nie so richtig verstanden – bis Guyana.[8]

Als wir einmal von einer morgendlichen Wanderung zurückkehren und die Mittagssonne unglaublich heiß wird, ziehen Tiffany und ich uns aus, und Tiff legt die Hosen auf ein Regal. Dann dösen wir. Als wir fürs Mittagessen aufstehen, ziehen wir unsere wieder Hosen an – wie es sich gehört, wenn man zum Mittagessen geht.

Für ein paar Sekunden ist alles in Ordnung, und dann … ein einzelner schmerzhafter Nadelstich, als ob ein winziges Feuerzeug meine Haut gestreift hätte. Für einen Moment denke ich, dass meine Muskeln vielleicht gekrampft haben. Aber dann ist da wieder dieser Schmerz, allerdings an einer anderen Stelle. Und dann wieder, und wieder, als würden 100 Liliputaner glühend heiße Brandeisen in den fleischigen Teil meiner Beine rammen.

»Au, au, au!«, rufe ich laut, während sich Tiff gerade anzieht.

»Was ist los?«, fragt sie und wackelt sich dabei in ihre Hose.

»Keine Ahnung, irgendwas tut – autsch – weh!«

Sie kommt, Hose an, zu mir rüber, aber noch während sie auf dem Weg ist, spürt auch sie plötzlich die winzigen wütenden Fieslinge mit ihren pieksenden Waffen.

»Bei mir auch, bei mir auch!«

»Was geht da ab?«, frage ich völlig verzweifelt, dümmlich.

»Ich weiß nicht …«, sagt Tiffany, die zu diesem Zeitpunkt wieder aus ihrer Hose schlüpft und sie inspiziert.

»Ameisen!«, ruft sie. »Sprichwörtliche Ameisen in unseren Hosen!«

»Ah Mist!« Ich mach's wie sie und ziehe sofort meine Hose aus, woraufhin wir die nächsten paar Minuten damit verbringen, uns Ameisen aus dem Fleisch zu pulen. Wir hätten wahrscheinlich etwas weniger überrascht sein sollen, weil wir schließlich gesehen hatten, wie Ameisen die Rückstände auf unseren Zahnbürsten verschlangen und die eusozialen Insekten in Reih und Glied über den Holzboden unserer Hütte marschierten. Wir hatten sie einfach für einen friedfertigen Haufen gehalten. Damit lagen wir falsch.

Bei der Recherche für dieses Buch habe ich mehr Zeit als nötig darauf verwendet, die Redewendung ›Ameisen in der Hose‹ [vgl. Anm. 8] in Wörterbüchern nachzuschlagen. Es gibt eine weitere Bedeutung für diesen Ausdruck, die in etwa so geht: »Mann, Chris hat wirklich Ameisen in der Hose für Nancy«, was so viel heißt wie, dass er scharf auf sie ist.

Nachdem ich inzwischen selbst erfahren durfte, wie es ist, echte Ameisen in meiner Hose zu haben, kann ich mitteilen, dass diese Bedeutung ziemlich falsch ist. Es ist alles andere als erotisch, wenn einem Dutzende Kiefer ins Fleisch schneiden. Oder haben Sie je davon gehört, dass jemand beißende Ameisen ins Spiel bringt, um das eigene Sexleben aufzupeppen? Na bitte.

Für Tiffany und mich ist das Ganze jedenfalls kein Aphrodisiakum. Man könnte meinen, dass eine Woche im wunderschönen Amazonasregenwald romantisch sein könnte. Ist es aber nicht, sondern viel eher dreckig, schwitzig und kraftraubend, eher ein Beziehungstest als ein Liebesurlaub. Tiffany und ich hatten nie richtige Flitterwochen. Doch wie sie in ihrer Glas-halb-voll-Einstellung oft betont, haben wir es immerhin geschafft, na ja, zusammen um die Welt zu reisen. Und das stimmt, auch wenn die meisten dieser Trips weniger zur Kategorie ›Ameisen in unseren Hosen‹ gehörten als zur Kategorie ›AMEISEN IN UNSEREN HOSEN!!!‹, wenn Sie verstehen, was ich meine.

Manchmal erlebt man die beste Romanze in der Behaglichkeit der eigenen vier Wände und nicht am Strand, wo man die letzten zwei Wochen keine Gelegenheit hatte zu duschen.

Meinen ersten Kuss bekam ich in der psychiatrischen Abteilung eines Krankenhauses. Ich war 13 und sie 15. Ich war klein, nerdig und ziemlich durcheinander. Sie war wunderschön, aufsässig, wild und hatte einen richtigen Knall.

Als sie mir mitteilte, dass ich ihr Freund sein würde, hatte ich nicht das Gefühl, dass es irgendwas anderes zu sagen gab als ein enthusiastisches »Na gut!«. Und jetzt mal ehrlich, welcher heterosexuelle heranwachsende Junge würde ein hübsches, zwei Jahre älteres Mädchen schon abblitzen lassen, selbst in einer medizinischen Einrichtung? Ich wollte (vermutlich) ihr Freund sein, aber eigentlich wollte ich vor allem, dass mir jemand erklärte, was das überhaupt bedeutet.

Es war das Medikament Nardil, das mich für einen Monat hierhergebracht hatte, und (wahrscheinlich) auch irgendwas an meinem Verhalten. In meiner Angst und Verzweiflung hatte ich sehr großen Gefallen daran, Dinge zu zerstören.

Dieses ganze Freund-Freundin-Ding musste heimlich stattfinden, weil romantische Beziehungen in der Jugendpsychiatrie des Krankenhauses nicht erlaubt waren. Am Anfang, als sie die Regeln runterbeteten, sagten uns die Krankenschwestern, das liege daran, dass wir hier seien, um wieder zu funktionieren (wie Roboter) und nicht, um uns durch romantische Beziehungen das Leben schwer zu machen. Was bestimmt auch Sinn ergibt. Aber ich denke, dass es dabei teilweise auch um die Pflegekräfte ging, denn wenn wir ehrlich sind, wer will sich schon mit einem Haufen hormongesteuerter Teenager herumschlagen, die verliebt spielen.

In Wahrheit hatten wir das Gefühl, dass sich gar niemand mit uns auseinandersetzen wollte. Wir hatten das Gefühl, hier abgestellt worden zu sein, weil es eine Möglichkeit war, wie wir unseren Eltern nicht mehr auf die Nerven gehen konnten. Heute bin ich selbst Vater und weiß, dass das totaler Quatsch ist. Es gibt nur wenige Dinge, die ich mir schwerer vorstelle, als das eigene Kind einzuweisen – aber wenn es mein Kind wirklich nötig hätte, würde ich keine Sekunde zögern.

Es gibt so vieles, das wir mit 13 noch nicht verstehen. Wenn du ein Teenager bist und in der Psychiatrie sitzt, kannst du nur denken: »Tja, ich bin anscheinend zu gestört, um daheim zu sein.«

Bei meinem Zimmergenossen, einem 16-Jährigen, der sowohl mit Drogen und Alkohol als auch mit der Psyche Probleme hatte, lief ebenfalls was mit einer Patientin. Zusammen waren wir vier so etwas wie eine kleine Kampftruppe gegen diese Welt der Erwachsenen hier drin: eine Welt, in der dir die Krankenschwester deine stimmungsverändernden Tabletten in kleinen weißen Pappbechern gab, in der dich die hauseigenen Psychologen dazu brachten, bis zum Erbrechen über deine Kindheit und deine Familie zu reden – Zeug, über das du eh schon viel öfter geredet hattest, als gut für dich war –, in der du vom Rasierer bis zur Zahnseide alles abgeben musstest, in der dein Zimmer nicht nur jeglicher Individualität entbehrte, sondern wahrscheinlich auch Schauplatz mindestens eines Selbstmords gewesen war, und in der jede Stunde des Tages durchgeplant und auf einer großen Tafel angeschrieben war: Gruppentherapie, Mittagessen, persönliche Therapie, Besuchszeit, Kunst, Schlafenszeit – und ironischerweise sogar ›Freizeit‹.

Als wir vier eines Abends einen Film schauten, fasste meine Psychiatrie-Freundin den Entschluss, mich zu küssen. Welcher Film es war, weiß ich nicht mehr, aber ich weiß noch, dass der Fernsehraum sich in einem kleinen abgeschirmten Bereich befand, den die Krankenschwestern und Verantwortlichen nur einsehen konnten, wenn sie ihre Hälse reckten. Als sie also gerade nicht hinschauten, fiel sie über mich her. Es war feucht, verwirrend und schnell, weil sie nicht erwischt werden wollte. Es war zu schnell, um mir die Chance zu geben zu kapieren, was ich zu tun hatte, und zu feucht, um mir zu gefallen. Das plötzliche, unbekannte Gefühl einer Zunge in meinem Mund ließ mich zurückschrecken.

Aber es war mein erster Kuss.

Danach redeten unsere Psychiatrie-Freundinnen davon, dass sie vorhatten, sich nachts in unser Zimmer zu schleichen und mit uns rumzumachen, womit, wie mich mein Zimmergenosse aufklärte, Sex gemeint war. Ich hoffte inständig, dass sie das nicht tun würden. Denn wenn mir küssen schon eine Spur zu weit ging, dann wäre Sex dem Versuch gleichgekommen, mithilfe eines Spielzeugautos und eines Laibes Brot auf den Mars zu fliegen.

Es dauerte nicht lange, bis meine Psychiatrie-Freundin merkte, dass ich dieses ganze Beziehungsding ein bisschen halbherzig anging. Und ich hatte nicht die kommunikativen Fähigkeiten, ihr zu sagen, dass es nicht daran lag, dass ich sie nicht mochte – ich war gänzlich hingerissen und fasziniert –, sondern nur daran, dass ich nicht wusste, was ich tat. Es liegt nicht an dir, sondern an mir. Wirklich.

Rückblickend wird mir klar, dass dieses wilde, wunderschöne Mädchen einfach nur verzweifelt wollte, dass jemand sie haben wollte, jemand sie liebte. Sie hat damit irgendetwas kompensiert, und was auch immer es war, es konnte nicht schön gewesen sein.

Nach drei Tagen machte meine 15-jährige Freundin aus der psychiatrischen Abteilung mit mir Schluss und fing etwas mit einem 12-Jährigen auf der Station an, der genauso verdutzt aus der Wäsche schaute wie ich.

Einmal steigen wir früh morgens nach dem Frühstück, mit der aufgehenden Sonne und den frühen Vögeln des Regenwaldes, in einen großen Geländewagen und fahren eine halbe Stunde bis zur Atta Rainforest Lodge, die von einem örtlichen Macushi-Dorf betrieben wird. Hier gibt es einen Wanderweg, der in einem Baumwipfelpfad gipfelt, einem 30 Meter hohen Turm mit Brücken, der es möglich macht, sich Auge in Auge mit einem der wahren Wunder der Welt zu befinden: dem Blätterdach des Regenwaldes.

Am Ausgangspunkt des Wanderwegs überlässt uns Louis einem örtlichen Guide, einem männlichen Macushi über 50. Er lächelt uns mit einem breiten Grinsen an und signalisiert uns, ihm zu folgen. Und dann hüpft er schelmisch und ein bisschen unsicher auf den Beinen voraus in den Wald.

Tiffany und ich wechseln einen Blick, packen dann unser Zeug zusammen und gehen ihm nach. Er wartet ein paar Meter weiter auf dem Pfad und zeigt uns noch mal sein breites Grinsen. Dann sagt er: »Will-am«.

»Will-am«, plappere ich verwirrt nach.

Er zeigt auf sich selbst: »Will-am.«

»Ach, du bist William.«

Er lacht, nickt, grinst und wackelt davon.

»Das ist bestimmt nicht sein richtiger Name«, sagt Tiffany zu mir.

»Nein, wahrscheinlich nur der Name, den er für Touristen benutzt. Genau wie ich bezweifle, dass Louis' richtiger Name Louis ist. Wahrscheinlich irgendwas viel Interessanteres.«

Wir laufen schnell hinterher, weil »Will-am« auf dem Weg vorauseilt und einen Moment lang nirgends mehr zu sehen ist. Und dann ist er plötzlich wieder da, genau neben uns, steht abseits des Weges und lacht.

»Diese Pflanze gut für Fieber«, sagt er und deutet auf eine Pflanze.

»Ah, o. k. Gut zu wissen, danke.«

Über Jahrtausende hinweg haben indigene Völker eine Pflanze im Regenwald nach der anderen gegen die unterschiedlichsten menschlichen Leiden getestet. Sie haben in den Wäldern der Welt eine umfangreiche und profunde Pharmakologie entwickelt, die erst in jüngerer Zeit in der westlichen Welt teilweise ernstgenommen wird. Auf seine Weise versucht Will-am, uns zu bilden.

»Und das gut für ...«, er zeigt auf Tiffany..

»Ahaa...«, sage ich.

»Menstruation?«, bietet Tiffany an.

Will-am klatscht in die Hände, grinst und nickt.

Wir ziehen weiter, ein bunt gemischtes Trio. »Das gut für Fieber.« »Ja, ja.« »Das gut für ...«, und er streckt seinen Bauch raus. »O. k.« »Das gut für Kopfschmerzen.« »Aha.« »Das gut für Fieber.«

Nachdem uns Will-am die Pflanze, die gut gegen Fieber ist, zum fünften Mal gezeigt hat, wird mir klar, dass unser Guide nicht nur ein bisschen beschwipst ist, sondern sternhagelvoll.

Der Pfad vom Dorf zum Baumwipfelpfad ist nicht lang, doch wir bewegen uns in einem verstörenden Tempo, weil Will-am immer wieder im Wald verschwindet und dann wie eine Art manischer Naturgeist plötzlich wieder auftaucht.

»Sollten wir einfach zurückgehen?«, fragt Tiffany, nachdem Will-am wieder einmal verschwunden ist.

»Ich glaub, wir sind fast da.«

Und im selben Moment taucht Will-am, dünn und geschmeidig, aber auch stark, hinter uns auf, und ich wünschte, ich würde das Macushi-Wort für ›Buh!‹ kennen.

Wir erreichen die Leitern, die hoch zum Baumwipfelpfad führen. Will-am drängt uns, nach oben zu steigen, und weil wir nicht wissen, was wir sonst tun sollen, außer seinem Gefuchtel zu folgen, tun wir ihm den Gefallen. Er klettert uns den Großteil des Weges nach, aber als wir oben ankommen, signalisiert er uns mit einem Arm, dort zu bleiben, und huscht wieder zurück nach unten.

Verwirrt schauen wir zu, wie er hinabsteigt, sind aber, während wir warten, erst mal ein paar Minuten damit beschäftigt, die Aussicht zu genießen. Ich reiche Tiffany die Kamera und hole unsere Wasserflasche raus.

»Er kommt doch wieder hoch, oder?«, frage ich, während ich am Turm nach unten blicke.

»Tut er bestimmt«, sagt Tiffany. »Er hat wahrscheinlich nur was vergessen.«

»Vielleicht musste er einfach pinkeln.«

»Vielleicht.«

»Ich seh ihn nicht.«

Tiffany schaut selbst nach. »Ich auch nicht.«

Ich hole mein Fernglas raus und spähe nach Vögeln, aber es gibt nicht viel zu sehen. Außerdem sind wir angesichts der Tatsache, dass Will-am anscheinend abgehauen ist, beunruhigt.

Ein paar Minuten vergehen.

Ich schaue durchs Fernglas, aber nicht nach irgendwelchen Vögeln, sondern auf den Boden. »Ich seh ihn noch immer nicht.«

»Er kommt schon noch hoch«, sagt Tiffany aufmunternd, wirkt dabei aber nicht sehr überzeugend.

Wir warten. Ich tue so, als würde ich die Bäume absuchen.

»Er kommt nicht hoch«, sage ich.

»Nä.« Tiffany stimmt mir zu.

Wir warten. Zehn Minuten.

»Na ja, zumindest werden sich die anderen auf die Suche nach uns machen, sobald sie merken, dass wir verschwunden sind«, sagt Tiffany.

Dabei ist es nicht so, als ob wir die Türme nicht einfach nach unten klettern und zurück zum Auto wandern könnten. Es war nicht weit und ging mehr oder weniger nur geradeaus. Selbst zwei Gringos wie wir, die in etwa so viel Erfahrung mit der Wildnis wie ein DVD-Player hatten, sollten es zurückschaffen, ohne sich dabei zu verlaufen oder zu sterben.

»Na ja, ich will nicht, dass er Probleme kriegt«, sage ich laut.

»Er ist betrunken«, sagt Tiffany.

»Ja, aber … du weißt schon.«

Sie nickt.

Wir wissen, dass Alkohol über viele Jahrhunderte hinweg als Waffe benutzt wurde, um indigene Gemeinschaften zu zerstören. Die Europäer haben indigene Stämme häufig für ihre Arbeit, und manchmal auch für Sex, in Alkohol bezahlt. Obwohl manche präkolumbianischen Völker mit Sicherheit Alkohol konsumiert haben, nimmt man an, dass der Alkohol schwächer war und eher für rituelle Zwecke oder bestimmte Leiden verwendet wurde und nicht als Freizeitdroge, wie das in europäischen Kulturen über Jahrtausende der Fall gewesen ist. Bis heute wird mitunter immer noch darüber diskutiert, ob indigene Gemeinschaften stärker zu Alkoholismus neigen als europäische, obwohl die bislang besten Belege ein Nein sehr nahelegen. Trotzdem halten sich manche Mythen weiter. Heute dürften die Alkoholprobleme in indigenen Gemeinschaften eher mit einer durch Ausbeutung geprägten Vergangenheit, ihrer aktuellen sozioökonomischen Misere und Rassismus zu tun haben. Dennoch gibt es kaum Zweifel daran, welche Auswirkungen Alkoholismus auf einige indigene Gemeinschaften hat – obwohl viele von ihnen statistisch gesehen insgesamt weniger Alkohol trinken als europäische. Die ganze Sache ist – wie so vieles – verdammt kompliziert, aber immerhin wissen Tiffany und ich das.

Wir warten. 15 Minuten. 20 Minuten.

»Wie lang soll diese ganze Baumwipfelpfadsache eigentlich dauern?«

»Frag ich mich auch«, sagt Tiffany. Ich merke, wie sie allmählich wütend wird.

30 Minuten vergehen, und dann hören wir plötzlich ein »Haaaalloooo«.

Und da ist Will-am, fast 30 Meter unter uns, kaum größer als eine Puppe, und ruft zu uns hoch.

»Hey!«, brüllt Tiffany. »Wo warst du so lang!?«

Tiffany und ich sind beide in Minnesota aufgewachsen, wo man Streit fast immer aus dem Weg geht, koste es, was es wolle. Aber Tiffany hat diese Lektion nie ganz verinnerlicht. Ihre Wut köchelt langsam hoch, aber wenn sie erst mal kocht, dann will sie auch wahrgenommen werden. Ich lasse dagegen jede noch so große Zahl an Beleidigungen über mich ergehen und brumme dabei vor mich hin, wie man das in Minnesota eben so macht. Wenn mich jemand schlagen würde, würde ich ihn besorgt fragen, ob er sich die Hand gebrochen hat und ich den Notarzt holen soll.

Will-am antwortet nicht auf Tiffanys Frage, sieht aber betroffen aus.

»Kommt runter«, ruft er unterwürfig. »Kommt runter. Zeit zu gehen.«

Auf dem Rückweg versucht uns Will-am zu zeigen, welche Pflanzen bei Bauchweh, Fieber und Menstruation helfen können. Aber wir sind beide eindeutig sauer und mit dieser Tour fertig.

Als wir das Fahrzeug erreichen, kann Louis an unseren Gesichtern ablesen, dass irgendwas nicht stimmt. Als wir in den Wagen steigen, sagt Tiffany einfach: »Er ist betrunken und hat uns da oben allein gelassen.«

Wir belassen es dabei und überlassen das Ganze Louis, weil wir wissen – oder eigentlich eher hoffen –, dass er die ganze Sache im Sand verlaufen lassen wird.

Ich schnappe mir meine Kameratasche, werfe sie mir über die Schulter und steige in das motorisierte Kanu. Das Frühstück liegt mir schwer im Magen. Heute ist unser letzter Tag in Iwokrama, und wir sind auf dem Weg zu einem Ort namens Turtle Mountain.

Ehrlich gesagt will ich einfach nur, dass dieser Tag vorbeigeht, damit wir morgen wieder nach Hause können. Maleachi, dieser schattenhafte verführerische Bastard, hat sich schon wieder angeschlichen. Vielleicht weil ich weiß, dass wir den Wald verlassen werden, und es mir schon jetzt vor der langen Heimreise graut. Oder vielleicht trübt die Reisemüdigkeit mittlerweile auch einfach den Zauber des Waldes ein wenig.

Was es auch ist, ich bin mit Guyana fertig. Ich habe das Reisen satt.

»Auf Reisen lernt man, dass es möglich ist, überall unglücklich zu sein«, sagt die Mutter eines Freundes gern. Was zumindest an diesem Morgen zutrifft. Das Neue und das Abenteuerliche einer Reise halten meine Depression normalerweise fern, aber mein Enthusiasmus hat auch seine Grenzen.

An diesem Morgen gleitet das motorbetriebene Kanu über die Oberfläche des Essequibo und summt dabei beinahe wie ein Kolibri. Der blaue Himmel, der von nahezu türkis- bis keramikfarben reicht, und die weißen Wolken über uns spiegeln sich in dem breiten, träge dahinfließenden Fluss.

Unser Bootsführer steuert das Kanu in einen kleineren flussartigen Seitenarm direkt neben dem Essequibo, und kurz darauf summen wir unter Bäumen hindurch, die aus dem Wasser ragen – einen Sumpfwald. Als wären wir bis auf halbe Höhe auf einen Baum geklettert, bahnt sich das Boot seinen Weg durch die Äste, gleitet langsam dahin, bis wir irgendwann auf Land treffen.

Der Bootsführer setzt uns ab, und wir drei, Tiffany, Louis und ich, springen heraus auf den trockenen Boden und folgen dem Pfad, der zum Turtle Mountain hinaufführt. Die Wanderung ist nicht besonders lang, nur ein paar Stunden, aber dafür steil und in der tropischen Hitze vom ersten Augenblick an enorm strapaziös.

An einem Punkt müssen wir unter einem Spinnennetz von der Größe eines Flurteppichs hindurchkriechen, das sich aus Tausenden von Strängen durch den Unterwuchs spannt. Ob es sich um das Werk einer besonders emsigen Spinne von der Größe eines Hobbits oder aber um das Werk von einer Vielzahl von Spinnen handelt, weiß ich nicht, wobei Letzteres wahrscheinlicher scheint.

Kurz darauf bleibt Louis stehen und geht in die Hocke. Wir tun es ihm gleich. Er legt einen Finger an seine Lippen, und nur ein paar Meter weiter sehe ich die Umrisse eines großen Vogels, der mitten im Laufen innegehalten hat und jetzt durchs Dunkel späht, aber nicht in unsere Richtung.

»Ein Tinamu«, flüstert Louis.

Das Tinamu oder auch Steißhuhn erinnert an ein Moorhuhn, nur dass es einen längeren Hals und einen grazileren Körper hat, weil dicke Federn und Fett hier nicht so dringend gebraucht werden. Obwohl es – wenngleich erbärmlich – fliegen kann, hält es sich viel, viel lieber am Boden auf.

Der Vogel sieht im immerwährenden Zwielicht des Waldbodens majestätisch aus, wie ein Prinz, der sein wenn auch noch so kleines Reich inspiziert. Das Tinamu bleibt eine Weile da, um sich dann wieder seinen Weg tiefer in den Wald zu bahnen, in ein für uns unbekanntes, in jeder Hinsicht geheimnisvolles Leben.

Irgendwann erreichen wir schweißgebadet endlich den Gipfel, der allerdings nur 164 Meter über dem Meeresspiegel liegt. In den USA würde man das hier einen Hügel nennen, doch immerhin sind wir auf Meereshöhe losgelaufen. Direkt hinter den Bäumen, auf dem Gipfel, befinden sich massive Felsplatten, die den großartigen Wald von Iwokrama überragen. Wir legen unsere Rucksäcke ab und setzen uns auf der Spitze von Turtle Mountain in die Sonne.

Ein paar Minuten langen schauen wir zu, wie sich eine Gruppe von Klammeraffen mit ihren langen, haarigen und kohlrabenschwarzen Gliedmaßen ihren Weg durch die Äste unter uns bahnt, mit einer Geschicklichkeit, über die man nur staunen kann. Diese großen Affen verbringen fast ihr gesamtes Leben in den Baumwipfeln und setzen kaum jemals einen ihrer greiffähigen Füße auf den Erdboden.

Weiter unten schlängelt sich der Essequibo wie eine silbrige Straße zu den Göttern, und zu allen Seiten erstreckt sich unversehrter, makelloser Wald, der im Glanz seines satten Grüns Photosynthese betreibt und vor Leben nur so strotzt. Die Sonne, mittlerweile hinter den Wolken hervorgekommen, lässt immer wieder ein vergängliches, goldenes Flackern über die Wasseroberfläche und die grün schimmernden Blätter tanzen. Von unserer Felsplatte hoch oben betrachtet, sieht die Welt auf einmal wieder jung aus.

Und da erinnere ich mich wieder, warum wir hier sind, warum ich reise und warum ich das, trotz Steve und Maleachi, auch weiterhin tun werde. Um Orte wie diesen hier zu sehen. Ich will so viele Welten wie möglich auf dieser einen Welt hier kennenlernen. Und davon gibt es so viele. Und außerdem will der junge, aufkeimende Journalist in mir, der ich damals war, alles dafür tun, Orte wie diesen hier zu bewahren, und zwar mit allen Fähigkeiten, die mir von Gott gegeben wurden. An diesem Nachmittag spüre ich nicht nur die erhabene Schönheit unseres kleinen Planeten, sondern auch eine Bestimmung, die in meiner Seele heranwächst.

Als wir bei unserem letzten Abendessen gerade so richtig reinhauen, kommen die Fledermäuse wieder, von oben, eine nach der anderen, wie schwarze Engel, bis ein Dutzend oder mehr von ihnen durch den Luftraum des Essbereichs kreisen. Tiffany ist gerade dabei, sich noch mehr Reis mit Hühnchen reinzuschaufeln, als plötzlich auf ihrem Teller Guano landet, eine Handvoll schwarzer Kügelchen, die mit vertrockneten Insekten gefüllt sind.

Ein letzter Abschiedsgruß von unseren allabendlichen Gastgebern.

Teil 3
Die beeinträchtigte Natur

KAPITEL SECHS

Von Diplomaten und Palmöl

HERBST 2009

Der Zug fährt ab, und ich schließe meine Finger um den kleinen Plastiktiger in meiner Hosentasche. Ich mache eine Reise. Ich gehe zum ersten Mal überhaupt nach Asien, aber das Wichtigste von allem: Ich mache das Ganze ohne Tiffany.

Ich habe sie gerade erst vor ein paar Minuten am Bahnhof zurückgelassen, spüre aber jetzt schon, wie eine Mischung aus Panik, Aufregung und Resignation in mir aufsteigt. Seit der Diagnose meiner Zwangsstörung bin ich nicht mehr allein gereist, und das letzte Mal, auf einem besonders kafkaesken Trip nach Bukarest vor sechs Jahren, wäre ich fast durchgedreht. Ich umklammere den kleinen Plastiktiger – der einzige, den wir auf die Schnelle finden konnten, war ganz weiß mit schwarzen Streifen –, ziehe ihn aber nicht aus meiner Tasche heraus.

»Ich krieg das hin«, sage ich zu mir selbst. »Ich will das hier machen.«

Wir lebten nun schon seit zwei Jahren in Santa Fe, und meine Therapeutin dort verkörperte alles, was den Ruf dieser Stadt ausmacht: liberal, radikal und unergründlich – im positiven Sinne.

Nachdem sie sich meine persönliche Geschichte angehört hatte, versuchte sie es mit geführten imaginativen Therapiesitzungen, einer Art Mischung aus Meditation, Hypnose und Psychotherapie.

Im ersten Moment war ich skeptisch und dachte: »Na toll, jetzt sind wir endgültig in Gagaland angekommen.« Aber andererseits denke ich, dass ich sowieso schon in Gagaland angekommen war, als ich anfing, in meinen Exkrementen rumzuwühlen.

Das Ganze lief ungefähr so ab. Ich lag – buchstäblich – auf der Couch, und sie bat mich zu atmen. Sie sagte mir, wann ich ein- und wann ausatmen sollte. Sie bat mich, mir den zehnjährigen Jeremy vorzustellen, direkt nachdem bei meiner Mutter alle Lichter ausgegangen waren.

»Wie fühlen Sie sich?«

»Verloren.«

»Wo sind Sie?«

»Im Wald.«

»Da ist ein Tier«, sagte sie. »Es handelt sich um Ihr Krafttier. Welches ist es?«

»Eine riesige Katze.« Meine Antwort überraschte mich selbst. Ich hätte gedacht, es wäre ein Wolf, weil ich Wölfe schon immer geliebt habe.

»Was für eine Art von Katze?«

»Ich weiß nicht, einfach eine richtig große Katze. Wie ein Tiger, aber es ist kein Tiger.«

»Was sagen Sie zu dieser Katze?«

»Was ich sage?«

»Ja, sprechen Sie mit ihr. Sie kann Sie hören und verstehen.«

»Ich vermute, ich … ähm … ich bitte sie um ihren Schutz?«

»Das ist gut. Schutz wovor?«

»Keine Ahnung, vor allem?«

»Sie sagt Ja.«

Und dann wurde es so richtig eigenartig, als wäre der blubbernde Kessel meines Unterbewusstseins (walle, walle, manche Strecke) noch nicht eigenartig genug. Mit einem Mal stieg ich auf den Rücken der Katze, als wäre sie ein Pferd, und ritt auf ihr ohne Sattel aus dem Wald heraus.

Aber vergessen Sie Freud, das hatte nichts mit Sex zu tun. Was ich empfand, war ein Gefühl von Freiheit, vielleicht sogar von Heilung.

Als ich die Praxis an jenem Nachmittag verließ, war ich überrascht, wie leicht ich mich fühlte. Die Wüstensonne machte alles strahlend und heiß, als ich in mein Auto stieg und nach Hause fuhr.

Um mich auf meine Reise vorzubereiten, sagte meine Therapeutin, ich solle mir ein Totem kaufen. Ihre Wortwahl, nicht meine. »Kaufen Sie sich einfach irgendwas Kleines, das Sie an die Katze erinnert, die Katze, auf der Sie aus dem Wald geritten sind.«

»Ist das nicht eher so eine Art Harry-Potter-Hokuspokus?«, fragte ich.

»Sie müssen nicht glauben, dass ein Totem irgendwas mit Magie zu tun hat«, sagte sie. »Sie müssen nicht dran glauben, dass es Sie beschützen oder irgendwelche Wunder vollbringen wird oder irgendwas in der Art. Aber es hilft vielen Leuten, etwas Physisches zu haben, etwas zum Anfassen, das sie berühren können und das für sie ein wichtiges Bild oder ein Symbol darstellt. Es könnte genauso gut ein Kreuz oder ein Mond oder ein Davidstern sein. Aber ich glaube, dass Ihres gerade eine Katze ist.«

Also gehe ich einen Tag vor meiner geplanten Abreise noch ein letztes Mal einkaufen und besorge mir einen kleinen schwarz-weiß gestreiften Plastiktiger von der Spielzeugfirma Safari Ltd. Diese Plastikkatze hat mich im Zug von Santa Fe nach Albuquerque und auf den Flügen von Albuquerque nach Los Angeles nach Taipei nach Kota Kinabalu begleitet. Sie kam mit mir zum Korallendreieck, an den Fluss Kinabatangan und in die Wälder von Tabin. Und wann immer ich Heimweh hatte oder mich fürchtete oder Angst hatte, steckte ich meine Hand in die Hosentasche und streichelte meine Katze.

Okay, vielleicht war es ja doch was Sexuelles.

An meinem ersten Morgen in Kota Kinabalu erwache ich um sechs Uhr früh vom *Adhan,* dem muslimischen Gebetsruf. Sanft, wie ein langsam vor sich hin wallender Fluss, fließt er durch mein dunkles Zimmer, dessen Jalousien gegen die Morgensonne zugezogen sind. Es ist ein Ruf voller Schönheit. Das kleine Hotelzimmer ist erfüllt von Gesang, und dann wieder von Stille und Schlaf.

Stunden später wache ich erneut auf. Nachdem ich mich angezogen und mir die Zähne geputzt habe, springe ich in den Aufzug und fahre nach unten in die Lobby, um ein Hotelfrühstück aus herzhaften Nudeln und Toast mit Marmelade einzunehmen.

Kota Kinabalu, benannt nach dem nahe gelegenen beeindruckenden Berg Kinabalu – Kota heißt auf Malaiisch »Stadt« –, ist die Hauptstadt des Bundesstaats Sabah, der den nördlichen Teil Borneos ausmacht, der drittgrößten Insel der Welt.

Borneo ist politisch gesehen in drei Länder aufgeteilt: Indonesien besitzt knapp drei Viertel des Landes in einem Territorium namens Kalimantan. Das andere Extrem stellt das winzige Land Brunei dar, das kleiner ist als der Yellowstone-Nationalpark und nur ein Prozent von Borneo ausmacht. Etwas mehr als ein Viertel der Insel gehört schließlich zu Malaysia, unterteilt in die beiden Bundesstaaten Sarawak und Sabah.

Ich bin gerade in der Hauptstadt des malaysischen Teils, um an einem zweitägigen Kolloquium über »Orang-Utans gegen Palmöl« – was nicht der offizielle Titel war – teilzunehmen. Danach werde ich eine Woche lang verschiedene Orte in allen Ecken des Bundesstaates besuchen.

Der ganze Trip ergab sich ziemlich plötzlich. Am 14. August bekam Rhett eine E-Mail, in der er zu diesem dringlichen Kolloquium eingeladen wurde. Zu jenem Zeitpunkt sollte er aber in Madagaskar sein, weil das bei Rhett eben läuft. Deshalb wurde einige Tage später ich an seiner Stelle angemeldet. Am 29. September, etwas über einen Monat später, landete mein Flugzeug schließlich am anderen Ende der Welt. Dabei war der enge Zeitplan in psychologischer Hinsicht hilfreich: Je weniger Zeit ich habe, wegen einer bevorstehenden Reise durchzudrehen, desto besser.

Eigentlich wäre es wirklich großartig, wenn ich einfach eines Morgens aufwachen könnte, um dann beim Frühstück zu erfahren: »Du fliegst in einer Stunde für zwei Wochen nach Mosambik. Das hier ist dein Ticket, das hier ist deine Reiseroute, hier hast du deine Malarone und hier ist dein Gepäck. Wir haben dich im Schlaf geimpft. Und vergiss nicht, deiner Frau einen Abschiedskuss zu geben!«

Nach dem Frühstück gehe ich zurück in mein Zimmer und verbringe viel zu viel Zeit damit, mein Zimmer anzustarren. Genau wie damals in Nairobi, sieben Jahre zuvor, versuche ich den nötigen Mut aufzubringen, um das Hotelareal zu verlassen und mir ein bisschen was von der Stadt anzusehen, statt mich den ganzen Tag lang zu verstecken, was ich mir am allermeisten wünsche.

Ich rede mir selbst gut zu.

»Du bist den ganzen weiten Weg hierhergekommen, Jeremy, du schaffst das schon.«

»Echt?«

»Das ist ein neuer Kontinent.«

»Ja, aber …«

»Komm schon, Junge, was könnte denn schon Schlimmes passieren?«

»Oooch … ich hab da eine Liste. Da sind 573 Punkte drauf.«

»Meine Schuld.«

»Es gibt auch einen Anhang.«

»Ja, ja, schon gut. Aber du bist doch nicht hierhergekommen, um in einem Hotelzimmer zu sitzen, oder? Schau dir deine Katze an, Mann!«

Ich ziehe die Katze, die so neu ist, dass sie immer noch glänzt, aus meiner Hosentasche.

»Scheiße, na gut!«, sage ich, stecke sie zurück in meine Tasche und gehe wieder in Richtung Aufzug.

In der Lobby nicke ich dem Mann am Empfang selbstbewusst zu und zwinge meine Füße dann, Schritt eins, Schritt zwei, auf die Schiebetüren am Eingang zu. Sie öffnen sich und geben die Welt dahinter preis. Ich sehe einen Parkplatz – aber einen Parkplatz auf der gottverdammten Insel Borneo!

Die Insel Borneo, deren Name zumindest in der westlichen Welt Bilder von Urwald und Exotik heraufbeschwört, wird schon seit sehr langer Zeit, viel länger als die beiden Amerikas, von Menschen bewohnt. Im Jahr 2018 verkündeten Archäologen die Entdeckung von etwas, das seither als »die älteste figürliche Darstellung« auf der Welt gilt. Gefunden nicht etwa in Afrika oder Europa, sondern in einer Höhle im indonesischen Teil von Borneo.

Vor 40000 Jahren unternahm eine Gruppe von Menschen einen schwierigen Aufstieg auf einen bewaldeten Kalksteingipfel, um ein paar abgelegene Höhlen zu erreichen. Dort malten sie das Tier, das sie ernährte: den Banteng. Der Banteng, eine Wildrinderart, streift bis heute – wenn auch stark dezimiert – durch Teile von Borneo. Einer der ockerfarbenen Bantengs auf der Höhlenwand sieht wie eine geschwollene Zecke aus – ist das Tier vielleicht schwanger? Ein anderer scheint einen Speer im Bauch zu haben.

Handelte es sich hierbei um eine Art religiöses Ritual? Oder war es schlichtweg der Wunsch, etwas von ihren Gedanken und ihrem Leben zu hinterlassen, wie es so viele Menschen seitdem getan haben? Was auch immer der Grund gewesen sein mag, sie haben den Aufstieg gemeistert und die Botschaft von ihrer Existenz hat uns 2000 Generationen später erreicht.

Was würden sie vom heutigen Borneo halten?[1]

Ich hole tief Luft und bummle ohne echtes Ziel durch die Straßen, will diesen Ort hier einfach sehen. Ich schlendere vorbei an Marktständen, die undefinierbares Obst und Gemüse anbieten, an Läden, in denen Bubble Tea verkauft wird, und an Elektronikläden, die Werbung für neue Handys und Tarife machen. Alles ist modern, bunt und lebhaft.

Ich bin überrascht davon, dass etwas in Kota Kinabalu fehlt: die eindeutigen Anzeichen von städtischer Armut. Die Straßen sind sauber, ich begegne keinen Bettlern, und die Läden verkaufen Produkte, die genauso modern aussehen wie in meiner Heimat. Es gibt kein Anzeichen für Slums, keine obdachlosen Kinder, die durch die Seitenstraßen irren und keine alten Leute, die ihre letzten Tage an Straßenecken verbringen. Stattdessen bevölkern Geschäfte und Restaurants die endlosen pastellfarbenen Einkaufszentren oder die Erdgeschosse von Wohnhäusern. Nach meinen Erfahrungen mit Südamerika und Afrika – und auch New York, wenn ich ehrlich bin – hatte ich erwartet, hier ähnliche Bilder wie in einem der sogenannten Entwicklungsländer vorzufinden.

Kota Kinabalu erinnert sofort eher an eine europäische Stadt und nicht so sehr an eine lateinamerikanische oder afrikanische. Das gilt nicht für die Kultur – die wahnsinnig fremdartig ist –, sondern für den sichtbaren Wohlstand. Und tatsächlich: Wenn man die internationalen Armutsraten nach der Definition der Weltbank – das heißt bezogen auf die Zahl der Menschen, die von weniger als 2,15 US-Dollar am Tag leben – miteinander vergleicht, haben die USA im Jahr 2017 eine höhere Armutsrate (1,2 Prozent) als Malaysia (0 Prozent). Und auch wenn 1,2 Prozent nicht nach viel klingt, bedeutet das trotzdem, dass rund vier Millionen Menschen in den Vereinigten Staaten mit weniger als 700 US-Dollar im Jahr leben – oder sterben.

Mir erscheint alles hier exotisch, unbekannt und andersartig: das Essen, die Blumen, welche die Stadt schmücken, die Gesichter. Ich erinnere mich, wie ich einmal vor einer Moschee stehenbleibe und mich frage, wie es darin wohl aussieht, zugleich aber unsicher bin, ob das ein Ort ist, den ich, ein Ausländer und Nicht-Muslim, betreten könnte oder sollte. Ich tue es nicht, doch nicht aus mangelnder Neugierde, sondern um respektvoll zu sein. Mehr als 60 Prozent der Bevölkerung von Sabah ist muslimisch, allerdings halten sich Vorwürfe, dass ein Teil der Bevölkerung zum Konvertieren gezwungen worden sei, darunter Angehörige der indigenen Bevölkerung.

Nach meinem kurzen Streifzug kehre ich zurück zum Hotel, mit dem Gefühl, meine Pflicht erfüllt zu haben. Ich war draußen. Ich bin ein bisschen in der Stadt rumgelaufen. Jetzt kann ich in meinem Zimmer, das so groß ist wie eine Besenkammer, endlich im Bett liegen, die Füße hochlegen und *Unser gemeinsamer Freund* lesen – anscheinend lese ich Dickens in den Tropen wirklich gern. Ich habe das Gefühl, dass dieser Trip sogar noch geschmeidiger werden dürfte, als ich es erwartet hätte.

Dem Tiger sei Dank.

Ich wollte schon immer mal eine Riesenmuschel sehen. Ich bin mir nicht sicher, ob es in den 1980er-Jahren viele andere kleine Jungs gab, die diesen Wunsch mit mir teilten, doch andererseits war ich sowieso nie der Typ, der mit dem Strom schwamm.

Und so kommt es, dass ich an meinem zweiten Tag auf Borneo im sogenannten Korallendreieck, dem Gebiet mit der höchsten Biodiversität in dem gigantischen weltumspannenden Ozean, an einem Schnorchel nuckele und Salzwasser ausspucke.

Ich kann mein Verlangen, eine große Riesenmuschel zu sehen, bis zu meinem ersten Besuch in Disneyland im Alter von fünf Jahren zurückverfolgen. Ich erinnere mich an eine Explosion aus Luftblasen und die plötzliche Klarheit am Boden des tropischen Meeres, bevor die riesigen Mäuler der Muscheln auftauchten, aus denen Blasen herausschossen und an die Oberfläche stiegen wie kohlensäurehaltiges Mineralwasser. Wenn ich an die Fahrt mit der Unterwasserattraktion Submarine Voyage denke, stelle ich fest, dass sich diese Monstermuscheln aus irgendeinem Grund bis heute in meiner Erinnerung gehalten haben. Andere fantastische Dinge wie die Seeschlange, die Meerjungfrauen und sogar die Verlorene Stadt Atlantis sind dagegen in Vergessenheit geraten. Warum, lässt sich bei einem Kind nur schwer sagen. Vielleicht liegt es daran, dass die Muscheln auf etwas Realem beruhten, das in den Meeren unserer Welt tatsächlich existiert, aber nicht weniger wundersam ist als die Disney-Fantasie-Gestalten.

Ich bin offen gesagt nicht gerade eine Wasserratte. Weil ich in Minnesota aufgewachsen bin, war ich in jeder Himmelsrichtung mindestens 1600 Kilometer weit vom Ozean entfernt. Minnesota hat allerdings jede Menge Seen, nach neuester Zählung ungefähr 12 000, und meine Eltern hatten eine Zeitlang sogar einen billigen Pool. Demnach sollte ich eigentlich ein besserer Schwimmer sein, als ich es bin. Ich war aber nie wirklich ein sportliches Kind – ich weiß, was für ein Schock! –, und wenn ich doch mal geschwommen bin, dann ging es mir vor allem ums Spritzen. Ich habe mir nie die Zeit genommen, eine richtige Technik zu lernen, weshalb es etwa so abläuft, dass ich sehr viel mit den Armen rudere, mit den Beinen strample und auf das Beste hoffe.

Zum Glück sind wir im flachen Wasser unterwegs, in einer Landschaft, die aussieht, aus wäre sie gerade vom Cover eines *Geo*-Magazins geklaut worden: prächtige Strände, Inseln voller Regenwald, die vor grün geradezu explodieren, und Wasser, das so klar ist, dass es auch Glas sein könnte.

Den Schnorchel im Mund breche ich durch die Oberfläche. Am Meeresboden, gerade mal ein paar Meter tief, filtern meine Riesenmuscheln den ganzen Tag munter vor sich hin. Die hier sind keine Animatronic-Attrappen, sondern echte, lebendige Wesen – und sie sind atemberaubend schön. Ihre gerippten Schalen öffnen sich wie aufgespritzte Lippen und geben den Blick auf eine regenbogenfarbene Schicht frei, die im Sonnenlicht zu funkeln und sich zu kräuseln scheint. Riesenmuscheln wie die hier sind für ein gesundes tropisches Ökosystem lebensnotwendig, weil sie Nährstoffe filtern, Kohlendioxid aufnehmen und Sauerstoff produzieren und darüber hinaus einer ganzen Reihe von Mitbewohnern als Zuhause und Nahrung dienen. Diese leibhaftigen Muscheln erweisen sich als so viel verblüffender als jene, die einst für Disney gebaut wurden, wenngleich sie bedeutend kleiner sind.

Die größte Riesenmuschel, die ich sehe, hat einen Durchmesser von rund 45 Zentimetern. Weit entfernt von dem, was ich mir lange erträumt hatte. Was gar nicht daran liegt, dass wahrhaft riesige Riesenmuscheln nicht existieren würden oder nie existiert hätten, sondern dass sie mittlerweile, nach vielen Hundert Jahren Plünderei, extrem selten geworden sind. Ihr Fleisch gilt in einer Reihe von Kulturen als Delikatesse, und ihre gewaltigen Schalen sind als Dekoration natürlich heiß begehrt. Die größten Vertreterinnen der Spezies *Tridacna gigas* sind in den meisten Teilen der Welt verschwunden, geplündert von tauchenden Vertretern von *Homo sapiens.*

Im Jahr 1994 wurde die Submarine-Fahrt in Disneyland nach 23 Jahren eingestellt und durch eine Findet-Nemo-Attraktion ersetzt, die kaum mehr als eine Werbung für den Film ist und nicht an die abenteuerlichen Wunder und das Staunen des Originals heranreicht. Ja, ich bin inzwischen zu einem miesepetrigen Disney-Kritiker verkommen – und dann auch noch diese Kinder heutzutage!

Die nächsten paar Tage in Sabah werden vom Kolloquium in Anspruch genommen. Vertreter der Palmölindustrie halten Reden über ihr Umweltengagement. Umweltschützer halten Vorträge, in denen sie – anders als die Industrievertreter – das genaue Gegenteil behaupten und sich dabei auf echte Daten beziehen. Sie zeigen, dass Plantagen Hunderte Orang-Utans aufgrund massiver Entwaldung in immer kleiner werdenden Lebensräumen eingeschlossen haben.

Die einst weit verbreitete große Affenart, die letzte in Asien, ist im Begriff zu verschwinden.

Und jeder mosert über den anderen. Anschließend nehmen wir alle im Fünf-Sterne-Resort Shangri-La Rasa Ria luxuriöse Mahlzeiten zu uns und schlafen in bequemen Betten, und das alles auf Kosten des Malaysian Palm Oil Council (MPOC), des Malaysischen Palmölrats.

Der MPOC ist eine notorisch heuchlerische industrielle Gruppierung, aber wie die meisten industriellen Gruppierungen dieser Art auch unheimlich reich. Denken Sie etwa an die US-amerikanischen Ölunternehmen. Das ganze Kolloquium wurde dadurch losgetreten, dass Mongabay drei Monate zuvor berichtet hatte, dass Dr. Yusof Basiron, der damalige Vorstand des MPOC, behauptet habe, die Orang-

Utans würden vom Leben neben einer Ölpalmenplantage »profitieren«. Was nicht der Fall ist – es sei denn, er meinte mit »profitieren«, dass sie langsam verhungern oder erschossen werden. Basiron ergänzte, die Orang-Utans hätten ganzjährig Zugang zu einem frisch gedeckten Tisch voller Ölpalmenfrüchte, was ihnen ein »gesundes, leuchtendes Fell« verleihe – das hat er allen Ernstes gesagt.

Die Realität sieht so aus, dass Orang-Utans in freier Wildbahn 400 verschiedene Pflanzenarten fressen und nicht nur ihr Zuhause verlieren, wenn der Wald verschwindet, sondern auch noch ihre ›Lebensmittelläden‹. Wenn sie von Ölpalmenplantagen in kleinen Waldresten eingekesselt werden, siechen sie in der Regel langsam dahin oder werden erschossen, weil sie als für die Industrie lästige Tiere betrachtet werden, genau wie Elefanten.

Als sich das Gerangel zwischen der Industrie und den Naturschützern also immer mehr hochschaukelte, tat die Industrie das, was sie am besten kann: Sie veranstaltete ein zweitägiges Luxustreffen. Ich bin nur deshalb hier, weil der MPOC den lokalen NGOs erlaubt hat, einige Journalisten für die Teilnahme auszusuchen.

Zum Zeitpunkt des Kolloquiums wurde Palmöl in großen Teilen Asiens in großen Mengen verwendet und war im Begriff, die Vereinigten Staaten und Europa zu erobern. Doch die Sache hatte ihren Preis: unzählige Kilometer an Regenwald und Moorlandschaften, die für Plantagen kahl rasiert wurden. Das führte zur massenhaften Vernichtung der Tier- und Pflanzenwelt und wahnwitzigen Kohlenstoffemissionen, die unsere ausdörrende und brennende Welt noch weiter aufheizten.

Vor nicht allzu langer Zeit war Borneo fast vollständig von Wald bedeckt. Natürlich gab es Dörfer, Städte, Straßen und Wege, wobei sich die meisten Siedlungen vermutlich aber auf die Küsten oder die größeren Flüsse beschränkten. Der überwältigende Teil der Landschaft bestand jedoch aus Regenwald, der teilweise über 140 Millionen Jahre alt war und von Hunderttausenden Lebewesen bevölkert wurde.

Jenes Borneo existiert nicht mehr.

Von den 1960er-Jahren an erlitt Borneo einen in der Geschichte der Menschheit bis dato nie da gewesenen industriellen Abholzungsrausch. Sabah und Sarawak, die malaysischen Bundesstaaten der Insel, trieben die massenhafte Abholzung als Erste voran, um den unbändigen Appetit der Amerikaner, Europäer und Japaner nach Dingen wie Gartenmöbeln, Papierverpackungen und Einmal-Essstäbchen zu bedienen. Unterdessen verteilte der indonesische Diktator Suharto in Kalimantan ganze Waldgebiete als Geschenke an seine hochrangigen Kumpane beim Militär. Insgesamt hat Borneo etwa die Hälfte seiner Waldfläche verloren, ein Gebiet, das fast so groß ist wie Kalifornien. Und nur ein Viertel des Waldes hat noch keinen Holzeinschlag erlebt. All diese Zerstörung in nicht mal der Lebensspanne eines Menschen.[2]

Im Resort unternehmen die Palmölvertreter den angestrengten Versuch, sich selbst und ihre Industrie als die Guten darzustellen. Währenddessen versuchen die Naturschützer in purer Verzweiflung, die Industrie zu ein paar Veränderungen zu bewegen, die den Orang-Utans und anderen Tierarten langfristig bessere Überlebenschancen bieten würden. Es geht darum, Regenwaldgebiete über Waldkorridore miteinander zu verbinden, damit die Tiere sich durch Plantagen und um diese herumbewegen könnten.

Es ist, als wären David und Goliath zwei Tage lang nett zueinander, während sie sich hinter ihrem Rücken heimlich bekriegen. Und dann läuft Goliath schließlich davon und macht trotzdem, was er will, und David wird nie der David aus der Legende sein, sondern nimmt stattdessen ein paar Orang-Utans an die Hand, steckt sie in eine Auffangstation und verschwindet in der langen dunklen Nacht, die man die moderne Welt nennt.

Wo bleibt die Regierung bei alldem? Sie ist da, bisweilen auf Tuchfühlung mit den Verantwortlichen der Palmölbranche und in anderen Fällen mit mutigen Forderungen an die Industrie, einige ihrer Vorgehensweisen zu ändern: keine Flüsse mehr zu verschmutzen, Waldkorridore anzulegen und als Hüter der verbliebenen Wälder aufzutreten. Und trotzdem wird schnell klar, wer bei alldem wirklich die Macht innehat: nicht die von der Bevölkerung demokratisch gewählte Regierung von Sabah, sondern die Industrie. Willkommen in der neoliberalen Ökonomie, in der große Unternehmen wie Vampire langsam die Macht aussaugen, welche die Menschen ihren gewählten Regierungen anvertraut haben.

Zu diesem Zeitpunkt bin ich, was dieses ganze Journalismus-Ding angeht, noch ein ziemlicher Neuling. In jenem Frühling habe ich gerade erst meinen Abschluss am St. John's College gemacht und seither gerade mal vier Monate als Vollzeit-Journalist gearbeitet. Und das alles hier – das ganze Gehabe, die Politik und die Lügen, in Verbindung mit kulturellen Normen, die ich nicht verstehe – macht mich ganz schwindelig im Kopf.

Doch weil der ganze Fokus des Kolloquiums auf den Orang-Utans liegt, kommt es mir vor, als ob dabei der Wald vor lauter Bäumen übersehen wird. Beim Palmöl geht es nämlich nicht nur um Orang-Utans. Es geht um Hunderttausende im Regenwald lebende Arten, von denen viele bislang unentdeckt, namenlos und nicht untersucht worden sind. Das Heilmittel gegen Krebs könnte für die nächste Ölpalmenplantage vom Bulldozer plattgewalzt werden oder für die nächste Viehweide in Brasilien oder die nächste Kautschukplantage in Kambodscha.

Über diese Unmenge von Lebensformen hinaus kühlen die Regenwälder von Borneo das Klima auf lokaler und globaler Ebene und leisten damit einen Dienst, den wir heute mehr denn je brauchen. Die Zerstörung von Wäldern entlässt Unmengen an Kohlendioxid in die Atmosphäre. Dabei wäre der Schutz der Wälder wahrscheinlich unser wirksamstes und günstigstes Instrument gegen die globale Erwärmung. Der Wald ist zudem der beste Weg, ein massenhaftes Artensterben abzuwenden und unseren Kindern vielleicht – nur vielleicht – eine Welt zu hinterlassen, die nicht schon in die Knie gegangen ist.

Und dennoch kriegen wir das anscheinend einfach nicht hin.

Trotz des ganzen Getues erzielt das Kolloquium ein wichtiges Resultat. Die Palmölindustrie macht eine Reihe überraschender Versprechungen, darunter Wildtierkorridore zwischen Waldstücken und eine knapp einen Kilometer breite Pufferzone entlang von allen größeren Flüssen.

Trotzdem sagt mir eine Naturschützerin, dass das Ganze aus ihrer Sicht nur »ein weiterer Werbegag« der Palmölindustrie ist. »Ich zweifle wirklich daran, dass es in dieser Organisation auch nur einen Funken Aufrichtigkeit gibt«, sagt sie mir eines Morgens beim Frühstück.

Es ist einer dieser Momente, in denen der ganze Bullshit zu Asche wird. Zehn Jahre später hat die Industrie ihre Versprechen von diesem Treffen noch immer nicht eingelöst.

Einen Tag, nachdem sich der Staub des Kolloquiums allmählich gelegt hat, mache ich mich auf den Weg in den Busch. Ich will mit eigenen Augen sehen, worum es bei dieser ganzen Sache wirklich geht.

Ich kann das Gesicht des Orang-Utans sehen, das von Blättern umrahmt wird und mich mit Augen wie denen einer wilden, haarigen roten Frau genau betrachtet. Ihre Miene zeigt einen Ausdruck von stoischer Resignation, eine Art langes, ausgedehntes Seufzen. Ich fühle mich, als wäre ich in eine ferne Vergangenheit zurückgereist und dort einem namenlosen Vorfahren begegnet. Dann zieht sich die rote Äffin zurück und das Blattwerk schließt sich hinter ihr.

Sie ist kein wildes Tier. Halb wild und halb in Gefangenschaft lebend trifft wohl eher zu. Das junge erwachsene Weibchen lebt in einem Rehabilitationsprogramm am Sepilok Orangutan Centre. Sepilok, die weltweit erste Auffangstation für Orang-Utans, wurde 1964 eröffnet und nimmt Orang-Utans auf, die ihre Mütter durch illegalen Tierhandel, Holzeinschlag oder Plantagen verloren haben.

Der erste Teil des Zentrums hat etwas von einem überbelegten Zoo: Dutzende junge Orang-Utans, die in einem kleinen Waldstück herumhängen und futtern. Es sind alles Jugendliche, die gemeinschaftlich leben und von älteren Mentoren lernen. Sie übernehmen die Rolle der

Mütter, die die Jüngeren durch Kugeln und Bulldozer verloren haben. In der Wildnis verbringen Orang-Utans ihre ersten acht Jahre in der Obhut ihrer Mütter, die ihre Babys ein halbes Jahr lang stillen.

Sobald die Affen dieses Stadium absolviert haben, erlaubt man ihnen, sich in einem angrenzenden Wald frei zu bewegen, um ihre Überlebensfähigkeiten zu stärken. Meine flüchtige Begegnung mit dem Weibchen ereignet sich auf einem Pfad knapp unterhalb des Regenwalddachs.

Sepilok ist längst keine Ausnahme mehr. Heute gibt es zahlreiche Auffangstationen für Orang-Utans, und viele werden von den sanftmütigen Affen überrannt, weil sowohl Ölpalmen- als auch Plantagen zur Zellstoff- und Papiergewinnung ihr Zuhause zerstören. Manche dieser Auffangstationen versuchen, die Orang-Utans so weit wiederherzustellen, dass man sie theoretisch wieder in die Wildnis entlassen könnte. Doch die Frage, wo das sein soll, bleibt offen. Wir zerstören jedes Jahr mehr von ihrer Waldheimat.

Um nach Sepilok zu kommen, bin ich zusammen mit ein paar Orang-Utan-Forschern über 300 Kilometer weit geflogen, von Kota Kinabalu im Westen nach Sandakan im Osten von Sabah.

Die Form von Sabah erinnert an das Profil eines Drachen mit zwei Hörnern, der nach Osten blickt, und Sandakan ist sein Auge.[3] Die Hörner sind die Halbinseln Kudat und Bengkoka, während die Dent-Halbinsel den Oberkiefer und die Semporna-Halbinsel gemeinsam mit der Insel Bum Bum – sie heißt wirklich so – den Unterkiefer bilden. Die Hauptstadt, Kota Kinabalu, sitzt dem Drachen im Genick und blickt hinaus auf das Südchinesische Meer.

Von Sandakan und der Orang-Utan-Station Sepilok aus fahren wir fast zwei Stunden lang zu dem Städtchen Sukau, das am Fluss Kinabatangan liegt. Die gesamte Fahrt ist wie ein Sinnbild des Kolloquiums: Ölpalmenplantagen so weit das Auge reicht. Ich halte meine Kamera aus dem Fenster und mache einfach nur klick, klick, klick, um anschließend auf Video umzuschalten. Zwei Stunden lang durch ein Meer aus Palmwedeln.

Eine Plantage besitzt durchaus eine gewisse Schönheit. Euklidische Geraden aus Palmen, gepaart mit Pfaden, die in der Ferne verschwinden. Jeder Baum besteht aus einem einzigen Stamm, der von riesigen, fächerartigen Wedeln gekrönt ist, die an einem kerzengeraden Pfad entlang aufgereiht eine pergolaartige Struktur erzeugen. Alles hat die gleiche Höhe, die gleiche Breite und das gleiche Alter und weist eine Gewissheit auf, die in der chaotischen Komplexität eines echten Waldes nicht zu finden ist.

»Ziehen Sie Schnüre über den Hang und setzen Sie Ihre Pflöcke auf einer geraden Linie; lassen Sie zwischen den Reihen 7,8 Meter und zwischen den Pflöcken 9 Meter Platz«, ist in einem Handbuch aus der Better-Farming-Reihe der UN-Ernährungs- und Landwirtschaftsorganisation (FAO) aus dem Jahr 1967 zu lesen. Das Handbuch wurde damals nur auf Französisch verfasst und für die afrikanischen Plantagenbesitzer gedruckt, weil die Art, die heute in weiten Teilen Südostasiens gepflanzt wird, eigentlich von einem anderen Kontinent stammt: die Afrikanische Ölpalme beziehungsweise *Elaeis guineensis*.

»Auf diese Weise können Sie 143 Ölpalmen pro Hektar pflanzen; das ist die optimale Dichte.«

Während wir fahren, denke ich über etwas nach, das einer der MPOC-Leute auf dem Kolloquium in einem seltenen Augenblick der Offenheit gesagt hat: »Es hat sich gezeigt, dass der Schutz der Tierwelt ein Thema ist, bei dem sich die Ölpalmenindustrie auf unbekanntem Terrain bewegt«, erklärte er. »Wir sind schließlich Plantagenbesitzer und tun das, was wir am besten können.«

Vor ein paar Jahrzehnten bestand die Gegend um Sukau und Sandakan aus Regenwald, der sich gerade erst von massiver Abholzung und kleinteiliger Landwirtschaft durch die örtliche Bevölkerung erholte. Heute gehört das Land den Plantagenbesitzern.

In meiner Heimatstadt gab es einen Hügel, den ich immer geliebt habe. Wenn wir nach Hause fuhren, konnte man ihn zur Rechten aufragen sehen, wie der große Buckel irgendeines grasigen Wals. Häufig wurde das Gras darauf in Sonnenlicht gebadet, wodurch der kleine Hügel von einem goldenen Halo umgeben zu sein schien.

Inzwischen ist der Hügel von Wohnsiedlungen überzogen.

In meiner Heimatstadt sind so viele Orte verloren gegangen, dass man mit dem Zählen kaum hinterherkommt. Natürlich waren das keine Wälder oder Wildnis, weil all das schon vor über einem Jahrhundert durch weiße Siedler – meine Vorfahren – zerstört worden war. Dennoch gab es früher noch reichlich kleine Baumhaine oder grasbewachsene, nicht bestellte Flächen. Und in den Augen eines Kindes wirkten alle diese Orte riesig und wunderbar und schienen voller Magie und Wunder zu sein.

Die meisten davon wurden mittlerweile in Nullachtfünfzehn-Fertighaussiedlungen verwandelt, deren Häuser so groß sind, dass sich eine fünfköpfige Familie bei geschlossener Tür leicht aus den Augen verliert.

Als ich geboren wurde, war Buffalo eine ländliche Kleinstadt mit weniger als 5000 Einwohnern. Heute ist sie mehr als dreimal so groß. Sie liegt im Speckgürtel der sogenannten Twin Cities Minneapolis und St. Paul, in einem Teil des Bundesstaates, der seit langem durch schlecht geplante Zersiedlung aufgefressen wird.

Ich habe den Verlust von Natur schon immer als Wunde empfunden, als etwas, das mir physischen Schmerz zufügt. Als Kind tat mir die Zerstörung von Natur einfach nur weh, als Jugendlicher wandelte ich diesen Schmerz in Zorn um. Und als Erwachsener ist das für mich so etwas wie eine Quelle der Traurigkeit. Mittlerweile kann ich auf mehr als ein Jahrzehnt zurückblicken, in dem ich über die Zerstörung der natürlichen Welt geschrieben habe. Und ich kenne die ganzen Gründe, warum wir diesen Kurs eingeschlagen haben: die wachsende Weltbevölkerung, die Akzeptanz eines entfesselten Kapitalismus, der Makel des Materialismus und die allzu menschliche Sucht nach Geld und Macht. Ich hab's kapiert.

Zugleich erkenne ich aber auch mehr und mehr, dass die Welt durchaus anders sein könnte. Ich erkenne, dass der Kurs, den wir eingeschlagen haben, nicht alternativlos war und es auch jetzt nicht ist.

Und das macht mich traurig. Nicht resigniert, nicht hoffnungslos und auch nicht wütend – es ist eher eine Art Kummer, der Soundtrack, der in meinem ganzen Leben leise im Hintergrund läuft.

Ich bin von dem Ausmaß des Ölpalmenanbaus, dem ungehemmten Erfolg der Plantagenbesitzer gegenüber jedem Widerstand, ehrlich gesagt überrascht – trotz allem, was ich auf dem Kolloquium gehört habe.

Endlich erreichen wir das Städtchen Sukau und sehen den mäandrierenden Dschungelfluss, der unter dem Namen Kinabatangan bekannt ist. Vor langer Zeit wahrscheinlich von chinesischen Kaufleuten so getauft, stammt das Wort ›Kinabatangan‹ aus dem Chinesischen und bedeutet ›langer Fluss‹. Und tatsächlich fließt der Kinabatangan rund 560 Kilometer weit aus den Bergen im Inneren bis zur Küste im Osten.

Das ehemals kleine Dörfchen Sukau hat sich mittlerweile zu einem Touristenmekka für all jene entwickelt, die sich für die faszinierende Tierwelt des Langen Flusses interessieren. Aus einstigen Kleinbauern und Fischern sind Tourguides und Pensionsbesitzer geworden. Sie hatten keine große Wahl, nachdem die Ölpalmenplantagen den Wald übernahmen, in dem sie zuvor angebaut und gejagt hatten. Noch schlimmer war vermutlich, dass die Plantagen mit ihren unbehandelten Abwässern aus Düngemitteln, Herbiziden und Pestiziden anschließend den großen Kinabatangan und seine reiche Fischwelt dezimierten. Knapp 40 Prozent der Süßwasserfische auf Borneo kommen nirgendwo sonst vor.

Wir halten vor einem der Gästehäuser im Ort, und hier begegnen wir dem Diplomaten und seinem Assistenten. Obwohl das Pärchen in einem anderen Land in Südostasien stationiert ist, schließen sie sich in den kommenden zwei Tagen unserer bunt gewürfelten Truppe aus Orang-Utan-Forschern, Journalisten und NGO-Mitarbeitern an.

Der Diplomat sieht mit seinem runden Gesicht, seinen kurzen Haaren, seiner kleinen Nase und seinem Weißer-Mann-Khaki-Anzug wie ein Fußballtrainer im mittleren Alter aus. Er trägt gern eine Sonnenbrille gegen das tropische Licht, und man kann sich nur zu gut vorstellen, wie er auf dem Platz rumrennt und laut »Toooor!« ruft – oder was auch immer so ein Fußballtrainer ruft. Ich weiß es nicht.

Der Assistent hingegen ist dünn und schlaksig, ungefähr Mitte 20 und hat in dem tropischen Land, in dem sie stationiert sind, Frau und Kind – wo auch immer das ist. Er sieht ständig gehetzt aus, weil er, wie wir schnell herausfinden, andauernd Dinge heranschafft, Anrufe erledigt und für den Diplomaten Ausreden erfindet. Bisweilen blitzt in seinen Augen ein verächtlicher Ausdruck auf, der aber schnell wieder verfliegt. Er ist eigentlich ganz nett, aber es scheint, dass sich sein gesamtes Dasein nur darum dreht, die regierungsinterne Hierarchieleiter hochzuklettern – genau wie die russischen Beamten in den Romanen Tolstois und Dostojewskis.

Der Assistent trägt ebenfalls eine Sonnenbrille gegen das tropische Licht.

Es ist nicht etwa so, dass ich ein Geheimnis daraus machen will, in welchem Land der Herr US-Diplomat dient. Doch die Herren Diplomat und sein Assistent achten äußerst penibel darauf, nichts über ihren Dienstort zu sagen, so als ob sie dadurch ein Staatsgeheimnis preisgeben würden.

Wir halten alle eine Tropen-Siesta. Es ist wunderbar, in einer Pension mit Blick auf das Wasser des Kinabatangan in der Nachmittagsfeuchte meines Alles-andere-als-Fünf-Sterne-Zimmers zu liegen und nichts zu tun. Ich lege mein Plastikkätzchen, zusammen mit meiner schweißgebadeten Bauchtasche, die meinen Pass, meine Kreditkarten und Bargeld enthält und mich so ziemlich überallhin begleitet, auf den Nachttisch. Ich nehme ein paar tiefe Atemzüge.

Wenn nötig, bin ich in sozialer Hinsicht eigentlich recht kompetent, aber es ist auch verdammt anstrengend. Erst mit Ende 30 habe ich erkannt, dass ich eher der introvertierte als der extrovertierte Typ bin – wie so oft gibt es ein breites Spektrum –, was mich ein bisschen geschockt hat.

Obwohl ich es liebe, unter Menschen zu sein, bin ich auch sehr sensibel für die Gefühle anderer. Zu viel davon, und ich fühle mich wie ein frisch gepresster Orangensaft, den jemand durch einen Strohhalm bis auf den letzten Tropfen ausgeschlürft hat. Und um mich wieder zu erholen, muss ich allein sein, am liebsten mit einem Buch.

Ich lausche also den Geräuschen des Flusses, lese Charles Dickens' *Unser gemeinsamer Freund* und fühle mich prächtig in der Stille. Für ein paar Stunden zumindest gibt es nichts anderes als mich und meinen prüden Kameraden, das viktorianische England.

Als sich die Dämmerung über den Fluss senkt und das Wasser von einem milchigen Dunkelblau zu einem purpurnen Schwarz und dann in ein Dunkelgrau übergeht, ist es Zeit fürs Abendessen. Die Pension serviert uns ein hervorragendes Mahl aus Fisch, Reis und Nudeln mit verschiedenen bornesischen Saucen. Wir sitzen zusammen und essen. Schon bald wird mein Kopf durch das Bier in meiner Hand leichter, und ich fange an, dem Diplomaten Fragen zu stellen.

»Wie ist es, seit Obama im Amt ist? Was sind die größten Herausforderungen in der Region? Und was isst man in Südostasien am besten?«

»Na gut, na gut«, sage ich hinreichend beschwipst. »Eine Sache hab ich noch nie verstanden. Können Sie mir das mit der diplomatischen Immunität erklären?«

Der Diplomat lehnt sich zurück, verschränkt seine Finger und lächelt. Er nimmt einen tiefen Atemzug. »Also schön, nehmen wir an, ich werde dabei erwischt, wie ich ein junges Mädchen vergewaltige …«

Einen Moment lang frage ich mich, ob ich ihn richtig verstanden habe. Der ganze Tisch ist mit einem Mal still. Alle halten beim Essen inne und richten ihre Augen auf den Diplomaten. Na ja, zumindest ich. Ohne etwas zu merken, fährt der Diplomat munter fort zu erklären, was passieren würde, wobei es im Endeffekt darum geht, dass man ihn deswegen nicht anklagen könnte.

Aber unser aller Köpfe neigen sich auf eine Weise zur Seite, die kollektive Fassungslosigkeit ausdrückt. Der Assistent hat unterdessen bestürzt seinen Blick gesenkt.

»Ach, man würde mich wahrscheinlich aus dem Land werfen, aber ich müsste mir keine Gedanken über einen Prozess oder eine Gefängnisstrafe machen, weil ich immun bin. Das ist es im Grunde also, was diplomatische Immunität bedeutet.«

Danke, verehrter Herr Diplomat. Das war die wahrscheinlich undiplomatischste – und verdammt noch mal unheimlichste – Antwort, die man auf diese Frage nur geben konnte.

Laut sage ich allerdings irgendwas in der Art von »Ah … o. k.«

Und der Diplomat lehnt sich in seinem Stuhl zurück und lächelt, als hätte er die ganze Angelegenheit wie ein gottverdammter Botschaftsprofi geregelt.

Am nächsten Morgen fahren wir mit dem Boot raus auf den Kinabatangan. Hier gibt es wilde Kerle im Überfluss. Auf gewaltigen Bäumen, die sich über den Fluss neigen, hängen Nasenaffen herum, deren Männchen einen der hervorragendsten Zinken im Tierreich vorweisen. Ein Paar asiatischer Zwergotter, so klein wie Chihuahuas, nur viel niedlicher, tauchen auf einer der Sandbänke auf, glotzen uns an und verschwinden dann im Wald. Wenn das Boot sie passiert, fliegen violette Eisvögel tief über den Fluss und erzeugen einen Farbbogen, der sich vom einen Ufer zum anderen spannt. Enorme Warane lümmeln im Halbdunkeln, und ich erinnere mich auch noch an den aufgedunsenen Körper eines toten Schweins an der Wasserkante, über den sanft das Wasser schwappt.

Am nahen Ufer hängt ein Orang-Utan, in diesem Fall so wild und frei, wie es auf dieser Welt nur geht, fast kopfüber von einem Obstbaum herab. Unser Bootsführer lenkt das Gefährt zur Seite, und wir beobachten unseren Verwandten gut zehn Minuten lang. Irgendwann erwidert der Affe unseren Blick, so als wolle er sagen: »Also wirklich, habt ihr nicht langsam euren Spaß gehabt? Ich versuch hier einfach mein Ding zu machen. Kann ich das bitte in Ruhe tun?« Und genau in dem Moment wirft der Bootsführer den Motor wieder an, und wir sind weg.

Bei all dem Überfluss des Kinabatangan schwingt jedoch eine bitterere Wahrheit mit: Direkt hinter den Ufern des Kinabatangan stehen Bäume im perfekten Abstand von 7,8 Metern voneinander entfernt. Einige der Palmölunternehmen pflanzen illegal direkt bis an den Fluss heran, und der chaotische Dschungel weicht menschlicher Ordnung. Die Plantagen in den Flussauen des Kinabatangan haben die Tiere in kleine Inseln und Korridore gezwungen. Das macht es für Touristen leicht, sie zu sehen, gefährdet aber die Zukunft ihrer Nachkommen, die sie sonst vielleicht hätten.

Das einzige Tier, das wir auf unseren Bootstouren nicht sehen, ist ironischerweise das größte auf ganz Borneo: der Borneo-Zwergelefant. Wenngleich liebevoll »Zwerg-« genannt, ist er trotzdem verdammt riesig, gerade mal ein bisschen kleiner als der Asiatische Elefant des Festlandes. Niemand weiß mit Sicherheit, wie es diese Elefanten nach Borneo geschafft haben, doch es gibt zwei konkurrierende Theorien. Die eine besagt, dass sie vor Hunderttausenden von Jahren über Landbrücken nach Borneo gelangt sind, wobei man bis dato noch keinen fossilen Beleg für Elefanten auf der Insel gefunden hat. Die andere lautet, dass diese Population die Nachfahren eines Geschenks der britischen Ostindien-Kompanie an den Sultan von Sulu im Jahr 1750 ist. Es gibt Berichte darüber, dass diese Elefanten schließlich in den Wäldern Nordborneos freigelassen wurden. Bislang stützen genetische Belege die erste Theorie, dass die Elefanten tatsächlich auf Borneo beheimatet sind, seitdem sie von Sumatra aus über Landbrücken eingewandert sind. Aber ein wissenschaftlicher Konsens lässt immer noch auf sich warten.

Die Elefanten sind dabei zu verschwinden, wie so viele Arten auf Borneo. Die Ölpalmenplantagen mögen keine Elefanten, weil sie dazu neigen, junge Palmen zu zerstören, weshalb die Leute auf den Plantagen regelmäßig Elefanten erschießen oder vergiften. Mittlerweile hat der Verlust ihres eigenen Lebensraums die Elefanten immer näher an den Menschen herangedrängt, was zu Konflikten mit Todesopfern auf beiden Seiten führt. Die letzte Erhebung schätzte irgendwas zwischen 1000 und 3000 toten und 600 verbleibenden Borneo-Zwergelefanten.

Trotz der Schönheit des Kinabatangan habe ich nach diesem ganzen Erlebnis mit meiner Trauer zu kämpfen. Am Unterlauf des Kinabatangan ist ein Wildschutzgebiet errichtet worden, das sich aber nur auf willkürliche und oft unzusammenhängende Waldreste erstreckt und alles andere der Ölpalme überlässt. Viele Arten müssen immer weitere Wege zurücklegen, um Nahrung zu finden, oder immer wieder gefährliche Durchquerungen von Plantagen unternehmen. Verhaltensweisen ändern sich bei dem Versuch zu überleben. Zum Beispiel gibt es Kameraaufnahmen von Orang-Utans, die sich am Boden entlang bewegen, ein für den roten Affen unnormales Verhalten, das ihn verletzlich macht. Elefanten wurden dabei fotografiert, wie sie sich auf unmögliche Weise unter Stacheldraht hindurch in Plantagen zwängten, in der Absicht, auf der Suche nach Nahrung weiterzuziehen. Und dennoch hat die Palmölindustrie bislang alle Vorstöße durchkreuzt, das Kinabatangan Wildlife Sanctuary in einen vollwertigen Nationalpark zu verwandeln oder weitere Zerstörungen einzuschränken.

Sofern nicht irgendwas unternommen wird, dürfte der heutige Reichtum an Wildtieren mit der Zeit ziemlich sicher schrumpfen; bis die meisten dieser Tiere am Langen Fluss ganz verschwunden sind und nur ein paar kleinere Arten ihre trostlose Existenz fristen. Und wenn das passiert, wird kein Mensch mehr nach Sukau kommen.

Am nächsten Morgen zwängen wir uns alle in ein paar Autos, um eine Reihe von Höhlen in der Nähe zu besuchen.

Der Diplomat scheint dauernd zu vergessen, dass wir, das heißt die anderen Reisenden in der Gruppe, nicht seine Gehilfen sind. Nein,

Herr Diplomat, ich werde Ihnen nicht Ihr Gepäck tragen – aber Ihr Assistent bestimmt. Ich werde Ihnen nicht Ihre Schuhe bringen oder Ihre Sonnenbrille suchen oder Ihnen Ihre schmerzenden Schultern massieren.

Auf unserer Fahrt kommen wir wieder an einer scheinbar endlosen Fläche mit Ölpalmen vorbei.

»Oho!«, ruft der Diplomat laut. »Was ist denn das da draußen?«

»Ölpalmenplantagen«, sagt einer der Forscher zu ihm.

»Hmm, interessant. Die sind bestimmt sehr klimafreundlich, bei all diesen Bäumen, die Kohlenstoff aufnehmen.«

Niemand sagt ein Wort, aber wir verdrehen alle die Augen.

Ich frage mich, wie jemand, der in Südostasien arbeitet, so erstaunlich uninformiert sein kann. Aber wenn der Diplomat stellvertretend für all jene steht, die das mächtigste Land auf der Welt repräsentieren, dann ist es vielleicht kein großes Wunder, dass die Welt so ist, wie sie ist.

Als sich unsere Wege trennen, gibt mir der Diplomat seine Visitenkarte – ich vermute, damit er mich aus der Patsche holen kann, sollte ich zufällig mal in eine geraten. Ich bewahre sie viele Jahre lang in meinem Geldbeutel auf, weil sie mich jedes Mal zum Lächeln bringt, wenn ich seinen glänzend goldfarben gedruckten Namen sehe. Heute bereue ich es, dass ich sie irgendwann ins Altpapier geworfen habe. Denn wen soll ich jetzt anrufen, wenn ich das nächste Mal in einem asiatischen Gefängnis lande?

Im letztmöglichen Moment, bevor meine Reise losging, hängte ich noch vier Tage extra für einen Besuch im Tabin Wildlife Reserve dran. Dafür gab es einen einzigen Grund: ein Nashorn namens Tam.

Etwas mehr als ein Jahr früher marschierte ein Borneo-Nashorn in eine Ölpalmenplantage. Er war kurz zuvor in eine Schlingenfalle getreten, die vermutlich von Plantagenarbeitern für Schweine oder Wild ausgelegt worden war, und eine weiße Narbe an einem seiner Vorderbeine zeugt davon. Ein paar Arbeiter fanden ihn, als er im Schatten der endlosen Palmwedel umherwanderte, und informierten die Behörden, statt ihn abzuschlachten – wie es einem weiblichen Nashorn sieben Jahre zuvor ergangen war.

Um zu begreifen, wie verrückt es war, dass ein Borneo-Nashorn im Jahr 2008 in eine Ölpalmenplantage hineinmarschierte, muss man wissen, dass Wissenschaftler zu jenem Zeitpunkt glaubten, dass auf der ganzen Insel nur noch 40 Exemplare am Leben waren. Sie lagen falsch – es waren viel weniger. Es handelte sich damals schon um ein derart seltenes Tier, dass nur wenige Einheimische je eines gesehen hatten oder überhaupt wussten, dass es sie gab. Als ich einen Waldhüter und Guide danach fragte, ob er je ein Nashorn gesehen habe, sagte er Ja, einmal, und zwar als kleiner Junge. Mittlerweile war er über 50 und hatte sein ganzes Leben in den Wäldern von Sabah verbracht.

Tam wurde gerettet und in ein eilends errichtetes Gehege im Tabin Wildlife Reserve gebracht, einen 1984 gegründeten Park. Ein Grund für diese Entscheidung war, dass Naturschützer glaubten, dass es dort immer noch Nashörner gab.

Das Borneo-Nashorn ist eine Unterart des Sumatra-Nashorns. Eine Unterart ist eine niedrigere Stufe von Arten, das heißt die Tiere sind näher verwandt, aber trotzdem verschieden.

So sind beispielsweise Kojote und Wolf zwei unterschiedliche Arten, während der Timberwolf und der Indische Wolf zwei verschiedene Unterarten darstellen. Borneo-Nashörner sind in der Regel ein bisschen kleiner als andere Unterarten des Sumatra-Nashorns, was sie zu den kleinsten Nashörnern auf der Erde macht.

Als ich Borneo im Jahr 2009 besuche, gibt es geschätzte 250 Sumatra-Nashörner weltweit, darunter die vermeintlichen 40 auf Borneo, und zwar insgesamt!

Die Art gehört weltweit zu den am stärksten vom Aussterben bedrohten Säugetieren. Das Sumatra-Nashorn unterscheidet sich von jedem anderen Nashorn auf dem Planeten. Es ist der letzte Überlebende aus der Gattung *Dicerorhinus* und der engste noch lebende Verwandte des Wollnashorns, das während des Blitzkriegs der Menschen, der im Pleistozän begann, ausgerottet wurde. Darüber hinaus ist das Sumatra-Nashorn das älteste Nashorn auf der Erde – man könnte es sogar als lebendes Fossil einer ansonsten verschollenen Megafauna bezeichnen.

Das Sumatra-Nashorn ist wie das Wollnashorn seltsam haarig und mit zwei Hörnern ausgestattet (›Dicerorhinus‹ heißt im Griechischen »zwei-hornige Nase«). Und wenngleich kleiner als alle anderen lebenden Nashörner, handelt es sich dennoch um ein kräftiges Tierchen, das es auf rund zwei Tonnen bringt.

Als ich von Tam las, konnte ich mir die Gelegenheit, ihn zu treffen, nicht entgehen lassen.

Vorher, wieder in Kota Kinabalu, treffe ich mich am Morgen nach dem Kolloquium mit John Payne und Cynthia Ong. John leitet die Borneo Rhino Alliance (BORA), die Allianz zum Schutz des Borneo-Nashorns, die mit der Betreuung von Tam beauftragt ist. Damals hoffte John, ihn zu paaren, wenn sie doch nur ein fruchtbares Weibchen finden könnten. Ohne seine Erlaubnis kann ich Tam nicht besuchen. Cynthia leitet indes eine örtliche NGO namens LEAP und hat sich zu einer der wichtigsten Fürsprecherinnen für die letzten Nashörner des Landes entwickelt.

Cynthia stammt aus Sabah und ist eine ehemalige US-Auswanderin, die früher in der Jugendjustiz in Kalifornien gearbeitet hat. Sie gehört zu jener seltenen Sorte Mensch, die eine Art beseelter positiver Energie ausstrahlen. John ist ganz anders, zumindest nach außen hin. Er ist empfindlich und starrsinnig, aber auch brillant, und wenn er dich erst mal kennengelernt hat, dann ist er auf diese schräge britische Art warmherzig und sehr witzig. Obwohl er seit Jahren in Sabah lebt, hat er nur wenig Geduld dafür, wie lange es dauert, irgendetwas in Asien erledigt zu bekommen. Aus diesem Grund klingt es umso verrückter, als er mir erzählt, dass er sich trotz der endlosen Bürokratie und der ganzen Stakeholder-Treffen entschieden hat, sein restliches Leben dem Versuch zu widmen, diese Art zu retten.

Ich mag die beiden sofort.

John zählt die nahezu unmöglichen Herausforderungen auf, die dem Vorhaben vorausgehen: mehr Nashörner zu fangen, die Neigung der Weibchen zu Gebärmutterkrebs, die schiere Unmöglichkeit der Zucht und so weiter und so fort.

Als ich ihn frage, ob er denkt, dass die Art dem Untergang geweiht ist, zuckt er mit den Schultern. »Wahrscheinlich, aber vielleicht auch nicht.«

Cynthia konzentriert sich dagegen eher auf Tams Persönlichkeit. Sie erzählt mir, dass Tam seit seiner Gefangennahme sehr »manja« geworden sei, was ein malaysisches Wort für ›liebevoll verwöhnt‹ ist, und vergleicht ihn mit einer Hauskatze. Es fällt mir schwer, mir das vorzustellen. Denn sind wir mal ehrlich: Nashörner haben den Ruf, mürrisch, störrisch und dumm zu sein. Erst anzugreifen, und dann zu fragen. Bis zu diesem Augenblick waren die einzigen Nashörner, die ich je gesehen habe, die in Kenia – die Touristenbussen hinterherjagten. Zu ihrer Verteidigung sei gesagt: Sie hatten einen Grund.

Doch meine Begegnung mit Tam, der rund um die Uhr von Wildhütern bewacht wird, muss noch so lange warten, bis ich mir die Erlaubnis dafür beschaffen kann.

An meinem ersten Abend im Wildtierreservat gehen wir im Licht eines Scheinwerfers auf Nachtsafari. Wir treffen auf einen ganz schön wilden Haufen: Wildschweine springen vors Auto, Eulen jagen von den Ästen herab, und Bengalkatzen, deren Augen das Licht wie winzige sonnengelbe Juwelen reflektieren, sitzen auf ihren Hinterläufen im Gebüsch am Straßenrand.

Doch so unterhaltsam das alles ist, gibt es einen Grund für die Anwesenheit all dieser Arten. Genau, Sie erraten es: Ölpalmen. Das Tabin Wildlife Reserve ist in nahezu jeder Himmelsrichtung von riesigen Ölpalmenplantagen eingeschlossen. Solche Plantagen dienen Unmengen von Ratten als Unterschlupf, was das Überangebot an Rattenfans wie Bengalkatzen, Eulen und Schlangen erklärt, darunter auch eine giftige Kobra. Als wir in den Park hineingefahren sind, haben wir eine junge Kobra gesehen, ganz schwarz und geschmeidig. Plantagen sind zudem ein Paradies für Tiere wie Wildschweine und Makaken, für Arten, die bereitwillig so ziemlich alles fressen und in der Gesellschaft von Menschen überleben, ja geradezu gedeihen können.

Während die meisten Tierarten in diesem Teil der Welt aufgrund der Ölpalme verschwinden, lässt derselbe Baum die Zahl der Schweine, Ratten, Schlangen und Langschwanzmakaken – ein in dieser Region verbreiteter Affe – in die Höhe schnellen.

Am nächsten Nachmittag sitze ich nach einer morgendlichen Wanderung und Ausfahrt auf der Veranda meines Zimmers und lese gerade in *Unser gemeinsamer Freund,* als ich das Bedürfnis verspüre, auf die Toilette zu gehen. Ich gehe nach drinnen und lasse das Buch für später, wenn ich in ein paar Minuten wieder da bin, liegen. Nach meinem Klobesuch öffne ich die Tür zur Veranda und …

»Ach, du meine Fresse …«

Auf dem Geländer der Veranda, direkt über dem Buch, sitzt ein Affe, so groß wie ein Kind. Er schaut mich kühn an, wie jemand, der keinen Schritt weichen wird.

»O. k«, sage ich zu ihm. »Bleib ganz ruhig, kleiner Kerl. Ich beweg mich rückwärts. Siehst du, ich geh weg.« Und dann ziehe ich mich die paar Schritte zur Tür zurück, schlüpfe hindurch, mache sie hinter mir zu und schließe ab.

Der Makake stiert mich weiter durchdringend an. Dabei ist sein Gesichtsausdruck aber verstörend leer, als wäre er ein soziopathischer Affe, der gerade herauszufinden versucht, was er mit diesem anderen, größeren Primaten anstellen soll.

»Können Affen Tollwut haben?«, frage ich mich. »Aber natürlich, du Idiot; sie sind schließlich Säugetiere.« Affen können nicht nur Tollwut bekommen, sondern sind nach Hunden auch die größten Überträger in den Tropen.

Plötzlich lässt sich ein weiterer Makake auf die Veranda plumpsen. Ich blicke nach oben und sehe, dass die Äste des Baumes, unter dem ich vor ein paar Minuten gerade noch saß, jetzt voller Affen sind.

Noch ein paar mehr kommen runter. Einer schnüffelt an dem Buch und stupst es an, lässt es dann aber in Ruhe – wohl eher ein Oscar-Wilde-Fan. Die Affen machen keinen Lärm oder Aufstand, sondern hängen einfach auf meiner Veranda ab, als würden sie darauf warten, dass irgendwas passiert. Sie starren mich an und warten. Soll ich etwa raus gehen und sie füttern? Oder streicheln? Oder jedem einzelnen von ihnen vielleicht ein Bad einlassen und eine Fußmassage geben?

Das Ganze wird zum Wartespiel. Sie warten darauf, dass ich irgendwas tue, während ich darauf warte, dass sie verschwinden, damit ich mein Buch zurückhaben und zum Abendessen gehen kann. Mit einer ganzen Truppe von Makaken vor der Tür, die mich mit toten Augen anstarren, werde ich jetzt bestimmt nicht zum Abendessen gehen.

Makaken haben in Asien einen sehr schlechten Ruf. Sie stehlen, plündern und drehen durch. Im Allgemeinen sind sie eher lästig, wie hinterhältige Naturgeister. Meiner Meinung nach liegt es in Wahrheit aber einfach daran, dass sie uns ein bisschen zu sehr an uns selbst erinnern. Denn es hat schon etwas Beunruhigendes, wenn ein anderer Primat dich mit einem Blick anstarrt, der zu sagen scheint: »Ich weiß, was du letzten Sommer getan hast.« Sie sind viel eher Spiegel als Monster.

Die Affen bleiben eine halbe Stunde lang auf meiner Veranda – na ja, eigentlich ihrer Veranda, denn schließlich bin ich in ihrem Regenwald –, bis es sie langweilt, mich mit kühler Drohmiene anzustarren, und sie sich wieder in den Wald aufmachen.

Ich gehe nie wieder auf meine Veranda.

Dafür sehe ich sie jetzt fast jedes Mal, wenn ich nach draußen blicke. Wie sie auf den Veranden meiner Nachbarn rumhängen, die Holztreppen belagern und die Wege erobern. Der Dschungel hat Augen.

Es gibt keinen Zweifel daran, dass Tam mein Leben verändert.

Um ihn zu besuchen, holt mich ein Pritschenwagen zusammen mit mehreren Nashorn-Hütern am frühen Morgen an der Lodge ab. Anschließend fahren wir nur ein paar Minuten lang über holprige Dschungelstraßen zu dem einsamen Nashornmännchen.

Ich erkenne einen Mann, der einen Ast festhält, während ein gewaltiges gräuliches Tier mit stumpfen Hörnern die andere Seite packt. Einen Moment lang sieht es aus, als würden sie ein Tauziehen veranstalten, bis ich sehe, dass das Nashorn den Ast einfach systematisch in sein Maul zieht und darauf herumkaut.

Ich halte mich im Hintergrund und schaue ehrfürchtig zu. Tam ist größer, als ich es erwartet habe, und hungriger.

Einer der Männer lächelt mich an und winkt mich vorwärts. Ich bewege mich auf das Gehege zu. Es hat Gitter zu drei Seiten, doch dahinter liegt ein viel größeres Gehege aus Regenwald. Tams eigener kleiner Regenwald.

Als das letzte bisschen Laub verzehrt ist, wendet Tam seine Aufmerksamkeit dem Fremden zu. Er drückt seine riesige Schnauze durch die Stäbe des Geheges, und ich kann ihn hören. Luftstöße schießen aus seinen sich aufblähenden Nüstern. Er wittert mich, und er hat keine Angst. Er ist bloß neugierig.

Und dann ruft Tam mir zu. Es ist ein Geräusch zwischen einem Pfeifen und einem Quieken, wie etwas, das aus einem Delfin rauskommt, nur dass es in diesem Fall von einem 650-Kilo-Nashorn erzeugt wir.

»Er sagt: ›Ich bin immer noch hungrig‹«, erklärt mir einer der Wildhüter.

Sumatra-Nashörner sind die gesprächigsten Nashörner der Welt. Sie machen alle möglichen Geräusche, die, wenn man bedenkt, dass sie aus dem Maul eines Nashorns kommen, gelinde gesagt überraschend sind. Sie schwatzen beinahe permanent, und sie singen.

Ich stelle fest, dass ich gerade Fotos mache, ohne wirklich zu wissen, wann ich meine Kamera rausgeholt habe. Ich mache Fotos von seinem Auge, von der durch die Schlinge verursachten Narbe auf seinem Fuß, von dem langen schwarzen Haar, das seine gräuliche Haut spärlich bedeckt.

Tam will die Kamera riechen. Vielleicht auch essen? Mit seiner Schnauze versucht er immer wieder, sie zu berühren, so wie auch ich das Verlangen verspüre, ihn zu berühren. Er drückt seine Schnauze in meine Richtung, sein ehemals langes, vorderes Horn ist vom Reiben an den Stäben im vergangenen Jahr stumpf geworden. Vielleicht ist es das Klick-Geräusch, das ihn anlockt? »Was ist denn das? Irgendein neues Insekt?«

Er reibt seinen großen, kräftigen Körper an den Stäben, als ob er sich mal kratzen müsste. Und ein Wildhüter nickt mir zu, denn er sieht deutlich, dass auch ich das Bedürfnis habe, Tam zu berühren.

Ich gebe nach. Ich lasse meine Hand über seine dicke Haut und die langen Haare gleiten, die sich kringeln. Es hat etwas wahrhaftig Surreales, einem Exemplar zu begegnen, das zu den letzten seiner Art gehört. Da ist man selbst, und da ist das Tier, und dennoch weiß man, dass die Existenz dieser Art an einem seidenen Faden hängt. Selbst in diesem Moment bin ich mir bewusst, dass ich es allzu leicht erleben könnte, dass diese Spezies ausstirbt. Wir alle könnten das.

Als Tam mich zu seiner Zufriedenheit gewittert und erkannt hat, dass ich kein Essen für ihn habe, trottet er zu den Wildhütern zurück, die in der Zwischenzeit damit beschäftigt waren, mehr Blattwerk zusammenzutragen. Und dann setzt er seine Mahlzeit fort, wobei er riesige Regenwaldblätter, komplette Äste und Kletterpflanzen, die wie Gedärme aussehen, knackend und geschäftig verspeist.

Ich verbringe ungefähr eine Stunde mit Tam, bevor er sich wieder in den Wald davonmacht. Nach seinem morgendlichen Fastenbrechen gesättigt, ist es für ihn jetzt an der Zeit, sich stundenlang im warmen Schlamm zu suhlen.

Sumatra-Nashörner sind in freier Wildbahn nicht unbedingt soziale Wesen. Die Jungen verbringen zwei Jahre mit ihrer Mutter, und die Männchen und Weibchen finden sich für etwas zusammen, das man nur als rauen Paarungsakt beschreiben kann. (Sumatra-Nashörner haben einen ziemlichen SM-Fetisch. Sie müssen sich erst mal ein bisschen gegenseitig hauen, bevor es zur eigentlichen Paarung kommt.) Dabei hat es aus meiner Nicht-Experten-Sicht durchaus den Anschein, dass Tam ziemlich davon angetan ist, von Menschen versorgt zu werden. Er wirkt nicht nur *manja*, liebevoll verwöhnt, sondern scheint es richtig zu lieben. Und mit Sicherheit ist das hier ein besseres Leben, als er es vorher geführt hat: gefangen in schrumpfenden Waldinseln, kein einziger Artgenosse weit und breit und immerzu Mensch witternd, jedoch ohne zu wissen, ob oder wann Mensch ihn umbringen würde.

Ich kann nicht mal ahnen, welche verrückten Umstände ihn dazu gezwungen haben, am helllichten Tage seelenruhig in eine Ölpalmenplantage zu marschieren. Das einzige Wort, das Tams Entscheidung wahrscheinlich am treffendsten beschreibt, ist ›Verzweiflung‹. Aber was für ein Glück, dass er überlebt hat.

Tam verfolgt mich, nachdem ich Borneo verlassen habe. Genau wie die Geschichte des Sumatra-Nashorns, das so kurz vor dem Aussterben steht, während Frauen und Männer ihr Leben seinem Überleben widmen.

Die Vorstellung vom Aussterben hat mich schon immer verfolgt. Als Kind hatte ich ein Buch, das bedrohte Arten zeigte, die vor dem Schatten eines riesigen Mannes flohen, der sich wie erstickender Rauch auf sie legte. Ein furchteinflößendes, aber auch vollkommen passendes Bild. Das Aussterben ist für immer, genau wie der Tod. Nur dass es beim Aussterben, im Gegensatz zum Tod, keine Kinder gibt, keine Gemeinschaft, keine Kontinuität, gar nichts. Nur das Vergessen.

Nachdem ich Tam getroffen habe, bin ich entschlossen, alles in meiner Macht Stehende zu tun, um die Geschichte dieser Art zu erzählen. Ich glaube, ich kann mit Sicherheit sagen, dass ich durch ihn bis heute mehr über das Sumatra-Nashorn geschrieben habe als über irgendein anderes Tier.

An meinem letzten Tag in Asien fliege ich von Tabin zurück nach Kota Kinabalu. Rhett hat mich gebeten, so viele Fotos von Ölpalmenplantagen zu machen wie möglich, und die Sicht aus dem Fenster ist klar und sonnig. Ich hole meine Kamera raus und drücke schnell auf den Auslöser, während das Flugzeug höher steigt.

Doch leider werden Rhetts Hoffnungen zerstört. Ich bin ein wirklich beschissener Fotograf, und rund 95 Prozent meiner Fotos von dieser Borneo-Reise sind unscharf. Tiffany ist geschickter im Umgang mit der Kamera, und wäre sie hier gewesen, wären die Fotos (zumindest) scharf.

Dennoch ist die Machtergreifung der Ölpalme aus der Flugzeugperspektive noch deutlicher zu sehen als vom Boden aus. Wie Konquistadoren marschieren die Plantagen über das sanft wogende Land – und wenn wir ehrlich sind, sind sie tatsächlich Okkupanten. Ein afrikanischer Baum hat erfolgreich Borneo und Sumatra erobert, nimmt gerade Kurs auf Neuguinea und Lateinamerika und kehrt wieder zurück nach Afrika. Der Preis von Palmöl ist mittlerweile gefallen, weil die Industrie die Nachfrage ausreichend bedient hat. Statt allerdings zu sagen, genug ist genug, versucht sie Palmöl jetzt als wichtigen Biodiesel zu propagieren.

Die Ölpalme ist in vielerlei Hinsicht eine Wunderpflanze. Die Art produziert mehr verzehrbares Öl pro Hektar als jede andere Ölfrucht, darunter Soja, Mais und Raps. Das bedeutet, dass auf einem Hektar Land viel mehr Palmöl produziert werden kann als mit irgendeinem seiner Wettbewerber. Unter diesem Aspekt allein betrachtet ist Palmöl viel ökologischer als jedes andere Speiseöl.

Das Problem ist aber nicht die Ölpalme selbst, sondern war schon immer, wo und wie die Unternehmen sie anzubauen beschließen. Sie holzen Regenwälder ab, um durch den Verkauf des Holzes die erste Pflanzung zu bezahlen. Sie legen kohlenstoffreiche Moorlandschaften trocken und erwärmen den Planeten dadurch für einen schnellen Dollar noch weiter; sie stehlen örtlichen Gemeinschaften und indigenen Stämmen Land; sie radieren Millionen von tropischen Tieren aus und verwandeln komplexe, vielschichtige Wälder in Monokulturen; sie roden Land, indem sie Moorlandschaften und Wälder abbrennen, und erzeugen dadurch saisonale Dunstschleier, die zum Tod von Tausenden von Menschen durch Luftverschmutzung geführt haben.

Die großen Unternehmen haben ihre Geschäfte lange ungestraft als eine Industrie betrieben, die zu Beginn völlig unreguliert war, und das hat sich bis heute nur wenig geändert. Einige Unternehmen haben ehrgeizige Versprechungen gemacht, tun sich aber schwer damit, sie zu halten. Auf der anderen Seite überlassen die Regierungen von Malaysia wie auch Indonesien weiterhin den Palmölproduzenten selbst die Regulierungen.

Das verbreitetste und zugleich empörendste Argument, das von der Industrie vorgebracht wird, geht ungefähr so: »Na ja, ihr im Westen habt alle eure Wälder abgeholzt, wieso können wir das dann nicht auch machen?«

Natürlich ist diese Aussage auf den ersten Blick absolut wahr. Wieso sollten wir nicht einfach alle Regenwälder auf der Welt plattmachen, so wie Großbritannien vor 3000 Jahren den Großteil seiner Wälder gerodet hat oder die amerikanischen Siedler die Prärie in den letzten 200 Jahren zerstört haben?

Die Logik dieses Arguments fällt jedoch schnell in sich zusammen. Sie beruht nämlich einzig und allein auf der Annahme, dass wir immer das tun sollten, was wir schon mal getan haben, egal wie unsagbar dämlich oder unmoralisch das ist. Man könnte das gleiche bescheuerte Argument zur Verteidigung von Menschenopfern, Völkermord oder der Verbrennung von Andersgläubigen in einem Flammenmeer benutzen. Sie erinnern sich an die Sklaverei?

Geschichte muss keine Spirale sich wiederholender Fehler sein.

Außerdem wohnen wir in einer anderen Welt als die meisten unserer Vorfahren. Im Jahr 1800 gab es eine Milliarde Menschen auf dem Planeten, während wir heute eine Bevölkerung von über acht Milliarden haben und mit dem doppelten Tsunami von Massensterben und Klimawandel konfrontiert sind, dessen Auswirkungen auf die menschliche Gesellschaft wahrscheinlich katastrophal sein werden. Die Ölpalmenindustrie und die betroffenen Regierungen werden sich mit dieser Realität auseinandersetzen müssen, ob es ihnen gefällt oder nicht – und je früher, desto besser für alle. Das Gleiche gilt für die Rinderfarmen und den Sojaanbau in Brasilien, für Kautschuk, Zellstoff und Papier in Südostasien, für Öl und Kohle überall und alle möglichen anderen Rohstoffe, durch die rücksichtslos die letzten Wildnisse der Welt verheert werden.

Umweltschutz ist immer unschön, kompliziert und nur selten so schwarz und weiß, wie es beide Seiten gern zugeben würden. Und ich kann das Bedürfnis von Ländern, sich ökonomisch zu entwickeln, auch völlig nachvollziehen. Ich verstehe die Vorteile von besserer Bildung, besserer Gesundheitsversorgung und den dauerhaften Kampf gegen Armut. Doch nachdem ich über Probleme in mehr als 100 Ländern berichtet habe, frage ich mich, warum unser Verständnis von Entwicklung derart blind, dumm und rücksichtslos ist. Wieso muss das Bruttoinlandsprodukt immer vor dem Wohl der Gemeinschaft stehen? Wieso denken wir noch immer so wenig über den Planeten nach, den wir unseren Kindern und Enkelkindern hinterlassen werden?

Tam starb im Jahr 2019. Er hat nie einen Nachkommen gezeugt.

Wie sich herausstellt, waren keine 40 Nashörner auf Borneo mehr übrig. Tatsächlich war Tam vielleicht das letzte lebende männliche Borneo-Nashorn auf dem Planeten. Heute lebt nur noch ein einziges Borneo-Weibchen in Gefangenschaft. Die Unterart ist nur ein paar Jahre von ihrer vollständigen Auslöschung entfernt.

Ein großer Teil der Literatur über die Natur im 21. Jahrhundert handelt von Verlust. Ich habe mit dem Schreiben über die deprimierendsten Themen, die man sich vorstellen kann, Karriere gemacht: Ausrottung, Klimawandel, Versäuerung der Ozeane, Entwaldung, die Misere indigener Bevölkerungen.

Ich glaube jedoch, dass mich das Aufwachsen mit einer psychischen Erkrankung in gewisser Weise darauf vorbereitet hat, über derartige Themen zu schreiben. Ich kannte Verlust und Verzweiflung bereits sehr gut, und umgekehrt kannte ich auch Heilung und Hoffnung.

Ich habe am eigenen Leib erfahren, dass Zeit, Unterstützung und Liebe zur Genesung führen können und dazu, auch wieder gute Tage zu erleben. Und ich wusste, dass auch die Natur mit ihrer angeborenen Resilienz, einer Form von Liebe, eines Tages wieder genesen könnte. Die Möglichkeit besteht, dass der Samen aufgeht – auch wenn ich dann vielleicht nicht mehr da bin.

Diese Erfahrungen haben mir als Journalist eine Art Schutzpanzer verliehen. Das soll nicht heißen, dass ich manchmal nicht trotzdem Angst und Verzweiflung im Hinblick auf unsere gemeinsame Zukunft empfunden hätte. Im Gegenteil. Trotzdem habe ich Hoffnung. Sie schimmert immer unter den jeweiligen flüchtigen Gefühlen hindurch, die ich in dem betreffenden Moment habe. Ich hoffe, dass unsere Nachfahren weiser als wir und in der Lage sein werden, zumindest einen Teil von dem zu kurieren und zu reparieren, was wir weggeschmissen und geschändet haben.

Ich vermute, dass das Kätzchen in meiner Hosentasche funktioniert – entweder das oder das Escitalopram und die unzähligen Therapiestunden. Doch Sabah erweist sich als einer meiner am wenigsten skurrilen Trips überhaupt. Na klar, die Angst ist nicht verschwunden, aber ich habe keine nennenswerten Panikattacken oder absolut lächerlichen Unfälle erlebt. Seit damals verlasse ich das Haus nicht mehr ohne ein Totem. Manchmal ist es immer noch ein Tiger, manchmal aber auch ein Otter oder vielleicht ein Schuppentier. Manchmal vergesse ich, es mir in die Tasche zu stopfen und muss mir irgendwas Kleines am Flughafen kaufen. Aber nach all diesen Jahren ist es immer noch angenehm, irgendwas zu haben, das ich physisch umklammern kann.

»Vielleicht …«, denke ich, als ich unvorstellbar erschöpft aus Borneo nach Hause komme. »Vielleicht bin ich ja doch ein knallharter Reiseprofi. Vielleicht bin ich der Bruce Willis des Reisens. Vielleicht sollten Tiff und ich ein Jahr im Ausland verbringen und dieses ganze Weltreiseding durchziehen. Vielleicht …«, und dann schlafe ich ein und verbringe die nächsten paar Tage im Bett, völlig entkräftet, und erhole mich.

Zwei Jahre, nachdem ich das Tabin Wildlife Reserve verlassen habe, stirbt dort eine Frau, durchbohrt von den Stoßzähnen eines männlichen Zwergelefanten. Ihr Name war Jenna O'Grady Donley. Sie war gerade mal 26 und in ihrer Heimat Australien Tierärztin. Presseberichten zufolge war sie gerade dabei, einen einzelnen männlichen Elefanten zu fotografieren, als er sie, einen Freund und einen Guide angriff. Die anderen beiden konnten fliehen, aber Jenna nicht.

Solche Vorfälle sind unglaublich selten, fast schon sonderbar. Und trotzdem verfolgt mich die Geschichte seit Jahren. Als Reisender wie sie wohnte ich in denselben Lodges und lief über dieselben Pfade, und hätte ich einen männlichen Elefanten gesehen, hätte ich genau wie sie ganz bestimmt versucht, ihn zu fotografieren. Elefanten können sich schnell bewegen und mit rund 25 Kilometer pro Stunde rennen, und wenn sie Angst haben oder erschreckt werden, können sie tödlich aggressiv sein.

Jenna war wahrscheinlich eine bessere Reisende als ich und nicht so anfällig für Panik und Geschluchze. Das half ihr allerdings alles nichts gegen die Willkür einer Tragödie.

Eines der unterschwelligen Merkmale einer Zwangsstörung ist das Verlangen, die Kontrolle über das Unkontrollierbare zu erlangen, was mehr oder minder auf das ganze Leben zutrifft. Es ist die Überzeugung, dass ich das Schlimmste verhindern kann, wenn ich mich nur ständig mit dem Schlimmsten befasse. Wenn ich all diese Lampen in einer bestimmten Reihenfolge ausschalte, wird das Haus nicht abbrennen. Wenn ich meine Hände vor dem Schlafengehen zehnmal wasche, werde ich keine Lungenentzündung bekommen. Wenn ich zweimal um den Block fahre, bevor ich die Autobahn nehme, werde ich keinen Unfall bauen.

Aber keiner von uns lebt in einer Welt, die wir kontrollieren können. Elefanten sind gefährlich. Reisen ist gefährlich. Zu Hause zu bleiben ist gefährlich. Und früher oder später endet es immer auf dieselbe Art und Weise.

Ich versuche, mir das täglich selbst zu sagen. Ich versuche, mich selbst davon zu überzeugen. Und trotzdem hebt Steve immer wieder seinen steve-ischen Kopf: »Übrigens Jeremy. Wenn du 47 Stunden lang über Flugzeugabstürze nachdenkst, dann verringert das deine Chancen, in einen Flugzeugabsturz zu geraten, um mindestens 47 Prozent.«

Danke, Steve! Wie immer sehr hilfreich.

KAPITEL SIEBEN

Die Welt, vom Yasuní aus gesehen

SOMMER 2010

Ich öffne die Tür und steige ins Fahrerhaus eines Lastwagens, den ein Fremder lenkt.

Ich spreche kein Spanisch. Er spricht kein Englisch. Das Einzige, was uns verbindet: Als mein Flugzeug vor einer Stunde auf dem Flughafen Francisco de Orellana landete, hielt er ein Stück Papier hoch, auf dem mein Name stand.

Selbst wenn er Englisch sprechen könnte, bin ich nicht sicher, ob er es auch tun würde. Er ist kräftig gebaut, hat einen struppigen Schnauzbart und trägt einen Cowboyhut. Er sieht aus wie der Inbegriff des schweigsamen Machos – ein Archetyp, der in diesen Grenzstädten am Amazonas sehr verbreitet ist.

El Coca ist eine raue, turbulente und chaotische Ölstadt an der Schnittstelle zwischen dem Amazonasregenwald im Osten und den Anden im Westen. Man hat den Eindruck, die ganze Stadt wäre gerade erst über Nacht aus dem Boden geschossen, und man hätte ihre Bewohner zu Tausenden in Bussen herbeigekarrt, abgesetzt und mit einem einzigen Auftrag versehen: Überleben!

Sie hat nichts vom Reiz der älteren lateinamerikanischen Städte mit ihren weiten Plätzen, reich verzierten Kirchen und bedrückenden Kolonialbauten. Aber dafür hat El Coca etwas, das in der Welt sehr begehrt ist: Erdöl. Gleich hinter der Stadtgrenze ragen Gasfackeln über dem Blätterdach des Amazonaswaldes empor, und die Flammen an ihrer Spitze brennen ununterbrochen, was der Stadt ein postapokalyptisches Flair verleiht.

Zwischen den Wohnblöcken von El Coca, die wie Bienenkörbe eng nebeneinanderstehen, merke ich, dass ich ironisch lächeln muss, als ich ein Bild von Che Guevara sehe. Es prangt als schönes Graffiti an einer der Wände. Das Abbild des marxistischen Revolutionärs, das – zu Recht oder Unrecht – zu einem visuellen Symbol für die Rebellion der Gegenkultur wurde, thront über einer Stadt, die erst durch die großen Ölkonzerne und den entfesselten Kapitalismus entstanden ist.

Plötzlich steuert mein Machofahrer den Straßenrand an, wo eine Handvoll Leute darauf wartet, mitgenommen zu werden. Ich weiß, dass wir meinen Zielort noch nicht erreicht haben, denn wir sind gerade erst einen Kilometer jenseits der Stadtgrenzen. Aber sollen wir jetzt wirklich Tramper mitnehmen? Als ein Typ mit zwei Hühnern auf die Ladefläche springt und zwei andere sich zu uns ins Fahrerhaus schieben, wobei ich noch näher an den einsilbigen Fahrer gedrückt werde, beantwortet sich meine Frage von selbst. Oder war das vielleicht von Anfang an so geplant? Wer weiß? Ich jedenfalls weiß es nicht.

Macht man das in El Coca vielleicht einfach so? Eine Art inoffizieller öffentlicher Nahverkehr?

In diesem Moment denke ich: »Okay, jetzt werde ich vermutlich sterben. Man wird mich ausrauben, und meine Leiche werden sie am Straßenrand abwerfen. Ich werde mein noch ungeborenes Kind nie sehen.«

Ich hatte Tiffany in St. Paul (Minnesota) zurückgelassen, als sie im siebten Monat schwanger war. Nach drei Jahren in Santa Fe waren wir in unseren Heimatstaat zurückgekehrt, um näher an unseren Familien zu sein. Und nachdem wir es in Santa Fe zwei Jahre lang versucht hatten, wurde Tiffany schon an unserem ersten Tag in Minnesota schwanger. Unser ganzes Leben sollte sich so einschneidend verändern, wie wir es uns anfangs kaum vorstellen konnten.

Die Person neben mir, ein etwa zwölfjähriges Mädchen, starrt mich an. Als ich ihren Blick auffange, lächelt sie schüchtern, und ihre Zahnlücken werden sichtbar. Sie hat kohlrabenschwarze Augen, und auf ihrem Gesicht zeigen sich die ersten Anzeichen von Akne.

Im Führerhaus werden einige Worte auf Spanisch gewechselt. Ich nehme an, sie bedeuten so etwas wie: »Lasst uns den Gringo beim nächsten Halt um die Ecke bringen.« »Sí, sí.«

Wahrscheinlich soll das Mädchen den Mord verüben. Sie hat eine Machete in ihrem Disney-Prinzessin-Rucksack.

Dieser Empfang in El Coca ist noch verwirrender, wenn man bedenkt, dass ich erst vor wenigen Stunden ein köstliches Frühstück in Quito einnahm, der auf fast 3000 Meter Höhe gelegenen Hauptstadt von Ecuador. (Wenn man Sex in Quito hat, wird man automatisch Mitglied im Mile High Club.) Ich saß in einem Wintergarten inmitten von leuchtenden Blüten und glücklichen Geckos. Die Nacht davor hatte ich wie ein Quechua-König in einem Zimmer geschlafen, dessen Bett mit den Blütenblättern von Rosen bestreut war. Am Kleiderschrank prangten hübsche aufgemalte Vögel. Es war alles viel schicker gewesen, als ich erwartet hatte.

Dann war es mit dem Chic vorbei, und es folgte ein haarsträubender anderthalbstündiger Flug in einer Maschine von der Größe einer Mülltonne. Ich stand ihn nur ohne ausgewachsene Panikattacke durch, weil ich meine Kamera die ganze Zeit ans Fenster gedrückt hielt und Fotos machte. Ich wollte mein Gehirn von der Tatsache ablenken, dass ich in Kürze sterben würde. Bilder im Mülltonnenflieger-Stil, Bilder vom unversehrten Amazonas und solche vom sehr versehrten Amazonas, der von neuen Siedlungen zerschnitten wurde. Häuser wie winziges Spielzeug, frisch gefällte Bäume wie Streichhölzer, Autos und Holztransporter wie billiger Nippes, Straßen, die den Wald zerteilen, und als wir näher kommen, der von Borneo her vertraute Anblick: Plantagen voller Ölpalmen.

Dann kam El Coca vollends in Sicht, bunt und provisorisch und manisch mit all dem jähen Chaos der modernen Welt.

Und jetzt das hier. Ich habe das Gefühl, dass ich mich noch enger an den Lastwagenfahrer pressen muss, um dem mörderischen Lächeln der Zwölfjährigen zu entgehen. Am Ende sieht es so aus, als hätten der Fahrer und ich ein Date in einem Drive-in-Kino. Ich lausche den Hühnern, die hinter mir ihre Klatsch-und-Tratsch-Themen begackern, und warte geduldig und atemlos auf den tödlichen Stoß.

Er kommt aber nicht.

Nach zwei Stunden auf Fernstraßen entlang frisch gefällten Regenwalds fährt der Laster in einen winzigen Ort mit einer Handvoll Gebäude und einer Anlegestelle am Fluss Napo. Dieser Ort heißt Pompeya-Markt. Es handelt sich um einen Freiluftmarkt, auf dem Buschfleisch verkauft wird. Die Tiere werden in den Hütten getötet.[1] Heute geht es freilich ruhig zu. Ich finde eine Toilette und eine Flasche Coca-Cola und erwarte mein Schicksal. Der Machotyp geht irgendwohin. Zum ersten Mal mache ich mir Gedanken über ihn. *Hat er Kinder? Eine Frau? Vielleicht ist er ja schwul. Ist er verliebt? Ist er glücklich?*

Die anderen bleiben mit mir zurück. Was aus uns allen werden soll, weiß Gott allein.

Die Cola schmeckt wie zuckersüße Asche, aber zumindest weiß ich, dass sie nicht mit Cholera-Erregern verseucht ist.

In Ecuador bin ich im Auftrag von Mongabay. Ich soll aus nächster Nähe einen Blick auf den Yasuní-Nationalpark werfen und auf die Entscheidung der Welt, ihn durch Ölbohrungen zu plündern. Dieser Park ist ein Anwärter auf den Titel ›Ort mit der weltweit größten Biodiversität‹, und das ist – nur damit Sie's wissen – gleichbedeutend mit ›größte Biodiversität im Sonnensystem‹ und vielleicht sogar mit ›größte Biodiversität im Universum‹.

Zur Zeit meines Besuchs liegt ein internationaler Plan vor, der nicht allein aufgrund seiner Neuartigkeit bemerkenswert ist, sondern auch aufgrund seines ambitionierten Formats. Er trägt den Namen »Yasuní-ITT-Initiative«. Im Jahre 2007 schlug der damalige ecuadorianische Präsident Rafael Correa vor, auf drei Erdölfeldern von Yasuní, einem Nationalpark, über den die Ölmultis bereits zu großen Teilen hergefallen waren, keine Bohrungen vorzunehmen, wenn die internationale Gemeinschaft 3,6 Milliarden Dollar spendete. Es war die Hälfte dessen, was sich Ecuador an Einnahmen aus der Förderung des Erdöls erhoffte, das unter dem Grundgestein des Waldes begraben liegt. Im Grunde besteht dieses Öl aus Billionen von seit Ewigkeiten toten Algen und Zooplankton plus vielleicht dem einen oder anderen Dinosaurier.

Der Plan würde den abgelegensten Teil von Yasuní nicht nur vor raffgierigen Ölkonzernen bewahren, sondern auch eine unermesslich reiche Artenvielfalt schützen – viele dieser Arten sind noch nicht einmal entdeckt – und zahlreiche Gemeinschaften indigener Völker, zu denen wir bisher keinen Kontakt hatten, in sicherer Distanz zur modernen Welt halten. Außerdem würden so 410 Millionen Tonnen Kohlendioxid unter der Erde bleiben – und das zu einer Zeit, in der wir das CO_2-Budget, mit dem wir gerade noch unter einer Erderwärmung um 1,5 Grad bleiben, beinahe schon überzogen haben. (Während ich das Buch schreibe, hat sich die Lage verschlimmert.)

Das eingesammelte Geld würde nicht an die ecuadorianische Regierung gehen. Stattdessen flösse es an zwei riesige Treuhandfonds, die vom Entwicklungsprogramm der Vereinten Nationen verwaltet würden. Einer davon würde Projekte zu erneuerbaren Energien finanzieren und der andere Wiederaufforstung, Naturschutz und Sozialprogramme. Mit anderen Worten: Man würde Milliarden Dollar auf direktem Wege dazu einsetzen, Ecuador von seiner fast völligen Abhängigkeit von den Öleinnahmen zu befreien und auf einen neuen und besseren Pfad zu führen.

Tragischerweise war Ecuador süchtig nach dem Erdölgeld geworden. Fast die Hälfte der Exporteinnahmen des Landes stammte aus dem Öl, und – schlimmer noch – der Staatshaushalt bestand zu einem

Drittel aus den Öleinnahmen. Kein Land sollte für die soziale Grundversorgung vom Erdölmarkt abhängig sein – das bedeutet nur Unheil.

So etwas wie den Yasuní-ITT-Fonds hatte es weltweit noch nicht gegeben, und bei aller Kritik, die daran geäußert wurde – ich hatte mich gründlich zum Thema eingelesen –, war es ein spannender neuer Weg, den Übergang von einer Wirtschaft, die auf fossilen Brennstoffen beruht, hin zu einer breiter aufgestellten, facettenreicheren, ökologischeren und klimaschonenderen zu vollziehen.

Meine Reise bestand aus drei Teilen. Zunächst wollte ich ein paar Tage in einem Forschungszentrum namens Yasuní Research Station verbringen. Danach würde ich mich in einem anderen Forschungszentrum, der Tiputini Biodiversity Station, zu einer Truppe von rüpelhaften Bachelorstudenten gesellen. Im letzten Teil meiner zehntägigen Reise wollte ich es mir schließlich in der Napo Wildlife Lodge am Anangu-See gemütlich machen. Ich hoffte, nicht nur von der hiesigen Flora und Fauna einen Eindruck zu bekommen, sondern auch von den indigenen Stämmen, die schon seit einem halben Jahrhundert davon betroffen sind, dass auf ihrem Territorium Erdöl gefördert und ihr Wasser verschmutzt wird.

Manche dieser Gemeinschaften, so die Huaorani und die Kichwa, kämpften mit allen juristischen und politischen Mitteln dafür, sich auf ihrem eigenen Land einen Raum zu schaffen, in dem der Erdölwahn nicht regierte.

Schließlich gleitet ein Boot an den Kai, ein großes, motorbetriebenes Kanu, wie sie im Amazonasgebiet allgegenwärtig sind, und wir gehen alle im Gänsemarsch an Bord. Dann fahren wir den Napo flussabwärts bis zum Nationalpark und zu meinem ersten Reiseziel, der Yasuní-Forschungsstation in der Provinz Orellana.[2]

Der Napo kommt mir breiter und industrialisierter vor als die anderen Amazonasflüsse, auf denen ich schon unterwegs war – vielleicht liegt es an all den Schiffen der Ölfirma? –, und es dauert geraume

Zeit, bis wir am gegenüberliegenden Ufer angelangt sind, wo es für uns an einem Gebäude weitergeht, das einem Flugzeughangar ähnelt. In Wahrheit ist es das Sicherheitszentrum der Ölfirma. Militärs stehen mit automatischen Waffen über der Schulter herum, und wir warten darauf, durch eine Kontrolle gelassen zu werden, die mir vorkommt wie der Immigrationsbereich eines US-amerikanischen Flughafens. Mein Pass wird geprüft, man stellt mir Fragen, ich muss Unterlagen vorzeigen, aus denen hervorgeht, wo genau ich mich innerhalb der Ölfelder, die diesen Wald beherrschen, aufhalten will. Schließlich darf ich weitergehen.

Es wäre toll, wenn all dies geschähe, um die indigenen Gemeinschaften zu schützen und illegale Holzfäller, Bergarbeiter und Siedler fernzuhalten, aber so ist es ja nicht. Es geht darum, das Erdöl zu schützen, nicht die Menschen.

Nachdem ich die Sicherheitskontrolle passiert habe, stoße ich auf einen anderen Mann mit Lastwagen und meinem Namen auf einem Schild. Mehr brauche ich nicht, um mein Schicksal in seine Hand zu legen.

Welche Wahl habe ich denn schon? Ich steige ein, und beinahe im Handumdrehen verschwinden Sicherheitszentrum und Fluss hinter dem dichten Unterwuchs des Amazonaswaldes. Auch die Sonne, die den ganzen Tag auf mich niedergeknallt ist, verzieht sich hinter einem grünen Dach.

Am späten Nachmittag treffen wir in der Yasuní-Forschungsstation ein. Mit ihren weißen Mauern, blaugrünen Dächern und roten Geländern wirkt sie funktionell, aber nicht gerade einladend. *Wo sind denn hier die Rosenblütenblätter?* Es ist, als würde man in einem Billigmotel in den Vereinigten Staaten übernachten, aber die Forschungsstation beherbergt einen verrückten Mix aus Wissenschaftlern, Studenten und Fotografen. Sie liegt am Rande eines der größten Nationalparks der Welt, der sich in puncto Artenvielfalt zum Yellowstone-Nationalpark so verhält wie die Hängenden Gärten von Babylon zu einer Topfpflanze.

Rasch bricht die Nacht herein, und ich steuere die Kantine an, in der das Abendessen so serviert wird wie in der Schulspeisung: Pflatschen von Essbarem, fix und fertig auf Abteilteller geknallt. Danach kehre ich in mein spartanisches Zimmer zurück und lese im Schein der Glühbirnen. Ein paarmal halte ich inne, um Fotos von Nachtfaltern zu machen, von Agakröten und großen, außerirdisch wirkenden Insekten, die ich nicht zuordnen kann.

Plötzlich höre ich von draußen laute und aufgeregte Stimmen. Ich lege *Middlemarch* beiseite und trete hinaus, wo sich mir ein Anblick bietet, der ungefähr so unerwartet ist, als wenn dort Albert Einstein mit einem rosa Regenschirm gestanden hätte.

Im grellen Licht der Forschungsstation steht ein Tapir, ein mehr als 200 Kilo schweres, prähistorisch aussehendes Rüsselnasensäugetier, unbeeindruckt am Eingang der Kantine. Einer der Angestellten des Forschungszentrums, ein Einheimischer aus Quito, füttert das Tier mit der Hand.

»Ihr Name ist Umi«, sagt er. Ich nähere mich ganz langsam, denn ich fürchte, Umi zu verschrecken, auch wenn sich um sie bereits ein kleiner Menschenauflauf gebildet hat.

»Ach, sie hat sogar einen Namen?«

»Ja. Die Huaorani haben vor einigen Jahren ihre Mutter gejagt, aber nachdem sie sie getötet hatten, entdeckten sie dieses Kalb, das nun verwaist war. Die Huaorani haben es mit der Hand aufgezogen. Jetzt lebt Umi die meiste Zeit in freier Wildbahn, aber manchmal kehrt sie hierher zurück, denn sie weiß, dass sie hier ein paar Leckerbissen abgreifen kann. Möchtest du sie mit einer Banane füttern?«

Wer könnte so ein wunderbares Angebot ausschlagen? Einen *Tapirus terrestris* mit einer Banane füttern! Umi schnappt gierig nach ihr und zieht sie mir mit einem Ruck aus der Hand. Dann geht es los: Mampf, mampf, mampf. Sie scheint keine Angst vor mir zu haben, obwohl ich ein Fremder aus dem Ausland bin.

»Darf ich sie anfassen?«, frage ich, denn der Mitarbeiter hat ihr mit der Hand über den Rücken gestrichen.

»Na klar.«

Ich lege die Hand auf ihre Mähne. Ihr Haar ist rau und borstig wie ein Besen. Es biegt sich unter meiner Hand und springt dann wieder zurück.

»O, gib ihr ein paar freundliche Klapse«, sagt der Mann und macht es gleich einmal vor: Er tätschelt ihren massiven Nacken mit der Handfläche, wie man es bei einem Pferd tun würde. Ich versuche das ebenfalls und spüre die Muskeln und die Kraft gleich unter der Haut.

Umi hängt noch eine Weile bei uns herum, während die Finsternis über dem Amazonaswald hereinbricht. Sie frisst Bananen und posiert für Blitzlichtfotos, bis ihr Bedarf an zweibeiniger Gesellschaft für heute Abend offenbar gedeckt ist. Dann trottet sie zurück in den nächtlichen Wald, wo sie ihr Lager aufschlagen wird. Aber morgen Abend wird sie erneut hier sein.

Am nächsten Morgen stehe ich früh auf, schaufle das Frühstück in mich hinein und treffe meinen Guide für diesen Tag, einen Huaorani namens Nemote. Er scheint in den 40ern zu sein, hat einen entschlossenen Blick, fast mönchisch kurzgeschorenes Haar und ein herzhaftes Lachen, das man nicht oft hört. Er trägt ein rot-weißes T-Shirt, auf dem der Schriftzug »Skaen Jeans Italy« prangt.

Der Stamm der Huaorani – manchmal auch »Waorani« oder »Waodani« geschrieben – besteht aus wenigen Tausend Menschen, die im ecuadorianischen Amazonasgebiet leben und eine Sprache sprechen, die mit keiner anderen auf der Welt verwandt ist. Die Huaorani sind traditionell Jäger und Sammler; früher lebten sie nomadisch. Und sie haben den Ruf, gewalttätig zu sein. Außenstehenden zufolge trugen sie ihre Fehden oftmals mit dem Speer aus. Die Kichwa gaben ihnen den Namen »Auca«, was »Wilde« bedeutet. Aber wie immer ist die Wahrheit vielschichtiger.

Lange Zeit vom Rest der Welt ignoriert, traten die Huaorani 1956 plötzlich mit Macht ins Rampenlicht, als eine Gruppe von Missionaren eine gewagte – man könnte auch sagen, töricht riskante – Expedition plante, bei der sie in Kontakt mit dem bis dahin unberührten Stamm treten und ihm das Wort Gottes bringen wollten – westliche Krankheiten womöglich inklusive.

Die »Operation Auca«, wie sie genannt wurde, ging schrecklich aus. Nach einem Anfangskontakt und dem Austausch von Geschenken griffen die Huaorani die Missionare an, durchbohrten sie mit ihren Speeren und töteten alle fünf Männer. Ein Huaorani könnte von einem Missionar angeschossen worden und später an seiner Verwundung gestorben sein, aber die Berichte darüber sind bis heute vage.

Ungeachtet des Todes der fünf Missionare waren andere Evangelikale weiter in der Region aktiv und konnten am Ende viele ihrer Ziele erreichen. Heute leben die Huaorani nicht mehr als Nomaden, sondern in sesshaften Gemeinschaften. Ihre Verbindung zur modernen Welt wird immer enger. Manche sind zum Christentum konvertiert. Vielen hat man beigebracht, dass es sich nicht gehört, nackt herumzulaufen – was früher bei ihnen üblich war. Sogar ihre Tänze sind aus dem Leben mancher Gruppen verbannt worden.

Zwar haben sich die Huaorani die Rechte an einem Teil ihres Landes gesichert, aber die Regierung von Ecuador besitzt weiterhin die Rechte an dem Erdöl darunter, was die Selbstbestimmung der Huaorani im Prinzip untergräbt. Heute befinden sie sich erneut im Kampf um ihr Leben – in einem Kampf gegen die Ölkonzerne und die ambivalente Haltung der Regierung.

Nemote und ich verbringen den Tag miteinander. Wir verständigen uns mithilfe der nonverbalen Zeichen, die der Menschheit als einzige Universalsprache dienen: jede Menge Zeigen, Lächeln, Lachen, Kopfschütteln, manchmal ein Satz in der eigenen Sprache, weil man irgendwie hofft, dass der andere, wenn er den Sinn der Wörter schon nicht versteht, doch wenigstens den Tonfall zu deuten weiß.

Vielleicht liegt es daran, dass ich mit einem Guide der Huaorani unterwegs bin, der sich wie ein Geist den Weg eentlangbewegt. Jedenfalls sehe ich auf dieser morgendlichen Wanderung mehr Wildtiere als auf jeder anderen. Nemote klaubt winzige Pfeilgiftfrösche aus dem Falllaub; er findet kleine Käfer, die erst aufzutauchen scheinen, wenn er mit dem Finger auf sie weist. Selbst die Vögel scheinen sich an unserer Gegenwart überhaupt nicht zu stören. Es ist, als wäre Nemote ein übernatürliches Wesen.

Niemand weiß, wie viele Arten es in Yasuní gibt, aber die Region ist ein ernsthafter Anwärter auf den Titel ›Weltweit höchste Biodiversität‹ und könnte in dieser Hinsicht sogar Manú vom Thron stürzen.[3] Im Jahre 2010 fand eine Studie heraus, dass Yasuní in jenem kleinen Teil der Welt liegt, der bei mindestens vier Gruppen von Lebewesen die größte Vielfalt überhaupt beherbergt: Säugetiere, Vögel, Amphibien und Gefäßpflanzen. Und Yasuní ist der *einzige* Nationalpark innerhalb dieser Artenexplosion im westlichen Amazonasgebiet.

Nemote führt mich zuerst an einen kleinen See mit überreicher Tier- und Pflanzenfülle. Ein Pärchen Schwefelmaskentyrannen begrüßt uns lautstark. Monogamer als die meisten Menschen, verteidigen und bejagen diese Vögel ihr Territorium mit der Wildheit von 60 Gramm schweren geflügelten Tigern. Große, dicke, unbekannte Fische strecken währenddessen ihre Köpfe aus dem Wasser, und ein eleganter Schlangenhalsvogel sitzt auf einem langen Ast.

Wir schauen einem Hoatzin zu, der ganz in unserer Nähe aus dem Blattwerk hervortaucht und zu einem Gleitflug über den See ansetzt. Es sollte eine gesetzliche Verpflichtung geben, in allen jemals geschriebenen Büchern einen Hoatzin vorkommen zu lassen. Wenn Andrej in die Schlacht von Austerlitz reitet, sollte er das mit einem Hoatzin auf seiner Schulter tun. Wenn Heathcliff nach Wuthering Heights gebracht wird, sollte er ein Hoatzinküken – mit schon ausgebildeten Dinokrallen – in der Hosentasche haben. Wenn Odysseus nach 20 Jahren wieder Ithaka erreicht, sollte ihn nicht sein Hund begrüßen, sondern ein Hoatzin.

Der Kopf eines Hoatzins sieht aus wie das Haupt eines jener keltischen Krieger, die gegen das Römische Reich antraten: blaues Gesicht, spitz aufragende orange Haare, rote Augen – vielleicht vom Gelage in der Nacht vor den Kämpfen. Die Farbe seiner Federn reicht von Rotbraun bis Schwarz mit weißen Strichen. Unten am Hals und auf der Brust sind sie beinahe gelb. Wenn ein Hoatzin seine Flügel hebt, springt dem Betrachter ein rötlicher Blitz ins Auge.

Forscher haben versucht, Hoatzins mit Steißhühnern in eine Familie zu stecken (Erinnern Sie sich an das Guyana-Kapitel?), aber auch mit Kuckucken, kranichartigen Vögeln, Fasanen, Regenpfeifern, Tauben, den sogenannten Mausvögeln und anderen mehr. Keiner dieser Versuche konnte überzeugen. Im Magazin *Nature* legten Wissenschaftler im Jahre 2015 dar, dass der Hoatzin in Wahrheit taxonomisch allein auf weiter Flur steht. Nachdem sie sich seinen Gencode angeschaut hatten, meinten sie, er sei der letzte Überlebende einer Familie von Dino-Vögeln, die sich kurz nach dem Kometeneinschlag vor 64 Millionen Jahren entwickelt habe. Mit anderen Worten: Wollen Sie mal einen echten Dinosaurier sehen? Schauen Sie sich einen Hoatzin an! Ich weiß nicht, warum das nicht für Schlagzeilen reicht. Es ist unglaublich, wie viele erstaunliche Entdeckungen die Biologen machen und wie wenige davon jemals ins öffentliche Bewusstsein durchsickern.

Als ich meiner inzwischen achtjährigen Tochter ein Foto von einem Hoatzin zeigte, sagte sie: »O, ein Phönix!«

Das reichte mir völlig. Vielleicht war Fawkes aus den Harry-Potter-Romanen ja tatsächlich ein Hoatzin, der unter anderem Namen lief, und mein Traum, in jedem Buch auf Hoatzins zu stoßen, wurde langsam wahr.

Nemote bleibt an einem Baum stehen, der so groß – und vielleicht auch so alt – wie ein mittelalterlicher Turm ist, und gibt mir ein Zeichen. Er weist auf die Kamera und stellt sich dann mir gegenüber neben den Baum. Ich verstehe. Er möchte, dass ich ein Bild von ihm mache. Und so fotografiere ich ihn mit seinem eindringlichen Blick und seiner coolen Ausstrahlung. Die Machete hat er neben sich in den Boden gesteckt. So sieht er besonders *badass* aus.

Die einzige Sprache, die Nemote und ich gemein haben, ist die Fotografie. Er interessiert sich sehr für meine Kamera, und jedes Mal, wenn ich ein Bild knipse, möchte er es sehen. Ich suche die besten heraus und halte ihm die Kamera hin. Er antwortet, indem er den Daumen in die Höhe reckt.

Es gibt so viele Fragen, die ich ihm gern stellen würde, aber selbst wenn wir miteinander reden könnten, wäre es mehr als unhöflich, den armen Mann mit Erkundigungen über die Vergangenheit und die ungewisse Zukunft seines Volkes zu löchern.

Die einzige Frage, die ich ihm stellen möchte und die ihn vielleicht am wenigsten beleidigt, ist, wie er zu den Ölgesellschaften steht. Der Widerstand gegen die Erdölförderung ist nicht bei allen Huaorani gleich ausgeprägt, und manche sind von den Unternehmen sogar eingestellt worden. Aber selbst eine so einfache Frage scheitert an unserer Unkenntnis der Sprache des anderen.

Wir steigen auf einen 30 Meter hohen Aussichtsturm, der vor allem der Vogelbeobachtung dient, und haben einen Blick auf die Baumkronen des Amazonaswaldes. Als wir beim Abstieg auf halber Höhe sind, zeigt Nemote plötzlich wieder auf die Kamera und sich selbst. Dann beugt er sich über das Geländer des Turms, während ich ihn fotografiere. Einen Moment denke ich: »Ach, du Scheiße, gleich springt er!« Der Mann mag ja vielleicht Spiderman sein, aber ein Sturz aus 15 Meter Höhe dürfte für jeden tödlich enden – egal, wer man ist. Aber er lehnt sich nur hinüber. Mit der einen Hand hält er sich noch am stählernen Geländer fest, während die andere in einen Baum greift, der direkt neben dem Turm steht. Dann greift er auch mit der anderen Hand hinüber, sodass er sich jetzt mit beiden Händen an den Baum klammert, während sich seine nackten Füße noch am Turm befinden – genau, er ist die ganze Zeit barfuß durch den Amazonas gelaufen. Nun schwingt er erst mit dem einen, dann mit dem anderen Bein zum Baum hinüber, und schließlich umarmt er den Stamm, drückt ihn geradezu – genau wie die Tamarinaffen, die ich einige Tage später sehen werde.

Und dann klettert Nemote den Baum hinunter. Als ich ihm die Bilder zeige, reckt er den Daumen besonders nachdrücklich in die Höhe.

Jetzt muss es ungefähr Mittag sein, aber als wir zurücktrotten – ich schweißbedeckt –, schaut Nemote plötzlich nach oben und rennt in den Wald hinein. Eines sollte man im Amazonasgebiet wirklich niemals tun: den Weg verlassen. Sich ohne Pfad durch die Vegetation zu schlagen, ist ungefähr wie Gruppen-Bungee-Jumping mit einer Schnur, die man zu Hause in der Garage gefunden hat. Aber das gilt natürlich nur, wenn man ein Gringo ist. Für jemanden von hier bedeutet das kaum mehr, als wenn wir mal ein paar Schritte neben dem Bürgersteig gehen.

Ich bin einen Moment lang wie gelähmt. Nemote, der offenbar gemerkt hat, dass ich nicht mitkomme, steckt seinen Kopf wieder aus dem Blattwerk und gibt mir ungeduldig ein Zeichen. Ich denke an all die Schlangen, Moskitos und Giftspinnen. Aber wenn ich jemandem zutraue, dass er mich ohne Zwischenfälle durch den Amazonaswald führt, dann diesem Typ hier. Ich folge ihm.

Wir laufen unterm Blätterdach über den Waldboden, der hier unbewachsen ist, fast wie in einem Park. Das liegt an der geringen Lichtmenge, die zu uns durchdringt. Mir ist klar, dass Nemote etwas hoch oben in den Bäumen gesehen hat, aber ich kann nichts entdecken. Stattdessen schaue ich lieber vor meine Füße, um nicht über Wurzeln zu stolpern oder mich in Ranken zu verfangen. Er verfolgt etwas, und ich male mir aus, wie er, wäre ich nicht dabei, sein Blasrohr bereithalten würde.

Er hält mich am Arm fest und zeigt nach oben. Kennen Sie das, wenn jemand auf etwas Kleines und weit Entferntes zeigt und erwartet, dass auch Sie es sehen? So läuft es im Amazonasgebiet die ganze Zeit: *Schau mal, der Vogel da, im vierten Baum von rechts, siehst du den gebogenen Ast, dem musst du folgen, dann ein Stück nach oben, dann runter, dann schau am Stamm entlang, bis zum 16. Ast, dann immer die Schlingpflanze hoch – erkennst du dort die Blattschneiderameisen, die im Gänsemarsch nach oben krabbeln? Na ja, und überm Kopf der obersten Ameise sitzt der Nordstelzentyrann* – und das ist echt der Name eines Vogels.

Einen Scheiß sehe ich. Nemote zeigt noch nachdrücklicher auf das unsichtbare Etwas, aber unglücklicherweise – oder vielleicht glücklicherweise – können wir nicht mit Worten kommunizieren, und so muss ich mir keine rätselhaften Richtungsangaben anhören, um vielleicht auch sehen zu können, was seine superscharfen Augen irgendwo in der Ferne erspäht haben. Endlich bewegt sich da etwas – ja, da ist es. Es rückt plötzlich ins Blickfeld. Ein Haufen schmutzig schwarz-weißer Schafwolle auf einem Ast. Warum nur zeigt Nemote darauf?

Aha, das ist so ein verdammter Affe!

Ich kann die dicken kleinen Arme und Beine erkennen, die aber vermutlich nur so dick aussehen, weil sie mit demselben zottigen Fell bedeckt sind wie der restliche Körper. Es ist ein Mönchsaffe, der sich im Laufe der Evolution aus unerfindlichen Gründen einen Pelzmantel zugelegt hat, von dem man annehmen würde, er sei nicht für das Amazonasgebiet gemacht, sondern für Sibirien. Das Geschöpf, das in einem Alien-Film der 1980er-Jahre besser aufgehoben wäre, bewegt sich lautlos von Baum zu Baum. Wir folgen ihm, indem wir ein paar Meter weiter unten über den Waldboden hasten. Einmal schaut das Tier mit einem Ausdruck von unaussprechlicher Melancholie zu uns herab, und ich frage mich, ob auch Affen ihre Lebenskrisen haben.

Warum eigentlich nicht? Einige Affenarten können Werkzeuge herstellen und benutzen. Affen werden geboren, lieben und sterben. Sie haben große Gehirne und ein noch größeres Herz – jedenfalls im übertragenen Sinne. Falls sie tatsächlich existenzielle Krisen haben, fragt sich dieser arme Bursche vermutlich gerade: »Warum erlaubt mir Gott in diesem Land voller Hitze und Feuchtigkeit nicht, meinen Mantel auszuziehen?«

Als wir nur noch wenige Meter von der Forschungsstation entfernt sind, bedeutet mir Nemote noch einmal stehenzubleiben und zeigt wieder auf etwas. Ein Halsband-Faulvogel sitzt auf einem Zweig genau über unserem Pfad, als würde er für uns posieren. In Wahrheit wartet er regungslos auf ein vorbeifliegendes Insekt. Dann würde er plötzlich sehr aktiv werden und seine Mahlzeit abschlachten. Der Vogel hat riesige schwarze Pupillen, die von einer hellorangen Iris umgeben sind, und einen schwarzen Strich unter seinem zimtfarbenen Kopf. Er rührt sich nicht, während ich ihn ungefähr 50-mal knipse – Tiffany sagt immer, ich mache zu viele Fotos –, und löst sich nicht einmal aus seiner Starre, als wir direkt unter ihm hindurchgehen.

Die Reise nach Ecuador ist meine erste als Vater – na gut, als werdender Vater. Und zum ersten Mal wird mir bewusst, dass mein Leben jetzt eine andere Bedeutung hat als all die Jahre zuvor. Es hat eine Bedeutung für den noch ungeborenen Menschen, dessen Vater ich sein soll. Wäre ich vor Tiffanys Schwangerschaft auf einer Reise umgekommen, hätte sie das bestimmt sehr mitgenommen, aber da sie eine starke Frau ist, hätte sie sich mit großer Wahrscheinlichkeit wieder verliebt und zum zweiten Mal geheiratet. Und natürlich hätte ich das so gewollt. Ich wusste, dass es für sie hart gewesen wäre, aber sie hätte es geschafft.

Doch mit einem Kind ist das was anderes. Wenn ein Kind einen Elternteil verliert, hinterlässt das Wunden, die vielleicht nie wieder heilen. Ganz plötzlich bekommen die Dinge eine größere Bedeutung. In Ecuador rechnete ich noch nicht so richtig damit, denn Aurelia war noch nicht so real und greifbar, wie sie es drei Monate später sein würde. Aber ich hatte schon eine Ahnung davon, wie schwer Verantwortung und Verletzlichkeit wiegen, wenn jemand Vater oder Mutter wird.

Wir hatten zwei Jahre lang versucht, ein Kind zu bekommen, aber als Tiffany mir schließlich sagte, dass sie schwanger sei, reagierte ich nicht, wie sie gehofft hatte. Ich redigierte gerade – völlig darin versunken – ein Interview mit Jane Goodall, als Tiffany mir den Schwangerschaftstest reichte.

»Hast du heute noch viel zu tun?«, fragte sie. »Du wirst nämlich ein bisschen abgelenkt sein.«

Ich starrte Tiffany eine Weile an. »Bist du nicht begeistert?«, fragte sie schließlich. So hätte ich das nicht gesagt. Panik stieg in mir hoch.

Ich fühlte mich noch nicht so weit, nicht für so etwas gewappnet, einfach überfordert. Natürlich hatten wir es zwei Jahre lang probiert, aber es war auch zwei Jahre lang nicht passiert. Jetzt empfand ich zum ersten Mal die Verletzlichkeit, die Elternschaft auch bedeutet, fühlte jetzt schon die offene Wunde, die es bedeutet, wenn man jemanden so sehr liebt.

Ich würde ein lebendes, atmendes, empfindendes Menschenkind aufziehen müssen. Und ich würde noch erfahren, dass das auch hieß, meine eigene Versehrtheit wieder zu erleben.

Irgendwann im Herbst 1994, in meinen ersten Wochen an der Senior High School, schnappte ich mir ein Essenstablett und pickte mir während der nächsten halben Stunde lustlos die essbaren Bestandteile aus den Fächern. Den ganzen Sommer über hatten mir meine Brüder Angst gemacht: »Wart's ab, bis du auf der Highschool bist. Da bist du ganz unten.«

Schon auf meiner vorigen Schule hatte ich mich am Boden gefühlt oder eigentlich darunter. Wie sollte es noch tiefer gehen?

Die Buffalo Senior High School war schwindelerregend groß. In meiner Klassenstufe gab es mehr als 300 Schüler, und in der gesamten Schule, von der neunten bis zur zwölften Klasse, waren es deutlich mehr als 1000. Diese Größe brachte es mit sich, dass nicht alle Schüler gleichzeitig Mittag essen konnten, und so wurden sie in Schichten aufgeteilt. Ich hatte den kürzeren Strohhalm gezogen. Wie sich erwies, gab es in meiner Mittagsschicht null echte Freunde. Ich hatte einen Bekannten, neben dem ich meistens schweigend zu Mittag aß. So schnell wie möglich. Dann gingen wir wieder unserer Wege. Eines Tages war er krank und fehlte deshalb.

Meine soziale Strategie in der Schule war: unsichtbar bleiben. *Fall bloß nicht auf, drück dich in die Ecken, vermeide Augenkontakt.* Ich hatte damals ein paar richtig gute Freunde, gehörte aber nicht wirklich zu einer Gruppe. Bei den meisten Gruppen hatte ich keine Chance, hineingelassen zu werden, und ich war auch gar nicht scharf darauf. Andere Gruppen mied ich, so gut ich konnte, weil ich nicht wollte, dass man mir das Nerd-Etikett aufklebt. Ich wusste, was im Buffalo der 1990er-Jahre mit Nerds passierte. Aber das bedeutete, dass ich, als ich 14 wurde, nur wenige ausgewählte Leute hatte, auf die ich zählen konnte.

Ich verließ mein Schneckenhaus erst, als ich Theater spielte – als ich ein anderer sein konnte. Ich war gerade für die Rolle des alten Mannes Doc in der *West Side Story* ausgewählt worden. Es ist eine der wenigen geeigneten Rollen für einen Burschen, der weder singen noch tanzen kann. Eine kleine, aber dramaturgisch bedeutsame Rolle. Eine Szene spielte ich in Gedanken schon durch: Doc benachrichtigt den jungen Tony vom Tod seiner geliebten Maria. Er darf ihm eine Ohrfeige verpassen!

Ich blickte finster auf die grauen Scheiben auf meinem Tablett, bei denen es sich angeblich um Rippchen handelte, und hatte nun zwei Optionen, da mein Kumpel fehlte. Option eins: Ich fand einen Tisch oder eine Ecke für mich allein, um meine Rippchen zu essen und ein Buch zu lesen. Das klang großartig, aber ich hatte das Gefühl, dass mich das schon im ersten Monat an der Highschool zum Paria machen würde. Die andere Option: Ich fand eine Gruppe von Kindern, die in der sozialen Hierarchie ungefähr dort standen, wo auch ich war.

Und das tat ich dann auch. Mit dem Tablett in den Händen ging ich von Tisch zu Tisch, stieß auf ein paar Gesichter, die mir bekannt vorkamen, und machte Anstalten, mich dort hinzusetzen.

Aber einer der Jungs nutzte mein plötzliches, ungebetenes Eintreffen als Gelegenheit, seine Dominanz unter Beweis zu stellen.

»Wieso setzt du dich hier hin?«, fragte er. »Niemand hat gesagt, dass du hier sitzen darfst.«

Ich murmelte etwas Unverständliches.

Der Junge spielte sich noch mehr auf: »Wisst ihr eigentlich, warum Jeremy so komisch ist? Das liegt daran, dass seine Eltern Geschwister sind! Wusstet ihr das schon? Sie haben Sex miteinander gehabt, und dabei ist er rausgekommen.« Er deutete dramatisch auf mich, als wollte er seine Worte durch eine komische Geste ›ein wenig entschärfen‹.

Rund um den Tisch kicherten die Jungs, nicht so sehr, weil der Schulhoftyrann so einen guten Witz gemacht hatte, sondern mehr, weil sie sich dazu verpflichtet fühlten. Sie wollten nicht, dass dieser Fiesling seine Aufmerksamkeit auf sie richtete. Ich lachte ebenfalls, aber es war ein ersticktes und unechtes Lachen. Für mich schien es die einzige Möglichkeit zu sein, diesem Witz etwas entgegenzusetzen. Dass ich damals gelacht habe, kann ich heute am schwersten verwinden.

Ich blieb lange genug sitzen, um mein Mittagessen zu verzehren, hielt den Kopf meistens gesenkt und schob die Nahrung in mich hinein. Nach etwa sieben Minuten stand ich auf und kippte den Rest der Mahlzeit in den Abfallcontainer.

Und das war's dann. Mehr brauchte ich nicht, um meine Entscheidung zu treffen. *Fickt euch doch ins Knie!* (Na ja, vielleicht nicht genau mit diesen Worten.) *In diese Schule setze ich nie wieder einen Fuß.*

Heute schäme ich mich, weil schon so eine kleine Sache ausgereicht hat, um mich in die Flucht zu schlagen. Dabei hatte ich gesehen, dass andere viel schlimmeres Mobbing zu ertragen hatten. Ich erinnere mich an ein Kind, das im Bus den Boden ablecken musste. Aber so war es bei mir halt. Einerseits war ich schon immer enorm sensibel. Andererseits habe ich einen erstaunlichen Charakterzug: Obwohl ich gewöhnlich schüchtern und nachgiebig bin, gibt es für mich doch eine Grenze, und wenn die überschritten wird, handle ich.

Nachdem ich die Entscheidung getroffen hatte, stand sie felsenfest. Ich würde nicht noch einmal ein Mittagessen ohne Freunde, nicht noch einmal solches Mobbing ertragen. Ich würde mich so einer Situation nicht mehr ausliefern.

Andererseits konnte ich niemandem davon erzählen. Die ganze Geschichte – der Angriff auf meine Eltern, das Gelächter der anderen und mein dümmliches Mitlachen – war eine zu große Schande.

Als ich also wieder anfing, die Schule zu schwänzen, morgens auf dem Gelände unserer Farm verschwand, um meinen Eltern zu entwischen, und damit drohte, niemals wiederzukommen, landete ich wenig überraschend als Notfall bei meinem Therapeuten.

»Jeremy«, sagte er, »erzähl mir, was los ist.«

»Wenn Sie mich wieder in die Schule schicken, bring ich mich um.«

Für mich war das simpel und rational. Ich wusste, dass ich nur eine Möglichkeit hatte, die Erwachsenen daran zu hindern, mich in den Speiseraum der Buffalo Senior Highschool zurückzuzwingen: die Drohung mit Selbstmord.

Ich hoffte, der Therapeut hätte eine magische Lösung, irgendeine Variante, bei der ich nie wieder zur Schule gehen musste, sondern zu Hause bleiben und Bücher lesen konnte. (Wünschen wir uns das nicht alle? Einfach nur einen Stapel Bücher?) Im Theaterstück wollte ich allerdings weiter mitspielen. *So, und nun löse diesen Widerspruch auf, du erwachsener Zauberer!*

Stattdessen sagte der Therapeut: »Ist es dir ernst mit Selbstmord?«

»Ja. Wenn Sie mich wieder in die Schule schicken.«

Heute weiß ich nicht mehr, wie ernst es mir mit dieser Drohung wirklich war. Einerseits war die bloße Drohung das Beste, was ich als 14-Jähriger tun konnte, um mich zu schützen. Andererseits führt Verzweiflung zu verzweifelten Taten. Einen – vermutlich lausig ausgeführten – Selbstmordversuch hätte ich mir dennoch zugetraut.

»Okay, dann muss ich es leider tun. Zu deiner eigenen Sicherheit weise ich dich ins Krankenhaus ein.«

Und noch am selben Abend war ich wieder in Minneapolis, in einer geschlossenen psychiatrischen Einrichtung. Bloß dass es diesmal keine Mädchen gab, die ein Date mit mir wollten.

Zwei Männer fahren mich im Kanu das Flüsschen Anangu hinunter; es ist ein Nebenfluss des Napo, aber ein viel schmaleres, flacheres Ding als dieser. Die Laubkronen des Waldes überdachen das Flüsschen so mühelos, dass es unmöglich ist, auf Google Earth alle Krümmungen des Wasserlaufs nachzuverfolgen.

Obwohl ich schon so viel Zeit im Amazonasbecken zugebracht habe, von Peru bis hinüber nach Surinam, ist es heute das erste Mal, dass ich mit Muskelkraft über die Wasserläufe des Urwaldes befördert werde. Einerseits ist das reizvoll. Statt eine Welle aufzuwerfen, die Schildkröten von den treibenden Baumstämmen ins Wasser springen und Vögel auffliegen lässt, bewegen wir uns in einem Tempo, bei dem die Tiere bleiben, wo sie gerade sind. Der rötlichbraune Streifenreiher im Gebüsch, die aufgereiht dahockenden Totenkopfäffchen, die über unseren Köpfen das Flüsschen von Zweig zu Zweig überqueren, die Hoatzins, die mit keiner Wimper ihrer roten Augen zucken, als wir vorbeikommen.

Andererseits fühlt es sich mehr als nur ein wenig seltsam an, von zwei ausgewachsenen Männern zwei Stunden lang im Kanu den Fluss hinabgefahren zu werden. Man entkommt dem unbehaglichen Gefühl nicht, Privilegien zu genießen – dieses Gefühl ist überhaupt einer der beständigsten Reisebegleiter. Ein Teil von mir wünscht sich, sie hätten ein weiteres Paddel, sodass ich ihnen ein wenig zur Hand gehen könnte. Aber der größere Teil ist ganz froh, dass sie keins haben, denn ich kenne mich selbst gut genug, um zu wissen, dass ich mich beim Paddeln lächerlich machen würde.

Und so mache ich das, was ich in solchen peinlichen Situationen immer zu tun versuche. Ich bemühe mich, so freundlich und dankbar zu sein, wie es angesichts der Sprachbarriere möglich ist, und gleichzeitig sage ich mir: »Ach, hör doch auf. Versuch einfach, es zu genießen. Schau mal, du bist im Amazonasregenwald und wirst im Kanu ein Flüsschen runtergefahren. Ist doch ein fantastischer Augenblick, also halt die Klappe, Gehirn.«

Ich bin erst heute Vormittag von meinem zweiten Etappenort, Tiputini, hierhergekommen. Dort kann man einen Blick auf die Rücken der Amazonasdelfine erhaschen, wenn sie sich durch den Fluss Tiputini winden. Wir besuchten einen Altwasserarm voller Piranhas, Stachelrochen, Zitteraale und Kaimane. Am Ufer aufgereiht saßen Hoatzins. Auf einem der Pfade fand ein Guide eine tote Brasilianische Wanderspinne, die zur Familie der potenziell tödlichsten Spinnentiere gehört. An einem anderen Morgen hatte eine riesige Landschnecke, größer als meine Faust, das Geländer in Beschlag genommen.

Ich hatte dort drei Tage mit einer Truppe von Bachelorstudenten verbracht, die das Amazonasgebiet zum ersten Mal besuchten und meinem Aufenthalt eine Atmosphäre voller Staunen, rüpelhafter Ausgelassenheit und Dramatik hinzufügten. Bei einem ihrer Seminare erlaubte mir der Professor, eine flammende Verteidigungsrede zugunsten der Yasuní-ITT-Initiative zu halten.

Von einem Etappenziel zum nächsten wird der Einfluss der Erdölindustrie immer sichtbarer. Gepflasterte Straßen, verriegelte Tore, bewaffnete Wächter. Es ist einigermaßen klar, wer in Yasuní das Sagen hat – nicht die indigenen Männer, die mich mit ihren Paddeln immer tiefer in ihr Territorium führen.

Als ich mich an die Paddeltour auf dem Anangu gewöhnt habe, kann ich die Stille genießen. Keine Bachelorstudenten, keine Forscher oder Fotografen, nur die Paddelschläge, das Rauschen des Wassers, von fernher der Ruf eines Vogels, die einlullenden Laute der Insekten.

Als wir uns unserem Ziel nähern, weitet sich das Flüsschen, und das Ufer wird morastig. Und hier, mitten in der sumpfigen Schilfzone, entdeckt einer der Männer eine halbwüchsige Anakonda, die zwischen den Seerosen schläft. Eine junge Grüne Anakonda ist auch schon ziemlich groß – bei der Geburt misst sie bereits um die 70 Zentimeter. Anders als die meisten Reptilien legen Anakonda-Mamas keine Eier, sondern sind lebendgebärend. Die Jungen schlängeln bei der Geburt gleich los, sie sind hungrig und bereit zur Jagd. Es ist schwierig, wenn nicht gar unmöglich, die Länge einer Schlange zu schätzen, wenn sie sich eingerollt hat, aber diese hier war vermutlich rund einen Meter lang, also noch nicht besonders alt. Noch jung genug, um von einem Kaiman gefressen zu werden oder von einer anderen Anakonda. Deshalb versteckte sie sich wohl auch zwischen den Wasserpflanzen.

Die Grüne Anakonda trägt einen der dämlichsten lateinischen Namen, die es gibt: *Eunectes murinus*. Das erste Wort, der Gattungsname, ist ganz in Ordnung. Es ist die Latinisierung eines griechischen Wortes, das so viel wie ›ausgezeichnete Schwimmerin‹ bedeutet, aber der Artname *murinus* bedeutet ›von Mäusen‹. Als der schwedische Biologe Carl von Linné die Art im Jahre 1758 benannte, stellte er sich wohl vor, dass Anakondas gern Mäuse fressen. Aber für eine Anakonda wäre eine Maus so etwas wie ein einzelner Kartoffelchip – kaum die Mühe wert.

Eigentlich sollte man sie ›*Eunectes irrumabo*‹ nennen, was so viel bedeutet wie ›gute Schwimmerin – o, Scheiße!‹. Denn das beschreibt ziemlich genau das Gefühl, welches einen beschleicht, wenn man einer Anakonda in freier Wildbahn begegnet. Je nach Naturell und Situation denkt man entweder ›O, Scheiße! Das ist ja unglaublich toll!« oder »O, Scheiße, ich muss schleunigst weg hier!«.

Während wir durch dieses sumpfige, verschilfte Gebiet treiben, zwitschern uns einige Rohrspötter – noch so ein Vogel, dessen Taxonomie heiß umstritten ist – ein gespenstisches »Wha! Wha! Wha!« zu. Schließlich ergießt sich das breiter gewordene Flüsschen in den Anangu-See, und ich kann mein drittes Domizil ausmachen.

Die Napo Wildlife Lodge ist wie eine himmlische Vision. Im Ernst, wenn Sie das hier nach Ihrem Tod sehen, denken Sie bestimmt sofort: »Jetzt wird alles gut.« Der Anangu-See schimmert spiegelglatt im Sonnenlicht. Am anderen Ende, vom Wald flankiert, stehen rote Gebäude mit Reetdächern. Sie scheinen ihre Umgebung eher zu akzentuieren, als einen Gegensatz zu ihr zu bilden. Ihre Gestalt – nicht rechteckig, sondern pyramidal – erinnert an eine der ältesten Bauformen der Menschheit. Man begegnet ihr von den alten Ägyptern über die Assyrer bis hin zu den Azteken. Auf dem Hauptgebäude prangt ein Turm, der das Blätterdach überragt und perfekt für die Beobachtung von Vögeln und anderen Wildtieren ist.

Vom ruhigen flachen See aus gesehen scheint sich alles der Sonne entgegenzustrecken: die Bäume, die Gebäude, der Turm. Diese Sonne, unsere Sonne, spiegelt sich im Anangu-See. Und gespiegelt sieht sie aus, als würde sie ein anderes Sonnensystem zusammenhalten.

Die Kanufahrer paddeln mit mir bis zur Anlegestelle, an deren Ende ein junger Mann mit einem Tablett steht. (Der heilige Petrus, Türsteher des Himmels?) Auf dem Tablett ein Glas frisch gepresster kühler Fruchtsaft.

Selbst inmitten all dieser Glückseligkeit muss ich, als ich das köstliche kalte tropische Was-auch-immer trinke, einen Augenblick an das Wasser und das Eis denken. Soll man das wirklich trinken? Aber bitte, hier werden doch nonstop Touristen beherbergt, da muss es unbedenklich sein. Und es schmeckt, wie der ganze Ort aussieht – paradiesisch.

Nach einer Woche in Forschungszentren, die in Ordnung, aber nicht gerade luxuriös waren, macht es mich beinahe unsicher, wieder Tourist zu sein und noch dazu im beeindruckendsten Amazonashotel, das ich je gesehen habe. Es ist wie ein Shangri-La mit Malaria.

Nach dem kalten Begrüßungsgetränk nimmt mir jemand mein Gepäck ab, und ich werde ins Hauptgebäude geleitet, wo ich auf meinen Guide treffe, einen Kichwa namens John. Er ist noch ganz jung, Anfang 20, knuddelig und voller Eifer.

Die Napo Wildlife Lodge wird von den lokalen Gemeinschaften der Kichwa betrieben, der größten ethnischen Gruppe im ecuadorianischen Amazonasgebiet. Sie sprechen eine Sprache, die mit Quechua eng verwandt ist, und könnten sich im tiefen Regenwald angesiedelt haben, als das Reich der Inka entstand.

Ich habe einen Aufschlag für einen persönlichen Guide gezahlt. Man sieht und lernt so viel mehr, wenn man nicht an andere Touristen gekettet ist, von denen viele komplett andere Ziele und Erwartungen haben. Einige scheinen immer wieder zu vergessen, dass sie sich verdammt noch mal im Amazonasregenwald befinden. Sie beschweren sich über das Essen, das warme Bier, das kalte Duschwasser und sogar über die Käfer. Habe ich schon gesagt, dass dieser Regenwald das Ökosystem mit der erstaunlichsten Biodiversität auf unserem Planeten ist und dass ein beträchtlicher Teil davon, eigentlich sogar die große

Mehrheit, aus Insekten besteht? Manche Leute aber reisen dorthin und jammern tatsächlich über die Käfer.

Nach dem Abendessen stehe ich auf meiner Terrasse und sehe, wie am Himmel über dem Blätterdach die Sterne erscheinen. Das Kreuz des Südens, vermutlich von allen Sternbildern der Südhalbkugel am einfachsten zu finden, strahlt ins Weltall hinaus und auf mich herunter. Vier Sonnen, vier fremde Solarsysteme.

Und ich frage mich, ob auch nur eines dieser Sonnensysteme eine Welt beherbergen könnte, die so wundervoll ist wie unsere.

Ich saß auf der alten Farm meiner Familie in der Badewanne, schaute aus dem Fenster auf den Mond und weinte leise vor mich hin. Ich war 14 und hatte das Gefühl, im Leben bisher nichts anderes erreicht zu haben, als zweimal in psychiatrische Anstalten eingewiesen worden zu sein.

Es ist merkwürdig, wenn man keine Erinnerungen an Geschehnisse hat, die für das Leben doch von grundlegender Bedeutung gewesen sein müssen. So ist es aber. An meinen zweiten Krankenhausaufenthalt habe ich so gut wie keine Erinnerungen mehr. Er ist eine sauber abgewischte Schiefertafel, ein Fenster, das sich ins Nichts öffnet. Fast, als hätte es ihn nie gegeben.

Aber es gab ihn, und alles, was dort passiert sein mag, ist irgendwo tief in meinem Unterbewussten verborgen. Vielleicht habe ich es mit Absicht vergessen. Ich glaube nicht, dass dort etwas Schändliches oder Furchtbares vorgefallen ist. Trotzdem ist ein Aufenthalt in einer psychiatrischen Klinik für sich schon ein so extremes Erlebnis, dass es vielleicht der beste Mechanismus zu seiner Bewältigung war, ihn einfach zu vergessen.

Das Gleiche gilt für einen Großteil meiner Kindheit und Jugend – ganze Zeiträume sind wie ausgelöscht, vermutlich durch die Depressionen und die Verzweiflung. Vielleicht auch durch all die Medikamente.

Es ist beinahe so, als hätte mich eines Tages ein Schutzgeist aufgesucht und mir ein Fläschchen Vergessen gereicht, mit dem ich einige der schmerzlichsten Momente zum Verschwinden bringen konnte, manch schönes Erlebnis aber in Erinnerung behielt: die sommerlichen Spiele, das Übernachten bei Freunden, die Bücher, die Wanderungen, die sonnigen Tage, an denen ich unsere Farm durchstreifte.

Die einzige Erinnerung an meinen Krankenhausaufenthalt in der neunten Klasse ist diese: Ich liege zu Hause in der Badewanne und weine. Aus irgendeinem verrückten Grund hatten mir die Psychologen und Psychiater erlaubt, eine Nacht bei meiner Familie zu verbringen – unter der Bedingung, dass ich am nächsten Morgen wieder in die geschlossene Einrichtung zurückkehrte. Ich habe keine Ahnung, weshalb sie das taten. Vielleicht wollten sie etwas Neues ausprobieren? Vielleicht war es effektive Folter?

Da ich nun zu Hause war, aber nicht bleiben durfte, fielen mir unwillkürlich alle Dinge ins Auge, die ich an diesem fast 100-jährigen Farmhaus liebte: die knarrenden Stiegen, das rostgefärbte Wasser, die Hunde, die zu meinen Füßen bellten, meine Eltern, meine Brüder. Jenseits des Badezimmerfensters war die Scheune schattenhaft grau, die Bäume waren dunkle Silhouetten, der Vollmond und die Sterne schienen in völlig anderen Konstellationen zueinander zu stehen, als ich sie 16 Jahre später in Yasuní sehen sollte.

Am nächsten Morgen ging ich ohne großes Getue zurück ins Krankenhaus, und doch brach es mir das Herz. Ich musste nicht mehr in die Highschool gehen, bis hierher hatte ich mein Spiel gewonnen. Aber der Preis dafür war hoch, und er würde nur noch steigen.

Die Schönheit von Napo hält drei Tage an, aber in der Nacht darauf, als ich nach einem weiteren Tag voller Wunder ins Bett gehe, verschwindet meine Glückseligkeit. Ich habe ein seltsames Gefühl im Bauch.

Schon früher an diesem Tag hatten mich Magenglucksen und Unwohlsein in Versuchung geführt, die Nachmittagswanderung einfach abzusagen, aber dann war ich doch losgegangen und mit dem Anblick zweier Kappenreiher belohnt worden. Diese strahlenden Schönheiten findet man nur im Amazonasgebiet. Sie standen weiß und blau vor einem sich verdunkelnden Himmel, und als wir den Blick nach oben richteten, nieselte uns der Nachmittagsregen aufs Gesicht.

Ich wache um vier Uhr nachts auf und muss auf die Toilette flitzen. Ich übergebe mich. Ich schaue, ob Blut dabei ist, finde aber keins. Dann liege ich zitternd auf dem Fußboden.

Steve sagt nur: »Jetzt hab ich dich.«

Bis dahin war Napo wunderbar gewesen und hatte alle meine Erwartungen erfüllt. Eines Morgens brachen wir zu einer Lehmlecke auf und beobachteten dort eine Vielzahl von Papageien und Sittichen, die so eng aneinandergedrängt waren wie die Menschen auf dem Petersplatz. An einem anderen Nachmittag brachte ich Stunden damit zu, einen Trupp von Goldmanteltamarinen zu beobachten, die in den Maisgarten meiner Unterkunft eingefallen waren, was sie regelmäßig tun. Sie sind so groß wie Eichhörnchen, haben schwarze Köpfe, weißgraue Gesichter, orangefarbene Oberkörper, schwarze Schwänze und einen schwarz-weiß-grau gestreiften Rücken. Schon seit Jahren hatte ich Tamarine in freier Wildbahn sehen wollen. Wieder an einem anderen Tag wanderten wir zu einer nahe gelegenen Kichwa-Siedlung, wo ich das – etwas peinliche – Vergnügen hatte, Kichwa-Frauen beim Tanzen zuzuschauen. Ich lernte etwas über die verschiedenen Methoden des Stammes, Tierfallen zu bauen, und bekam von einem Stammesältesten einen Segen. Das beinhaltete rituelles Tabakrauchen und Gesänge. (John hatte mich gefragt: »Möchtest du einen Segen?« – »Na klar, ich nehme jeden Segen, den ich kriegen kann.« Und dann hatte er noch gefragt, ob ich Fotos davon machen wollte, wie der Älteste die Segens-Zeremonie vornahm. Nein, danke. Das wäre mir seltsam und frevlerisch vorgekommen.) Ein andermal verbrachten wir Stunden auf einem 33 Meter hohen Turm zwischen den Baumkronen und beobachteten Doppelbindenaressaris, tukanartige Vögel, die zwischen den himmelhohen Bäumen auf Nahrungssuche waren.

Im Augenblick habe ich allerdings andere Sorgen. Ich schleppe mich zurück ins Bett, wo ich ein paar elende Stunden zwischen Wachen und Schlafen verbringe, zwischen mutmaßlichem Fieber und Panik. Ich erinnere mich noch, wie ich mich gegen das weiße Bettzeug presse und mir der Schweiß übers Gesicht läuft. Ich bin allein. In diesem Moment bin ich nicht in der Lage, zwischen der tropischen Todesseuche, von der ich bestimmt schon durchdrungen bin, und den Paniksymptomen, die sie hervorruft, klar zu unterscheiden.

Frühere Reisen blitzen in meiner Erinnerung auf, all die wunderbaren Weltgegenden, die ich schon besucht habe: Kenia, Peru, Malaysia, Botswana, Südafrika, Surinam und Guyana. Und wie viel Glück ich jedes Mal hatte, lebend nach Hause zu kommen. Aber jetzt zahlt das Schicksal es mir heim. Und ich bin ganz allein. Keine Tiffany, die mir den Rücken massieren und mir kalte Waschlappen auf die Stirn legen kann. Keine Tiffany, die mir die Sterbesakramente spendet und mich an irgendeiner ungekennzeichneten Stelle im Wald begräbt.

Meine Neuronen feuern immer mehr melodramatische Gedanken ab. *Meine ungeborene Tochter wird ihren Vater nie kennenlernen. Man wird ihr nur sagen, dass er im Amazonasgebiet umgekommen ist, als er mutig Artikel über das Erdöl und die Welt schreiben wollte.* (Während Steve eine verwirrte Geistesverfassung mag, liebt Maleachi eher eine melodramatische. Wenn beide zusammenarbeiten, bin ich ein Monster.)

Schließlich ertönt der Morgenchor der Tiere, und das Licht flutet meinen Raum.

Als die Uhr sieben schlägt, hebe ich meine sterbenden Glieder aus dem Bett und gehe zum Empfangsgebäude hinüber. Heute sollen John und ich eigentlich eine Wanderung zu einer nahe gelegenen Lehmlecke machen, die oft von Säugern wie Tapiren und Pekaris aufgesucht wird. Dieser Programmpunkt steht ganz oben auf meiner Liste.

»Hallo, John …«

»Hallo, guten Morgen! Bist du startklar? Wollen wir mal nachschauen, ob wir ein paar schöne Säugetiere finden?«

»Weißt du«, setze ich an, »ich bin krank. Ernsthaft krank, glaube ich. Ich kann heute nicht mitkommen. Tut mir leid.«

Er schaut ein bisschen überrascht drein. Vielleicht sehe ich ja doch noch nicht aus wie ein wandelnder Leichnam? Aber dann antwortet er: »Okay, okay, ich verstehe. Tut mir leid, dass du dich krank fühlst. Vielleicht solltest du dich heute ausruhen. Morgen fühlst du dich hoffentlich schon viel besser.«

So reden Guides immer: Alles wird großartig, wenn du dir eine kleine Pause gönnst, und der morgige Tag wird dann wieder strahlend schön sein.

»Nein, nein, nein«, sage ich. »Ich bin wirklich krank. Gibt es hier in der Unterkunft einen Arzt oder eine Krankenschwester? Habt ihr ein Thermometer? Ich muss unbedingt wissen, wie hoch meine Temperatur ist.«

Damit erwische ich ihn offensichtlich auf dem falschen Fuß. »Nein. Kein Doktor hier. Aber …« Ich klammere mich an sein »Aber«. »Aber wir können den Chef fragen.«

Ja, den Manager der Napo Wildlife Lodge! Er wird schon wissen, ob ich sterbe oder nicht.

Ich finde Johns Idee richtig gut und trotte ihm mit leicht gekrümmtem Leib hinterher bis ins Büro. Ein kleiner, wie ein Gelehrter aussehender Herr in den 40ern, auch er vom Volk der Kichwa, stellt sich mir vor, nachdem er sich mit John unterhalten hat. Er nimmt die Brille ab und putzt sie an seinem Hemd.

»Sie fühlen sich krank, Sir?«

»Ja, so richtig krank. Haben Sie ein Thermometer?«

»Bedaure, aber Thermometer haben wir hier keine.«

Meine Panik schwillt an. »Was?!« Ich explodiere. Ich kann spüren, wie mir das Blut in den Schläfen pocht. *Bumm – bumm – bumm.* »Ist das Ihr Ernst? Wie können Sie kein Thermometer haben?« (Ja, okay, es ist beinahe so, als befände sich diese Lodge inmitten eines gigantischen Regenwaldes, zwei Kanustunden weit entfernt von allem und jedem, beinahe so, als wäre ich im Herzen des Amazonasgebiets unter Indigenen. Beinahe.) Aus meiner Stimme lässt sich die Verzweiflung unschwer heraushören.

»Entschuldigung, Sir, darf ich mal?« Und während er das fragt, nähert er seine Hand meinem Kopf.

»Machen Sie nur«, sage ich, denn ich weiß, dass er einen Rettungshubschrauber aus El Coca anfordern wird, wenn er spürt, wie heiß meine Haut ist.

Er legt mir seine Hand auf die Stirn. »Hmm … Das fühlt sich nicht wie Fieber an.« Innerlich gehe ich hoch. *Was weißt du denn schon! Du wirst es noch bereuen, wenn ich tot bin!* Aber aus meinem Mund kommt nur: »O … Aber ich fühle mich so krank.«

»Vielleicht geht es Ihnen morgen besser, wenn Sie sich heute ausruhen und schlafen? Ich kann Ihnen bei Bedarf ein Mittel gegen Reisedurchfall bringen.«

Ich schüttle den Kopf. Vergangene Nacht habe ich zum ersten Mal Ciprofloxacin genommen, ein Antibiotikum, das ich auf jeder Reise dabeihabe. Nur für den Fall der Fälle. Ich kehre ernüchtert in mein Zimmer zurück. *Okay, Tiffany, das wäre jetzt der richtige Moment. Spring mit dem Fallschirm ab und eile mir zu Hilfe! Und falls du dich die letzten Tage über in meinem Koffer versteckt hast, wäre jetzt der passende Augenblick. Spring heraus, ruf: »Überraschung!«. Und halt mich davon ab, etwas Dummes zu tun.*

Nichts davon passiert.

Als die nächste Stunde vergeht und meine Krankheit – oder meine Panik – sich verschlimmert, kratze ich all meinen Mut zusammen – oder meine Angst? Ich stolpere aus meiner Hütte und gehe zum Büro des Direktors hinüber. Ich klopfe an. Als er die Tür aufmacht, sage ich: »Ich muss *wirklich* einen Arzt aufsuchen. Wie können wir das hinkriegen?«

Und so, liebe Leute, finde ich mich schließlich in einem Kanu wieder, und zwei Kichwa paddeln mich zwei Stunden lang flussabwärts, während ich verdrossen und vornübergebeugt hinter ihnen hocke und kaum ein Auge für all die herrliche Biodiversität um mich herum habe. Ich male mir aus, wie ein paar Kapuzineräffchen mich sehen und das eine zum anderen sagt: »Verdammt, was stimmt mit diesem Typen nicht?«

Nach zwei Stunden erreichen wir endlich den Napo, wo ich in ein Motorboot umsteige, in dem ich eine weitere Stunde flussaufwärts fahre, bis wir an eine Anlegestelle gelangen, von der ein Pfad abgeht. Er führt mich zu einer Warteschlange von Leuten, die allesamt den einzigen Arzt weit und breit konsultieren wollen. Seine Praxis befindet sich in einem weißen Gebäude von der Größe eines Wohnmobils.

Als ich mich in die Warteschlange einreihe, überkommt mich ein Gefühl von Verlegenheit. Ich sehe Mütter, die ihre kranken Kinder an die Brust gedrückt halten, und apathische kleine Jungen und Mädchen, die vielleicht an Malaria leiden. Mit einem Mal wird mir – *endlich!* – bewusst, dass ich nicht so krank bin wie all diese Menschen. Dass die Leute meinetwegen ihre kostbare Zeit und Energie verschwenden. Dass ich mal wieder ein zwangsgestörter Arsch bin.

Sehr geehrte Damen und Herren, ich präsentiere Ihnen den US-amerikanischen Trottel im Paradies.

Aber nun bin ich einmal hier und muss die Sache durchstehen. Also warte ich in der Schlange und setze mich oft ins Gras, ehe ich nach einer Stunde zum heftig belagerten Doktor vordringen kann – einem hageren Mann in den 50ern mit grau meliertem Bart. Er stellt mir ein paar Fragen. Er tastet meinen Magen ab. Dann zieht er ein Thermometer hervor – hier gibt's welche! – und schiebt es mir in den Mund. Nach ein paar Minuten holt er es heraus und wirft einen Blick auf die Skala.

Zuerst sagt er gar nichts. (»Da hast du's!«, schmettert Steve. »Schnall dich an! Das wird eine Hammerdiagnose. Juchhu!«)

»37«, sagt der Arzt.

»Ähm …«

»Kein Fieber. Sie haben gesagt, Sie nehmen Ciprofloxacin?«

»Ja.«

»Gut. Keine starken Unterleibsschmerzen. Einmal Erbrechen. Kein Blut. Wasser behalten Sie drin. *Sí,* das ist einfach Reisedurchfall. Wahrscheinlich *el poco*, eine Bakterie, die Ihr Körper nicht gewohnt ist. Sehr verbreitet. Nehmen Sie weiter Cipro, und in ein paar Tagen sind Sie wieder topfit.«

»Okay … Danke.«

»Sí.« Und seine Aufmerksamkeit hat sich bereits auf die schwangere Frau hinter mir verlagert. Sie kratzt an den roten Flecken, die sich über ihre Arme ausgebreitet haben.

Nun wieder für eine Stunde ins Motorboot, dann zur Kanuanlegestelle und weitere zwei Stunden mit Muskelkraft, bis wir pünktlich zum Abendessen die Napo Wildlife Lodge erreichen. Inzwischen geht es meinem Körper wieder so gut, dass ich eine Kleinigkeit zu mir nehmen kann.

Und so verbringe ich meinen letzten Abend im Himmel auf Erden.

Am nächsten Morgen läuft alles genau umgekehrt. Bis zum Napo paddeln, dann im Motorboot stromaufwärts bis zu den Kais von El Coca, von dort mit einem Chauffeur bis zum Flughafen Francisco de Orellana, mit dem Propellerflugzeug westwärts übers Amazonasbecken, die Flanke der Anden hinauf, über die Gipfel der großen Bergkette und dann wieder runter in die Berghauptstadt Quito.

Den folgenden Tag verbringe ich in Quito, aber statt in der Altstadt eine Empanada de viento zu essen, statt ein paar Stunden im Museo Casa del Alabado zu verbringen, wo alle möglichen präkolumbianischen Exponate ausgestellt sind, oder die Compañía de Jesús zu besichtigen, eine Jesuitenkirche, deren Schiff fast völlig mit Gold überzogen ist, wache ich mit einem Panikgefühl in der Brust auf.

»Dieser Amazonasdoktor hat dich doch nur flüchtig angeguckt«, sagt Steve. »Das ist kein simpler Reisedurchfall.«

»Halt die Klappe, Steve.«

»Okay.«

»Danke.«

»Ich tippe auf Cholera.«

Nach dem Frühstück steuere ich die Rezeption an.

»Entschuldigen Sie, können Sie mir vielleicht einen Arzt für Touristen empfehlen?«

»Einen Arzt? Ist alles okay mit Ihnen?«

»Ja, ja. Ich fühle mich nur ein bisschen … ähm … Ich suche einfach nur einen Arzt, der mit Touristen zu tun hat.«

Die Empfangsdame gibt mir den Namen einer Klinik und erklärt, wie man dort hinkommt. Ich nehme ein Taxi und verbringe meinen letzten Tag in der alten Kolonialstadt damit, Bluttests machen zu lassen. Am Ende bittet mich der Arzt, ein angenehmer Typ mit einem breiten Lächeln, auf dem Stuhl ihm gegenüber Platz zu nehmen.

»Nun ja, Mister Hance, ich kann Ihnen garantieren, dass Sie keine unerwünschten Mitreisenden in die USA einschleppen werden. Alle Tests sehen gut aus. Vermutlich war es nur eine Verdauungsstörung. Das kommt häufig vor.«

Ich nicke und sage: »Gracias«, nehme für den Rückweg ins Hotel wieder ein Taxi, esse am Abend ein wenig und gehe schlafen. Aber als ich am nächsten Morgen zum Flughafen aufbreche, beginnt mir durch den Kopf zu gehen, dass der Doktor in Quito vielleicht etwas übersehen hat. Vielleicht ist die Bakterie, die es in meinen Körper geschafft hat, einfach gut im Verstecken, vielleicht ist sie höllisch durchtrieben.

Als ich mein Flugzeug besteige, fühle ich mich gut, und trotzdem muss ich unbedingt einen Arzt konsultieren, wenn ich wieder zu Hause bin!

Die Yasuní-ITT-Initiative scheitert im Jahre 2013. In den sechs Jahren seiner Existenz taumelte der Fonds dahin. Er sammelte nur etwa 336 Millionen Dollar an Zusagen ein – circa zehn Prozent der ursprünglich geforderten Summe. Die realen Erlöse betrugen nur etwa

13 Millionen Dollar. Daher beschloss Präsident Correa, den Fonds zu begraben. Er sagte völlig zutreffend: »Die Welt hat uns im Stich gelassen. Wir waren nicht auf Barmherzigkeit aus. Wir wollten die Verantwortung im Kampf gegen den Klimawandel teilen.« Dann gab er die restlichen Ölfelder im Nationalpark für die Erdölförderung im industriellen Ausmaß frei. Sie liegen auf dem Siedlungsgebiet der Tagaeri und der Taromenane, zweier Stämme, die sich freiwillig von ihrer Umgebung abgeschottet und es über Jahrtausende hinweg geschafft hatten, dass man sie in Ruhe ließ.

Die ecuadorianische Zivilgesellschaft versuchte, die Regierung daran zu hindern, die Yasuní-Ölfelder freizugeben – wie Umfragen zeigten, war eine große Mehrheit der Ecuadorianer dagegen –, aber Correa vereitelte ihre Bemühungen immer wieder.

Die Ölfelder wurden Petroamazonas, einer der großen staatlichen Ölfirmen Ecuadors, zur Ausbeutung überlassen. 2016 begann das Unternehmen mit den Bohrungen. Und hier und dort auf der Welt fahren jetzt Autos herum, die Benzin verbrennen, das aus einem der abgelegensten und in puncto Biodiversität reichsten Gebiete unseres Planeten stammt.

Und warum das alles? Weil es uns an Vorstellungskraft fehlt.

Als ich Ecuador verließ, war ich vielleicht nicht gerade optimistisch, was die Yasuní-ITT-Initiative anging. Ich hatte alle Kritikpunkte gehört, ich kannte die Herausforderungen, aber ich hatte ein Stückchen Hoffnung, dass die Welt es wenigstens diesmal hinkriegt. Aber wir haben es wieder mal nicht geschafft.

Jahr für Jahr türmen sich die Folgen unserer Untätigkeit immer höher auf. Die Welt steht hier in Flammen, dort unter Wasser. Sie fiebert, und doch machen wir wie gewohnt weiter, obwohl dieses Weitermachen der Inbegriff von Wahnsinn ist. Nach Angaben des World Wildlife Fund (WWF) sind die erfassten Populationen von fast 17 000 Arten seit dem Jahr 1970 um mehr als 50 Prozent geschrumpft. Denken Sie mal einen Augenblick über diese Zahl nach – das ist Wahnsinn! Auf ähnliche Weise haben wir in nur 60 Jahren die Hälfte der tropischen

Wälder auf unserem Planeten zerstört, unseren kostbarsten Schatz in Sachen Biodiversität! Aktuelle Studien haben herausgefunden, dass die Insektenpopulationen in manchen Teilen der Welt geradezu eingebrochen sind. Mittlerweile sind 20 Prozent des Amazonasregenwaldes verschwunden, und die Wissenschaftler befürchten, dass wir uns einem Kipppunkt nähern, an dem sich die größte unberührte Wildnis der Erde in eine Savanne verwandeln könnte.

Und hier, in meinem Heimatland, demontiert die Regierung das Artenschutzgesetz, verwässert das Wasserschutzgesetz, öffnet das arktische Wildschutzgebiet für die Erdölförderung und verfolgt eine Politik, mit der die globale Erwärmung drastisch vorangetrieben wird.

Wir stecken die Zukunft unserer Kinder in Brand.

Es gibt Nächte, in denen mich die Sorgen wegen des Klimawandels am Schlafen hindern. Ich denke an meine Tochter und daran, wie die Welt aussehen wird, wenn Aurelia so alt ist wie ich, also noch nicht mal mittleren Alters.

Mir ist im Laufe der Jahre klar geworden, dass ich in vielen Dingen *nicht* gut bin. Ich bin kein guter Aktivist, denn Demonstrationen und Paraden lassen meinen Angstpegel in die Höhe schießen. Ich kann ja kaum in den Supermarkt gehen, ohne einen kleinen Angstanfall zu bekommen. Ich werde niemals ein Anführer oder Politiker sein, und das liegt nicht nur daran, dass ich in solchen Dingen schrecklich schlecht wäre. Ich stelle mir gern die Medienkampagnen gegen mich vor: »Er steht unter Psychopharmaka!«, »Er ist schon zweimal eingewiesen worden!«, »Sie haben bei ihm Zwangsstörungen, Depressionen, Angstzustände und – je nachdem, mit welchem Doktor man spricht – eine bipolare Störung nachgewiesen. Wollen Sie wirklich von so einem Irren repräsentiert werden?«, »Er braucht regelmäßig seinen Mittagsschlaf!«, »Manchmal schläft er zwölf Stunden am Stück« oder: »Im Winter muss er vor einem Lichttherapiegerät sitzen, damit er wenigstens einigermaßen funktioniert.«

Für politische Angriffe ist das, wie ich gerade merke, noch ziemlich zahm und überraschend zutreffend, also male ich mir auch noch andere Vorwürfe aus: »Er war schon in Malaysia. Bestimmt ist er insgeheim ein Muslim!« oder: »Nashörner liegen ihm mehr am Herzen als seine Wähler!« oder: »Er sagt, der Klimawandel sei *real*!«

Was kann ich also tun? Ich kann schreiben. Mehr habe ich nicht, aber das zumindest setze ich mit ganzer Kraft ein. Es gibt Dinge auf der Welt, die uns in unserer 10 000-jährigen Zivilisationsgeschichte von Vorteil waren: ein stabiles Klima, eine Flora und Fauna von hoher Biodiversität, gesunde Ozeane und eine tiefe Verbindung mit anderen Lebensformen. All dies setzen wir heute aufs Spiel. Wir gefährden nicht nur unser Überleben, sondern drohen, alle Chancen zu verspielen, die in der Unabhängigkeitserklärung der Vereinigten Staaten vom 4. Juli 1776 fixierten unveräußerlichen Rechte einlösen zu können, die der Schöpfer doch allen Menschen gewährt hat: »Leben, Freiheit und, *verdammt noch mal,* das Streben nach Glück«.

Das »verdammt noch mal« ist ein Zusatz von mir.

Teil 4
Überlebende

KAPITEL ACHT

Von Loris und Menschen

HERBST 2017

Tiffany sagt, es seien meine Träume, die ihr zeigen, dass ich einen ausgewachsenen Dachschaden habe.

Manch einer mag sie »Albträume« nennen, aber ich habe sie so häufig – und zwar mehrmals pro Woche –, dass sie für mich einfach bloß Schlummerwölkchen der Freude sind.

Ich werde Sie hier nicht mit Details anöden. Das übernimmt Steve gern: Es geht darin um Mord und Selbstmord, regelmäßig taucht ein Schrecken verbreitender Lehrer auf, ich träume von Fäkalien, Autounfällen und wandelnden Toten. Oder ich gehe ins Kino, um mir den neuen *Star-Wars*-Film anzuschauen, und er ist wirklich, wirklich schlecht – diesen Traum habe ich seltsamerweise oft.

Tiffany träumt nicht viel. Aber wenn es doch mal passiert und sie mir hinterher davon zu erzählen versucht, klingt das so: »Und dann betrete ich diesen Raum und … ähm … äh … ich weiß nicht … Ich kann mich nicht mehr dran erinnern.«

Ich erinnere mich *immer* an meine Albträume, nicht nur an die allerschlimmsten. Tiffany schläft den Schlaf der Unschuldigen, den Schlaf der Rechtschaffenen und psychisch Gefestigten. Ich schlafe den Schlaf der Neurotiker, der Gequälten und Beschämten, den Schlaf derer, die sich davor fürchten, dass Jar Jar Binks in *Star Wars* ein Comeback erleben könnte.

Meine Träume nehmen so üble Wendungen, dass Tiffany mich bedrängt, ich solle es doch mal mit einer EMDR-Therapie gegen posttraumatische Belastungsstörungen versuchen. Eye Movement Desensitization and Reprocessing (EMDR) – hinter dieser Methode steckt die folgende Idee: Wenn man von schrecklichen Dingen berichtet, die einem widerfahren sind, und dabei seine Augen entweder auf den hin- und herwandernden Finger des Therapeuten richtet oder auf ein Maschinchen mit durchlaufenden Lichtern, dann wird es das vergangene Trauma abmildern. Der Theorie nach führen Augenbewegungen nach einem bestimmten Muster und das gleichzeitige Erzählen von den schrecklichen Dingen am Ende dazu, dass das Gehirn das Trauma neu verarbeitet, sodass man davon genesen kann. Ich weiß, das klingt ein bisschen schräg, und doch wird es von solider klinischer Forschung untermauert. Ich habe auch Freunde, die bezeugen können, wie großartig die Methode ist.

Dennoch verunsichert mich diese Erfahrung ein wenig. Ich bin so daran gewöhnt, den Therapeuten mein schreckliches Zeug von Angesicht zu Angesicht zu erzählen, dass es mir merkwürdig vorkommt, tief in meinen Kindheitserinnerungen herumzugraben (*wirklich* tief, wie sich herausstellt), während ich den Finger der Therapeutin angucke. Ich verspüre stattdessen das Bedürfnis, dem Arzt ins Gesicht und in die Augen zu schauen, wie es jeder Mensch normalerweise tun würde.

»Lassen Sie sich's mal in Ruhe durch den Kopf gehen«, sagt die Therapeutin und vollführt dann ihren Fingertrick. Aber in der Zeit, in der ihr Finger von rechts nach links wandert, denkt sich mein schelmisches Gehirn alle möglichen wunderbar scheußlichen Dinge aus, die ich sagen könnte – Dinge, die diese rundum nette Therapeutin schockieren oder mit Abscheu erfüllen würden. Ich habe absolut nicht das Bedürfnis, irgendetwas davon laut zu äußern, aber Steve sagt, dass solche Dinge ausgesprochen werden müssen. Ich raffe all meine Willenskraft zusammen, um nicht auf ihn zu hören, und das erfordert unglaubliche Anstrengung. Solche Impulse, die man ›intrusive Gedanken‹ nennt, sind völlig normale Symptome einer Zwangsstörung. (Ob ›normal‹

hier das richtige Wort ist?) Ich erinnere mich, wie ich mir als Kind auf die Zunge beißen musste, manchmal so sehr, dass sie blutete – bloß damit ich zu einem Erwachsenen keine unaussprechlichen sexuellen Wörter sagte. Und dabei waren es weder Wut noch Neugier, die mich dazu drängten. Mein Hirn forderte mich dazu heraus.

Obgleich ich immer noch gegen intrusive Gedanken ankämpfen musste, spürte ich mit der Zeit doch, dass mir EMDR half. Ich konnte die einzelnen Geschehnisse und meine um sie herum gelagerten Beziehungen nun mit größerer verstandesmäßiger Klarheit und womöglich auch mit weniger Schrecken betrachten.

Schließlich aber schraubten sich die Kosten für diese Therapiesitzungen auf schwindelerregende Höhen – herzlichen Dank, amerikanisches Gesundheitswesen –, und ich musste aussteigen, ehe wir überhaupt ans Eingemachte gekommen waren.

Also kehren die Träume immer wieder, Nacht für Nacht.

Eine Woche vor einer Reportagereise nach Indonesien wache ich um drei Uhr nachts schweißgebadet auf. Ich habe gerade von Motorrädern und Tod geträumt. Wach und im Schutz der Dunkelheit, schwöre ich mir, meinen Hintern niemals auf so ein Gefährt zu setzen.

Tiffany und ich hatten Indonesien zwei Jahre zuvor schon einmal besucht, deshalb wusste ich, dass Underbone-Motorräder dort so allgegenwärtig sind wie in vielen anderen asiatischen Ländern. Im Vergleich zu den robusteren amerikanischen Modellen sind das schlankere Zweiräder. Sie sind in vielen Weltgegenden ein erschwingliches Transportmittel, aber ich finde die Idee, mit mehr als 60 Sachen ungeschützt auf einem nach allen Seiten hin offenen Vehikel umherzusausen, absolut wahnwitzig.

Zu Hause reise ich ja auch nicht auf Drahteseln, Motorrädern oder Kamelen durchs Land. Warum sollte ich mir dann in Asien aus freien Stücken so ein Ding zwischen die Schenkel klemmen?

Nach einer fast 30-stündigen Reise landet mein Flugzeug endlich in Jakarta. Ich kann es gar nicht richtig glauben. Lassen sie mich jetzt tatsächlich ins Freie?

Ich habe eine kotzende Dame überstanden und eine Panikattacke in neun Kilometern Höhe, ich habe der Versuchung widerstanden, vorzeitig von Bord zu gehen und nach Tokio auszuweichen, und schließlich das letzte Stück nach Jakarta.

Es ist schon beinahe Mitternacht, als ich aus dem Flughafengebäude komme. Auf einen Schlag überfallen mich die hohe Feuchtigkeit und die gottverdammte Luftverschmutzung. Die Luftqualität in Jakarta ist berühmt-berüchtigt. Nach den ruhigen Stunden im Flugzeug brummt es nun in meinen Ohren: Hupen, Gedröhn, Schreie auf Indonesisch. Ich kaufe mir ein Ticket für ein Taxi, aber während ich warte und warte, fühle ich mich immer niedergeschlagener.

Bin ich während des Fluges gestorben? Ist Jakarta die Vorhölle?

Aber dann – wie herrlich! Einer der Taxifahrer lässt mich in seinen Wagen steigen und fährt mich ins zehn Minuten entfernte Hotel. Als ich mein Zimmer betrete, skype ich zunächst mal mit zu Hause. Nachdem sich Tiffany den Bericht über meine letzten 30 Stunden angehört hat, spendet sie mir die aufmunternden Worte, die ich so dringend brauche.

Dann schlafe ich. Und wie ich schlafe. Ich schlafe einen so tiefen Schlaf, wie ich ihn selten erlebt habe.

Am nächsten Morgen erwache ich wie neugeboren. Alles fühlt sich anders an: Die Nudeln zum Frühstück schmecken köstlich, die Dusche ist ein Genuss, und die ganze Reise – elf Tage Indonesien – kommt mir jetzt überraschend machbar vor. Es ist, als wäre ich plötzlich ein *talentierter Reisender* geworden.

Ich bin hier, um darüber zu berichten, wie man das Sumatra-Nashorn vor dem Aussterben bewahrt. Und es sieht nicht gut aus für das Nashorn.

Nach dem Frühstück nehme ich ein Taxi, das mich quer durch Jakarta in eine weiter südlich gelegene Stadt namens Bogor fährt. Bogor liegt noch innerhalb des sich ausbreitenden Ballungsraums der Hauptstadt und ist als hübscherer und grünerer Teil der Metropole bekannt. Die meisten mir bekannten Reisenden haben nicht viel Gutes über Jakarta zu sagen: Es sei gewaltig, überbevölkert, vom Smog erstickt, vom Verkehr verstopft und, sagen manche, komplett reizlos. Die Stadt beherbergt mehr als zehn Millionen Menschen, womit sie größer als London ist. Den Ballungsraum aber bewohnen sogar mehr als 30 Millionen – das sind mehr Menschen, als in ganz Texas leben.

Ich bekomme von Jakarta nicht genug zu Gesicht, um mir eine Meinung zu bilden, aber vor kurzem hat die Regierung angekündigt, die Hauptstadt zu verlegen: statt Jakarta auf der Insel Java soll es eine noch nicht erbaute Stadt auf Borneo werden. Zu den oben angeführten Gründen kommt nämlich noch, dass Jakarta buchstäblich in den Ozean mit seinen steigenden Pegeln rutscht. Auf sumpfigem Marschland und am Zusammenfluss mehrerer Wasserläufe gelegen, steht die Küstenstadt regelmäßig unter Wasser. Inzwischen liegt fast die Hälfte des Stadtgebiets unter dem Meeresspiegel. Und da sich die Ozeanpegel mit dem Klimawandel weiter heben, werden Teile der Metropole irgendwann nicht mehr bewohnbar sein. Zu Silvester 2019 fielen in Jakarta 377 Liter Regen auf den Quadratmeter, was mindestens 66 Menschen das Leben kostete. Fast 200 000 Menschen mussten ihre Häuser verlassen.

Durch die Verlegung der Hauptstadt mag Jakarta zwar ein wenig von seinem Schrecken verlieren, aber Experten befürchten, dass die Zerstörung von Borneos ohnehin schon brennenden, schwindenden und bedrängten Wäldern dadurch noch beschleunigt wird.

Am späten Vormittag treffe ich im Hotel Santika in Bogor ein, einem reizenden Ort, der mir von Rahmadi empfohlen wurde, meiner Kontaktperson bei Mongabay-Indonesia. Das ist das 2012 eröffnete erste Auslandsbüro des Online-Magazins. Inzwischen hat Mongabay auch Büros in Indien und Peru. Was als kleines Nachrichtenportal begann und über mehrere Jahre hinweg nur von Rhett und mir betrieben wurde, ist zu einer Organisation herangewachsen, die weltweit über 50 Beschäftigte sowie Hunderte freiberufliche Mitarbeiter hat.

Vieles davon ist Rhetts Entscheidung zu verdanken, aus einer gewinnorientierten eine Nonprofit-Organisation zu machen. Nach der Finanzkrise von 2008 rauschten im Internet die Werbeeinnahmen in den Keller, wodurch Mongabay auf dem Trockenen saß. Die Nonprofit-Ausrichtung war der beste Weg, um nicht nur überleben, sondern auch prosperieren zu können. Heute macht Mongabay Dinge, die keine andere Website könnte: Es liefert handfeste, sorgfältig recherchierte und in den Kontext eingeordnete Umweltnachrichten – oftmals von örtlichen Reportern produziert.

Im Jahre 2015 verließ ich Mongabay als angestellter Reporter und Redakteur und legte als Freiberufler los. Um ehrlich zu sein – ich war ausgebrannt. Sechs Jahre lang hatte ich dem Team angehört und täglich eine oder zwei Storys geliefert. Ich konnte das nicht mehr durchhalten. Meine Mittagspausen waren immer länger geworden, meine Ausfalltage zahlreicher, und fast jeden Frühling musste ich aus dringenden persönlichen Gründen eine oder zwei Wochen unbezahlten Urlaub nehmen.

Ich weiß nicht, warum meine mentale Erkrankung im Frühjahr immer am heftigsten ist. Dabei sollte man eher denken, der Frühling sei nach dem endlosen Trübsinn des Winters von Minnesota – der wahrhaft schrecklich ist und keinem Menschen oder Tier zugemutet werden sollte – eine Zeit der Freude und des Neuanfangs. Stattdessen ist es aber eher so, als würde das plötzliche Mehr an Licht und Wärme meine Ängste, meine Zwangsstörung und meine Depression verschärfen. Im März oder April habe ich meistens ein, zwei Wochen, in denen ich im Grunde nur so etwas wie eine Nacktschnecke bin – zu nichts anderem imstande, als im Bett zu liegen, fernzusehen und, wenn ich Glück habe, ein Buch aufzuschlagen.

Als Freelancer hatte ich die Freiheit, mich besser um mich selbst zu kümmern. Nun versuchte ich es häufiger mit Meditation, Yoga und Schwimmen und machte auch öfter ein unbeschwertes Nickerchen … Na ja, eigentlich plagten mich dabei immer noch eine Menge Schuldgefühle. Aber der finanzielle Einschnitt war heftig. Über Nacht wurde

Tiffany praktisch zur Alleinverdienerin, ich steuerte nur wenig bei. Allerdings hatte ich weiterhin ein Blog im *Guardian*, meine Beziehungen zu Mongabay und Kontakte zu einigen anderen Medienunternehmen. So blieb ich zumindest beschäftigt.

Es war auch der richtige Augenblick, Mongabay zu verlassen. Nicht nur, dass die Firma spektakulär gewachsen war, auch die Unternehmenskultur hatte sich ändern müssen. Jetzt gab es regelmäßige Beratungen der Mitarbeiter, während Rhett und ich früher einfach nur E-Mails ausgetauscht hatten. Es gab Programme mit üppigen Budgets und neue Systeme, in die man sich einarbeiten musste. Schon bald fühlte ich mich davon erdrückt und dachte: »Na schön, soll sich jetzt mal ein anderer junger Autor ausprobieren …«

Dieser Flug nach Indonesien ist meine erste große Reise, seit ich Freiberufler bin. Und ich bin fest entschlossen, einen Erfolg daraus zu machen.

Kurz nachdem ich eingecheckt habe, trifft Rahmadi im Hotel ein, um mich abzuholen. Zuerst bestellen wir uns ein Mittagessen, dann will ich den Leiter von Yabi, der indonesischen Nashornschutzorganisation, sowie einige Mitglieder seines Teams interviewen. Rahmadi, angestellter Redakteur bei Mongabay-Indonesia, wird mich zu den Nashörnern begleiten.

Rahmadi ist ein Mann in den 30ern, verheirateter Familienvater, großer Vogelliebhaber und natürlich sehr engagiert für den Umweltschutz in seinem Land. Wir beide starten in dieses Abenteuer mit vielen Gemeinsamkeiten, obwohl sich die Länder, in denen wir aufgewachsen sind, sprachlich, kulturell und geschichtlich enorm unterscheiden. Rahmadi ist elegant, umgänglich und großzügig. Aus unseren vielen E-Mails konnte ich bereits ableiten, dass er zu den Menschen gehört, für die Gastfreundschaft und Güte sehr wichtig sind.

Nach den Begrüßungsworten und ein wenig Small Talk treten wir in die Hitze von Bogor hinaus und steuern den Parkplatz auf der anderen Straßenseite an. Rahmadi bittet mich, einen Moment zu warten, er werde mich gleich von hier abholen. Ich stelle meine Tasche ab und betrachte den Verkehr: fast nur Motorräder, die in alle Richtungen sausen. Und dann steht Rahmadi wieder neben mir – auch er auf einem Motorrad! Er reicht mir einen Helm.

»Sitz auf, Jeremy«, sagt er.

Ich wäge sorgsam meine Optionen ab.

Option eins: Wegrennen.

Option zwei: Darum bitten, dass wir ein Taxi rufen.

Option drei: Gute Miene zum bösen Spiel machen, mein mitternächtliches Gelübde brechen und auf das gottverdammte Motorrad steigen.

Steve plädiert dafür, die Flucht zu ergreifen.

Ich täusche ein Lächeln vor, hole tief Luft, setze den Helm auf, ziehe den Riemen unterm Kinn fest und klettere auf den Platz hinter Rahmadi. Ich schlinge meine Arme eng um seinen Bauch, bis wir aneinandergekuschelt sind wie ein Motorradpärchen. Dann geht es los.

Ich erinnere mich nicht mehr an viele Einzelheiten unserer Fahrt, aber das Geräusch, mit dem mein Helm gegen Rahmadis schlägt, ist mir im Gedächtnis geblieben. *Bums, bums, bumbumbum, bums.* An einer roten Ampel schaue ich um mich und erblicke Dutzende Indonesier, die sorglos auf ihren Motorrädern sitzen, als wäre es etwas ganz Alltägliches. Ich sehe Jugendliche ohne Helm, die cooler dasitzen als ich. Jemand transportiert auf seinem Motorrad einen kleinen Schrank. Eine Fahrerin balanciert ihr Kleinkind auf dem Oberschenkel durch den Verkehr. Kein anderer Mitreisender klammert sich an seinen Fahrer oder lässt die Helme aneinanderbumsen. Sie lehnen sich einfach nur zurück wie in einem Bus.

Als die Ampel auf Grün schaltet und Rahmadi losfährt, beschließe ich jedoch, mich von dem Ganzen nicht beeindrucken zu lassen. *Wenn sich jedermann von einer Klippe in einen Lavasee mit feuerfesten Alligatoren stürzt, würden Sie doch auch nicht hinterherspringen, oder?* Ich drücke meine Arme nur noch fester an Rahmadis Bauch. Und während unserer ganzen Fahrt durch Bogor machen unsere Helme pausenlos *Bums, bums, bumbumbum, bums.*

Das Ganze dauert nur ungefähr 20 Minuten, und schneller als erwartet fahren wir in den Hauptsitz von Yabi ein – das Akronym für Yayasan Badak Indonesia, die Stiftung für den Schutz der Nashörner. Ein herrliches Gefühl! Ich liege nicht irgendwo in Bogor zerschmettert am Straßenrand! Es ist ein Wunder!

Im Büro von Yabi holen wir zwei Mitarbeiter ab und fahren gemeinsam zum Mittagessen – diesmal mit dem Auto, Gott sei Dank. Die Indonesier entscheiden sich für einen *warung*, ein kleines familiengeführtes Restaurant. Dieser hier ist für seine landestypischen Fischgerichte bekannt.

Das indonesische Essen steht, würde ich mal behaupten, auf einer Stufe mit einigen der besten Küchen der Welt: Soßen, die unseren Geschmackssinn herausfordern, eine Mischung überraschender Aromen, Kreativität und unfassbare Vielfalt. Außerhalb des Landes ist es noch weitgehend unbekannt. Wann sind Sie das letzte Mal indonesisch essen gewesen?

Ich lasse Rahmadi die Bestellung für mich übernehmen. Rasch wird das Essen aufgetragen: Fisch in einer dunklen, gehaltvollen, mir völlig unbekannten Soße, die geschmacklich perfekt ist. Neben jedem Teller steht eine kleine Wasserschale namens *kobokan*. In vielen Teilen Indonesiens ist es üblich, mit den Fingern zu essen – da sind keine weiteren Hilfsmittel nötig – und dann den *kobokan* zu benutzen, um sich die Hände zu waschen. Man isst immer mit der rechten Hand, denn in vielen Teilen Asiens wischt oder wäscht man sich mit der linken den Hintern.

Es passiert gegen Ende der Mahlzeit, nachdem ich die Nashorn-Leute in geselliger Runde und ohne Aufnahmegerät zur aktuellen Lage in Sachen Sumatra-Nashörner ausgefragt und ihren Geschichten gelauscht habe. Ich tauche meine fettigen und rot gefärbten Hände in den *kobokan*, bestimmt schon zum fünften Mal, und greife dann nach etwas Reis mit Soße, um ihn zum Mund zu führen.

Die Erkenntnis schlägt ein wie ein Stein. Springt weiter, von Neuron zu Neuron. Ich lege den Reis wieder hin. Von den drei anderen Männern hat keiner während der Mahlzeit seine Waschschale berührt. Ich allerdings schon. Ich habe mit den Fingern gegessen, meine Hand gesäubert und dann erneut etwas gegessen. Aber das Wasser ... wo kommt es eigentlich her? Aus einer Flasche Fiji-Mineralwasser? O mein Gott. Warum sollte eine Bude wie diese für ihre Waschschüsseln abgefülltes Wasser verwenden – zumal es vor dem Ende der Mahlzeit von niemandem angerührt wird? Und Indonesien gehört zu den Ländern, in denen man es unbedingt vermeiden soll, Leitungswasser zu trinken.

Natürlich, du Blödmann, man benutzt den kobokan, *um sich die Hände zu waschen, wenn man mit dem Essen fertig ist – und nicht alle fünf Sekunden!*

Sofort entsteht ein schreckliches Bild vor meinen Augen. Ich spüre, wie sich die Hitze in meinem Körper ausbreitet, wie sich Schweißperlen auf den Schläfen bilden. Mein Mund wird trocken, mein Herz macht *Pumm, pumm, pumm*, der Magen schnürt sich mir zusammen.

Die drei anderen Männer reden weiter, als wäre nichts geschehen – als wäre die Luft an diesem Ort nicht dicker und übler geworden. Für mich aber bewegt sich nun alles langsamer: die Münder der Männer, ihre Finger, die den Fisch und die Soße nehmen, mein Puls.

Ich ertappe mich dabei, wie ich in den *kobokan* starre, als könnte ich dadurch den Ursprung seines Inhalts ergründen und vielleicht die schurkischen Bakterien ausfindig machen, die in der Schale ein Unterwasserballett aufführen.

»Tut mir leid«, höre ich mich stammeln. »Ich muss mal auf die Toilette.«

Drei Gesichter drehen sich in meine Richtung, und auf ihnen liegen unterschiedliche Spielarten des Erstaunens – nicht so sehr über meine Worte, sondern über die ersterbende Stimme, mit der ich sie ausgesprochen habe.

Sie weisen mich mit Gebärden auf einen Raum im Hintergrund hin, und ich steuere ihn flugs an, denn vor allem will ich ihren forschenden Blicken entgehen. Vielleicht fühle ich mich besser, wenn ich ein paar Minuten allein gewesen bin.

Ich öffne die Tür, die nur noch halb in den Angeln hängt, und entdecke die Toilette: ein Loch im Erdboden mit einem Wassereimer daneben. Im Eimer schwimmt ein Schöpfbecher aus Plastik. Ich starre ihn mit dümmlicher Miene an. Was soll ich damit anfangen? Mich duschen?

Jetzt wird mir bewusst, dass ich zittere und immerzu »Pscht … pscht … pscht« sage. Es ist nie ein gutes Zeichen, wenn man sich selbst mit lauter Stimme zur Ruhe mahnt. Vielleicht muss ich mich gleich übergeben.

Wenn ich die Toilettenprozedur in Angriff nehme, werde ich bestimmt alles irgendwie vermasseln … (Wie soll ich eigentlich spülen?) Und so entfliehe ich diesem unerklärlichen Rätsel und kehre in den Speiseraum zurück.

»Mir ist übel«, sage ich, als ich wieder an den Tisch komme. Ich stehe vor dem indonesischen Trio wie ein banges Kind vor einem neuen Lehrer. »Ich muss ins Hotel zurück.« Und dabei klinge ich wie jemand, der einen totalen Zusammenbruch erleidet.

Die drei Männer werden blitzartig aktiv. Binnen einer halben Stunde bringen sie mich erst zu einer Apotheke, wo man mich mit Medikamenten überhäuft (»O ja, das hier müssen Sie versuchen. Sehr gut. Sehr gut. Für den Magen.«), und dann in mein Hotel.

Alle meine Nachmittags-Interviews, für die ich schlappe 9000 Meilen angereist bin, sind abgesagt. *Echt eine Glanzleistung, Jeremy!*

Allein in meinem piekfeinen Hotelzimmer, zergliedere ich meine Symptome mit der Akribie eines auf Zwergzikaden spezialisierten Taxonomen. Mein Herz pumpert, mein Magen hat sich zusammengeschnürt, meine Hände sind feuchtkalt, und ich schlottere am ganzen Leib.

Ich gehe hinunter ins Erdgeschoss und leihe mir an der Rezeption ein Fieberthermometer aus. Aber mit meiner Temperatur ist alles in Ordnung.

Es gibt also zwei Möglichkeiten: Entweder habe ich mal wieder einen Angstanfall, oder das fiese Wasser hat mir irgendeine Tropenkrankheit in den Körper gespült, die nun mit unglaublicher Geschwindigkeit aktiv wird. Das Ganze ist ja erst vor einer Stunde passiert.

Ich nehme eine Ativan, falls die erste Hypothese zutrifft, und schalte den Fernseher ein. Einer der besten Wege, um aufkommende Panikattacken zu stoppen: Man muss Steve mit etwas Glitzerndem ablenken. Beim Herumzappen stoße ich auf *Fletch – Der Troublemaker*, eine alte Komödie mit Chevy Chase. Ich liege im Bett und lasse mich sacht durch den Trubel treiben. Am Ende haben sich meine Symptome gelegt.

An jenem Nachmittag liege ich stundenlang unter freiem Himmel im Swimmingpool, starre auf das tropische Blattwerk und all die Vögel, die über mich hinwegfliegen. Ich beobachte die Wolken am Himmel und lasse mich von einem kleinen Falter bezaubern, der in einem der getopften tropischen Farne Zuflucht sucht. Ich gleite in mich selbst zurück wie ein junger Hund, der sich verirrt hatte, nun aber endlich wieder den Weg nach Hause gefunden hat.

Während ich mich in der Abenddämmerung abtrockne, ziehe ich den naheliegenden Schluss: Das war alles wieder mal nichts als eine Panikattacke. Momentan fühle ich mich verdammt gut. Und da stehe ich nun, wenige Stunden nach Beginn meiner knallharten Reportagetour, und habe schon eine ganze Menge vermasselt.

Meinem Redakteur schreibe ich eine E-Mail mit einer Lüge.

Ich habe mir eine Lebensmittelvergiftung zugezogen, schreibe ich ihm, ich konnte meine Interviews heute nicht führen, werde den Termin aber neu ansetzen.

Die Wahrheit ist, dass ich *wirklich* krank war. Es handelte sich bloß nicht um eine Lebensmittelvergiftung oder um schmutziges Wasser. Es war mein blödes Hirn. Es war meine scheißnervige psychische Erkrankung. Ich weiß nicht recht, ob ich mich deswegen fertigmachen soll oder es lieber abhake und mich auf morgen konzentriere.

Ich belüge meinen Redakteur, weil das Verständnis für psychische Krankheiten in manchen Gesellschaften zwar etwas gewachsen ist, für die meisten Leute aber immer noch nicht auf einer Stufe steht mit einer körperlichen Erkrankung. Viele halten nur die eine für etwas Wirkliches, die andere aber für irreal, vielleicht nur für eine Ausrede (oder schlimmer noch, für eine Schwäche oder einen Charakterfehler). Körperliche Erkrankungen werden akzeptiert, psychische sind erfunden und nicht ernst zu nehmen. Jeder, der es schon einmal mit einer psychischen Erkrankung zu tun gehabt hat, kennt dieses Stigma. Man weiß nie, wem man vertrauen kann.

Und wir sind ganz sicher noch weit davon entfernt, psychische Krankheiten als etwas zu betrachten, das ein Individuum ausmacht – etwas, das die Persönlichkeit bereichert, sie nicht einschränkt. Etwas, das auf die besondere Fähigkeit hinweisen kann, kreativ, empathisch, freundlich und aufgeschlossen zu sein. Alles Eigenschaften, wie ich sie bei vielen meiner Bekannten feststelle, die an psychischen Erkrankungen leiden oder gelitten haben.

Bei einem Streifzug durch die Geschichte wird Ihnen klar werden, dass so ziemlich jeder große Künstler an der einen oder anderen psychischen Krankheit litt: Melancholie, Sucht, bipolare Störung, Neigung zum Selbstmord. Mit 17 las ich ein Buch des amerikanischen Psychiaters Arnold M. Ludwig. Es heißt *The Price of Greatness: Resolving the Creativity and Madness Controversy* (Der Preis der Größe: Eine Klärung der Kontroverse über Kreativität und Wahnsinn). Es war weniger eine kritische Analyse als ein Thinkfest, eine Denkwerkstatt zwischen zwei Sachbuchdeckeln. Der Autor vertritt die Ansicht, dass kreative Genialität – und in geringerem Maße andere Formen von Genialität – und geistige Erkrankung oder Süchte oft Hand in Hand gehen. Wenn Sie an Maler, Musiker, Dichter, Romanautoren, Philosophen und Mathematiker denken, bekommen Sie schnell eine Vorstellung davon. Zum ersten Mal las ich etwas, woraus ich ein Gefühl von potenziellem Stolz über meinen Kampf mit meinen inneren Dämonen ableiten konnte. Okay, vielleicht stecke ich ja wirklich voller Psycho-Scheiß, aber könnte das nicht auch der Preis für die langen, nach allen Seiten hin wuchernden fantastischen Romane sein, die ich mit elf geschrieben habe, der Preis für mein Mitgefühl mit anderen Arten oder für meine Fähigkeit, mir eine Zukunft vorzustellen, die ganz anders aussieht als der große Crash, auf den wir zusteuern? Vielleicht ist die psychische Krankheit nicht nur eine Behinderung, sondern ein Teil dessen, was mich zu mir selbst gemacht hat. Vielleicht hat mich das Ringen mit Maleachi und Steve nicht geschwächt, sondern stärker gemacht. Vielleicht erzeugen meine psychischen Besonderheiten gerade die Reibung, der ein Funke entspringen kann.

Mehr als 20 Jahre später frage ich mich noch immer, wie sicher ich mir bin, dass diese Theorie stimmt. Vermutlich hängt es von meiner Tagesform ab, ob ich denke, dass eine psychische Krankheit einfach nur ein Fluch ist oder ob sie auch ein potenzieller Glücksfall mit schlimmen Schattenseiten sein kann. Aber damals verspürte ich selbst in meiner psychischen Bedrängnis Stolz auf mich und wusste, dass ich nicht allein war und dass auch einige der erstaunlichsten Menschen aller Zeiten unermesslich gelitten hatten. Ohne diese Erkenntnis hätte ich nie die Highschool abgeschlossen.

An diesem Tag gehe ich früh schlafen, denn morgen werden wir in den Süden von Sumatra aufbrechen. Und ich bin fest entschlossen, die Sache nicht noch mehr zu vermurksen, als ich es ohnehin schon getan habe.

Ich war am Stadtrand von Buffalo in einem alten Bauernhaus, wo Teenies von 14 bis 18 herumhingen, Brause in sich hineinkippten, Chips verschlangen und einander durch alle Räume jagten. Dass jemand eine Zigarette rauchte, war schon das Schlimmste, was dort passierte. Ich war auf einer Premierenparty für eine Theateraufführung, in der ich selbst nicht einmal mitspielte.

Irgendwie hatte ich eine Einladung bekommen, obwohl ich nicht mehr als vielleicht zwei Proben mitgemacht hatte, bevor ich in der psychiatrischen Abteilung gelandet war. Vermutlich hatte ich jemandem leidgetan. Es hatte sich bestimmt herumgesprochen, dass Jeremy, der

»kleine Neue«, ins Krankenhaus gekommen war. Niemand erwähnte es mir gegenüber direkt, niemand fragte: »Wie war's in der Klapsmühle?«, aber viele zögerten, sich mir zu nähern, und ich zog eine Menge bedauernde Blicke auf mich. Mein Geheimnis war enthüllt, aber alle taten so, als wüssten sie von nichts.

Die Party endete mit wilden Sprints ins nahe gelegene Kornfeld – was Teenies in Buffalo halt so tun, wenn sie ausgelassen sind. Für einen Augenblick gehörte ich wieder zur Besetzung, ich war ein Teil von etwas. Aber am nächsten Tag fuhren sie alle los zu ihrer Theateraufführung, und ich fuhr nach Hause in die Ungewissheit, in mir einen großen Felsblock aus Kummer. Allein, mal wieder. Immer noch auf dem Abstellgleis.

Während meines zweiten Klinikaufenthalts hing eine Frage in der Luft wie ein drohendes Gerichtsverfahren: Wo sollte Jeremy die Schule besuchen?

Es gab nicht gerade viele Optionen. Ich plädierte dafür, zu Hause unterrichtet zu werden, aber die Erwachsenen hielten es nicht für klug, einem »Schulverweigerer« die Chance zu geben, die Schule noch mehr zu meiden. Sie warnten mich: Wenn ich nicht noch in diesem Jahr an eine richtige Schule zurückkehrte, würde ich es vermutlich überhaupt nicht mehr tun.

Ich aber dachte: »Was soll's?«

Ich landete an einer Schule, in der Bombendrohungen und Gewaltausbrüche an der Tagesordnung waren. Sie lag in meinem Bezirk und war eine alternative Mittel- und Oberstufenschule für schwierige Kinder und Jugendliche. Zumindest bei oberflächlichem Hinschauen hatte keines der Kids hier meine Probleme: Sozialangst, Empfindsamkeit, Depressionen und eine damals noch nicht diagnostizierte Zwangsstörung. Viele waren nach Drogenmissbrauch oder Gewalttätigkeiten hierhergekommen.

Einerseits war es Furcht einflößend. Andererseits schenkte mir kaum jemand viel Aufmerksamkeit, weder die Kinder noch die Lehrer, denn sie hatten alle genug mit ihrem eigenen Scheiß zu tun. Ich saß hinten und verbrachte die meiste Zeit mit der Nase in einem Buch, egal welche Dramen Tag für Tag um mich herum passierten.

Die Lehrer wussten nicht recht, was sie mit einem Schüler anfangen sollten, der seine Aufgaben ruhig und beflissen erledigte und sich danach praktisch wie ein Geist in Luft auflöste. »Schauen Sie doch mal, der Zwölfjährige da stänkert!«, lenkte ich von mir ab, wenn sich die Aufmerksamkeit doch einmal auf mich richtete. Es war leicht, sich unsichtbar zu machen.

Ich fand in der Schule keinen Anschluss, hatte keine Freunde. Dass ich während meines Aufenthalts die Verfilmung von Charles Dickens' *Weihnachtsgeschichte* aus dem Jahre 1984 sah und das Buch *Z wie Zacharias* über die nukleare Apokalypse las, ist mir besser in Erinnerung geblieben als irgendeiner von meinen mühsam durchs Leben rudernden Mitschülern. Wenn man am Ertrinken ist, fällt es schwer, noch Aufmerksamkeit für andere zu erübrigen, vor allem, wenn auch ihnen das Wasser bis zum Hals steht. Und verdammt noch mal, diesen armen Kids stand es wirklich bis zum Hals.

Eigentlich wollte ich nur Ruhe. Ruhe vor den Gleichaltrigen, vor meiner psychischen Krankheit, von dem äußeren und inneren Drama. Ruhe vor den prüfenden Blicken.

Während meiner ganzen Kindheit rieten mir die Erwachsenen, ich sollte einfach härter werden, um mit meinen Problemen fertig zu werden. »Reiß dich doch mal am Riemen!« war der Satz, den ich immer wieder zu hören bekam – oder den ich als Subtext mithörte, wenn über mich gesprochen wurde. Das ist ein bisschen absurd, denn wenn etwas so leicht wäre, würde man es ja machen.

Immer wenn mir jemand empfahl, härter zu werden, war meine folgerichtige Frage: »Okay, aber wie denn? Sag mir, *wie* ich härter werden soll!«

Und was war die Antwort? Null! Nichts! – Na ja, ich bin nicht ganz fair. Ein Therapeut sagte meinem Vater, das Problem mit seinem jüngsten Sohn sei, dass man ihn als kleines Kind nicht gezwungen habe, auf die Jagd zu gehen. Offenbar hätte das Totschießen von Tieren Wunder gewirkt. Wieder andere hatten körperliche Züchtigung im Sinn. Ein Ledergürtel würde es schon richten. Andere schlugen vor, ich solle Sport treiben. Sie hatten mich sicher nie beim Fußballspielen gesehen.

Aber mal ganz im Ernst, wie wird man härter? Welchen Weg muss man dafür einschlagen? Das konnte mir niemand sagen.

Ich habe ein zutiefst sensibles und mitfühlendes Naturell. Ich kann die Emotionen anderer Menschen stark aufnehmen und nachfühlen. Was ich fühle, fühle ich tief. Das ist nichts, was ich mir zurechtgebastelt habe, um die Erwachsenen um mich herum vor den Kopf zu stoßen. Ich glaube, das ist tief in meine Doppelhelix eingeschrieben, ganz ähnlich wie meine Zwangsstörung, meine Depressionen und Angstzustände, vermutlich alles miteinander verrührt.

Wenn die Leute in meinem Umfeld zu mir sagten, ich solle härter werden, meinten sie damit in Wahrheit, dass ich jemand sein sollte, der ich nicht bin. Ich sollte gefühlsärmer werden. Ich sollte meine Gefühle nicht mehr so stark empfinden. Ich sollte sie nicht mehr so frei und beredt zum Ausdruck bringen. Mit einem Wort, ich sollte männlicher werden.

Das, was um die 1980er-Jahre herum in meiner konservativen Kleinstadt die Definition von amerikanischer Männlichkeit war, konnte ich nie so richtig ausfüllen. Diese Definition war durchdrungen vom evangelikalen Christentum und vom Katholizismus, vom amerikanischen Mythos der Eroberung des Westens und von den bäuerlichen Traditionen unserer Gemeinschaft. Männer hatten aktiv, betont körperlich und in allen sozialen Interaktionen dominant zu sein. Sie sollten ringen, boxen, herumschreien und die Mädchen an den Haaren ziehen. Sie sollten ihre Gedanken und Ansichten laut und nachdrücklich äußern. Wenn ein Mann in Buffalo »von der ruhigen Sorte« war, dann musste er der stille, starke Typ sein, der seine Emotionen selten zeigte oder äußerte – ein Mann, der gerne an etwas herumschraubte oder mit Holz arbeitete. Die intellektuellen Bestrebungen eines Mannes hatten sich auf die physische Welt zu beschränken: Autos reparieren, Tiere jagen, einem Ingenieurberuf nachgehen. Männer durften etwas für Mathe und Biologie übrighaben, aber wenn man britische Romane und den Film noir liebte, roch das schon verdächtig nach Intellektualismus. Und ein Intellektueller zu sein, war für die Jungs aus Buffalo in den 1980er-Jahren einfach nicht gut.

Das Heilmittel gegen all meine Seltsamkeiten: härter werden.

Ein Mann zu sein, verdammt noch mal.

Andere Eltern hätten mich vielleicht zu all dem gezwungen. Mich dazu getrieben, meine Emotionen zu verbergen, meine Instinkte zu ignorieren und mir seelischen – oder körperlichen – Schmerz zuzufügen, wenn ich ein Gefühl zu tief empfand. So hätte ich, nehme ich an, wirklich hart werden können – oder total gefühllos.

Die Auswirkungen eines solchen Wandels kann ich mir nur schwer ausmalen, aber ich denke, in diesem Falle wäre ich heute vermutlich tot. Maleachi erinnert mich immer wieder daran, dass dieser eine Fluchtweg uns ja immer noch bleibt.

Meine Eltern retteten mich Tag für Tag, indem sie mir erlaubten, ich selbst zu sein – selbst als sie mit dem Problem zu kämpfen hatten, wie sie ein Kind aufziehen sollten, das heute einen exzessiv fantastischen Roman schrieb und illustrierte und morgen alle Zimmerpflanzen im Haus samt Töpfen zerstörte.

Bei meinem Aufenthalt an der alternativen Schule kam es nach Neujahr zu einer Krise. Eines Morgens wachte ich auf und hatte kaum genug Energie, um auch nur den kleinen Finger zu heben. Als meine Eltern die Schule anriefen, um Bescheid zu sagen, dass ich wegen Krankheit fehlen würde, bekamen sie vom Schulleiter etwas zu hören: Lang und breit äußerte er sich über meine »Schulverweigerung«. Und wenn sie mich an diesem Tag zu Hause ließen, meinte er, dann würde ich überhaupt nicht mehr wiederkommen.

In gewisser Weise war das richtig. Es stellte sich heraus, dass ich mir, vielleicht verzweifelt über den Stress und die Hoffnungslosigkeit meiner Lage, eine Lungenentzündung eingefangen hatte und damit schon eine Weile herumgelaufen war. Während ich auf dem Weg der Genesung war, zogen meine Eltern Bilanz und trafen eine neue Entscheidung: Sie nahmen mich von der freien Schule und gingen zum Heimunterricht über.

Das war für mich die beste Nachricht seit Monaten. Vielleicht sogar seit Jahren.

Es könnte für hitzige Debatten sorgen, aber egal: Ich glaube, dass keine Nation auf diesem Planeten so unverwechselbar ist wie Indonesien. Um es vorsichtig auszudrücken: Es gibt auf Erden keinen anderen Ort, der Indonesien auch nur entfernt ähnelt. Zunächst einmal besteht das Land aus rund 17 000 Inseln. Ja, richtig gelesen. Siebzehntausend.

Das bedeutet, dass es in Indonesien eine verrückte Mischung aus Kulturen, Religionen, Sprachen, Küchen und geschichtlichen Entwicklungen gibt. Obwohl der Islam 90 Prozent Indonesiens beherrscht, gibt es hier – nicht anders als sonst wo auf der Welt – eine große Vielfalt an Religionen: Muslime auf Sumatra und Java, Katholiken auf Flores, Protestanten in Papua, Hindus auf Bali und animistische Religionen bei vielen indigenen Gruppen.

Indonesien ist auch ein Land mit Megadiversität – ein Begriff, der nur für 17 Länder auf der Welt verwendet wird. Um auf diese Liste zu kommen, muss eine Nation mindestens 5000 endemische Pflanzen aufweisen, also Arten, die man nirgendwo sonst findet.

Indonesien bedeckt nur etwa 1,3 Prozent der Landfläche unseres Planeten, beherbergt jedoch zwölf Prozent aller Säugetiere und 16 Prozent aller Vogelarten der Welt. Das sind mehr Säugetier- und Vogelarten als in den gesamten Vereinigten Staaten, einer Nation mit einer fünfmal größeren Landmasse! Indonesien hat mehr als das Doppelte der Pflanzen- und Wirbeltierarten der USA.[1]

Laut einer anderen Studie, die von Mongabay selbst durchgeführt wurde, ist Indonesien nach Brasilien und Kolumbien weltweit der Staat mit der dritthöchsten Biodiversität, wenn man die Artenzahlen von Wirbeltieren und Pflanzen zugrunde legt.

Indonesien ist etwas so Besonderes, dass man es kaum überbewerten kann.

Am nächsten Morgen holen mich Rahmadi, Buana und dessen Neffe ab. Buana ist ein alter Nashornschutz-Kämpfer mit schlanker Gestalt, ruhiger Stimme und einer Mischung aus Würde und Humor. Den Namen seines Neffen habe ich nie herausbekommen – oder, was wahrscheinlicher ist, ich habe ihn gleich wieder vergessen. Auf jeden Fall ist dieser Mann wie ein Gott, der unter uns Menschen wandelt.

Wir fahren von Bogor etwa 300 Kilometer weit bis zum Way Kambas National Park auf der Insel Sumatra. Zunächst brauchen wir ungefähr drei Stunden, um an die Westspitze von Java zu gelangen, anschließend nehmen wir eine Fähre über die Sundastraße bis nach Sumatra, und dann sind es noch einmal drei oder vier Stunden auf einer vielbefahrenen einspurigen Fernstraße bis nach Way Kambas, wo das Schutzgebiet von Sumatra sieben der in Gefangenschaft lebenden Nashörner beherbergt. Ein einzelnes Weibchen wird noch auf Kalimantan gehalten.

Die Straße durch Java ist größtenteils Autobahn. Nach ein paar Stunden halten wir an einer Tankstelle. Rahmadi sagt: »Ich bin mal zehn Minuten weg, okay?« Das wird er auf unserer Reise noch öfter sagen.

»Na klar«, antworte ich. Anfangs weiß ich noch nicht, dass er die Zweite Säule des Islam erfüllen will – *salât*, die Pflicht, fünfmal am Tag zu beten.

Für einen Amerikaner ist es problematisch, durch muslimische Länder zu reisen. Nicht weil man schlecht behandelt würde – ich bin in einem muslimischen Land niemals übel behandelt worden, sondern mir wurden Gastfreundschaft und Freundlichkeit entgegengebracht –, aber weil bestimmte Dinge auf beiden Seiten unausgesprochen bleiben. Immerhin bin ich US-Amerikaner. Ich komme aus einem Land, das nach dem 11. September weltweit für seine antimuslimische Rhetorik bekannt wurde.

Während Rahmadi zum Gebetsraum an der hinteren Seite der Tankstelle geht, steuere ich die Toilette an. Vor der Tür stehen alle möglichen Schuhe und Sandalen. Erwartet man von mir, dass ich die Schuhe ausziehe, ehe ich hineingehe? In weiten Teilen Asiens ist es gängige Praxis, die Schuhe auszuziehen, wenn man einen fremden Haushalt betritt – aber auf einem öffentlichen WC? Ein Mann kommt heraus, barfuß. Ich sehe, wie er seine Schuhe anzieht. Er lächelt mir wie zur Begrüßung zu.

Okay, also los.

Ich lege meine Schuhe ab und patsche gleich darauf ins Wasser, das etwa einen Zentimeter hoch den Toilettenboden flutet. Bei jedem Schritt ruft Steve: »Klowasser! Klowasser! Klowasser!« Und jedes Mal ist es wie ein elektrischer Schlag, der mir durchs Hirn fährt. Während ich es bis auf die Toilette und zurück schaffe, fühle ich das, was Herkules gefühlt haben muss, nachdem er die berühmt-berüchtigten vollgeschissenen Ställe von König Augias gereinigt hatte: Nein, das werde ich nicht noch einmal tun!

Im hellen javanischen Sonnenlicht ziehe ich mir die Schuhe wieder an, und im Auto atme ich durch die Maske meiner Angst.

Da ich 2015 mit Tiffany zwei Wochen in Indonesien verbracht habe, sollte ich eigentlich besser Bescheid wissen, aber damals lebten wir größtenteils in einer Art Touristen-Blase, in der Toiletten nach westlicher Art üblich waren. Ich will jetzt keine heftigen Details ausbreiten, aber eines versteht sich vermutlich von selbst: Wenn Sie irgendwann nach Indonesien – oder ein anderes asiatisches Land – reisen, sollten Sie Recherchen zur Toilettenkultur anstellen. Traditionell verrichtet man in vielen Ländern des Ostens sein Geschäft ganz anders als bei uns im Westen. Und das ist cool und wahrscheinlich sogar gesundheitsfördernd: Es ist gut, wenn man sich dazu hinkauert, und wenn man sich mit Wasser säubert (denken Sie nur an die Bidets), fühlt sich das viel angenehmer, hygienischer und umweltfreundlicher an, als wenn man sich den Po mit ermordeten Bäumen abwischt. Aber barfuß durchs Wasser zu trapsen, war für einen Westler mit Zwangsstörung wahrscheinlich eine Nummer zu krass. Und beim Anblick des Abflusslochs, des Wassereimers und des Schöpfbechers *(gayung)* war mir so, als säße ich vor einer mathematischen Aufgabe, die ich niemals lösen könnte.

Wir machen einen Halt, um Mittag zu essen, und fahren dann auf eine Fähre, die uns über die Sundastraße bringt, von Merak auf Java nach Bakauheni auf Sumatra. (Ich liebe es, indonesische Ortsnamen hinzuschreiben, das macht so viel Spaß!) Als wir ungefähr die Hälfte der zweistündigen Überfahrt geschafft haben, gehe ich aufs Vorderdeck, um vielleicht die Überreste von Krakatau erspähen zu können. Ich weiß nicht, dass das rund 50 Kilometer entfernt ist – eindeutig außer Sichtweite.

Indonesien liegt im Pazifischen Feuerring, einem riesigen Gebiet, das den Stillen Ozean umschließt und von Vulkanen und Erdbeben beherrscht wird. Während die Vereinigten Staaten weltweit die meisten Vulkane aufweisen, hat Indonesien die meisten aktiven Vulkane. Ja, ich habe gerade *aktiv* gesagt. Das löst berechtigterweise Furcht und Schrecken aus: vor dem Feuertod, vor dem Aschetod.

An zwei Tagen im August 1883 ging Krakatau in die Luft. Es war eine der heftigsten Eruptionen, die jemals verzeichnet wurden – um ein Mehrfaches stärker als jedes nukleare Objekt, das der *Homo sapiens* bisher entfesselt hat. Die vier Explosionen waren so gewaltig, dass sie 25 Kubikkilometer Inselgestein in die Luft schossen. Man konnte sie noch in Tausenden Kilometern Entfernung hören, und die Druckwellen, die der wütende Vulkan auslöste, wurden auf allen Barografen rund um den Erdball verzeichnet.

Als die Gesteinsbrocken von der Insel in den Ozean fielen, lösten sie mehrere Tsunamis aus, von denen manche um die 30 Meter hoch waren. Ganze Dörfer verschwanden von der Erdoberfläche.

Den holländischen Kolonialherren zufolge kosteten die Tsunamis 36 417 Menschen das Leben, aber die wahren Opferzahlen können durchaus bei über 100 000 gelegen haben. Siedlungen auf der westlichsten Halbinsel von Java wurden komplett von der Landkarte getilgt und später nie wieder besiedelt. Heute befindet sich dort der Ujung-Kulon-Nationalpark, der letzte Ort auf Erden, an dem man das Java-Nashorn noch findet – eine andere Art als das von Sumatra. Vermutlich wären Java-Nashörner heute bereits ausgestorben, wenn es nicht jene Verwüstungen durch Krakatau vor 137 Jahren gegeben hätte.[2]

Wir legen auf Sumatra an und steigen wieder ins Auto. Ich setze mir Kopfhörer auf und lausche einigen Podcasts, einem nach dem anderen, damit mein Gehirn sich nicht auf die Straße vor uns konzentriert und auf die völlig verrückten Aktivitäten, die man in Indonesien als ›Autofahren‹ bezeichnet.

Beim East Shore Trans Sumatera Highway handelt es sich um eine zweispurige Straße, die vollgepackt ist mit Lastwagen, Motorrädern und PKWs. Und statt dass sie in der richtigen Spur hintereinander fahren, wird permanent überholt. Immer wenn Buanas Neffe, der mit dem unbekannten Namen, ausschert, macht mein Herz einen Sprung, denn ich brauche gar nicht durch meine Finger zu schauen, um zu wissen, dass wir auf den Gegenverkehr zusteuern und das Rennen eröffnet ist.

Werden wir an diesem allzu lahmen Laster noch vorbeikommen oder aber mit einem entgegenkommenden Auto, Motorrad oder Lastwagen zusammenstoßen? Wird das jetzt der Moment sein, in dem dieses Hasenfußrennen damit endet, dass zumindest einer der Hasen auf der Straße liegen bleibt?

Wie auch immer, sei es durch die unglaubliche Konzentrationsfähigkeit des Neffen und seine schnellen Reflexe oder einfach durch Gottes milde Gnade – wir kommen jedes Mal auf wundersame Weise vorbei. Ich bin stundenlang auf Tauchstation und halte mir mit dem Podcast *My Brother, My Brother and Me* an die 100 Panikattacken vom Leibe.

Endlich erreichen wir die Tore des Nationalparks. Buana grüßt die Wachen, und die Torflügel tun sich auf. Nun ist es noch eine halbstündige Fahrt durch den Regenwald, bis wir das Schutzgebiet für die Nashörner erreichen.

Gegründet im Jahre 1989, besteht Way Kambas größtenteils aus Sekundärwald, was auf den Abholzungsfuror der 1960er- und 1970er-Jahre zurückzuführen ist. Dennoch bleibt das Reservat ein seltenes Beispiel für prächtige Flachlandregenwälder, Flüsse und Mangroven. Es beherbergt heute noch Sumatra-Tiger, Elefanten, Siamangs und – zusätzlich zu den in Gefangenschaft gehaltenen – sogar noch ein paar wild lebende Nashörner.

Erschöpft von der Reise, steigen wir aus dem Wagen und werden im Dunkeln begrüßt und in unsere Zimmer geführt. Ich schmeiße mein Zeug neben das Bett und lege mich hin. Ich schaue auf die weiß verputzten Wände und erblicke einen vom Licht der Lampe angezogenen Falter – vielleicht von einer Art, die der Wissenschaft noch unbekannt ist.

Das Licht wird ausgemacht, und Sumatra verschwindet wie ein Zauberland, das zu existieren aufhört, sobald es der Blick auch nur eines einzigen Menschen trifft. Kaum ein paar Hundert Meter von uns entfernt schlafen sieben Sumatra-Nashörner – womöglich die letzte Hoffnung für eine Art, die sich über 20 Millionen Jahre entwickelt hat.

Der Name ›Sumatra‹ kommt aus dem Sanskrit und bedeutet ungefähr: das Zusammentreffen der Ozeane.

In meiner Kindheit stellte ich mir Sumatra ganz ähnlich wie Borneo als prächtige, wilde, riesige, mit Regenwald bedeckte Insel vor, auf der Dörfer und Städte mit verschiedenen Kulturen prangten, während sich gleich nebenan eine reiche Tierwelt mit Tigern und Elefanten, Koboldmakis und Orang-Utans entfaltete. Die Wirklichkeit ist heute ganz anders beschaffen. Es ist eine Geschichte, die auf tragische Weise der von Borneo ähnelt, wenn auch die Zerstörung später einsetzte – dafür lief sie in weit größerer Geschwindigkeit ab. Die Gier der Unternehmen und der Massenkonsum zerstören die Vielfalt der Insel. Plantagen für die Palmöl-, Zellstoff- und Papiergewinnung breiten sich auf Sumatra mit einer so irren Geschwindigkeit aus wie sonst vielleicht nur noch auf Borneo.

Selbst auf einer herrlichen Insel wie Sumatra muss man heutzutage, wie vielerorts auf unserem Planeten, weit reisen, um noch Reste von Wildnis vorzufinden.

Um zum Way-Kambas-Nationalpark mit seinem Nashornschutzgebiet zu gelangen, fahren wir durch Städte und Dörfer, vorbei an Feldern und kleinen Plantagen. Als Tiffany und ich vor zwei Jahren die gleiche Route eingeschlagen hatten, war gerade Brandsaison. Die Leute häuften einfach Pflanzenberge von leer geräumten Feldern an und setzten sie in Brand, oder sie verbrannten gefällte Bäume. Solche Feuer griffen oft auf die natürlichen Wälder und die heimische Vegetation über. Der Himmel war aschfarben, und die ganze Szenerie wirkte postapokalyptisch.

Das aber ist nichts im Vergleich zu den Plantagen auf Sumatra, wo man stundenlang durch Anpflanzungen für die Zellstoff-, Papier- und Palmölproduktion fahren kann. Es ist noch nicht lange her, da gab es hier Altbestände an Regenwald und unergründliche Torfmoore. Man könnte meinen, das fahle Pferd der Apokalypse hätte alle Wesen, von denen diese Wälder einst bewohnt waren, erst gestern grausam mit seinen Hufen zermalmt.

Wenn ich durch Sumatra oder überhaupt durch Indonesien reise, ist das für mich immer emotional schwierig. Im Amazonasgebiet kann man sich wenigstens noch vormachen, die Zerstörung wäre weit weg. Es ist viel dankbarer, sich in seiner eigenen Naivität zurechtzukuscheln. Die Naturparks in Afrika, in denen man tagelang die Großsäugetiere beobachten kann, sind genauso großartig – aber auch nur unter der Maxime: »Unwissenheit ist ein Segen.« In Südostasien hingegen beschleicht einen das Gefühl, durch den Friedhof der Natur zu reisen.

Das bedeutet nicht, dass dort gar nichts von der herrlichen Wildnis übrig geblieben wäre – die gibt es immer noch – oder dass man nicht über die widerstreitenden Erfordernisse von Entwicklung und Naturbewahrung debattieren sollte. Aber ist das, was hier passiert, wirklich ›Entwicklung‹ und, wie manche meinen, gar ›Fortschritt‹? Die großflächige Zerstörung einiger der schönsten und biologisch vielfältigsten Regionen der Erde? Die brutale Dezimierung der Flora und Fauna? Die katastrophale Aufheizung unseres Planeten? Die Ignoranz gegenüber einheimischen und indigenen Menschen, die Firmen und Regierungen beschwören, auf diesem Weg innezuhalten – einfach nur eine Verschnaufpause einzulegen, verdammt noch mal?

Unsere globalen Methoden zu wirtschaften – man könnte stattdessen auch immer häufiger von massenhafter Zerstörung zur Ernährung der Wohlhabenden sprechen – zeigen zunehmend ihre schlimmen Folgen: Wegen der brennenden Wälder und Torfflächen ist Indonesien nun jedes Jahr in einen üblen Giftschleier gehüllt, was vermutlich für Tausende Tote verantwortlich ist.[3] Eine Studie zur Rekordverschmutzung im Jahre 2015 bezifferte die Todesrate für Indonesien, Singapur und Malaysia auf 100 000. Der alljährliche Dunstschleier lässt Flugzeuge am Boden bleiben, schwächt die Wirtschaft und breitet sich über benachbarte Länder wie Malaysia und Singapur aus.

Inzwischen erwärmt sich die Erde in raschem Tempo, und doch zerstören wir nach wie vor die Wälder und Torfflächen, die große Mengen Kohlenstoff speichern und herrliche Wildarten bewahren können. Und wofür? Für Papierverpackungen, um die endlose Konsumgier zu befriedigen? Für Palmöl in Knabberzeug und industriell verarbeitete Nahrung? Für billiges Rindfleisch? Für fossile Brennstoffe? Für die Konsequenzen aus all dem, die wir unseren Kindern auf die Schultern laden?

Vernichten wir dafür tatsächlich unsere Zukunft?[4]

An den beiden folgenden Tagen führe ich lange Interviews mit zahlreichen Wissenschaftlern und Nationalparkmitarbeitern und falle jeden Abend erschöpft ins Bett. Ich begegne auch einigen Nashörnern. Der erst kürzlich eingetroffene Harapan scheint sich schon gut auf sein neues Zuhause eingestellt zu habe, der junge Andatu liebt seine Fußbäder, Ratu behütet die zweijährige Delilah, die schon fast so groß ist wie ihre Mutter, und Andalas verschlingt im Handumdrehen den Inhalt des Präsentkorbs, den man ihm zum Geburtstag gefüllt hat: Ananas, Wassermelone, Äpfel, Birnen und zwei Dutzend Bananen. Die meiste Zeit versuche ich, die schwierige Gesamtsituation für den Naturschutz zu begreifen und mir klarzumachen, was alles getan werden muss.

Meine Reportage deckt auf, dass es in freier Wildbahn vermutlich noch 30 bis 80 Sumatra-Nashörner gibt und nicht 100, wie offizielle Stellen behaupten. Nur acht leben in Gefangenschaft, darunter ein einziges Weibchen, das seine Fruchtbarkeit schon unter Beweis gestellt hat. Das Zeitfenster für die Rettung dieser Art schließt sich, und es schließt sich schnell.

Ein neues Gemeinschaftsprojekt namens Sumatran Rhino Rescue arbeitet daran, Nashörner in freier Wildbahn einzufangen, damit sie sich dann in Gefangenschaft fortpflanzen. Das könnte tatsächlich die letzte Chance sein, das Überleben der Art zu sichern. Wenn wir sie verlieren, büßen wir nicht nur eine einzelne Spezies ein – und alle Individuen, die zu ihr gehören –, sondern auch eine Evolutionslinie von ganz eigentümlichen, einstmals sehr vielgestaltigen Tieren, die sich vor sage und schreibe 16 bis 23 Millionen Jahren von allen anderen Nashörnern abgespalten haben. Wissen Sie, was die Menschen damals gemacht haben? Wir waren noch nicht einmal ein Funkeln im Auge des Universums.

Es ist in vielerlei Hinsicht erstaunlich, dass es auf unserem Planeten überhaupt noch Sumatra-Nashörner gibt. Kaum zu glauben, dass die Art erst die große Welle des Aussterbens von Arten im Pleistozän überlebte, dann den jahrtausendelangen Handel mit China – das so versessen auf die Hörner war – und schließlich die moderne Welt mit ihren Gewehren, Drahtschlingen, Bulldozern und Feuern. Trotzdem ist das Sumatra-Nashorn immer noch da. Ein Grund mehr, alles Menschenmögliche dafür zu tun, dass es uns erhalten bleibt.

Nach dem Besuch von Way Kambas fahren wir ungefähr sieben Stunden, um an die andere Seite der Südspitze von Sumatra zu gelangen – in den Nationalpark Bukit Barisan Selatan.

Ich bin hier, um Zeit mit den Frauen und Männern von den Nashornschutzeinheiten zu verbringen. Sie widmen sich voller Hingabe der Erhaltung der letzten wildlebenden Sumatra-Nashörner. Es ist leider möglich, dass es in Bukit Barisan gar keine Nashörner mehr zu schützen gibt. Aber selbst falls diese Tiere verschwunden sein sollten, ist die Bedeutung des Nationalparks kaum zu überschätzen. Er beherbergt einige der letzten nennenswerten Populationen des Sumatra-Elefanten, des Sumatra-Tigers und des umwerfend schönen gestreiften Sumatra-Kaninchens – suchen Sie es mal im Internet!

Wir treffen am späten Nachmittag an einem Ort ein, der aussieht wie ein Dschungel-Basiscamp aus einem Actionfilm der 1980er-Jahre. Mehrere grüne Blechdachhütten im Camouflagestil hocken inmitten der Ausläufer des Bukit-Barisan-Gebirges, das sich von der Südspitze Sumatras bis an die Nordspitze erstreckt – mehr als 1500 Kilometer voller Berge, Vulkane und ursprünglicher Wälder.

Die meisten Nashornschützer sind Männer, und größtenteils sind sie jung, manche noch Teenager, andere in ihren 20ern. Ich interviewe mithilfe eines Dolmetschers die älteren, aber auch die ganz jungen Männer scheinen neugierig auf mich zu sein – genau wie ich neugierig auf sie bin. Selbst wenn wir nicht direkt miteinander reden können, finde ich die Ranger gastfreundlich, spaßig, gesellig und nett. Sie kennen den Wald wie ihre Westentasche und sind sehr stolz auf das, was sie tun.

In dieser Nacht nehmen die jungen Männer von der Nashornschutzeinheit mich und Rahmadi mit auf eine Wanderung durch einen nahe gelegenen Wald, direkt an der Hauptstraße. Wir halten Ausschau nach Koboldmakis, uralten nachtaktiven Primaten, die im Verhältnis zu ihrer Körpergröße die riesigsten Augen aller Säugetiere haben. Ich sag's gern noch mal: Ihr Schädel wird praktisch zur Hälfte von den Augäpfeln ausgefüllt. Außerdem haben sie Fledermausohren und Gremlinfinger. Und habe ich schon erwähnt, dass sie ihren Kopf um 180 Grad drehen können?

Aus all diesen Gründen träume ich davon, einen Koboldmaki zu sehen. Eigentlich glaube ich, unsere Welt wäre insgesamt viel besser dran, wenn wir alle von Koboldmakis träumen würden statt von Macht und maßlosem Wohlstand.

Mit straff gezurrten Stirnlampen betreten wir den Wald. Und mit ›Wald‹ meine ich dicken, schwarzen, dampfenden Dschungel. Unsere Lampen leuchten große Leguane an, die sich an die Äste klammern, riesige Kakerlaken, hastig dahineilende schlangengroße Tausendfüßler und eine erst kürzlich erblühte, aber nun schon wieder zusammengefallene Rafflesie – eine riesengroße, nach Verwesung riechende Blüte. Meine kleine Gruppe findet keine Koboldmakis, aber Rahmadi, der mit einem anderen Suchtrupp unterwegs ist, erspäht flüchtig die Koboldhand eines solchen Halbaffen, bevor sie auch schon wieder im Dunkel verschwindet.

Ein wenig später bedeutet mir mein Buschführer, ich solle stehenbleiben. Er bückt sich und löst mir behutsam einen Egel nach dem anderen von den Knöcheln ab. Das Blut rinnt mir in die Socken. Sumatra gehört zu den wenigen Gebieten auf der Erde, in denen es landlebende Blutegel gibt. Sie ruhen im abgefallenen Laub und warten darauf, dass ein nichtsahnendes Tier sie ein Stück mitnimmt und ihnen einen Long Drink spendiert. Sie können mühelos durch die Socken beißen.

Zehn Minuten später möchte derselbe junge Mann, dass ich mich umdrehe, damit er mir einen Blutegel vom Nacken schnipsen kann.

Diese niedlichen kleinen Dinger können sich auch von oben herabfallen lassen – dann regnet es Blutegel.

Seine Gesten haben etwas Anrührendes, beinahe Zärtliches. Dieser junge Mann, ein Unbekannter, hilft dem amerikanischen Typen, der hier mal kurz zu Besuch ist, aus der Patsche. Wir können nicht mit Worten kommunizieren, aber wenn er einen Egel an mir sieht, hilft er seinem Bruder.

Später denke ich, dass dieser Akt eine tiefere Bedeutung hat und etwas über die Gemeinsamkeit aller Menschen aussagt. So viele von uns sehen nur die Unterschiede zwischen sich selbst und den anderen, besonders denen, die anderen Nationen entstammen und gemäß anderen kulturellen Werten leben. Aber in Wahrheit sind wir alle einfach nur Menschen. Jeden Tag können wir uns für Güte entscheiden oder für Grausamkeit. Wir können wählen, ob wir mutig sein oder zaudern wollen. Wir können den anderen dabei helfen, die Blutegel zu entfernen – oder eben nicht.

Die Rückfahrt von Sumatra nach Java besteht im Prinzip aus zwölf Stunden Schweigen. Wir sind alle zu müde, um miteinander zu reden. Auf der Fähre trete ich aufs Deck hinaus, aber die Route ist dieselbe wie auf der Hinfahrt, und die Überreste von Krakatau sind auch jetzt nicht zu sehen.

44 Jahre, nachdem Krakatau auseinandergeflogen war, erhob sich am Rand der Caldera des einstigen Kegels ein neuer Vulkan, wie Athene aus dem Haupt des Zeus geboren wurde. Die Einheimischen nennen ihn »Anak Krakatoa«, Sohn des Krakatau, und während der nächsten 91 Jahre wuchs dieser kleine Vulkan bis auf eine Höhe von mehr als 300 Metern.

Anderthalb Jahre nach meinem Besuch bricht der Anak Krakatoa in der Sundastraße aus. Ein riesiges Teilstück des Vulkans stürzt ins Meer, was zu einem Tsunami mit bis zu fünf Meter hohen Wasserwänden führt. Der Tsunami tötet 437 Menschen und verletzt mehr als

14 000 – keine Vulkanexplosion des neuen Jahrtausends forderte bisher mehr Opfer. Der Anak Krakatoa schrumpft von 339 auf nur noch 110 Meter. Der Wald, der fast ein Jahrhundert lang an seinen Hängen gewachsen ist, und die Tiere, die ihren Weg dorthin gefunden haben – alles verschwindet von der Bildfläche. Nun gibt es dort nur noch Fels, Geröll, Sand und brodelnde Hitze.

Die Fahrt über die Meerenge zurück auf die Insel Java scheint mehrere Tage zu dauern, aber es ist eben ein ewig langer Weg. Endlich erreichen wir mein Hotel, und zum ersten Mal seit fast einer Woche bin ich allein. Ich tue das, was jeder machen würde: Ich kaufe im Restaurant im Erdgeschoss zwei gekühlte Flaschen Bier – Alkohol ist in vielen Teilen Indonesiens schwer zu bekommen, und es ist unhöflich, auf einer Reise mit Einheimischen welchen zu trinken – und bringe sie auf mein Zimmer. Ich habe die erste beinahe geschafft, als ich einschlafe.

»Hast du was dagegen, wenn wir auf einer Hochzeit vorbeischauen?«, fragt mich die Frau, die ich erst vor 20 Sekunden kennengelernt habe. Sie ist eine Amerikanerin auf Java – mit rotem Haar, tiefliegenden Augen und einem gewinnenden Lächeln. In ihren Mundwinkeln liegt ein Anflug von Übermut.

»Auf einer Hochzeit?«, wiederhole ich ungläubig.

»Jemand von unserer früheren Belegschaft hat gerade geheiratet«, sagt sie. »Wir würden dort gern mal anhalten und Hallo sagen.«

»Ja, sicher«, sage ich. »Aber mir ist dabei ein bisschen komisch zumute, ohne Einladung und so.«

»O, kein Problem!« Sie wischt meine Bedenken beiseite. Was mich am Ende überzeugt, sind nicht so sehr ihre Worte, sondern mehr die Glimmerfünkchen in ihren Augen. »Es werden sowieso jede Menge Leute da sein. Ein Amerikaner mehr oder weniger wird niemanden stören.«

»Okay …«

»Außerdem gibt es kostenlos was zu essen.«

»O ja, ich bin dabei!«, sage ich mit gespielter Sicherheit.

Meine neue Bekanntschaft heißt Sharon McCabe, und sie ist die höchst kompetente Koordinatorin des Little Fireface Project, eines Naturschutz- und Forschungsvorhabens, das sich der wissenschaftlichen Untersuchung und Erhaltung der javanischen Plumploris widmet. Bei ihr ist Michael, ein blonder, großgewachsener Brite in den 20ern. Seine Forschungen im Rahmen des Projekts sind Bestandteil seiner Masterarbeit. Obwohl Michael erst seit einem Monat in Indonesien ist, scheint er sich schon besser akklimatisiert zu haben, als es mir jemals gelingen wird.

Ich hatte einen Fahrer angeheuert, der mich von Jakarta ins Dorf Cipaganti bringen sollte, wo die Forschungseinrichtung ihren Sitz hat. Nach dreistündiger Fahrt hielten wir in Bandung, um Sharon und Michael mitzunehmen. Hier begann auch die Geschichte mit der Hochzeit.

Und jetzt stecke ich mitten in einem javanischen Hochzeitsfest.

Es gibt ein Buffet mit köstlichen Speisen, eine erlesene Auswahl an Kleidern und Smokings und mehr Fremde, als ich zählen kann. Mit vollem Mund versuche ich unverdrossen, mich den anderen vorzustellen.

»Journalist … Sumatra-Nashörner … Plumploris … Mongabay … Nein, den Bräutigam oder die Braut habe ich vorher noch nie gesehen. Wie heißen sie gleich?«

Ich weiß nicht so richtig, wie Hochzeitsfeste in Indonesien gewöhnlich ablaufen. (Und das ist noch vorsichtig formuliert – ich habe nicht die geringste Ahnung davon!) Und wie bei allem in diesem megadiversen Land gibt es auch hier so viele Bräuche, wie es Inseln gibt. Ich weiß nicht, ob wir eine Art von offizieller Zeremonie verpasst haben, aber dies hier ist eindeutig der Vergnügungsteil. Wie die meisten Menschen in Bandung gehört auch das Brautpaar zur sundanesischen Ethnie und Sprachgruppe. Deshalb trägt die Braut eine reich geschmückte Tracht, in der sie aussieht wie eine Göttin in Menschengestalt. Der Bräutigam hingegen trägt Anzug.

In den meisten Fällen wäre die Lage, in der ich mich befinde, unerträglich peinlich. Aber Sharon, die offenbar ein Talent dafür hat, das Amüsante an schrägen sozialen Situationen zu entdecken, lässt es ein wenig wie ein Rollenspiel aussehen.

Das funktioniert jedenfalls so lange, bis wir uns in die Warteschlange der Gratulanten einreihen müssen. Sharon geht voran, umarmt die Braut – sie kennen sich ja schon – und schüttelt dem Bräutigam beide Hände. Als Nächster kommt Michael, völlig locker, obwohl er diesen Leuten noch nie begegnet ist. Und dann bin ich dran.

»Hi, ich bin Jeremy«, sage ich und schüttle der Braut die Hand. »Journalist. Mit Sharon unterwegs. Will eine Reportage über die javanischen Plumploris machen.«

Warum erzähle ich ihr das alles?

Wie ich am Gesichtsausdruck der Braut ablesen kann, hat sie in den letzten Stunden schon so oft »Hello« gesagt, dass sie meine Worte gar nicht mehr erfasst. Und das ist auch nicht weiter schlimm.

»Herzlichen Glückwunsch! Sie … ähm … Sie sehen sehr hübsch aus«, füge ich aus purer Verlegenheit hinzu. Aber sie lächelt und nimmt es freundlich auf.

Dann schüttle ich dem unbekannten Bräutigam die Hand und gratuliere ihm ebenfalls.

Aber als es darum geht, ein Gruppenfoto mit Braut, Bräutigam und allen Anwesenden vom Little Fireface Project zu machen, ist für mich die Grenze erreicht. Sharon winkt mich heran, aber ich schüttle den Kopf. Ich will nicht, dass dieses reizende Paar später einmal das Album mit den Hochzeitsbildern durchblättert und plötzlich innehält und sagt: »Wer ist denn das da?«

»Ach, dieser amerikanische *Hochzeits-Crasher*.«

Das Little Fireface Project war die Idee der Plumplori-Expertin Anna Nekaris. Es handelt sich dabei um eine jener kleinen Umweltschutzgruppen, die tatsächlich etwas bewirken. Ich hatte sie mir schon seit Jahren einmal anschauen wollen. Sie ist weltweit die einzige Gruppe, die Langzeitforschungen zu Plumploris betreibt und gleichzeitig den Bestand dieser ernsthaft gefährdeten Tiere schützt, indem sie eng mit den Menschen vor Ort zusammenarbeitet.

Wenn Koboldmakis Gremlins aus Fleisch und Blut sind, dann sind Plumploris südostasiatische Goblins. Sie bewegen sich wie Automaten, haben riesige leuchtende Augen und lecken von ihren Oberarmen Giftstoffe ab, die richtig gefährlich werden, wenn sie sich mit dem Speichel der Loris vermischen. Die acht bekannten Arten sind von der Ausrottung bedroht, weil – Sie haben es sicher schon erraten – die Waldzerstörung ungezügelt voranschreitet, aber auch, weil man diese Tiere für den Suppentopf und für schwarze Magie schlachtet. Einige Körperteile finden in der traditionellen Medizin Verwendung.

Darüber hinaus sind Plumploris auch als Haustiere recht populär geworden. Das liegt an possierlichen Videos auf YouTube, etwa dem einen berühmt-berüchtigten, in dem so ein Lori gekitzelt wird. Aber legen Sie das Buch jetzt nicht hin, um sich diese Videos anzuschauen! Bitte nicht! Wenn man sie sich anguckt, ist das nur Doping für die Algorithmen von YouTube. Es befeuert den illegalen Handel und vergrößert das unvorstellbare Leiden dieser ›Haustiere‹.

Um Plumploris für den Tierhandel zu fangen, töten die Wilderer das Muttertier und nehmen das Baby mit. Dann wird es oft unter unhygienischen Bedingungen gehalten, und man kürzt ihm mit Zangen seine scharfen Eckzähne ein. Viele Tiere überleben diese brutale Prozedur nicht. In Gefangenschaft sterben Loris gewöhnlich recht bald. Oftmals werden sie wachgehalten, wenn sie eigentlich schlafen sollten. Man füttert sie falsch, lässt sie in ihren Exkrementen hocken und stresst sie so, dass sie früh sterben.

Die großen Augen der Plumploris sind nicht entstanden, damit diese Tiere auf uns niedlich wirken, sondern um ihnen ein gutes Nachtsichtvermögen für die Jagd auf Insekten und sogar Vögel zu verleihen. Wenn sie sich langsam und ruckartig fortbewegen, dann nicht, weil sie gern eingefangen und als Haustiere gehalten werden wollen. Das ist vielmehr eine Strategie, um nicht selbst gefressen zu werden. Raubtiere können nur das töten, was ihnen durch Bewegungen auffällt. Plumploris sind Wildtiere. Sie sind nachtaktiv und giftig, und sie riechen scheußlich.

Sie sind keine Haustiere.

Mir bleibt fast die Puste weg, als ich Michael folge: auf der Hauptstraße aus dem Dorf Cipaganti hinaus und hinein in die Felder an der Flanke des Mount Papandayan. Wobei ›Mount‹ das falsche Wort ist, denn eigentlich handelt es sich um keinen Berg – tatsächlich liegt das Dorf an einem Vulkankegel. Zum Glück hat mir das niemand gesagt, bevor ich dorthin fuhr. Vielleicht hätte ich mich sonst krankgemeldet. Ich finde es erstaunlich, dass Menschen – allein in Cipaganti etwa 3000 – an der Flanke eines Vulkans leben und einfach so ihren Alltagsgeschäften nachgehen können.

Pompeji sagt Ihnen was? Als Tausende von der Hitze gebraten wurden – bei mehr als 200 Grad? Sie wissen doch, dass man Gipsabgüsse der Hohlräume, die ihre zu Asche gewordenen Körper hinterließen, besichtigen kann? Während ich den Hang hinaufsteige, wundere ich mich, weshalb andere Menschen nicht so oft an Pompeji denken wie ich.

Wie so viele Vulkane in Indonesien ist der Papandayan aktiv, und der letzte Ausbruch fand 2002 statt. Das ist erst gut 20 Jahre her, Leute!

Als die Sonne vor Michaels und meinen Augen unterzugehen beginnt, verbreitet sie ein Licht mit einem goldenen Schimmer. Wenn man im Schatten eines Vulkankegels steht, ist das unbestreitbar ein schöner Anblick. Hinter dem Dorf führt die Straße in grüne Felder mit Tee, Kaffee und Chayote-Kürbis (den man hier »labu siam« nennt). Alle Ackerkulturen werden von den hohen Bäumen des Regenwaldes flankiert.

Während wir weiterwandern, hält Michael Ausschau nach Plumploris im Blätterdach. Ich überlasse das Michael, denn er weiß, wie man es machen muss. Wenn ich mal einen Augenblick innehalte und Atem hole, betrachte ich lieber das Panorama: das sonnenbeschienene grüne Tal, das sich unter uns ausbreitet, die letzten Strahlen, die uns von der anderen Seite des Vulkangipfels her noch erreichen. Eine Abenddämmerung von atemberaubender Schönheit. Und obwohl wir keine gemächlich dahinkletternden großäugigen Primaten zu Gesicht bekommen, bin ich von Ehrfurcht erfüllt.

Nachdem das Isha-Gebet an diesem Abend über mehrere Lautsprecher im ganzen Dorf erschollen ist, sitze ich mit Sharon, Michael, der französischen Primatenforscherin Hélène Birot und ein paar anderen ausländischen Wissenschaftlern noch im Gemeinschaftsraum und spiele Poker. Nachdem ich eine Woche allein unter Indonesiern verbracht und dabei versucht habe, die kulturellen Unterschiede zu enträtseln und mit dem Schweigen und der Unfähigkeit zur Kommunikation klarzukommen, spüre ich nun, wie unerwartete Erleichterung meinen Körper durchflutet.

Alle Indonesier, denen ich begegnete, waren liebenswürdig, freundlich und wundervoll, und doch war von beiden Seiten viel Arbeit nötig, wenn wir einander verstehen und auf einfachste Weise kommunizieren wollten. Und selbst wenn das klappte, trennten uns kulturelle Unterschiede, die sich innerhalb einer Woche nicht so leicht beiseiteschieben ließen. Aber nun bin ich hier mit einer Truppe von 20- und 30-Jährigen, die nicht nur kulturelle Gemeinsamkeiten haben, sondern auch die Leidenschaft für Flora, Fauna und die Natur überhaupt teilen.

Und doch packt mich erneut der Kulturschock, als ich die Toilette ansteuere. Ich ziehe mir die Schuhe aus, wie es sich gehört, und stakse über den rutschigen Fußboden. Dabei versuche ich, die Kontaktfläche so klein wie möglich zu halten. Ich hebe die Hacken so weit an, bis ich nur noch auf Zehenspitzen laufe. Bei jedem Schritt schreit Steve: »Klowasser! Klowasser! Klowasser!« Bei jedem Schritt setzt mein Körper ein wenig mehr Adrenalin frei, und als ich endlich die Toilette erreiche, ringe ich nach Luft und halte meine Füße weit über die glitschige Oberfläche.

»Durchatmen, Jeremy. Einfach durchatmen.« Ich wende alle Meditationsübungen an, die ich gelernt habe, hole vier Sekunden Luft, halte den Atem sieben Sekunden und stoße ihn acht Sekunden lang aus, bis sich meine Angst legt. »Bald bist du wieder zu Hause«, sage ich mir. *»Bald bist du wieder zu Hause.«* Wenn man eine Reise durchstehen will, ist es manchmal am besten, sich in Erinnerung zu rufen, dass man nicht ewig in nassen Toilettenräumen herumtapsen wird.

Und dann muss ich den Rückweg bis zur Tür schaffen. Tief einatmen – und los!

»Klowasser! Klowasser! Klowasser!«

Die Morgenrufe zum Fadschr-Gebet – ein Wettstreit von Ausrufern, die über den Ort verteilt sind – wecken mich auf, aber nur für kurze Zeit. Inzwischen habe ich mich an sie gewöhnt.

Cipaganti ist ein konservatives muslimisches Dorf, und das Fireface-Projekt bemüht sich nach Kräften, dies zu respektieren und eine Beziehung zur Dorfgemeinschaft aufzubauen. Das Projekt hat Alkohol und Sex aus seinen Räumlichkeiten verbannt. In der Öffentlichkeit wird nicht geraucht, und alle Frauen kleiden sich zurückhaltend. Das Projekt hat auch eine Schule erbaut, ein Naturschutzprogramm gestartet und mehrere einheimische Männer als Fährtensucher angeheuert. Diese Männer wirken im Dorf wiederum als Botschafter für das Projekt.

Die Naturschützer sind in den letzten Jahren besser darin geworden, mit den Leuten vor Ort zusammenzuarbeiten, aber manche Gruppen agieren noch immer wie kleine Kolonialisten. Auf Little Fireface trifft das jedoch nicht zu.

Ich verbringe den Tag damit, den Mitarbeiterstab, Studenten und einheimische Fährtensucher zu interviewen. Als die Sonne untergeht und die Nacht hereinbricht, kann der eigentliche Spaß beginnen. Ich lege meine komplette Ausrüstung an und folge Hélène und drei Fährtenfindern die Hauptstraße entlang.

Heute Nacht sind wir hinter den Plumploris her.

Man weiß nie, was einen erwartet, wenn man Naturschützern in die Wildnis folgt, denn sie sind einfach verrückt. Tag für Tag tun sie wahnwitzige Dinge. Wenn Sie ein Abenteuerleben à la Indiana Jones führen wollen, werden Sie lieber nicht Archäologe. Die Darstellung im Film ist nicht realitätsgetreu. Werden Sie lieber Umweltschützer vor Ort, da haben Sie wirklich exotische Schauplätze, faszinierende Kulturen und verrückte Abenteuer in der Wildnis. Natürlich bedeutet das dann aber auch miese Gehälter und geringe Jobsicherheit – und lähmende Niedergeschlagenheit, wenn man erlebt, wie sich das Anthropozän entfaltet.

Ich könnte so etwas niemals machen, aber ich bewundere alle, die es tun, aus tiefstem Herzen.

Zunächst geht es die Hauptstraße hinauf und dann in die Felder, die gleich oberhalb des Dorfes liegen. Ganz ähnlich hatte ich es gestern mit Michael gemacht. Aber heute sind wir auf einer anderen Mission. Einer der örtlichen Fährtensucher trägt eine Antenne, um einen Plumplori mit Senderhalsband aufzuspüren. Wir wollen heute Nacht ein ganz bestimmtes Männchen namens Toyib einfangen und Proben von ihm nehmen. Loris sind standorttreu, und so weiß das Team recht gut, wo man Toyib findet. Das Gerät wird uns seinen Aufenthaltsort noch genauer bestimmen lassen.

Als wir den Dorfrand passiert und das Ackerland erreicht haben, beginnt der eigentliche Spaß. Wir tänzeln über mehrere Felder und ziehen die Köpfe ein, damit wir nicht gegen einen Kürbis prallen. Dabei geht es beständig die Vulkanflanke hinauf. Ich schnaufe wie ein Blasebalg.

Und dann lassen wir die Felder hinter uns und beginnen zu klettern, wirklich zu klettern. Ich muss nach Zweigen greifen und an senkrechten Stellen einen Platz für meinen Fuß finden, um oben wieder auf den Pfad zu kommen. Dann eine scharfe Kehre, und für 20 Minuten geht es in eine andere Richtung, aber dann ist wieder Klettern angesagt. Nicht dass der steile Anstieg besonders lang wäre, aber für einen 37-jährigen Autor, der die meiste Zeit am Computer zubringt, ist es harte Arbeit.

Irgendwann dreht sich Hélène zu mir hinüber und sagt mit ihrem französischen Akzent: »Hier musst du aufpassen. Am Boden gibt es eine Menge Wespennester.«

Meine Antwort ist nur ein heftiges Schnaufen. Aber ich bleibe ihr jetzt dichter auf den Fersen und trete behutsamer auf als vorher, denn Steve schreit in schrillem Ton: »Weees-pen!«

Wir kommen durch, ohne gestochen zu werden, und gönnen uns noch im Hang eine Pause. Hélène steckt sich eine ihrer stets präsenten Zigaretten an, während ich gierig an meiner Wasserflasche sauge.

»Möchtest du?«, fragt sie und hält mir eine Zigarette hin.

»Nein, *merci«,* bringe ich hervor und präsentiere damit das einzige französische Wort, an das ich mich nach immerhin fünf Jahren Sprachunterricht erinnere. Im Glutschein der Zigarette lächelt sie auf diese wunderbare französische Art, die bedeuten kann, dass sie innerlich über mich lacht – die wahrscheinlichste Erklärung – oder dass sie es genießt, wie ich mich winde – ebenfalls wahrscheinlich.

Die Guides sitzen nur ein paar Meter von uns entfernt. Sie inhalieren ihren Rauch und plaudern auf Bahasa. Wir bleiben etwa fünf Minuten. Unter uns breiten sich die Lichter der Dörfer und Städte aus, weit unten und weit entfernt. Als die angenehme Temperatur an der Vulkanflanke meinen erhitzten Körper kühlt, schaue ich auf und sehe die Sterne – so hell, so nah, so dicht.

Wieder mal eine von diesen atemberaubenden Nächten auf dem Planeten Erde.

Die Fährtenfinder gehen schon voran, aber Hélène und ich bleiben noch ein wenig. Ich glaube, sie merkt, dass ich noch etwas verschnaufen muss oder – ebenso wahrscheinlich – dass ich beim Hochkraxeln sowieso zu viel Lärm machen und die Loris verschrecken würde.

Dann aber: »Los geht's! Wir müssen die anderen einholen.«

Die anderen einholen? Wirklich? Warum warten wir nicht einfach ihre Rückkehr ab? Dann könnten sie uns doch den Berg hinuntertragen. Die letzten paar Minuten waren die einzigen in der verflossenen halben Stunde, in denen mein Hirn was anderes als »Scheiße, Scheiße, Scheiße, Weees-pen, Scheiße, Scheiße, Scheiße, Weees-pen!« denken konnte, und das war sehr schön.

Aber dafür – das hohe Gras, das mich berührt, die elektrischen Lichter, die unter uns prangen, die glitzernden Sterne über uns – bin ich eigentlich nicht hier. Es ist mein Job als Journalist, diese verrückten Umweltschützer auf Schritt und Tritt zu begleiten, und wir müssen den verdammten Baumkobold nun endlich aufspüren.

Zehn Minuten später haben wir zu den Fährtensuchern aufgeschlossen. Sie haben Toyib bereits gefunden – in einem Horst von drei Meter hohen Bambushalmen. Es gibt jedoch ein kleines Problem: Er ist nicht allein. Wie sich herausstellt, hat Toyib eine neue Freundin, ein Plumploriweibchen, das das Team noch gar nicht kennt. Alles, was ich sehe, sind zwei Paar riesige runde Augen, die aus dem Bambusschatten für einen Moment im Schein der Stirnlampen aufleuchten.

Einer der Fährtenfinder sagt zu Hélène etwas auf Bahasa.

»Scheiße, die hatten gerade Sex. Wir haben sie dabei gestört«, übersetzt sie für mich.

»Die hatten …?«

»Ja, genau«, sagt sie. »Das ist mal was Neues. Na gut, wir sollten jetzt einfach das tun, wofür wir gekommen sind. Hoffen wir mal, dass sie danach weitermachen können.«

Man beschließt, alle beide einzufangen. Hélène und ich halten uns im Hintergrund, als die Fährtensucher zur Tat schreiten – junge, einheimische Männer, für die solch eine Beschäftigung vermutlich viel aufregender ist als das Bestellen der Felder. Sie arbeiten geschickt und flink: Man schlingt ein Seil um den Bambus und zieht ihn damit herunter, sodass man die Plumploris zu greifen bekommt. Der erste Versuch misslingt, und ich sehe Toyib zum ersten Mal vollständig.

Er klammert sich wie ein Stabhochspringer an den zurückfedernden Bambushalm. Seine Mimik, die für eine Sekunde im Schein meiner Stirnlampe sichtbar wird, lässt sich nur mit »Oooooh … Schei-ße« beschreiben.

Trotzdem gelingt es ihm mit seinen perfekt angepassten Händen und Füßen, sich am zurückschwingenden Bambus festzuhalten. Beim zweiten Versuch haben die Helfer mehr Erfolg. Sie schnappen sich sowohl Toyib als auch das Weibchen und stecken sie in Stoffbeutel.

Nun wird Hélène blitzartig aktiv. Zuerst nehmen wir uns Toyib vor, während das neue Weibchen im Beutel zappelt. Hélène nimmt ihm schnell Speichelproben ab und macht einen Abstrich von seinem Oberarm, um den Giftstoff untersuchen zu können. Für einen Moment wirkt Toyib zutiefst verängstigt. Seine Augen sind weit aufgerissen (kann ein Plumplori die Augen überhaupt noch weit aufreißen, wo sie doch immer schon so groß sind?), und seine kleine Hand klammert sich um Hélènes Daumen. Aber die Prozedur ist rasch vorüber. Das Weibchen ist da schon ein Biest von anderem Kaliber. Als sie dran ist, knirscht sie mit den Zähnen, und Geifer rinnt ihr aus dem Mund. Sie windet sich im Griff der einheimischen Helfer wie ein unglaublich geschickter Zirkusartist und versucht zu fliehen, zu beißen.

Das Team braucht nur wenige Minuten, um alle notwendigen Proben zu nehmen und ein Senderhalsband um den Hals des Weibchens zu legen. Nun werden sie feststellen können, woher sie stammt und mit wem außer mit Toyib sie vielleicht noch Umgang hat. Plumploris sind darin den Menschen recht ähnlich – manche sind treu, während andere zum Fremdgehen neigen. Dann bringen die Fährtensucher die eingesackten Tiere wieder zu ihrem Bambushorst zurück und lassen sie frei in der Hoffnung, dass sie ihre romantische Stimmung wiederfinden.

Das alles mag ziemlich übergriffig klingen, und das ist es auch. Aber es ist die einzige Möglichkeit, diese Tiere schnell und sicher einzufangen. Außerdem erzeugen das Einfangen und die Probenentnahme zwar gewiss Stress, aber die Forscher sagen, dass die Tiere schon bald wieder in den Normalzustand zurückkehren, wenn sie erst einmal freigelassen worden sind. Es ist einfach so, dass das Team die Wege der Loris nur nachverfolgen kann, wenn man die Halbaffen zunächst einfängt und sie mit Senderhalsbändern versieht oder leere Batterien ersetzt. Wenn man sie einfängt und ihren Weg verfolgt, liefert das wichtige wissenschaftliche Daten zu Biologie, Gesundheit und Reviergröße dieser Tiere. Aus den Erkenntnissen des Teams lernen wir, welche Anforderungen Plumploris an ihre Habitate stellen, sodass Naturschutzgruppen künftig über die besten Informationen verfügen, wenn sie solche Tiere erfolgreich wieder auswildern wollen. Die Unannehmlichkeiten, denen Toyib und das Weibchen vorübergehend ausgesetzt waren, könnten dazu führen, dass ehemalige ›Haustier‹-Loris, die wieder freigelassen werden, ein besseres und längeres Leben haben.

Für eine Art, die ganz ähnlich wie das Sumatra-Nashorn an der Schwelle zur Ausrottung steht, kann jede Kleinigkeit hilfreich sein.

Der Rückweg die Vulkanflanke hinab erweist sich als viel einfacher als der Aufstieg. Das Adrenalin rauscht mir noch mal durch den Körper, als wir ins Büro zurückkommen und Sharon die Details unseres nächtlichen Abenteuers in all seiner Pracht berichten.

Sharon und Hélène gewähren mir das Privileg, dem neuen Weibchen einen Namen zu geben. »Daenerys«, sage ich. Zwar ist das nur eine fiktionale Figur, aber sie ist eine knallharte und coole Königin und eine der letzten ihres Geschlechts.

Es ist ein Gemeinplatz, aber er ist ja nicht falsch: Aussterben ist etwas Endgültiges. Selbst eine früher allgemein verbreitete Art kann nur eine bestimmte Zahl von Schlägen einstecken, bevor die Ausrottung ihr hässliches Haupt erhebt.

Für die Plumploris von Java, die Nashörner von Sumatra und Tausende andere Arten auf der Erde ist dieser Moment jetzt gekommen. Unser Handeln hat sie an den Rand des Aussterbens gebracht. Ich würde mich nicht im Geringsten wundern, wenn viele Arten dieses Jahrhundert nicht überleben würden. Andererseits braucht es nur eine Handvoll intelligente, wohlgesinnte und engagierte Menschen, um das

Ruder für eine einzelne Art noch herumzureißen. Um die ökologische Verarmung weltweit aufzuhalten, braucht es allerdings uns alle.

Als ich das erste von drei Flugzeugen besteige, die mich nach Hause bringen sollen – Reisedauer: lächerliche 25 Stunden und 13 Minuten –, bin ich fest entschlossen, es anders zu machen als auf dem Hinflug. Keine Panikattacken, sage ich mir. Egal wie schlimm es werden mag.

Und so sehe ich *absolut* nicht, wie ein Mann auf die Toilette geht und erst nach viel zu langer Zeit wieder rauskommt. Und ich suche die Toiletten danach *absolut* nicht penibel nach Bomben ab. (Der Mann war weiß. Steve hat zwar viele Fehler, aber Racial Profiling gehört nicht dazu.) Selbst wenn eine Bombe in der Toilette versteckt wurde, bin ich heute nicht so irre, mir einzubilden, ich könnte sie finden.

Ich tue absolut nichts von alledem.

Kurz nach acht Uhr abends steige ich endlich aus dem letzten Flugzeug.

Am liebsten würde ich mich im Flughafen auf die Knie fallen lassen und den Boden küssen. Ich schwöre natürlich nicht still für mich, nie wieder nach Asien zu fliegen. In alle Ewigkeit nicht. Nein, nein. Sowas würde ich absolut nie und nicht mal zu mir selbst sagen – denn schon zwei Jahre darauf werde ich mich in Vietnam wiederfinden.

Aber das ist eine andere Geschichte …

KAPITEL NEUN

Missgeschicke im Paradies

WINTER 2012

Der Tag begann idyllisch genug. Es ist nicht der Zwischenfall, an den ich mich noch heute am deutlichsten erinnere, sondern die Sonne, die sich auf dem unberührten Gebirgsfluss spiegelte, und das Wasser, das so blau war wie das Ei einer Wanderdrossel, während das Blätterdach des Nebelwaldes sich über uns wiegte. Ich erinnere mich an das Licht, das bis auf den Fluss durchdrang – nicht gebrochen durch herumstreunende Wolken und nicht vom Laub absorbiert – und das schillernde goldene Flecken auf uns warf, als wir badeten. Schwimmen in einem Dschungelfluss: diese Stunde steht nicht nur sinnbildlich für unsere Reisen in die Dominikanische Republik, sondern für etwas, das es verdient hat, geschützt und erhalten zu werden.

Wir beginnen diesen Tag aber nicht an einem zeitentrückten Fluss. Stattdessen erwachen Tiffany und ich in der kleinen, sonnendurchfluteten und ausgedörrten Karibikstadt Pedernales. Wie an jedem Morgen in Pedernales hören wir beim Aufwachen das Krähen unermüdlicher Hähne, die Schreie rolliger Katzen, das Gejaule von Hunden, Rufe von Männern, die etwas auf Spanisch brüllen, und das Knattern von Motorrädern. Aber im Unterschied zu jedem anderen Morgen habe ich einen schweren Kopf aufgrund des unerwarteten Festes der vergangenen Nacht.

Eigentlich hatten wir für letzte Nacht geplant, in den Wäldern gleich hinter dem Stadtrand von Pedernales nach einem Tier namens Schlitzrüssler zu suchen. Aber durchdringender Tropenregen hatte uns einen Strich durch die Rechnung gemacht, und so beobachtete ich keine Schlitzrüssler in freier Wildbahn, sondern das natürliche Verhalten der Dominikaner bei ihren nächtlichen Freizeitaktivitäten.

Pedernales befindet sich im Südwesten der Dominikanischen Republik und ist die entlegenste unter den größeren Städten des Landes. Hier gibt es einen Grenzübergang nach Haiti. Mit etwa 27 000 Einwohnern bewahrt sie sich ein gewisses lokales Selbstbewusstsein, eine Eigenschaft, die vielen anderen Orten der von Touristen überlaufenen Karibik fehlt. Nicht nur, dass es hier nur wenige Touristen gibt und diese nicht geballt auftreten – nichts an der Stadt macht den Eindruck, eigens für Ausländer gebaut worden zu sein. Keine Ferienresorts, keine kitschigen Restaurants, keine Straßenhändler. Pedernales ist, was es ist, und das völlig ungeniert. Die urban geprägten Hauptstadtbewohner aus Santo Domingo betrachten die Stadt ein bisschen als verschlafenes Nest, aber es ist zweifellos eine lebendige Stadt mit herumkurvenden Motorrädern, legalen und illegalen Haitianern und mit *Bachata,* einer Art von dominikanischer Country-Musik.

Vom Regen in die Flucht geschlagen, verbrachte unser Schlitzrüssler-Suchtrupp die Stunden, in denen er in den Wäldern eigentlich Viecher hatte verfolgen wollen, in einer Bar am Hauptplatz, wo wir das örtliche Bier tranken. (In dieser Bar gab es nur Presidente Light.) Als der sintflutartige Regen aufgehört hatte, setzten wir uns nach draußen auf den Platz, ein Stück weiter weg von der ohrenbetäubend lauten Musik, die es so gut wie unmöglich machte, sich miteinander zu unterhalten. Der frische Regengeruch vermischte sich mit dem nach Bier, Zigaretten und, stärker noch, Auspuffgasen, denn wir sahen die halbe Stadt auf Motorrädern wieder und wieder um den Platz kurven. Es wirkte auf mich wie eine improvisierte Parade, aber offenbar lief es jedes Wochenende so.

Während sich Tiffany klugerweise dafür entschied, früh ins Bett zu gehen, plauderte ich mit Ros, einer jungen Doktorandin, der ich stets auf den Fersen blieb, weil sie zu Schlitzrüsslern forschte, und mit Juan Carlos, unserem Fahrer aus Santo Domingo. Beide waren auf ihre Weise hier ebenfalls Ausländer. Ros stammte aus dem Süden von Großbritannien, aber sie hatte damals schon fast ein Jahr in Pedernales zugebracht. Sie suchte im Unterholz und in den Baumkronen nach Säugetieren, von denen noch nie jemand etwas gehört hatte, auch die meisten Dominikaner nicht. Sie fiel auf mit ihrer hellen Haut, ihrem streng geschnittenen blonden Haar und ihrer knappen und präzisen Art – vermutlich einer Berufsanforderung für Umweltschützer, die vor Ort arbeiten.

Juan Carlos, unser lässiger Fahrer, war Dominikaner, kam aber nicht aus Pedernales. Pedernalier zu sein war etwas Lebenslängliches. Man musste hier aufgewachsen, allgemein bekannt und mit dem Rhythmus der kleinen Stadt vertraut sein. In dieser Hinsicht unterscheidet sich Pedernales nicht von anderen Kleinstädten rund um den Erdball.

Um ehrlich zu sein: Es gab für mich keinen Grund, um Mitternacht herum den Motorradfahrern dabei zuzuschauen, wie sie Runde um Runde drehten, keinen Grund, die schmerzhaft lauten Bässe zu ertragen, Bier zu schlürfen, das genauso schmeckte wie jedes andere einheimische Bier auf Erden, und wie alle um mich herum mit Schuldgefühlen über die haitianischen Kinder hinwegzusehen, die um Kleingeld bettelten. Echt keinen Grund.

Keinen Grund – außer jenen schwer zu beobachtenden Schlitzrüssler, der, während wir beschwipst und unbeholfen feierten und miteinander redeten wie eben flüchtige Bekannte, die in einem fremden Land zueinandergefunden hatten, nur ein paar Kilometer weiter mit seiner langen manövrierfähigen Nase im nassen Falllaub nach Larven, Würmern und anderen Leckerbissen herumstocherte. Eigentlich war er uns so nahe, dass er das Wumm-wumm-wumm der Musik der Menschen und die Kakofonie ihrer Motorräder hören musste – Geräusche, die sich bis in den kleinen Wald hinein ausbreiteten, wo er und die Seinen schon seit Dutzenden Millionen Jahren herumhuschten.

In den tiefsten Winkeln seines wunderbar uralten Gehirns hatte der Schlitzrüssler vermutlich diesen einen Gedanken: Eindringlinge!

Ich habe eine Theorie, nach der Zwangsstörungen nicht nur aus Angstanfällen, in die falsche Richtung galoppierenden Gedanken und albernen und irrationalen Handlungen in Dauerschleife bestehen. Unter all den ermüdenden Schrecken dieser Krankheit könnte eine besondere Fähigkeit liegen, sogar eine Art Superpower, ähnlich wie bei der möglichen Verbindung zwischen psychischen Krankheiten und Kreativität. Es gibt für meine Theorie keine medizinischen Beweise, denn die Forschungen zur Zwangsstörung konzentrieren sich verständlicherweise auf die negativen Seiten – und tatsächlich ist diese Krankheit durch ihre Beschissenheit und sonst nichts definiert. Und doch denke ich, dass es vielleicht eine Korrelation zwischen Angststörungen und eher positiven Zügen gibt, etwa dass sich der Betroffene richtig tief in Themen hineinarbeiten kann, bei denen andere gleich das Gähnen kriegen.

Wissen Sie, es sind nicht nur Dinge wie Krebs, Autounfälle oder Koprophobie, in die ich mich hineinsteigern und auf die ich mich mit aller Kraft konzentrieren kann. Ich kann mich hartnäckig einem Gegenstand widmen, alles Verfügbare dazu lesen und geradezu zwanghaft lernen und mein Wissen erweitern. Mit zwölf war ich besessen vom Mittelalter und der Kryptozoologie. Mit 16 oder 17 waren der Film noir und T. E. Lawrence eine Zeit lang meine Obsession; dann folgten Shakespeare und Dostojewski und bald darauf der irische Osteraufstand von 1916. (Deshalb auch mein Auslandsstudium in Irland.) In neuerer Zeit waren es der Peloponnesische Krieg, das Sumatra-Nashorn und die Zahntaube.

Und natürlich der Schlitzrüssler.

2005 rief die Londoner Zoologische Gesellschaft ein neues Programm namens EDGE ins Leben. Die vier Buchstaben stehen für

Evolutionary Distinct and Globally Endangered. Das Programm startete mit einer Liste der 100 Säugetierarten, die am gefährdetsten waren – also nicht nur von der endlosen Nacht der Ausrottung bedroht, sondern auch etwas ganz Spezielles in der Evolution. Diese besonderen Arten haben nur wenige lebende Verwandte. Manche gehören zu einer kleinen Tribus, andere sind die letzten Überbleibsel vorsintflutlicher Lebensformen. Man könnte sie merkwürdig, einzigartig, bizarr nennen – oder einfach bloß einsam. Denken Sie nur an das Sumatra-Nashorn, an Ameisenigel, Hoatzin, Purpurfrosch oder Hammerhuhn. Wenn sie verschwinden, verlieren wir nicht nur eine unverwechselbare Art, sondern eine ganze evolutionäre Schneise, einen genetischen Zweig, der dann für immer abgesägt ist.

Auf Platz vier in der Säugetierliste standen die beiden einzigen Schlitzrüsslerarten der Welt: der Dominikanische und der Kubanische. Als Wildtier-Enthusiast muss ich beschämt zugeben, dass ich nie zuvor von ihnen gehört hatte.

Wie es so oft der Fall ist, begann auch diese Obsession allmählich. Immer stärker bezauberten mich die vielen eigentümlichen Merkmale des Schlitzrüsslers: sein Gift, seine gefurchten Zähne (der Gattungsname *Solenodon* ist altgriechisch und bedeutet ›Kerbzähne‹), die so konstruiert sind, dass sie den flüssigen Giftstoff hinausschießen können, sein Geklapper und Gequietsche, die eine Art Echolotung sein könnten, seine unwahrscheinlich langen Krallen, sein drolliger Watschelgang wie der eines Betrunkenen, seine sonderbaren Zitzen, die in der Nähe des Hinterns liegen. Obwohl der Schlitzrüssler äußerlich manchen Nagetieren ähnelt, ist er keineswegs mit ihnen verwandt.

Die beiden Schlitzrüsslerarten bilden eine eigene taxonomische Familie in der Ordnung der *Eulipotyphla,* zu der auch Igel, Maulwürfe, Desmane, Spitzmäuse und Rattenigel gehören. Wie schön, dass so viel Seltsamkeit unter uns lebt!

Der Schlitzrüssler zeigte mir, wie wenig wir über nicht menschliches Leben auf unserem Planeten wissen und wie wenig es uns eigentlich kümmert. Es ist, als hätten wir in unserem Stadtviertel eine Milliarde Mitbewohner und würden nie nach draußen gehen, nie an andere Türen klopfen, nie jemandem einen Besuch abstatten, sondern immer nur in unseren vier Wänden bleiben, die Türen verriegelt und die Fenster verschlossen halten. Die Tore der Menschlichkeit bleiben zugesperrt.

Es war, als würde ich außerirdisches Leben gleich vor meiner Nase finden – und apropos Nase, habe ich schon erwähnt, dass der Dominikanische Schlitzrüssler weltweit die einzige Tierart mit einer Kugelgelenknase ist?

So richtig klick machte es bei mir allerdings erst, als ich erfuhr, dass der Schlitzrüssler der ultimative Überlebenskünstler ist. Er streift nun schon seit 76 Millionen Jahren umher. Ich wiederhole es gern noch mal, damit es bei Ihnen einsickern kann: Dieses Säugetier existiert seit 76 Millionen Jahren auf unserem Planeten.

Während der Tyrannosaurus Rex, der Triceratops und der Dakotaraptor sich in Nordamerika umhertrieben, war also auch der Schlitzrüssler schon unterwegs. Erinnern Sie sich an *Jurassic Park*? Nun, dieser Kleine hier hat das alles live miterlebt.

Ich hatte Feuer gefangen. Ich las alles, was ich über die beiden Schlitzrüsslerarten finden konnte. Viel war es nicht. Ich verfolgte die Fortschritte des Last Survivors Project in der Dominikanischen Republik ganz genau. Dieses Programm versuchte, ein paar grundlegende Informationen über den Dominikanischen Schlitzrüssler zusammenzutragen.[1]

Ich zog sogar in Erwägung, ein Buch über den Schlitzrüssler zu schreiben. Tiffany legte mir allerdings nahe, ich solle mir lieber einen anderen Gegenstand suchen. In ihrer netten Art sagte sie: »Jeremy, niemand kauft oder liest ein Buch über dieses rattenähnliche Ding, von dem noch keiner gehört hat!« Aber ich konnte nicht glauben, dass es keine noch unentdeckte Marktlücke für Liebhaber des Schlitzrüsslers geben sollte. (Offenbar verfalle ich nicht nur beim Thema Krankheiten in wahnhaftes Denken, sondern auch, wenn es um das Interesse des Publikums an Schlitzrüsslern geht.)

Und als das Jahr 2012 anbrach und Rhett mich fragte, wohin ich diesmal reisen wolle, beschloss ich, die Dominikanische Republik anzusteuern und die letzten Etappen des Last Survivors Project ganz aus der Nähe zu begleiten.

Ich wollte versuchen, einen Schlitzrüssler zu Gesicht zu bekommen.

Wie schon gesagt, der nächste Tag begann idyllisch – für uns und vermutlich auch für den Schlitzrüssler, der tief und sicher in seiner warmen, erdigen Höhle schlummerte. Für den Augenblick war er erlöst von dem endlosen, durchdringenden Lärm jener halbstarken, zweibeinigen Spezies, die sich selbst für etwas so Besonderes hält.

Mein leichter Kater nach überreichlichem Biergenuss verflüchtigt sich kurz nach dem Frühstück und – was noch wichtiger ist – der Koffeinzufuhr. Als unser Kombi, gelenkt vom unbezähmbaren Juan Carlos, seinen Weg aus Pedernales hinaus und ins hügelige Vorland der Baoruco-Bergkette hinein einschlägt, fühle ich mich ganz unbeschwert und voller Hoffnung, was die Erfolgsaussichten für diesen Tag betrifft. Vermutlich liegt das aber nur an der Überdosis Sonnenschein.

Da ich schon seit Jahren über Regenwälder schreibe, kann ich die Ausläufer der Baorucos mit den Augen eines Ökologen sehen. Wir fahren durch etwas, das die Wissenschaftler als Mosaiklandschaft bezeichnen würden – kleine Waldstücke, umgeben von Weideland und Ackerparzellen. Man könnte an eine Schäferidylle denken, sofern die zu einem Tropenambiente passt. Aber unter ökologischen und menschlichen Gesichtspunkten ist es eine Mischung aus armutgetriebener Entwaldung, Weidehaltung von Vieh, einzelnen versprengten Feldern und wenigen verbliebenen Wäldern, vor allem im Hochland und in Tälern, in denen das Baumfällen schwieriger ist.

Wir passieren kleine, heruntergekommene haitianische Gehöfte, wo nackte Kinder neben Hühnern und Ziegen auf dem Hof herumlaufen. Wir fahren an Kaffeefeldern vorüber, die manchmal von hohen Bäumen beschattet werden, und an Ackerparzellen, die eine Familie ernähren sollen. Wir kommen an Pferden und Rindern vorbei, die an Berghängen grasen – keine der beiden Arten gehört ursprünglich in diese Weltgegend –, und an Waldflecken, in denen die Bäume im karibischen Licht noch hoch emporragen. Wir müssen fast 600 Meter Höhenunterschied überwinden, ehe wir unser Ziel erreichen, das kleine Dorf Mencía.

Ich male mir aus, wie irgendwo in dieser Landschaft mein nachtliebender Schlitzrüssler den hellen Tag verschläft, aber wir stellen die Suche nach ihm erst einmal zurück. Für heute lautet unser Plan, das Bergdorf zu erreichen und das andere einheimische Landsäugetier aufzuspüren, das bis heute überlebt hat – die Baumratte.

Zwar ist es der Schlitzrüssler, der mich in die Dominikanische Republik gelockt hat, aber der Anblick einer Baumratte wäre ein schöner Bonus. Stellen Sie sich einen Riesenhamster vor, der im Mondenschein durchs Geäst flitzt. Baumratten sind große Nagetiere, die auf Bäume klettern und einen Greifschwanz haben, mit dem sie nach Zweigen angeln. Er funktioniert wie ein fünftes Bein, nicht viel anders als der Schwanz eines Klammeraffen oder eines Opossums. Trotz ihrer Seltsamkeit und ihres knuddeligen Aussehens sind Baumratten außerhalb der Karibik – und sogar in der Karibik selbst – weitgehend unbekannt.

Es muss wohl nicht extra betont werden: Ich brannte darauf, eine Baumratte zu Gesicht zu bekommen.[2]

Während der langen, rumpeligen Fahrt ins Hochland amüsiere ich Ros, Juan Carlos und meine Frau mit dem Versuch, Spanisch zu sprechen. Ich habe immer wieder festgestellt, dass man sich als Reisender im Ausland mit nichts so beliebt macht, als wenn man in der Sprache der Einheimischen radebrecht. (Nur in Frankreich klappt das nicht.) Meine Unfähigkeit in Sachen Fremdsprachen hat schon auf vielen Reisen die Zeit schneller vergehen lassen. Auf die Art gelingt es mir, zwischen mir und Fremden das Eis zu brechen und die unvermeidliche Spannung zu dämpfen, die sich oftmals aufbaut, wenn man mit Leuten reist, die man bis vor ein paar Tagen noch gar nicht kannte.

Juan Carlos sagt: »Okay, Jeremy, versuch's mal hiermit: ›Hola, mi hermano.‹«

Ich sage: »Hola, mi hermano«, und alle brechen in Gelächter aus, mit etwas Verzögerung sogar ich selbst.

»Okay, und jetzt sag: ›Me gusta bailar.‹«

Ich wiederhole es ganz exakt: »Me gusta bailar.«

Aber das löst im ganzen Wagen neuerliche Lachanfälle aus.

Offensichtlich klinge ich ganz anders als Juan Carlos oder irgendjemand sonst in der spanischsprachigen Welt. Die Wörter kommen »zu sauber« aus meinem Mund, »roboterhaft«, wie meine wahrheitsliebende Frau sagt. Es sei »das Gegenteil von Subtilität«. Ich habe kein musikalisches Gehör. Sie sollten mich mal singen hören. Mir wurde gesagt, das sei echt »umwerfend«. Ich vermute, dass meine Unfähigkeit, die richtige Tonhöhe zu treffen, und meine Fähigkeit, eine Fremdsprache zu malträtieren, miteinander zusammenhängen.

Nachdem ich alle einfachen spanischen Sätze, die Juan Carlos in den Sinn kommen – Ros und meine Frau liefern zusätzlichen Input –, ausgiebig gemeuchelt habe, treffen wir in Mencía ein. Dieses Berg- oder Hügeldorf ist für Ros seit Wochen das Basislager bei ihren Forschungen zum Cuvier-Zaguti, einer auf Hispaniola endemischen Baumrattenart. Es ist auch das Heimatdorf ihres wichtigsten Helfers vor Ort, Misael, der in den 30ern ist, aus Pedernales kommt und vier Kinder hat.

Misaels älteste Tochter, die ungefähr zwölf ist, öffnet die Tür eine Handbreit, und wir erhaschen einen Blick auf eine häusliche Szene: Ihre jüngere Schwester balgt sich mit dem schreienden Halbbruder, während das jüngste Kind, ein vielleicht zweijähriges Mädchen, ganz nackt dasteht und uns mit großen Augen anstarrt.

Zwischen der Ältesten und Ros springen spanische Wörter hin und her, und gleich darauf werden wir zurück an die Vortreppe eskortiert. Dort übersetzt mir Ros, was die Tochter gesagt hat. Misael und seine Frau seien von letzter Nacht noch nicht ganz wiederhergestellt. Auch sie waren bei den Festivitäten in Pedernales gewesen. Wie sich herausstellt, war nach unserem Fortgang ein örtlicher Politiker auf dem Hauptplatz aufgetaucht und hatte eine Runde für alle spendiert. Laut Ros ist das in dieser Gegend eine ziemlich verbreitete Methode, Demokratie zu praktizieren. In meinen Ohren klingt es besser als US-amerikanische Demokratie. Lieber Politiker, die mir ein Bier kaufen, als Milliardäre, die Politiker kaufen. Wenigstens führt die Korruption auf diese Weise zu kostenlosem Alkohol.

Die Tür öffnet sich noch einmal, und der kleine Junge, vielleicht drei, und das jüngste Mädchen kommen heraus, um die Neuankömmlinge in ihrem Dorf zu bestaunen. Misael hat die beiden älteren Mädchen mit seiner ersten Partnerin und die anderen beiden mit Carmen, seiner jetzigen Frau.

»Für Männer ist das hier Standard«, sagt Ros auf Englisch, damit die Kinder es nicht mitkriegen. »Die meisten haben viele Ex-Frauen oder jonglieren mit mehreren Partnerinnen gleichzeitig. Die Frauen hingegen …«

»Das Übliche halt«, sagt meine Frau.

Juan Carlos und ich sind so klug, den Mund zu halten. »Wer möchte einen Kaffee?«, fragt Ros.

Die Jüngste kriecht ungefragt auf Tiffanys Schoß. Sie ist ungefähr so alt wie unsere Tochter zu Hause und hat auch solche großen braunen Augen. Plötzlich überkommt mich Heimweh oder vielmehr Sehnsucht nach unserem Kind. Zum ersten Mal seit der Geburt unserer Tochter sind Tiffany und ich ohne sie verreist. Wir haben das vorher einige Male geprobt, indem wir sie für eine Nacht zu den Großeltern gaben, aber nun sind es volle elf Nächte ohne unsere Aurelia.

Tiffany sollte bei dieser Reise eigentlich gar nicht dabei sein. Geplant war, dass ich die Dominikanische Republik allein bewältige, denn wir haben da schließlich so eine verdammte Zweijährige, die wir, Sie wissen schon, hegen und pflegen und nähren müssen. Aber je näher die Reise heranrückte, desto mehr wuchs meine Angst wie eine unaufhörliche und unerbittlich steigende Flut. Am Ende erklärte Tiffany, sie werde mich vor dem Verrücktwerden bewahren.

Ros kommt mit Henkelbechern voll dampfendem Kaffee zurück. Er ist aus den Bohnen der Arabica-Bäume gemacht, die wir ein Stück hügelabwärts sehen können.

Tiffany, Juan Carlos und ich sitzen im Vorgarten und schauen dabei zu, wie Mencía an uns vorbeidefiliert – oder auch nicht. Die arme Ros versucht währenddessen, ihren Tagesplan in den Griff zu kriegen. Ros ist Doktorandin und keine Reiseführerin, aber seit ich hier bin und ihr bei der Arbeit zuschaue, hat sie sich in einen Touristenguide verwandelt. Sie verbringt gut sechs Tage damit, uns von Ort zu Ort zu bringen, von Wald zu Wald, von Strand zu Strand, und sie versucht, uns eine unglaubliche Menge Wissen über die Tierwelt und die Menschen zu vermitteln.

In den ländlichen Regionen der Dominikanischen Republik vergeht die Zeit nicht exakt nach der Uhr. Anders in den USA. Wenn dort etwas nicht nach Zeitplan verläuft, fangen alle sofort an zu hyperventilieren. Aber in vielen anderen Teilen der Welt ist Zeitvergeuden keine Sünde, sondern gelebter Alltag. Pünktliche Leute werden vielleicht meckern, wenn bei ihnen die Verspätungspanik ausbricht, aber dieser langsamere Gang der Dinge kann auch eine Möglichkeit sein, die Gegenwart voll auszukosten. Und so trinken wir unseren Kaffee in kleinen Schlucken, beobachten die Kinder und die Palmschwätzer in den Palmen auf der anderen Straßenseite und versuchen, nicht daran zu denken, ob wir noch im Zeitplan liegen. Am besten nicht mal daran, was eigentlich auf dem Programm steht.

Als ich genug Kaffee intus habe, steuere ich das Haus an, wo Ros gerade damit beschäftigt ist, die Dame und den Herrn des Hauses aufzuwecken.

»Ähm, Ros … kann ich mal die Toilette benutzen?«

»Unten im Flur ist eine, aber die ist kaputt. Es gibt aber auch ein Klohäuschen.« Sie schreitet durchs Zimmer und weist nach draußen. »Gleich zwischen den beiden Häusern. Dort!«

»Okay«, sage ich, reiche meinen Kaffeebecher an Tiffany weiter und überquere Mencías einzige Straße. Das Bergdorf ist die Heimat von ungefähr 100 Menschen. Vor ein paar Jahrzehnten kamen Leute von der Regierung vorbei und ließen für alle Dorfbewohner Häuser bauen, immer mit drei Zimmern. Jetzt beginnen diese Häuser im Tropenklima zu zerbröseln und zu schimmeln, aber damals waren sie bestimmt ein großer Fortschritt im Vergleich zu den früheren Behausungen. Wegen dieser Entstehungsgeschichte sehen alle Häuser mehr oder weniger gleich aus, nur dass sie in verschiedenen Farben gestrichen sind. Das verleiht der Gemeinde eine Art Einklang. Jedes Haus bekam damals auch ein modernes WC, aber zehn Jahre später funktionierten die meisten schon nicht mehr.

Während ich die Straße entlanglaufe, sehe ich in jedem Hof Hähne verschiedener Größen, Farben und Altersstufen. Sie stecken in Maschendrahtkäfigen und warten auf ihre 15 Minuten Ruhm im Kampfring. In der Dominikanischen Republik ist man verrückt nach Hahnenkämpfen, diesem blutigen Sport, bei dem zwei hochgedopte, vor Testosteron triefende Gockel zusammen in einen Ring gestellt werden, wo sie so lange aufeinander herumhacken und sich die Haut aufschlitzen, bis einer von ihnen tot ist. Eingesperrt in ihre Käfige, heizen sich diese *Angry Birds* mit Krähen und Gackern gegenseitig an. Als ich näher komme, halten sie inne und schielen arrogant zu mir hinüber, fast als wollten sie mich dazu herausfordern, ihre Käfige zu öffnen.

Kleine Junghähne, gegenwärtig noch mit freiem Auslauf, rennen mit lückenhaftem Federkleid und impertinentem Starren herum, Velociraptoren in Miniaturausgabe. Man kann sich gut vorstellen, wie sich ihre prähistorischen Ahnen mit dreister Raffinesse Beutetiere gekrallt haben, die mehrfach so groß waren wie sie selbst. Durch einen bizarren Schwenk der Evolution bin nun ich groß genug, um auf diese Tiere treten zu können, und rund um den Globus werden sie gezüchtet, damit wir sie zum Abendessen verspeisen. Manchmal essen wir sie sogar mit den Fingern aus Pappbechern. So, da habt ihr's, Dinosaurier!

Nachdem ich die blutrünstigen Vögel glücklich umschifft habe, nähere ich mich dem Klohäuschen, aber da stoße ich auch schon auf einen zottigen karamellfarbenen Hund an einer Metallkette.

Ach, bitte! Echt jetzt? Darf ich nicht wenigstens einmal eine Reise machen, ohne mit Tollwut genervt zu werden?

Ich verringere meine Geschwindigkeit auf 0,1 Stundenkilometer. Ich fahre mir mit der Zunge über die Lippen. Was mache ich jetzt? Soll ich etwas sagen? Zum Beispiel: »Guter Hund, feiner Hund« oder einfach: »Hallo, Schnuffi«?

Ich öffne den Mund. Aber da duckt sich der Hund auch schon und beginnt zu knurren. Ich stehe wie erstarrt da. Nun muss ich mich entscheiden: Soll ich versuchen, bis zum Plumpsklo zu kommen, oder verkneife ich mir mein Bedürfnis, so lange es geht?

Ich schätze die Länge der Kette des Karamellhunds ab und beschließe, dass hier höhere Mächte am Werk sind, auf die ich kaum Einfluss habe. Pfeilschnell beschreibe ich einen Bogen um das Tier und flitze zum Örtchen. Ich schaffe es bis in die Hütte und knalle die Tür hinter mir zu. Dabei habe ich den Hund nicht beachtet, der vielleicht nach mir geschnappt hat, vielleicht aber auch nicht.

Ich bringe mein Geschäft schnell hinter mich, während das Adrenalin in mir pumpt, und dann ist es Zeit, das Kunststück noch einmal zu vollführen. Ich öffne die Tür einen Spaltbreit, das Sonnenlicht dringt herein, und als ich keinen Hund sehe, schlüpfe ich aus der Hütte. Aber natürlich ist er noch da. Er zerrt an der Kette und bellt wie wild, aber er kann mich nicht erreichen. Ich versuche, mich langsam zu bewegen, doch je mehr ich es versuche, desto schneller werde ich, bis ich schließlich nach einem vollen Sprint, schweißgetränkt und cortisolschnaubend, wieder auf der Veranda stehe.

Tiffany und Juan Carlos schauen mich an, als wäre nichts passiert – ein ganz normaler Vormittag in Mencía.

Dann kommt Ros aus dem Haus und sagt einfach so: »O, ich habe vergessen, dich zu warnen …«

»Ja?«

»Der Hund beim Klohäuschen da drüben. Er fällt einen an, wenn man ihm zu nahe kommt.« Das sagt sie mit jenem britischen Stoizismus, der an Leichtfertigkeit grenzt und ein Schlüssel zum Verständnis dafür ist, wie diese Nation einst ein Fünftel der Weltbevölkerung beherrschen konnte.

»Alles okay mit dir?«, fragt Tiffany, der schlagartig mein Problem in dieser Situation klar geworden sein muss. Meine Augen aber folgen einer imaginären Linie zu jenem Köter, der für mich wie der Hund Clifford aus dem Zeichentrickfilm ist, nur ins Böse gewendet: riesengroß, karminrot und hundsgemein.

An unserem ersten Tag im Land besuchten wir den Parque Colón in Santo Domingo, wo wir miterlebten, wie Stadttauben – die eigentlich nicht in die Karibik gehören – auf das Standbild von Kolumbus schissen.

Der ursprüngliche Name dieser paradiesischen Insel lautet ›Ayiti‹, Land der hohen Berge – der heutige Name ›Haiti‹ geht auf dieses Wort zurück –, ein Name, den ihr das indigene Volk der Taíno gab. Hier auf Ayiti kam es zum ersten großen Zusammenprall zwischen der Alten und der sogenannten Neuen Welt. Die Jahreszahl kennt jedes Schulkind: 1492.

Ayiti war Kolumbus' letzter Zwischenhalt auf seiner ersten Reise, aber auch der einzige Ort, an dem seine Europäer sofort Wurzeln schlugen. Bei seiner Ankunft lebten hier mehrere hunderttausend Taíno. Ein Zeitgenosse spricht sogar von mehr als drei Millionen.

Innerhalb von 50 Jahren wurden die Kultur und das Volk der Taíno weitgehend ausgerottet. Abgesehen davon, dass Kolumbus und seine Männer unabsichtlich neue Krankheiten einschleppten, fügten sie den Taíno schreckliche Dinge aller Art zu. Sklaverei, Massenhinrichtungen, sinnlose Gemetzel und Vergewaltigungen waren an der Tagesordnung. Die Männer der Taíno wurden zur Arbeit in Bergwerken und auf den Feldern gezwungen. Wer seine Abgaben nicht entrichtete, dem wurden die Hände abgehackt. Die Taínofrauen und ihre Töchter wurden als Sexsklavinnen herumgereicht.

Junge Frauen erzielten besonders hohe Preise, schrieb ein ambivalenter Kolumbus.

Überall, wo die Taíno Widerstand leisteten, wurden sie mit Hieb- und Stichwaffen, Pferden, Kanonen und Bluthunden ausgelöscht. Es war eine Massenvernichtung von bemerkenswerter Brutalität und Effizienz – teils beabsichtigt, teils unbeabsichtigt.[3] Als die Taíno verschwunden waren, wandten sich die Europäer Afrika zu, holten sich dort ihre Sklaven – und tauschten so die eine Schande gegen die nächste aus.

Einige Stunden später sind wir dank Ros' fantastischem Organisationsgeschick mit einem ganzen Trupp unterwegs. Juan Carlos, Tiffany, Ros, eine unbestimmte Zahl von Kindern und ich sitzen allesamt im Wagen von Juan Carlos, während vor uns Misael und Carmen, eine jener dominikanischen Schönheiten mit einer selbstsicheren Körperhaltung und einer Anmut, bei der man sich sofort klein und missgestaltet fühlt, mit dem Motorrad fahren. Ihre zweijährige Tochter sitzt vor ihnen wie eine Kühlerfigur. Ein paar zufällig zusammengekommene Dorfbewohner folgen uns ebenfalls auf Motorrädern. Einer hat ein lebendiges Huhn an der Sitzbank festgebunden.

Über sonnenbesprenkelte Hügel und eine abschüssige Rumpelstraße gelangen wir an unser Ziel: eine kleine grüne Schlucht mit einem mäandernden Fluss und dem Blätterdach des Laubwaldes über unseren Köpfen. Die Baumkronen sind aber nicht so dicht, dass das Sonnenlicht nicht wenigstens hier und dort durchbrechen könnte.

Wir Ausländer – oder sollte ich sagen, Gäste – ziehen uns unsere Badesachen an, während die einheimischen Erwachsenen das Mittagessen vorbereiten. Die Kinder sind unterdessen schon in den Fluss gerannt, ohne sich auszuziehen.

Während der Fluss durch die Berge strömt, sammelt sich sein Wasser immer wieder in weiten, flachen Becken, die perfekt zum Schwimmen oder, genauer gesagt, zum Baden geeignet sind. Anders als die Kinder,

die quer durch die Strömung tanzen, staksen wir vorsichtig über die feuchten Felsblöcke und schwelgen dann in dem natürlichen Bassin. Die Kinder toben in ihren durchweichten Sachen mit viel Geschrei um uns herum, sie spritzen sich voll und lachen.
Viele US-Amerikaner würden diese Kinder generell als arm betrachten, weil sie in kleinen Häusern mit vielen Leuten zusammenleben. Sie ertrinken nicht in einem Meer aus Plüschtieren und Kunstprojekten, haben keine Videospiele oder Computer. Aber in diesem Moment kommen mir die Kinder reicher vor als jedes amerikanische Kind – und jeder amerikanische Erwachsene – aus meinem Umfeld.
Armut ist ein komplexes Phänomen, aber je mehr man reist und je mehr Varianten von Armut man zu Gesicht bekommt, desto vielschichtiger wird der Begriff. Man kommt zu der Annahme, dass US-Amerikaner Armut praktisch mit Elend gleichsetzen. Damit will ich nicht sagen, dass jemand, dem es an Nahrung, Gesundheitsfürsorge, Obdach, sauberem Wasser oder Bildung fehlt, daraus unbeschadet hervorgehen würde. Natürlich werden solche Menschen davon zutiefst beschädigt. Und doch sind viele US-amerikanische und europäische Kinder auf eine andere, weniger bekannte Art und Weise verarmt. Durch den Mangel an Natur in ihrem Leben, den Mangel an echter Freiheit und echten Abenteuern, den Mangel an rundum vollkommenen Nachmittagen wie diesem. In einem Gebirgsfluss schwimmen, einander über nasse Steine jagen, kleine Geschöpfe des Wassers fangen, sich unter den Ästen der Waldbäume nassspritzen … Was würden wir dafür geben, dass unsere Kinder auch nur einen einzigen solchen Tag erleben können, einen Tag, der ihnen für den Rest ihres Lebens im Gedächtnis bleibt!
Gleich an den Rändern dieses Paradieses ereignet sich ein kleines Drama. Einer der Männer aus dem Dorf bindet das kreischende Hähnchen vom Motorradsitz los. Er greift sich eine kleine Axt und verschwindet mit dem zappelnden Tier hinter einem Felsen, wo wir ihn nicht sehen können. Es ist, als wollte er die Gäste nicht mit dem Anblick von Blut beleidigen. Ein Geräusch. Kurzes Geflatter. Er kommt eine ganze Zeit

nicht wieder hervor, weil er den nunmehr toten Vogel in Ruhe rupft und ausnimmt. Ein Geschöpf, das unserem Appetit geopfert wird.
Eine Stunde, nachdem er dem Hähnchen den Kopf abgeschlagen hat, essen wir das Tier in einem scharf gewürzten, köstlichen Eintopf. Und während wir essen, genießen wir, wie uns das kühle Flusswasser von der Haut tropft. Wir schwatzen und lachen. Als die Mahlzeit beendet ist, rennen alle Erwachsenen noch einmal ins Wasser – wie die Kinder, die sie einmal waren.
Danach liege ich auf einem flachen Felsblock, sonne mich wie eine Eidechse, lasse die Wassertropfen auf meinem Körper verdampfen und lese ein paar Kapitel von Stendhals *Rot und Schwarz.*
Mit einem bittersüßen Gefühl verlassen wir dieses kleine Eden, in dem der Hunger unseres Körpers und unserer Seele gestillt wurde. Wir müssen ein paar kletternde Meerschweinchen ausfindig machen.

Heute gibt es auf unserem Planeten bestenfalls 13 verschiedene Arten von Baumratten, aber drei davon sind möglicherweise bereits ausgestorben. Alle haben ihr Verbreitungsgebiet in der Karibik. Früher gab es viel mehr von diesen baumliebenden Nagern. Sieben andere Arten, von denen wir wissen, sind in den vergangenen 1000 Jahren mit Sicherheit ausgestorben. Was unseren speziellen Fall angeht, so steht das Cuvier-Zaguti, letzter Überlebender der Gattung *Plagiodontia,* auf der Liste der gefährdeten Arten.

Die Karibik war einst eine echt wilde Gegend voll verrückter, vielgestaltiger und manchmal riesiger Säugetiere. Riesenbaumratten streiften früher über mehrere der karibischen Inseln, und eine Art auf Hispaniola, die man amüsanterweise »Schiefzahnmaus« nannte, hatte die Größe eines verdammten Schwarzbären. Stellen Sie sich vor, wie anders unsere Kinderbücher aussehen würden, wenn diese Schönheit überlebt hätte.

In der Karibik waren auch sehr spezielle Affen beheimatet, bodenlebende Faultiere und Riesenfaultiere, weitere Schlitzrüssler – darunter eine Riesenart – und eine bizarre Säugetiergattung namens *Nesophontes.* Keines dieser Tiere hat überlebt. Null. Alle Affen und Faultiere der Karibik sind verschwunden. Vielleicht wurden sie so lange gegessen, bis sie ausgerottet waren.

Die meisten dokumentierten Ausrottungen von Arten geschahen in den letzten 500 Jahren auf Inseln. Inseltiere können nirgendwohin fliehen, und so reagieren sie besonders empfindlich auf Veränderungen wie Bejagung, Verlust des Lebensraums oder die Ankunft invasiver Arten. Dieses Muster beginnt sich gerade zu verändern. Wir verwandeln Ökosysteme wie Wälder oder sogar Ozeane in immer kleinere Flecken von natürlichen Lebensräumen, die ringsum von zerstörter Natur umgeben sind. Inseln unberührter Natur umgeben von einem Meer der Zerstörung.

Heute haben auf der Insel Hispaniola nur noch zwei heimische Landsäugetiere überlebt: der Schlitzrüssler und das Cuvier-Zaguti. Und wie diese beiden Arten die ersten Siedler überstanden haben, das Volk der Taíno, die Spanier, die Ankunft von Ratten, streunenden Hunden und Katzen sowie die eingeführten Mangusten, dazu Brände, Äxte und Gewehre, ist nicht nur ein Wunder, sondern auch ein großes Rätsel.

Ich bin besessen von gefährdeten Arten, von denen kaum einer etwas gehört hat. Was sie für mich so faszinierend macht, ist sowohl ihre extreme Verletzlichkeit – ich mag Underdogs – als auch die extreme Ignoranz, mit der die Welt sie behandelt. Psychologen würden das vermutlich teilweise meinen Kindheitserfahrungen zuschreiben, aber ich denke lieber, dass es eine natürliche Sympathie für die Fremdartigen, die Ausgestoßenen und die ernstlich Gefährdeten ist. Die meisten Arten auf der Welt sind nicht vom Schlage eines Elefanten, Tigers oder Pandabären. Es sind eher die Zagutis und Schlitzrüssler, die Selbstmordpalmen *(Tahina spectabilis)* und Palmfarne *(Encephalartos hirsutus)*, die Dakota-Dickkopffalter und Bathurst-Bläulinge, Cowans Madagaskar-Buntfrösche und die Amphibie *Sagalla caecilian*, die Langkamm-Sägerochen und Pompejiwürmer, der Riesenpilz *Bridgeo-*

porus nobilissimus, der Dinoflagellat *Noctiluca scintillans* und dazu noch um die 400 000 Käfer.

Aber wie oft hat der WWF die Rotschopf-Baumratte erwähnt? Wie viele Naturfilme kreisen um *Polposipus herculeanus,* den Riesenschwarzkäfer auf der Seychelleninsel Frégate? Die Wissenschaftler haben der Mehrzahl aller Arten auf der Welt noch nicht einmal einen eigenen Namen gegeben. Und nur ein paar auserwählten – gewöhnlich den großen und charismatischen – gilt die Liebe der Naturschützer.

Meine Familie hatte als Enzyklopädie-Familie angefangen, wurde im Laufe der Jahre aber immer mehr zu einer DSM-Familie.

Kurz nach meiner Geburt kauften meine Eltern von einem Handlungsreisenden alle Bände der *World Book Encyclopedia*. Wir bewahrten sie in der Wohnküche auf, vielleicht nur drei Meter vom Küchentisch entfernt. Die Bücher mussten griffbereit sein, denn während unserer gemeinsamen Mahlzeiten gab es immer jemanden, der einen Band holen ging, um etwas nachzuschauen, von dem wir gerade gesprochen hatten. In welchem Staat liegt der höchste Berg? Ist Kathmandu die Hauptstadt von Nepal? Was ist die größte Katze?

Man darf dabei nicht vergessen, dass wir uns in den 1980er- und frühen 1990er-Jahren befanden, in der Ära vor dem Smartphone und sogar vor dem Internet. Die Enzyklopädie war damals unser Google. Gewiss konnte sie nicht alle Fragen beantworten, aber mit ihren 22 Bänden war sie von beeindruckendem Wert. Eine meiner liebsten Erinnerungen: Ich esse Spaghetti oder Chow Mein und blicke dabei auf die Bände der Enzyklopädie, die sich auf dem Tisch auftürmen, weil uns unsere Gespräche bis zu weit entfernten Orten und längst verstorbenen Menschen geführt haben.

Aber als wir älter wurden, nahm ein anderes Buch immer häufiger den Platz der Enzyklopädie ein – das DSM-3, das *Diagnostische und statistische Manual psychischer Störungen*. Die Entdeckung, dass wir alle psychisch krank waren, lenkte den Fokus laserscharf auf unsere verschiedenen Leiden. Besonders mein Vater, ein Sozialarbeiter, liebte es, am Essenstisch reihum Diagnosen zu stellen.

Ich war kein besonders rebellisches Kind, mal abgesehen von meinem Schulschwänzen und Ähnlichem, aber ich hasste es, wenn das Thema ›psychische Erkrankungen‹ angeschnitten wurde. Und wenn man bedenkt, wie oft jemand von uns im Krankenhaus landete, ein neues Medikament bekam oder einen neuen Therapeuten hatte, ging es ständig nur darum. Ich sehnte mich verzweifelt danach, all dem zu entkommen. Ich wollte in einer Welt leben, in der es keine psychischen Erkrankungen gab, einer Welt, in der wir einfach wieder die Enzyklopädie hervorholen und über Dinge reden konnten, die wirklich von Belang waren, statt eine abendliche Therapiesitzung zu absolvieren.

Im Laufe der Jahre gingen mehrere Bände unserer Enzyklopädie verloren, sodass das Alphabet sich vor unseren Augen langsam in Luft auflöste, und jedes Mal, wenn jemand von uns nach den Büchern geschickt wurde, stieg die Wahrscheinlichkeit, dass er zurückkam und sagte: »Nö, ich kann das D nicht finden.« Es war beinahe eine Metapher für meine sich verflüchtigende Kindheit.

In dem Frühjahr, als ich zu Hause unterrichtet wurde, merkte ich, dass nicht alles war, wie es sein sollte. Verstehen Sie mich nicht falsch, ich genoss die Monate der Erholung. Aber es war auch eine einsame Zeit. Währenddessen bekamen meine Eltern und ich immer wieder zu hören, dass ich es niemals zurück an die Buffalo Senior High School schaffen würde. »Einmal Schulverweigerer, immer Schulverweigerer …«

Aber ich schaffte es, und vielleicht war es das DSM, das mich dazu antrieb.

Am ersten Tag der 10. Klasse duschte und frühstückte ich zu Hause, und dann fuhr mich meine Mutter in die Schule. Ich holte tief Luft und ging hinein. Ich hatte mir monatelang gesagt, dass ich es schaffen konnte. Ich hatte meine Kurse sorgfältig ausgewählt und war in der Mittagspause mit Freunden zusammen. Meine Eltern hatten die Schule dazu gebracht, mir eine Befreiung von der ersten Unterrichtsstunde zu gewähren, sodass ich genug Schlaf bekam.

Über Jahre hinweg wurden bei mir Schlafstörungen diagnostiziert. An die Details erinnere ich mich nicht mehr genau, aber im Nachhinein habe ich das Gefühl, dass es gar nicht so sehr eine Störung war. Meine innere Schlafuhr passte bloß nicht mit der modernen Gesellschaft zusammen.

Ich packte es. Ich packte es am ersten Tag. Dann auch am nächsten. Und dann wieder am Tag darauf.

In jenem Herbst wurde ich für die Rolle des Roat im Theaterstück *Warte, bis es dunkel ist* gecastet. Roat ist ein soziopathischer Mörder. Der Regisseur sagte, von allen Jungen, die vorgespielt hatten, sei ich der einzige gewesen, der überzeugend einen Verrückten darstellen konnte.

In diesem Jahr fand ich neue Freunde. Sie halfen mir durch die Höhen und Tiefen des Lebens eines 16-Jährigen und erst recht über die Tage und Wochen, in denen die psychische Erkrankung an die Oberfläche kam. Das tat sie natürlich immer noch.

Das elfte Schuljahr erwies sich als schwerer, und einmal mehr musste ich nach wenigen Wochen aufgrund von Depressionen und Stress aus einer Inszenierung aussteigen. Aber ich blieb in der Schule, Tag für Tag, Woche um verdammte Woche, bis zur zwölften Klasse, als der High-School-Abschluss bereits am Horizont auftauchte.

Als die Sonne zu sinken beginnt, fahren wir schnell wieder vom Fluss ins Dorf zurück, um uns auf die Zaguti-Jagd vorzubereiten. Dazu halten wir zunächst einmal am Hauptquartier von Ros. Da sie schon monatelang Feldforschung in diesem Dorf betreibt, hat sie eines der Häuser gemietet.

Aber nun ist Ros für einige Wochen fort gewesen. Und wenn man aus Mencía fort ist, geschehen Dinge. Seltsame Dinge. Ein lebender Hahn, der in der Küche festgebunden ist. Eine Machete auf der

Arbeitsplatte. Zwei gruselige Fotos an der Wand. Wie sich später herausstellt, waren sie schon immer da. Alles Zeug von Ros liegt kreuz und quer in ihrem Zimmer verstreut. Und wie bei Schneewittchens Zwergen hat jemand in Ros' Bett geschlafen, während sie abwesend war.

Wütend stapft sie hinaus, um in Erfahrung zu bringen, wer sich in ihrem Haus eingenistet hat. Tiffany und ich sollen währenddessen im zweiten Schlafzimmer unser Bett machen, das heißt, die Schlafsäcke auf dem Betonboden ausbreiten.

Als wir unsere Bündel ausrollen und ein paar notwendige Dinge auspacken, können wir noch nicht genau bestimmen, was es ist, aber es liegt etwas in der Luft – ein ungutes Gefühl scheint in diesem Haus wie Nebel aufzusteigen.

Womöglich liegt es nur daran, dass jeden Moment ein seltsamer Kerl auftauchen kann, um seinen Vogel und sein großes Messer zu holen. Oder es ist vielleicht Ros' Warnung, dass einem hier manchmal Kakerlaken und Spinnen im Schlaf übers Gesicht laufen. Wahrscheinlich ist es gar nichts – zu viele Horrorfilme geguckt –, aber eventuell, wirklich nur ganz eventuell spüren Tiffany und ich den Hauch einer unaussprechlichen Sündentat, die sich hier im Haus ereignet hat. Ein bisschen wie in einer Erzählung von Edgar Allan Poe: ein klopfendes Herz unter den Bodendielen oder ein weinliebender Italiener, der lebendig begraben wurde.

Was auch immer es sein mag, sowohl ich als auch meine viel vernünftigere und coolere Frau fühlen uns verunsichert in diesem Haus.

Als Ros zurückkehrt, rettet sie uns aus unseren finsteren Grübeleien. Wir nehmen an, dass sie ihre Nachricht über den unwillkommenen Untermieter an die richtigen Leute losgeworden ist. Nun aber ist es Zeit, die Zagutis aufzuspüren.

Während Ros und ihr Team die Schlitzrüssler mit der Hand fangen, ist das bei Zagutis nicht so leicht möglich. Ros hat sich darauf verlegt, ihnen Fallen vor die Baue zu stellen. Später kehrt der Trupp zurück und legt den eingefangenen Zagutis Senderhalsbänder an, damit man ihren Weg verfolgen kann. Wir wollen heute also aufbrechen, um bei einigen Fallen nachzuschauen.

Der späte Nachmittag ist noch hell und schön, und ein paar Schäfchenwolken räkeln sich träge am Himmel, als Ros, Misael, Tiffany und ich Mencía hinter uns lassen. Gleich am Dorfausgang verlassen wir die Hauptstraße und gehen in ein ausgedehntes Feld, auf dem Kühe und Pferde grasen.

Ich hasse Kühe. Und wer sich auf ein Pferd setzt, kann auch gleich den Tier- und den Notarzt rufen.

Hat man schon von einem anderen Säugetier gehört, das eingeschläfert werden muss, sobald es sich ein Bein gebrochen hat? Außerdem ist jeder aus meiner Bekanntschaft, der mit Pferden zu tun hat, von diesen verständlicherweise genervten Vierbeinern schon mindestens einmal ernstlich verletzt worden. Der eine oder andere sogar mehrmals. Denken Sie mal darüber nach – ist es nicht ein bisschen verrückt, dass zweibeinige Hominiden auf ein Huftier klettern, das eine halbe Tonne wiegt, und dann mit 50 Stundenkilometern und mehr auf ihm durch die Gegend reiten? Das ist natürlich fantastisch, aber auch vollkommen bizarr.

Mein Onkel hielt auf unserem 16 Hektar großen Bauernhof Kühe. Das bedeutete: Immer wenn ich mich auf die sogenannte Weide wagte, lief ich Gefahr, von einer schlechtgelaunten Kuh angegriffen zu werden. Die Kühe waren auch ökologisch schädlich, denn sie hinderten auf unseren ansonsten ungenutzten Ländereien sämtliche kleine Bäume am Heranwachsen. Ich wollte einen Wald haben, aber mein Vater, der mit Kühen aufgewachsen war und sie wie seine Kinder liebte, hatte eine andere Sicht auf das Grundstück. Für ihn fühlte es sich unnatürlich an, wenn ein Wald darauf wuchs – wie eine ungenutzte Fläche. Für mich aber war es wie ein Sakrileg, wenn Kühe kreuz und quer über unser Gelände trampelten.

(Man kann also nicht wirklich behaupten, dass ich Kühe und Pferde hasse. Ich meine, das wäre doch extrem, oder? Extrem und ein bisschen – verrückt? Ich mag alle Tiere und gebe gern zu, dass Pferde schön sind und beeindruckend und – blablabla. Ich will bloß nicht auf ihrem Rücken sitzen oder hinter ihnen stehen, wenn sie ausschlagen. Kühe wiederum sind … Ich versuche gerade, ein nettes Wort zu finden … Geben Sie mir einen Augenblick Zeit … Mir fällt bestimmt gleich was ein …)[4]

Als ich über das dominikanische Feld gehe, bringen die domestizierten Vierbeiner meine Handflächen zum Schwitzen, und ich beginne schneller zu atmen. Ich möchte meine Ängste jemandem mitteilen, tue es aber nicht. Das Bild, wie ich von einer Kuh niedergetrampelt werde, läuft in Dauerschleife durch meinen Kopf. Ich halte mich nah bei den anderen. Ich bemühe mich nach Kräften, nicht dem Blick der Pferde oder Kühe zu begegnen, die dort so sanftmütig das Gras kauen und denen die Präsenz von vier vorbeilaufenden Menschen völlig gleichgültig ist. Vermutlich ist das für sie ein vertrauter Anblick.

Nicht weit vor uns erhebt sich der Regenwald, das Ziel unserer Expedition, über die Felder. Erst als wir in die plötzliche Kühle eintreten, in den Schatten und die Feuchtigkeit, die den Bäumen zu verdanken sind, entdecken Tiffany und ich, dass es hier keinen Pfad mehr gibt.

Durch einen weglosen Tropenwald zu wandern, ist zumindest für Uneingeweihte so, als würde man freitags um 17 Uhr zu Walmart gehen, um eine Packung Milch zu kaufen. Natürlich schlängeln sich Ros und Misael mit der Leichtigkeit zweier fitter Personen, die so etwas schon unzählige Male gemacht haben, durch den Wald. Sie befinden sich offenbar in einem Abenteuerfilm, wir hingegen in einer Komödie.

Eine gute Stunde lang kämpfe ich mich mit Tiffany durch den Wald. Wir stolpern über Felsbrocken und Wurzeln und versuchen ungeschickt, Ros und Misael nicht aus den Augen zu verlieren. Irgendwann müssen wir sogar einen Bergkamm erklimmen, wobei wir uns an Wurzeln und Baumstümpfe klammern und uns an wehrhaften Pflanzen die Hände aufschneiden. Überhitzt, schwitzend, blutend und leise fluchend schließen wir endlich zu Ros und Misael auf, die bereits an der Stelle mit den Fallen arbeiten. Hier werden wir unsere Belohnung bekommen: lebende, atmende, seltsame karibische Säuger.

Aber eine Falle nach der anderen ist leer. Die Hoffnung stirbt erst, als die letzte genauso wenig hergibt wie alle übrigen. Und dann kommt das Unwetter.

Als wir aufgebrochen sind, war der Nachmittagshimmel blau, und nur ein paar Wolkenbäusche trieben gemächlich dahin wie riesige Baumwollsamen, aber nun wird es im Wald dunkel, und von den Vögeln und Insekten hört man nichts mehr. Die Stille wird gebrochen, als in der Ferne Donner grummelt und wir durch die Lücken im Blätterdach eine Regenwand aufziehen sehen.

Ros und Misael eilen hin und her, um ihre Arbeit noch zu beenden. Sie wollen auf keinen Fall zurückgehen, ehe alle Fallen wieder aufgestellt sind, und hoffen, an einem anderen Tag Zagutis darin zu fangen. Aber innerhalb von wenigen Minuten wird die Atmosphäre zu unserem Feind, und es schüttet wie aus Kübeln.

»Los, lasst uns gehen!«, schreit Ros gegen den Donner an und spricht damit die Worte aus, die Tiffany und ich seit 20 Minuten herbeigesehnt haben.

Halb im Laufschritt rutschen wir auf nassen Wurzeln aus, patschen in den Schlamm und haben Mühe, beieinander zu bleiben. Tiffany und ich können als Brillenträger kaum noch etwas anderes als Wasserströme wahrnehmen, während wir weiterstolpern. Wenn der Hinweg mühselig war, ist der Rückweg richtig gefährlich. Wir alle waren so leichtsinnig gewesen, keine Taschenlampen einzupacken, hatten wir doch angenommen, das Tageslicht würde bis zu unserer Rückkehr halten.

Als wir eine Schlucht überqueren, zieht es mir die Füße unter dem Körper weg. Ich rutsche im Matsch aus und falle etwa anderthalb Meter nach vorn, bis ich – wumms! – mit dem Unterleib gegen einen Baum knalle und dort in einer saublöden Position hängen bleibe.

»Alles okay?«, ruft Tiffany von irgendwoher.

»Nichts passiert.« Ich krieche zurück bis zur Felskante und ziehe mich mithilfe von Ästen und Wurzeln durch den Schlamm.

Jetzt denken Sie bestimmt, dass Steve mir schon die ganze Zeit mit dem Megafon die Ohren vollplärrt. Aber tatsächlich macht mir die Sache eigentlich Spaß. Ich genieße den Nervenkitzel. Hier habe ich Abenteuer, Unmittelbarkeit, reale und nicht nur herbeifantasierte Gefahr. Verdammt, ich fühle sogar eine Art Erleichterung. Es war für mich schrecklicher, an den blöden Kühen vorbeizugehen, als beinahe kopfüber in einen Abgrund zu stürzen, und das, obwohl es im näheren Umkreis keine medizinische Hilfe gegeben hätte. Aus irgendeinem Grund vertraue ich darauf, dass wir das alles überstehen werden.

Und das tun wir auch.

Nass, erschöpft und fluchend tauchen wir aus dem Nebelwald hervor und betreten wieder die Viehweide, während der Regen uns immer noch peitscht. Jetzt, wo alle Gefahren überstanden sind und mein Adrenalinspiegel sinkt, meldet sich Steve. Er sagt das eine Wort, das stärker ist als der Abenteuersinn, in dem ich gerade noch schwelgte: »Kühe!«

Während wir durch die nasse Dunkelheit zurückgehen, sehe ich vor meinem inneren Auge immerzu die Umrisse einer stumpfsinnig dreinblickenden Kuh, die plötzlich in vollem Galopp aus der Schwärze auftaucht, die Hörner auf mich gerichtet wie Speerspitzen in einer Phalanx. Und so bleibe ich stets dicht bei den anderen und atme kaum, fast gelähmt von der Vision eines unmittelbar bevorstehenden Angriffs. Dabei sind wir hier in Wahrheit viel sicherer als bei unserem Hindernislauf durch den Wald.

Meine Atmung beruhigt sich erst, als wir über den Zaun steigen. Er erlöst uns von der möglichen Behelligung durch Kühe, die das Unwetter verrückt gemacht hat. Oder durch Pferde. Auch Pferde könnten uns töten. Echt.

Als wir Misaels Haustür öffnen, bietet sich uns ein Bild, das sich sehr unterscheidet vom matschigen, regendurchtränkten, donnernden Draußen voller Lärm und Wut. Alle Familienmitglieder sitzen im großen Zimmer, eines der älteren Mädchen macht Hausaufgaben in ihrem total abgenutzten Justin-Bieber-Schulheft, während die andere Tochter geduldig versucht, ein Kartenhaus zu bauen. Die beiden Kleinkinder kommen herbeigerannt, um uns zu begrüßen. Es ist

Nacht, und das merkt man, denn das einzige Licht leuchtet träge aus einer Öllampe.

Das ist noch immer Alltag für eine gar nicht so kleine Minderheit aller Familien weltweit: kein Fernseher, kein Computer, keine Bildschirme zur Zerstreuung, sondern ein Leben, das stärker in Einklang steht mit dem von Tausenden vorausgegangenen Generationen und das noch nicht so sehr aus unserem biologischen und genetischen Takt geraten ist.

»Habt ihr Hunger?«, fragt Ros, als wir uns an den Tisch setzen.

Als Antwort ertönt ringsum ein »Ja!«, und Carmen steuert die Küche an, um uns ein einfaches, aber herzerwärmendes Gericht aus Eiern und Reis zu kochen.

Das kleine Kind mit den großen braunen Augen klettert auf Tiffanys Schoß. Die Unterhaltung springt hin und her, aber meistens auf Spanisch, was Tiffany und mir die Freiheit lässt, unsere ganz privaten Gedanken auf Englisch auszutauschen.

Als das Essen kommt, langen wir hemmungslos zu.

»Wir könnten uns noch ein paar Zagutis anschauen, Jeremy«, sagt Ros eine Viertelstunde später, als sie ihren Teller abkratzt.

»Ach so?«

»Wir haben hier in der Nähe ein paar mit Senderhalsband. Nur ein Stückchen Autofahrt und ein kleiner Spaziergang.«

Ich fange Tiffanys Blick auf. Wir haben gerade erst erfahren, was Biologen im Außeneinsatz unter einem »kleinen Spaziergang« verstehen.

»Ähm …«, sage ich zögernd.

»Führt ein Weg dorthin?«, fragt Tiffany.

»Ja«, antwortet Ros. »Ein kurzer und einfacher.«

Tiffany und ich wechseln noch einmal Blicke. Sie ist nicht begeistert. Auch ich mache nicht gerade Freudensprünge, aber es ist schwer, nein zu jemandem zu sagen, den man erst vor wenigen Tagen in einem Land kennengelernt hat, das Tausende Kilometer von zu Hause entfernt liegt. Und mehr noch: Wir haben die ganze Reise doch eigentlich gemacht, weil wir diese kleinen Biester sehen wollten. Na ja, ich zumindest. Tiffany ist nicht Tausende Meilen geflogen, um sich irgendwelche exotischen Nager anzuschauen. Sie ist mitgekommen, um aufzupassen, dass ich nicht komplett durchdrehe.

»Ja«, sage ich. »Ich bin dabei.« Ich schaue wieder zu Tiffany hinüber. »Du musst nicht mitkommen, wenn du nicht willst, Schatz.«

»Doch, doch, ich komme mit«, sagt sie.

Ich verstehe – lieber nachts in den Wäldern auf Zaguti-Jagd gehen, als allein in jenem Haus auf der anderen Straßenseite bleiben, wo man nur einen Hahn, eine Machete und zwei vergilbende Fotos von toten Leuten als Gesellschaft hat.

Der Regen ist abgeklungen, und das Zwielicht beginnt sich wieder mit den Geräuschen von Insekten zu füllen, die laut und nachdrücklich ihre Territorialansprüche ausdrücken, ihren Liebeskummer oder vielleicht auch nur ihre Freude darüber, lebendig zu sein, ausdrücken. Können Sie sich vorstellen, wie es wäre, wenn sich die Menschen zusammentäten und Nacht für Nacht so singen würden?

Wir fahren ein paar Meilen bis zum Wald und stellen die Autos in einer dunklen Sackgasse ab. Unser Team, zu dem jetzt auch Juan Carlos gehört, folgt einem Pfad, der an einem Gebirgsfluss entlangführt. Der Lichtstrahl der Stirnlampen weist uns den Weg. Der Fluss ist klar und ohne Leben, bis eine Süßwassergarnele auftaucht. Sie paddelt durchs Dunkel wie ein Geist aus einer längst vergangenen Zeit. Die Finsternis und der Gesang der Insekten, der dunkelbraune Wald und die nahezu durchscheinende Garnele … für einen Moment habe ich das Gefühl, ich würde mich auf der Insel Hispaniola vor Kolumbus' schicksalhafter Fahrt befinden. In einer Zeit vor all den Krankheiten und Zerstörungen und dem, was wir aus den Resten zusammengekratzt haben. Eine neue Welt, die wir nicht entdeckt, sondern auf der Asche und den Gebeinen der alten errichtet haben.

Bald schon sagt uns der Sender, dass wir den Flussweg verlassen und auf einen kleinen Felsvorsprung zusteuern sollen. Der Pfad wird schmaler, ehe er sich ganz verliert, und der Boden unter unseren Füßen, der sich erst vor wenigen Stunden durch die kurzen, aber sintflutartigen Regengüsse mit Wasser vollgesogen hat, ist nur noch Schlamm.

Juan Carlos ist es nicht gewohnt, mit Naturforschern herumzugondeln. Er trägt weiße Tennisschuhe, denen es nicht gut ergeht. Während wir hinaufkraxeln und uns an Äste klammern, um immer noch höher zu kommen, frage ich mich, welche Kaskade von Kraftausdrücken meiner Frau wohl gerade durch den Kopf schießt. Endlich ist der Anstieg zu Ende, und wir stehen unter einem Blätterdach, das den Großteil des Himmels verdeckt. Hier und dort glitzern Sterne hindurch wie Schneekristalle in der Sonne.

Mithilfe des Sendegeräts kann Ros schnell eines ihrer Halsband-Zagutis hoch oben in einem Baum lokalisieren. Das ist der einfache Teil der Übung. Das Tier zu sehen, ist der schwierige.

Misael übernimmt die Führung; immer wieder packt er mich am Arm und zieht mich an eine Stelle, von wo aus ich eine gute Sicht haben könnte.

»Da, da – siehst du's jetzt?«, fragt er mich so oft auf Spanisch, dass ich am Ende ahne, was er meint. Da sieht man mal, was für ein verdammtes Sprachgenie ich bin.

Aber alles, was ich ausmachen kann, ist ein kleines Stückchen Schwanz oder das Bruchstück einer Gestalt oder meistens auch nur eine Vielzahl von Blättern, die im Lichtkegel der Taschenlampe baden. Es scheint nicht möglich zu sein, diesen kaninchengroßen Nager zu Gesicht zu bekommen. Er bewegt sich mit überraschender Schnelligkeit und kann sich mühelos in den dichten Blattschichten der Baumkronen verstecken. Meine Nackenmuskeln sind schon arg strapaziert.

Aber schließlich bekomme ich doch noch zu sehen, worauf ich aus war. Da ist es: ein riesiges Nagetier, das ganz oben im Laubdach des Tropenwaldes Blätter mampft. Auch wenn mancher es mit einer Ratte verwechseln könnte, ist es ganz sicher keine. Sein Schwanz ist zwar kurz, ja beinahe stummelig, aber er ähnelt dem eines Opossums – manövrierfähig, einrollbar und superstark. Sein Gesicht ist runder als das einer Ratte, mehr wie bei einer Fettmaus oder einem Biber. Und dieses Geschöpf ist erstaunlich groß. Zagutis sind eine Nagetiergattung, die – wie die Meerschweinchen, Chinchillas, Agutis und mein Liebling, das Wasserschwein – zu den *Caviomorpha* gehören.

Am Ende durfte ich also doch noch einen Blick auf das Zaguti erhaschen. Dabei hatte ich schon mehrmals gesagt: »Nein, nein, das ist okay. Wir können jetzt gehen. Es soll diesmal wohl nicht sein.«

Tiffany hingegen bekommt das Cuvier-Zaguti nie richtig zu Gesicht. Na ja, das stimmt nicht ganz. Am letzten Tag unserer Reise fahren wir mit einem anderen Guide, Manny Jimenes von Explora Ecotour, quer über die Insel. Plötzlich hält er am Straßenrand. Dort ist ein Cuvier-Zaguti – am hellen Tag, um 9 Uhr morgens und an einer vielbefahrenen Schnellstraße! Das einzige Problem: Es ist tot. Letzte Nacht von irgendeinem Fahrzeug überrollt. Sein Inneres ist sofort zermalmt worden, und doch sieht es aus, als würde es nur schlummern, mal abgesehen von der roten Schmiere und den Organen, die an einer Seite herausquellen.

Als wir an jenem Morgen davonfahren – mit dem toten Zaguti in einem kleinen Kasten, weil wir es den Wissenschaftlern als Anschauungsexemplar schicken wollen –, frage ich mich, wie es diese Tiere geschafft haben, nicht ausgerottet zu werden, während das doch so vielen anderen Säugetieren auf Hispaniola nicht gelungen ist. Was hat diese besondere Art an sich, dass sie so viele Angriffe überlebte? Und wenn man bedenkt, dass diese Tiere heute gefährdet sind und es so gut wie keine Schutzmaßnahmen zu ihrer Erhaltung gibt – wie lange wird das Zaguti noch durchhalten? Wie viele Wildunfälle kann es noch überstehen? Wie viele Attacken durch streunende Hunde? Wie lange wird es dauern, bis das Cuvier-Zaguti seinen Verwandten in die lange Nacht der Auslöschung folgt?

Wird es noch ein Cuvier-Zaguti geben, wenn meine Tochter 70 ist? Und wenn ihre Tochter 70 wird? Oder deren Tochter oder sogar die Tochter von deren Tochter? Meine Ururenkelin als 70-Jährige? Das wäre vermutlich nach 2150. Sie werden in Generationen denken müssen, in Bedrohungen wie dem Klimawandel, der schnell die besten Pläne zunichtemachen kann. Und dann werden sie darauf vertrauen müssen, dass irgendjemand – egal wer, bitte, BITTE! – ihre Arbeit fortsetzt, wenn sie nicht mehr sind. Diese Arbeit ist nicht nutzlos. Naturschutz ist auch immer ein Glaubensakt.

Aber von jenem bemitleidenswerten überfahrenen Tier trennen uns noch einige Tage. Wir haben gerade unser schwer fassbares Zaguti erspäht und gehen nun den Hügel hinauf und durch ein Maisfeld zu unserem Wagen. Es ist höchste Zeit, sich schlafen zu legen.

Keiner von uns dreien sagt noch viel, als wir in dem bösen, dunklen Haus in unsere Schlafsäcke schlüpfen. Ich muss geschlafen haben, zumindest ein bisschen. Aber als ich wenige Stunden später aufwache – oder vielmehr halb aufwache, was meine düstere Irrationalität noch steigert –, keuche ich vor Angst. Ich denke an Kakerlaken und Spinnen, die mir übers Gesicht krabbeln. Ich denke an einen dominikanischen Irren, der über mir steht und die Axt schwingt. Ich denke an Tod und Schrecken und Ausrottung und Wahnsinn.

Und dann höre ich, wie jemand, wie etwas ins Haus kommt, und ich kann nichts tun, als einfach dazuliegen. Vor Schrecken versteinert, kann ich mich nicht rühren. Totenstarre, aber bei lebendigem Leibe. Ich möchte etwas sagen, aber ich weiß nicht, wie ich den Mund öffnen, die Worte aussprechen soll. Nichts bewegt sich, nur die gellende Angst in meinem Gehirn.

Ich weiß nicht, ob ich schlafe oder wach liege. Aber mir ist klar, dass ich mich nicht rühren kann. Ich kann nicht sprechen. Kann Tiffany nicht wecken. Kann nicht einmal schreien. Passiert das wirklich? Was geht hier vor sich?

Und dann, ich weiß nicht, wie lange es dauert, kehrt das Körperempfinden endlich zurück, und ich fühle mich krank. Mir ist heiß, aber nicht auf normale Weise. Es ist das schwitzige, unnatürliche Hitzegefühl, das auf eine Krankheit hindeutet. Übelkeit flutet durch mich. Ich höre jetzt keine seltsamen Geräusche mehr und kann nicht sagen, ob irgendetwas an meinem scheußlichen Anfall real war.

Aber mein Hirn sagt: »Okay, okay, ich bin bloß krank. Ich muss eine Lebensmittelvergiftung haben. Oder vielleicht auch nicht.« Steve flüstert: »Womöglich ist es ja Cholera oder Typhus oder Malaria oder ein Parasit, der sich in deinem Darm eingenistet hat. Deine Glückssträhne ist zu Ende, Jeremy. Bumm! Tropeninfektion … von Raubwanzen übertragen …«

Und dann lässt mein imaginärer Freund sein imaginäres Mikro fallen.

Ich kann wieder sprechen. »Tiffany … Tiffany …«, sage ich. »Ich glaub, ich werde krank.«

Gott sei Dank wacht sie sofort auf und nimmt die Sache in die Hand. »Alles gut«, sagt sie immer wieder. »Alles wird gut.«

Mir ist, als müsste ich mich gleich übergeben. Mein Magen knotet sich zusammen. Aber als wir durchs dunkle Zimmer stolpern, weil wir Ros nicht wecken wollen, fällt uns ein, dass die Innentoilette kaputt ist. Okay, dann eben draußen.

Es hilft schon, die Tür aufzustoßen – die kühle Luft, die Sterne, die Befreiung aus dem erstickenden kleinen Haus und von den metaphorischen Dämonen, die in ihm wohnen.

»Na gut«, sagt Tiffany. »Lass uns zum Plumpsklo gehen. Hier lang.«

»Zum Plumpsklo? Aber der Hund …«

»Der Hund?«

»Na, der Hund an der Kette. Er kann uns beißen. Uns anfallen. Erinnerst du dich, was Ros gesagt hat? Er ist ein Miststück. Tiffany, die Tollwut …« Ich wiederhole sinnlos: »Tollwut …«

»Jeremy …« Sie spricht meinen Namen in dem Tonfall aus, der schon zu einem Grundpfeiler unserer Ehe geworden ist.

»Ich kann nicht«, sage ich flehentlich. »Dieser Hund ist grauenvoll.«

»Okay, okay, dann müssen wir eine andere Stelle finden.«

Sie führt mich an die äußere Kante des kleinen Rasens, der sich vor dem schlimmen Haus ausbreitet. Hier hat man keinen Sichtschutz zur Straße hin, aber da wir uns in einem Bergdörfchen an der Grenze zwischen der Dominikanischen Republik und Haiti befinden, ist niemand draußen. Die Sterne funkeln über uns wie wild, denn hier wird ihr Strahlen nicht von den Lichtern der Stadt verschmutzt. Ich versuche, mich zu übergeben. Um mich herum liegt Müll verstreut – ein paar Bierflaschen, Plastikverpackungen, ein weggeworfener alter Schuh. Ich stehe da und würge, aber es kommt nichts hoch.

»Bist du sicher?«, fragt Tiffany.

O, ich bin verdammt fest entschlossen, mich hier und jetzt zu übergeben. Trotzdem ist alles vergebens, ich bringe nichts heraus. Und dann spüre ich es: Das unwohle Gefühl ist vom Magen in die Eingeweide übergegangen. Die Panik ist weitergewandert.

»Mist«, sage ich. »Ich muss kacken.«

»Kacken? O Gott. Na los, auf zum Klohäuschen!«

»Nein, kann ich nicht.«

Einmal mehr sagt Tiffany: *»Jeremy …«*

Aber ich kauere mich schon nieder. »Schau bitte weg. Geh ein Stück weiter.«

Wenn man die 14 Jahre betrachtete, die wir damals schon zusammenlebten, war das zugegebenermaßen nicht gerade unser romantischstes nächtliches Zwischenspiel unter dem Sternenhimmel. Sie tritt ein paar Schritte zurück und dreht sich um. So muss sie nicht mit ansehen, wie ihr Gatte in einen fremden Vorgarten kackt.

Ich hocke da und scheiße – eine Riesenladung. Unter den Sternen, den ungetrübten Sternen.

Als es vorüber ist, macht Tiffany, was jeder Lebenspartner tun würde: Sie deckt meinen Haufen mit dem weggeworfenen Schuh ab.

»So«, sagt sie. »Hoffen wir mal, dass das niemand mitbekommt.«

Ja, denke ich, hoffentlich kriegt niemand mit, dass ich in der Nacht auf einen Dorfrasen gekackt habe. Hoffentlich!

Aber ich kann mir auch ein Grinsen nicht verkneifen. Jetzt fühle ich mich besser, viel besser sogar. Ich habe nicht mehr das Gefühl, mich übergeben zu müssen, die Hitzewallung ist vorbei, und mein Hirn beruhigt sich. Jetzt kann ich die Dinge wieder so sehen, wie sie sind: Die

Schrecknisse, die Übertreibungen, die Panik im Schlaf – alles verzieht sich. Es ist schon beinahe lustig.

Wir gehen ins Haus zurück. Ros schläft noch. Ich schmiere mir die Hände mit Desinfektionsmittel ein, meinem ständigen Reisebegleiter, und schlafe mühelos wieder ein. Nach unserem Abenteuer von drei Uhr morgens schlafe ich nun wie ein Engel, ganz ohne Ängste. Wir beide schlummern, bis der Morgen anbricht und die tausendnochwas Hähne zu krähen beginnen, darunter auch der in der Küche.

Glücklicherweise gibt es keine Anzeichen dafür, dass uns Ros letzte Nacht gehört hat. Keine Anzeichen dafür, dass ein Serienmörder hereingekommen ist und über uns gestanden hat, während wir schliefen. Und niemand bemerkt meinen Kackhaufen unter dem traurigen, einzelnen Schuh.

Noch mal ungeschoren davongekommen! Haha! Ein paar Schauer, ein wenig Tropenhitze, eine gute Handvoll kotfressende Käfer – hier eigentlich kein Problem –, und es wird nichts mehr auf unser heimliches Abenteuer hinweisen.

Unser buntgemischtes Team sitzt bei Kaffee und süßen Semmeln vor Misaels Haus. Wir saugen das Morgenlicht auf, ehe wir zurück nach Pedernales fahren, um unsere Suche nach den Schlitzrüsslern fortzusetzen.

Aber vor unserer Abreise gehe ich noch einmal in das Spukhaus, um meine Tasche zu holen. Auf dem Rückweg zu Misael trete ich in etwas hinein. Ich schaue an mir hinunter: Kacke am Stiefel. Es ist nicht meine – die Stelle habe ich den ganzen Morgen umschifft. Ich schaue mich um, denn vielleicht steht der Hund, der den Haufen gemacht hat, ja immer noch in der Gegend herum und starrt mich an. Dann bemerke ich Tiffanys Gesichtsausdruck. Sie kann sich das Lachen kaum verkneifen. Ich folge ihrem Blick. Da steht Misaels zweijährige Tochter auf dem Hof, ohne Hose, ohne Windel, und das Hemd bedeckt mit Mühe und Not ihren Po.

Bingo, ich bin in die Exkremente eines zweijährigen *Homo sapiens* getreten.

Das Karma ist echt ein Hund … mit Tollwut.

KAPITEL ZEHN

Der ›Dinosäuger‹

WINTER 2012 (FORTSETZUNG)

Francis gießt den exzellenten Tequila, den er selbst einmal als Geschenk bekommen hat, in Gläser: eins, zwei, drei, vier, fünf und dann »¡Salud!«. Es brennt im Schlund, aber es brennt gut.

Wir lachen und schwatzen mit Leuten, die wir gerade erst kennengelernt haben. Und dann fragt Francis: »Noch einen?« Ich bin ziemlich sicher, das macht er nicht mit allen seinen Gästen. Reihum ein Nicken.

Wir sind in Punta Rucia an der Nordküste der Dominikanischen Republik, fast in senkrechter Linie nördlich von der Halbinsel Pedernales. An diesem Morgen haben wir eine viertägige Reise mit Explora Ecotour begonnen, einem Unternehmen für Ökotourismus. Es wird von einem Ehepaar betrieben: Manny Jimenes Gomez und seiner Frau Olyenka Sang Luciano. Im Laufe der nächsten vier Tage werden sie uns zu einigen der herrlichsten Naturschönheiten der Dominikanischen Republik bringen. Aber heute Abend bechern wir Tequila.

Francis ist 40 und ein Freund von Manny und Oly; er besitzt eine kleine Öko-Pension in Punta Rucia und hat uns gerade eine der besten Mahlzeiten meines Lebens serviert: Pastelón de papa, perfekt zubereitet. Natürlich kann keine Mahlzeit wirklich großartig sein, wenn man sie nicht mit guten Gefährten teilt, und Tiffany und ich mögen Manny und Oly schon so sehr wie Enten das Wasser.

Sie haben uns heute früh an unserem Hotel in Santo Domingo abgeholt, und während der fünfstündigen Fahrt haben wir uns angefreundet. Noch keine 30 und frisch verheiratet, haben Oly und Manny ihr Unternehmen im vergangenen Jahr gegründet, weil sie die Naturlandschaften der Dominikanischen Republik lieben und geschützt sehen wollen. Beide sind in den Vereinigten Staaten aufgewachsen, aber in das Land ihrer Vorfahren übergesiedelt, um das Abenteuer in Angriff zu nehmen.

Laut Manny und Oly gehört zum Ökotourismus auch, dass man die Menschen vor Ort in jeder Phase einbindet, denn das ist für sie ökonomisch vorteilhaft und unterstützt jene, die ebenfalls an einer grüneren Dominikanischen Republik arbeiten. Francis war einer ihrer Verbindungsleute.

Ein paar Stunden vor dem Tequila räkelten sich Tiffany und ich in bunten Hängematten auf einem Balkon. Wir sahen die Sonne im Meer untergehen, während Francis' adoptierte haitianische Tochter unter uns im Vorgarten mit einem Welpen spielte.

Während wir der Sonne nachschauten, hatte ich erneut das Gefühl, dass mich auf dieser betörend schönen Insel ein Paradies umgab. Und einmal mehr dachte ich an das Volk der Taíno, an die vielen Generationen, die hier gelebt hatten, an ihren Alltag, ihre Liebe, ihre Freuden. An die ungezählten Sonnenuntergänge, die auch die Taíno erfreut hatten. Die Welt ist bevölkert von Geistern, und aus irgendeinem Grund scheinen sie besonders präsent zu sein, wenn man auf Reisen ist.

Es klopft an der Tür. Das schwindende Tageslicht breitet ein rotes Tuch über die Wogen aus hellgrünem Gras, auf dem das Mädchen und sein Welpe spielen.

»Moment«, sage ich.

Es ist Manny.

»Abendessen in einer halben Stunde?«

»Ja, gerne.«

Im Fortgehen dreht er sich noch einmal um. »O, Jeremy …«

»Ja?«

»Tut mir leid, dass es mit dem Schnorcheln heute Nachmittag nicht so gut geklappt hat.«

»Ach, kein Problem. Immerhin war es für mich das erste Mal hier.«

Er nickt, lächelt und wiederholt dann wie jeder gute Reiseleiter: »In einer halben Stunde.«

Wie sich herausstellt, besteht Schnorcheln hauptsächlich aus Toter-Mann-spielen.

Man liegt mit dem Gesicht nach unten im Wasser und lässt sich treiben. Ja, natürlich, man atmet durch ein Plastikrohr und sieht hoffentlich voller Bewunderung, wie die bunten Bewohner einer scheinbar anderen Welt dort unten dahinflitzen, vorbeitreiben und auseinanderstieben. Aber abgesehen von diesem überwältigenden Staunen, ist Schnorcheln, denke ich, auch eine gute Vorübung fürs Grab: Bewegen Sie sich nicht. Lassen Sie sich mit der Strömung treiben. Halten Sie eine Münze für den finsteren Fährmann Charon bereit.

Als Tiffany in letzter Minute erklärte, mich auf meiner Reise in die Dominikanische Republik begleiten zu wollen, hatte sie nur eine Bedingung: »Ich möchte dort schnorcheln.«

Und so bin ich jetzt, am frühen Nachmittag des ersten Reisetages, im blauen, verträumten Karibischen Meer gelandet und bemühe mich mit aller Kraft, toter Mann zu spielen. Das Problem ist nur, dass der Ozean nicht mitspielen will. Seine Wellen rollen über uns wie riesige runde Heuballen.

Dies ist unser erster Halt mit Manny und Oly, aber gemäß den Regeln übergeben sie uns, sobald ein Etappenziel erreicht ist, an einen örtlichen Guide. Der hier ist jung, vielleicht erst 18. Er lächelt viel und sieht in seinem Schwimmanzug auf einschüchternde Weise fit aus.

»*Hola* … Schön, euch treffen. *Me llamo Diego.* Boot da hinten«, sagt er und hat mit der englischen Sprache tüchtig zu kämpfen.

Die Fahrt mit dem Boot ist kurz. Wir sind nur einfach von der Küste zu einem kleinen Flecken hinübergefahren, der Cayo Arena heißt. Das ist ein Eiland aus Sand, das inoffiziell »Paradiesinsel« genannt wird und dessen Größe ständig variiert.

Stellen Sie sich das Bild vor: ein elfenbeinfarbener Sandbuckel, der aus dem Meer ragt. Es gibt auf ihm nichts als eine Handvoll strohgedeckte Hütten, umgeben von türkisfarbenem Wasser.

Tiffany und ich hatten es vor Jahren auf Tobago mal mit Gerätetauchen probiert, aber mit dem Schnorchel versucht sie es heute zum ersten Mal. Für mich ist es der zweite Anlauf.

Diego erklärt uns zunächst etwas, aber er hat einen starken Akzent und spricht ein eigentümliches, unberechenbares Englisch. Ich schnappe also nur Brocken und Fetzen auf, die sich in meinem Hirn zu einer Botschaft zusammenfügen: »Lasst es zu, wenn die Wellen mit euch spielen, euch herumwerfen, euch so behandeln, als wärt ihr Strandgut. Lasst euch einfach treiben.« Ich übersetze das für mich so: »Tut einfach, als wärt ihr wirklich schon tot.«

Und dann gehen wir in ein Wasser, das so blau ist, wie nur irgendetwas blau sein kann, und auf dem sich die Strahlen einer ungetrübten Sonne als quecksilberfarbene Flecken brechen.

Jeder weiß, dass die Ozeane mehr als 70 Prozent unseres sehr blauen Planeten bedecken. Aber ich glaube, die meisten von uns wissen gar nicht so genau, was für eine immense Bedeutung das hat. Wir weisen immer noch der weit kleineren Landfläche eine größere Wichtigkeit zu und behandeln die Meere nicht nur als unerschöpfliche Ressource – die sie längst nicht mehr sind –, sondern auch als Müllkübel. Gegenwärtig heizt sich der Ozean auf, wird saurer, verliert an Sauerstoff. Massenhaft sterben Korallenriffe ab. Die Meere sind überfischt, das heißt, man schlachtet die Fische ab, bis sie kurz vor der Ausrottung stehen. Und Millionen Tonnen Plastik gelangen Jahr für Jahr in die Weltmeere. All dies ist in wenigen Jahrzehnten Misswirtschaft passiert.

Wir haben für diese Probleme Lösungen. Wir wissen, was getan werden muss. Wir wissen es seit Jahrzehnten. Wir entscheiden uns nur anders. Wörter wie ›Kummer‹, ›Trauer‹ oder ›Schmerz‹ können den Verlust nicht einmal ansatzweise fassen. Wenn wir unsere Gemeinschaft nicht dazu bringen, gemeinsam zu handeln, werden wir uns bald noch ganz andere Wörter ausdenken müssen.

Ich fühle die Bewegung des Meeres rings um mich, als wäre ich eingehüllt vom Atem eines Wassertitanen. Schon hier, gleich überm Sand, schwimmen ein paar einzelne Fische, aber wir steuern auf die Brandungswellen zu, bei denen sich das Korallenriff erhebt. Ich liege still da, versuche zu atmen und schaue einfach nur. Ohne Brille kann ich natürlich einen Scheiß sehen. Ich erkenne die Meeresbewohner erst, wenn sie sich mir auf Armeslänge nähern. Darauf scheinen jedoch die wenigsten Lust zu haben.

Wie sich erweist, habe ich noch größere Probleme. Der Titan Okeanos atmet tiefer und tiefer, die rollenden Wogen brechen sich über mir. Ich höre auf, toter Mann zu spielen, und werde wieder lebendig.

Ich kriege keine Luft! Salzwasser flutet meine Schwimmbrille und meinen Mund. Ich recke meinen Kopf aus dem Meer wie eine hässliche Robbe, und eine schaumige Fontäne schießt zwischen meinen Lippen hervor.

Okay, jetzt rudere ich mit den Armen, denn die See zerrt an mir, als wäre ich an einem riesigen Meeres-Jo-Jo festgeschnallt. Unbeholfen lege ich die Schwimmbrille wieder an, als würde ich damit auf magische Weise die Kontrolle wiedergewinnen. Ich versuche zu schwimmen, aber mit meinem Hundepaddeln habe ich offensichtlich keine Chance, und das Meer zieht mich unerbittlich in Richtung Korallenriff, fort von Tiffany und Diego. Plötzlich bin ich schon über dem Kamm des Korallenriffs und rudere wie wild.

Wird mich die Strömung erfassen? Werde ich aufs offene Meer hinaustreiben?

Dann spüre ich unter mir starke Arme, und eine Stimme von oben sagt: »¿Estás bien?« Diego hat mich im Griff. Seine muskulösen Arme und seine geschickten Schwimmzüge ziehen mich von den Korallen weg. »¿Estás bien?«

Ich versuche zu sprechen, spucke stattdessen aber Meerwasser in den Schnorchel. Dann bringe ich ein seetüchtiges »Glurps, glurps … ja …« hervor.

Diego hilft mir, den Schnorchel wieder an der Taucherbrille anzubringen, und erteilt mir weise Ratschläge: »Wir … nicht schwimmen … *en el coral*. Du verstehst?«

»Sí, sí«, antworte ich atemlos, während mir immer noch Salzwasser aus dem Mund tröpfelt. Dann lässt er mich wieder schnorcheln.

Einige Minuten später bin ich in derselben Lage, dem Meer auf Gedeih und Verderb ausgeliefert, strampelnd und voller Panik. Diesmal zieht es mich direkt über die Korallen, und da ich wie wild mit den Beinen ausschlage, spüre ich den Kontakt an meinem Körper. Schmerzen durchzucken mich, als die Korallen mir wie Rasierklingen des Meeres die Haut aufschneiden.

Ich kann es nicht sehen, aber ich fühle, dass ich hart gegen etwas stoße, dass ich mit meinem planlosen, dämlichen Herumgerudere Korallen abschlage. Korallen, die sich Generation für Generation im Laufe von Jahren, wenn nicht Jahrzehnten, streng und präzise aufgebaut haben und die nun von einem auf schlampige Art schwimmenden Umweltjournalisten zerstört werden. Als ich gerade denke, dass ich durchaus ein Opfer der See werden könnte, packen Diegos Arme einmal mehr meinen Oberkörper, und er schwimmt mit mir mühelos zurück in Sicherheit.

Beim dritten Mal passiert es. Wieder zieht das Meer mich hinaus, wieder habe ich Wasser in Augen und Mund, höre das *klunk-klunk-klunk* der Korallen und kämpfe gegen den Tod an. Und wieder kommt Diego wie ein Comic-Held zu meiner Rettung herangeschossen. Danach aber sagt er: »Du schwimmst nur Cayo Arena.«

Ich werde dazu verdonnert, nur noch am Saum der kleinen Insel zu schwimmen, wo das Wasser höchstens einen Meter tief ist. Ich komme mir vor wie ein Kind, das sich beim Skifahren die schwarze Piste zutraut, aber zurück auf den Idiotenhügel geschickt wird. Mit dem

Unterschied, dass ich der einzige 33-Jährige auf dem Idiotenhügel bin, ein totaler Versager.

Hier gibt es nicht viele Fische zu sehen, und wenn ich doch mal einen erblicke – undeutlich, weil ich keine Brille aufhabe –, schauen wir uns verdrießlich, aber teilnahmsvoll an, als wäre der Fisch ebenfalls ein aus dem großen weiten Meer Vertriebener.

Ich stelle die Füße in den Sand, und mein Oberkörper taucht sofort aus dem Wasser auf, als befände ich mich in einem Planschbecken. Jenseits der Wellen im großen Ozean erblicke ich für einen Moment zwei Menschen, die sich vom Seegang treiben lassen und offenbar recht gut toter Mann spielen: Diego und meine Frau erkunden den Ozean wie Erwachsene.

Es stimmt schon, ich war nie ein starker oder geschickter Schwimmer; meist verließ ich mich darauf, dass ich schon irgendwie von einem Ende der Wasserfläche zum anderen kommen würde, wenn ich nur ordentlich die Arme schwang und mit den Beinen ausschlug. Es stimmt auch, dass ich ungefähr so sportlich bin wie ein Datenmanager im Ruhestand.

Ich habe mich damit abgefunden, dass ich niemals Meeresjournalist werde. Dabei schreibe ich gern über die Ozeane – aber wissen Sie, man kann darin ertrinken, oder? Schiffe können sinken. Die Taucherausrüstung kann kaputtgehen. Selbst das Schnorcheln hat offensichtlich seine Risiken. Der Ozean ist mir zutiefst unbehaglich, fast als hätten wir uns nicht alle darin entwickelt.

Ich liebe es, nahe am Ozean zu sein. Ja, echt. Ich liebe den Anblick, die Geräusche, den Geruch. Ich bin verrückt nach Meeresvögeln und Pottwalen. Aber größtenteils liebe ich das alles vom sicheren Ufer aus.

Ich bin wie das Geschöpf, dessentwegen ich eigentlich hier bin: Wie der Schlitzrüssler bevorzuge auch ich es, ein wenig Boden unter den Füßen zu haben.

An unserem letzten Tag in Pedernales wachen wir zu den Klängen des immergleichen Orchesters auf: krähende Hähne, bellende Hunde, eine Katze, die unbedingt Sex haben will, und knatternde Motorräder. Als ich die Fensterblende öffne und mich in die Sonne lege, denke ich: »Das ist unsere letzte Chance, einen Schlitzrüssler zu finden.«

Und dann beginnt Tiffany, die schon auf den Beinen ist und ihre E-Mails liest, plötzlich zu weinen.

»Was ist passiert?«, frage ich.

Sie bringt kein Wort heraus und reicht mir den Laptop. Ich starre auf den Bildschirm und kann es fast nicht glauben. Mit »fast nicht« meine ich, dass es für die USA trotzdem nicht ungewöhnlich ist, da wir in Sachen Massaker mit Schusswaffen eine lange Tradition haben. 20 *Kinder* – Sechs- und Siebenjährige –, dazu sechs Lehrer und Schulmitarbeiter, die ebenfalls tot sind. Hingemetzelt in der Grundschule von Sandy Hook (Connecticut) von einem Wahnsinnigen mit einer halbautomatischen Waffe.

Kinder.

Ich halte Tiffany in den Armen und beginne selbst zu schluchzen. Zu einem Zeitpunkt, an dem wohl alle Väter und Mütter in den USA ihre Kinder sicher in den Armen halten möchten, ist unsere Tochter mehr als 4000 Kilometer von uns entfernt, und ich frage mich nicht zum ersten Mal, ob diese ganze Reise nicht ein Fehler war. Hätten wir nicht besser zu Hause bei unserer zweijährigen Aurelia bleiben sollen? Sollten wir jetzt nicht zu Hause bei unserem Kind sein?

Was kann ich hier in Pedernales schon groß bewirken? Wie stoppt man mit Papier und Stift den Ansturm der Ausrottung, wie hält man die Abholzungen auf, wie gebietet man streunenden Hunden, Hausratten und Mangusten Einhalt?

Auf jeder Reise stelle ich mir diese Frage: »*Wirklich?* Wird das echt von Belang sein?« Wie viele Artikel habe ich schon über Klimawandel, massenhaftes Artensterben und den weltweiten ökologischen Kollaps geschrieben? Mal ehrlich, wie viele davon haben überhaupt etwas bewirkt? Von den mehr als 3000 vielleicht eine Handvoll? Bestenfalls.

Da die Ära von FaceTime noch nicht angebrochen ist, können wir keine Verbindung zu unserer Tochter herstellen. Wir müssen warten, bis uns die Großeltern mit einer E-Mail auf den neuesten Stand bringen.

Als wir uns ausgeweint haben, gewinnen der Hunger und das Bedürfnis nach Koffein doch wieder die Oberhand, und wir steigen die Treppe zum Frühstücksraum hinab. Aber unsere Gedanken bleiben Tausende Kilometer weit entfernt, verfangen in einer so herzzerreißenden wie sinnlosen Tragödie.

Nach dieser Mahlzeit, die wir dringend gebraucht haben, treffen wir uns mit Ros und Juan Carlos. Auch sie haben schon von der Tragödie gehört, aber ihnen dringt sie nicht so tief ins Herz. Für sie ist es eher ein weiteres Indiz für die Seltsamkeit der Vereinigten Staaten, einer Nation, die von der übrigen Welt immer mehr als bizarr angesehen wird, als kaum noch wiederzuerkennen.

Heute im Laufe des Tages – oder eher nach Anbruch der Nacht – soll unsere allerletzte Suche nach dem Schlitzrüssler starten, aber bis dahin sind es noch viele Stunden. Wenn wir aufwachen, beginnen die Schlitzrüssler zu schlummern.

Ros hat eine Menge vor, und ich bin wirklich dankbar dafür, an diesem Morgen auf Trab gehalten zu werden. Zunächst gehen wir eine der Matriarchinnen von Pedernales auf einen Kaffee besuchen. Die verhutzelte alte Dame ist mit einem Assistenten von Ros verwandt und lebt im Stadtzentrum in einem kleinen und nach US-amerikanischen Standards sehr reinlichen und aufgeräumten Haus. Draußen vor dem Haus stehen zwei große Säcke mit frisch gepflückten Kaffeebohnen.

Sie ist eine temperamentvolle kleine Dame mit funkelnden Augen und einer bisweilen scharfen Zunge. Man erahnt, dass die hiesigen Frauen genau auf diese Weise das ständige Zurschaustellen drastischer und provokanter Männlichkeit überstehen. Sie harren aus, sie härten sich wie Ton im Brennofen.

Anders als die sparsam möblierten Häuser in Mencía ist ihr Haus mit Möbeln angefüllt, wenn sie auch ziemlich steif dastehen. Dazu kommen Nippessachen und sogar Spitzendeckchen. Auch etwas Weihnachtsschmuck steht herum, darunter eine kleine, elegante Krippe. Der Inbegriff bürgerlicher Behaglichkeit in Pedernales. Der Kaffee ist natürlich verdammt gut. Und wir hören geduldig zu, wie Ros und die Matrone sich auf Spanisch unterhalten.

Nach dem Kaffee nehmen wir Kurs auf den haitianischen Markt, der alle 14 Tage abgehalten wird und in Pedernales schon eine lange Tradition hat. Die Verkäufer kommen über die Grenze, um alles Erdenkliche feilzubieten. Der Markt liegt direkt neben einem Grenzübergang zwischen der Dominikanischen Republik und Haiti, der aus einem Tor, einem Zaun und einigen dominikanischen Polizisten besteht. Wir schlendern über den Markt und stoßen auf Töpfe mit unverpackten Arzneien, alte Fernsehgeräte, jede Menge Frischwaren, Weihnachtsdekoration (ist ja die Jahreszeit dafür), rohe Aale, ganze Fische, gebratenen Fisch, schwarze Kessel, in denen karibische Köstlichkeiten schmoren, sehr abgewetzte Plüschtiere, Kisten mit Kleidung, Spielsachen, Schuhen – echt eine Menge Schuhe. Viel von alledem kommt, so sagt man uns, aus Erdbebenspenden. Die Haitianer haben keine Verwendung für Weihnachtspullover, aber hier sehen wir eine Menge Strickwaren.

Auch dieser Markt ist ein deutliches Zeichen dafür, wie die Dominikanische Republik und Haiti einen höchst prekären Tanz vollführen: Manchmal verachten sie sich, aber oftmals bauen sie aufeinander.

Die Dominikanische Republik und Haiti haben eine relativ durchlässige Grenze: Viele haitianische Frauen sind im Nachbarland als Dienstmädchen tätig, während die haitianischen Männer auf dem Bau jobben oder andere manuelle Arbeiten verrichten. In vielerlei Hinsicht stützt sich die Dominikanische Republik auf die Arbeitskraft der Haitianer – genau wie die Vereinigten Staaten von der Arbeit der Migranten aus Mexiko oder noch südlicheren Ländern abhängig sind.

Schon seit über einem Jahrhundert wandern Haitianer in die Dominikanische Republik ein. Viele Dominikaner haben zwar eine nicht gerade positive Sicht auf ihre Nachbarn – in manchen Fällen sogar eine schlichtweg rassistische –, aber das stoppt die Migration nicht.[1]

Haiti ist heute das ärmste Land der westlichen Hemisphäre, aber das war nicht immer so. Als erste Nation mit einem erfolgreichen Sklavenaufstand gegen Peitschen und Ketten war Haiti einst ein wohlhabender Staat und der Stolz der Karibik, ehe es durch die jahrzehntelange Diktatur der Familie Duvalier heruntergewirtschaftet wurde. Ein Erdbeben der Stärke 7,0 im Jahre 2010 machte die Lage noch schlimmer.

Von dem geschilderten Markt einmal abgesehen, kommen wir Haiti nur einmal nahe: Vom Hochland aus erhaschen wir einen Blick auf den Staat.

Es ist ein erstaunlicher Anblick: Auf der einen Seite erstrecken sich die dichten dominikanischen Kiefernwälder der Sierra de Bahoruco, und jenseits einer unsichtbaren Trennlinie wird der Wald von kahlen, erodierenden Hügeln abgelöst, als hätte man ihn mit Napalm weggebombt. Diese unsichtbare Linie, die Grenze zwischen Wald und unnatürlicher Wüstenei, zeigt uns deutlich, weshalb Umweltschutz so wichtig ist.

Es ist nicht so, dass die Menschen in Haiti sich bewusst daran gemacht hätten, ihre Wälder zu zerstören, aber Armut und Instabilität bringen es mit sich, dass man sich an die Wälder macht, um Holzkohle zu gewinnen oder um mit Brandrodung Landwirtschaft zu betreiben – um zu überleben. Inzwischen ist nur noch wenig übrig, und die Haitianer gehen immer öfter über die Grenze, um auf dominikanischer Seite Bäume zu fällen. Ein illegales Geschäft, das tödlich ausgehen kann.

Einen spektakulären Wald hat Haiti aber immer noch. Das Massif de la Hotte auf der südlichen Halbinsel beherbergt mehr als 100 Arten, die man nirgendwo sonst auf der Welt findet. Darunter ist eine größere Artenvielfalt an Fröschen als in allen anderen Gebieten vergleichbarer Größe. Das Bergmassiv mit dem wunderbaren Namen ist auch die Heimat des Haitianischen Schlitzrüsslers, der entweder eine Unterart des Dominikanischen oder eine eigene Art ist. Wir wissen aber nicht, ob es ihn heute überhaupt noch gibt.

Nachdem wir den Markt besucht und Proviant für unser Picknick gekauft haben, steuern wir den Strand an – ein fast schon unangebrachter Programmwechsel an einem Tag, an dem wir schon die Nachricht vom Amoklauf in Sandy Hook erhalten und den haitianischen Markt besucht hatten. Nun also geht es zu Sonne, Sand und Wellen in der Bahía de las Águilas – der Adlerbucht.

Obwohl Hispaniola von Ferienresorts und unkontrolliertem Massentourismus überrollt wird, ist es noch immer eine magische Insel. Tiffany und ich sind an unseren zwölf Reisetagen kreuz und quer durch einen Großteil der östlichen Inselhälfte gefahren, von der Halbinsel Pedernales bis zum Nationalpark Los Haitises im Nordosten. (Trotz tagelanger Versuche schaffe ich es nicht, den Namen des Reservats korrekt auszusprechen.) Wir haben einen wolkenbedeckten Wald besucht, in dem es Zwergfarne und fleischfressende Pflanzen gab, die man nirgendwo sonst findet, tunnelähnliche Mangroven, in denen sich Seekühe verbargen, dunkle Küstenwälder, die aus einem Hollywood-Abenteuerfilm zu stammen schienen, Höhlen, an deren Wände das Volk der Taíno seine Welt gemalt hat, tiefblaue Gewässer und Inseln aus Sand.

Mit Bahía de las Águilas im Jaragua-Nationalpark, ungefähr eine Autostunde östlich von Pedernales gelegen, konnte allerdings kein anderer Strand mithalten. Ein Sand, der so weich und hell ist, dass man ihn fast mit Kokain verwechseln könnte. Der Strand zieht sich meilenweit an einem türkisfarbenen Meer hin, das weiter draußen ins Lapislazulifarbene changiert.

Nicht die kleinste Behausung findet sich auf diesem Juwel. Kein Resort, kein Hotel oder Restaurant schädigt das Ökosystem, denn hier befinden wir uns in einer geschützten Zone. Andernfalls hätten Massentourismus und bauliche Erschließung diese Bucht in den letzten paar Jahrzehnten in ein beschissenes Drecksloch verwandelt.

An diesem späten Vormittag ist die Bucht leer – abgesehen von uns und einigen karotten- und rubinfarbenen Einsiedlerkrebsen, die sich schüchtern in ihre Behausungen zurückziehen. Wir schwimmen allesamt im Ozean – ich natürlich mit meiner Mütze –, und das Wasser ist so warm wie in der Badewanne und echt friedlich. Hier hätten wir schnorcheln sollen! Das Sonnenlicht flutet unsere Sinne. Nach dem Schwimmen essen wir auf dem ›Kokainstrand‹ Mittag.

Den ganzen Tag über kommt mir die Nachricht aus Connecticut immer wieder in den Sinn. Es ist wie ein Albtraum, der sich stets aufs Neue an einen heranschleicht, und ich denke an meine Tochter, die Tausende Kilometer von mir entfernt ist – im kalten, dunklen, stillen und schneereichen Winter von Minnesota.

Es war ein ganz anderer Tag in Minnesota, als ich meinen Highschool-Abschluss machte – spätes Frühjahr, Schmetterlinge, die aus ihren Puppen schlüpften, Blüten, die sich hoffnungsfroh öffneten. Im Talar nahm ich mein Zeugnis entgegen, schüttelte dem Schuldirektor die Hand – an sein Gesicht kann ich mich nicht einmal mehr erinnern – und verließ dann ganz schnell wieder die Bühne.

Mein Abschlussjahr war das beste seit langem gewesen. Ich hatte einen kleinen Kreis von Freunden gefunden, die alle auf die eine oder andere Weise Außenseiter waren, und wir waren zu einer kleinen Clique geworden. Ich hatte jede Menge Theater gespielt. Sogar verliebt hatte ich mich.

Am Zeugnistag sah die Welt für mich plötzlich ganz anders aus als noch vor einem Jahr. Sie schien voller Möglichkeiten zu sein. Wenn ich die Highschool überlebt – und am Ende sogar *gemocht* – hatte, konnte ich dieses komische Ding namens ›Leben‹ womöglich doch noch zu einem Erfolg machen. Highschool und Leben sind ja schließlich nicht dasselbe.

Damals war mir nicht klar, was der Schulabschluss bedeutete. Für einen 18-Jährigen ist dieser Übergang von der Teenie-Zeit ins Erwachsenenalter nicht leicht zu verstehen. Aber es gibt ihn. Er ist real. Es passiert nicht auf einen Schlag. Aber es passiert. Der alberne Irrsinn der

Highschool – wer ist bloß auf die dämliche Idee gekommen, Hunderte Teenager und viel zu wenige erwachsene Aufsichtspersonen zusammenzustecken – taucht in der Erinnerung bald ab wie die Abendsonne hinter dem Horizont.

Einige Wochen nach meinem Abschluss fand ich mich in den Straßen und Gassen von London wieder und pirschte mich an die Themse heran. Zum ersten Mal hatte ich Nordamerika verlassen. Zunächst war ich mit meinem Highschool-Französischkurs nach Frankreich geflogen – außer ›Zut alors!‹ kannte ich kein verdammtes Wort. Dann besuchte ich ganz auf mich gestellt einen Freund unserer Familie in London.

Hier verbrachte ich meine Tage größtenteils allein, erkundete die Museen, Kirchen und Denkmäler und staunte mit offenem Mund über diese fast 1000-jährige Stadt.

Ich hatte immer gewusst, dass die Welt größer war als mein privates Universum, aber hier spürte ich ihre Größe zum ersten Mal so richtig. In gewisser Hinsicht war es wie die Siegerrunde bei der Formel 1, nämlich der Lohn dafür, dass ich die letzten acht Jahre überlebt hatte, vom Zusammenbruch meiner Mutter bis zu meinem Schulabschluss. Mit anderen Worten, das jetzt war eine Art von Brücke zwischen meiner Vergangenheit und meiner Zukunft, eine Brücke, die ich damals unbedingt brauchte.

In London entdeckte ich, dass ich es schaffen kann. Ich kann ein Erwachsener sein. Ich kann wieder *ich selbst* sein. Vor mir liegt eine Zukunft, die vielleicht nicht einfach wird, aber doch hell und strahlend sein kann.

In neuerer Zeit haben sich Psychologen und Forscher zunehmend für ein Phänomen namens ›Resilienz‹ interessiert. Für diejenigen, die mit chronischen psychischen Krankheiten leben, handelt es dabei um die Fähigkeit, auf gesunde Weise mit Stressfaktoren und selbst mit Krisen zurechtzukommen und trotz alledem nach vorn zu sehen.

Ich glaube, dass ich das Wort ›Resilienz‹ in Verbindung mit meiner geistigen Gesundheit erst mit Ende 20 zum ersten Mal gehört habe, aber im Laufe der letzten zehn Jahre ist Resilienz zu meinem bevorzugten Konzept geworden.

Während mir niemand sagen konnte, wie ich härter werden sollte – außer, indem ich den innersten Kern meines Selbst leugnete –, eröffnete mir Resilienz eine klare Möglichkeit zur Aufrechterhaltung meiner mentalen Gesundheit.

Wenn ich mich heute frage, wie ich resilienter werden kann, antworte ich: Pass auf, dass du genügend Schlaf und Bewegung hast, genügend meditierst und Yoga machst, regelmäßig schwimmen gehst und dir, so oft du kannst, eine Dosis Natur verabreichst. Vergiss nicht, deine Medikamente zu nehmen. Verbringe viel Zeit mit Lesen. Schaue dir Filme an. Nimm dir Zeit für dich allein.

Natürlich wäre nichts von alledem möglich ohne die Liebe und Unterstützung von Tiffany und Aurelia. Resilienz hat auch – und vielleicht vor allem – damit zu tun, dass man sich mit guten Menschen umgibt, die einen nicht dafür verurteilen, dass man eine psychische Krankheit hat, sondern die angesichts der täglichen Herausforderungen hilfsbereit und geduldig sind. Nicht leicht zu finden, solche Leute.

Wer mir damals sagte, ich solle stärker werden, hat sich das sicher anders vorgestellt, aber wie sich herausgestellt hat, machen mich eine Menge Schlaf, gute Meditation und eine tolle Partnerin tatsächlich stärker.

Und dann natürlich Training. Trainieren und nochmals trainieren. Ich werde sicher nie ein leuchtendes Vorbild sein, aber dass ich imstande bin, ungefähr einmal im Jahr trotz meiner psychischen Erkrankung solche weiten Reisen zu unternehmen, hat nur einen Grund: Ich habe mich über Jahrzehnte hinweg darin geübt, Fähigkeiten aufzubauen und Erfahrungen zu sammeln.

Resilienz ist – zumindest für mich – kein Ziel, das ich irgendwie erreicht hätte, sondern eine nie endende Reise. Sie beinhaltet Arbeit und Umstrukturierung, hat aber kein Endziel. Sie impliziert, dass man sich um sich selbst kümmert, und auch, dass man Therapien durchhält und seine Medikamente nimmt.

Eines aber könnte für Menschen, die an psychischen Erkrankungen leiden, am wichtigsten sein: Vielleicht zeigt Resilienz uns auch auf, dass es Grenzen gibt. Treibe jemanden mit einer psychischen Erkrankung nur heftig genug an, und er wird zerbrechen. Eigentlich gilt das für uns alle. An jedem verdammten Tag zerbrechen Menschen. Manche erholen sich nie wieder. Wenn man Resilienz entwickelt, hat das nichts damit zu tun, dass man zum Übermenschen wird. Es bedeutet vielmehr, unsere Grenzen zu erkennen und zu akzeptieren.

Sollte ich von 9 bis 17 Uhr in einem Büro arbeiten? Nein. Sollte ich am Samstagvormittag in den Supermarkt gehen, um Lebensmittel einzukaufen? Ganz bestimmt nicht. Sollte ich mit einem Möbelwagen kreuz und quer durchs Land fahren? Nur über meine Leiche.

Resilienz ist kein Hirngespinst wie »Reiß dich doch einfach am Riemen!« und keine mentale Folter wie »Du musst härter werden!«. Es ist eine Strategie, die mir bis heute dabei hilft, trotz meiner chronischen psychischen Krankheit ein zwar nicht perfektes, aber doch gutes Leben zu führen – und sogar auf Reisen zu gehen.

Ein *fantastischer Reisender* wird aus mir wohl nie werden. Vermutlich nicht einmal ein sehr guter. Ich werde niemals eure Sprache sprechen, nie eure Gipfel erklimmen oder euer Land zu Fuß oder mit dem Fahrrad durchqueren. Ich werde nie unentdeckte Landstriche erkunden oder ein Jahr lang mit einem indigenen Stamm zusammenleben. Glauben Sie im Ernst, ich werde noch die Weltreise machen, von der ich mit 20 geträumt habe? – Wollen Sie mich verarschen?

Aber würde ich für eine Reportage über Springmäuse eine zehntägige Reise in die Mongolei bewältigen?

Ja … ich glaube schon, sofern ich vorher und nachher besonders gut auf mich achte, sofern ich alle meine Medikamente und Podcasts dabeihabe, sofern ich alle Tricks aus der Wundertüte meiner Kognitiven Therapie anwende und sofern ich mein Tiertotem habe und meine Gebete spreche. Wenn man seine Grenzen erkennt, entdeckt man auch sein Potenzial.

Mit der Zeit bin ich ein geübter Reisender geworden. Ich weiß, was schiefgehen kann und wie man sich so vorbereitet, dass die Erfolgsaussichten steigen. Ich habe gelernt, dass eine einzelne Panikattacke noch nicht bedeutet, dass die ganze Reise ein Fehlschlag ist, und wenn man einen schlechten Tag hat, kann der nächste schon wieder besser werden.

Am wichtigsten ist aber, dass ich weiß, warum ich dies alles immer noch tue. Einer der Gründe ist eigennützig: Ich bin süchtig nach Neuem. Ich liebe es, neue Orte kennenzulernen, neue Menschen, neues Essen – und natürlich die nicht menschlichen Erdenbewohner, das Fundament unserer Welt.

Der andere Grund ist weniger eigennützig: Ich habe einen Job zu erledigen, wirklich den einzigen, den ich erledigen kann und in dem ich gut bin – ich erzähle Geschichten, stellvertretend für Arten und Gegenden, die nicht selbst für sich sprechen können.

Und ich spüre, dass ich diesem Planeten, den ich so unglaublich liebe, nichts anderes zurückgeben kann als Geschichten. Wenn ich dafür Straßenhunden ausweichen, mich auf knatternde Todesmaschinen setzen, mich auf Chagas testen lassen oder schon wieder in so ein verdammtes Flugzeug steigen muss, dann soll es halt so sein.

Der Chagas-Test war übrigens negativ. Ich hatte also keine tropische Infektionskrankheit.

Als wir nach Pedernales zurückkommen, haben wir nur kurz Zeit, unter der Dusche den Sand abzuspülen und einen Happen zu essen, bevor wir erneut ins Auto steigen. Wir fahren in die Wälder ein paar Kilometer außerhalb der Stadt. Dort haben wir die letzte Chance, einen Schlitzrüssler zu finden.

Juan Carlos' zuverlässiger Wagen fährt uns nordwärts in die spärlich bewaldeten Hügel, von denen Pedernales umgeben ist. Hinter uns fahren einige Assistenten von Ros auf Motorrädern – Misael, Nicolas und dessen Sohn Adalberto.

Die Sonne ist schon fast untergegangen, als wir auf einer unbefestigten Straße parken, die den Wald durchschneidet. Die Motorräder hinter uns schlittern beim Bremsen.

Tiffany und ich lassen die Umgebung auf uns wirken, während Ros mit ihrem Team ein paar Dinge zusammensucht. Sie reden Spanisch miteinander. Zu beiden Seiten der Straße erstreckt sich ein gedrungener Trockenwald, dessen Bäume uns nur um ein paar Fuß überragen. Die Lichtkegel unserer Lampen fangen Hunderte Glimmerpünktchen ein, die wie Tautropfen aussehen. Beim Näherkommen entdecken wir jedoch, dass diese Glimmerpunkte die reflektierenden Augen unzähliger kleiner Spinnen am Straßenrand sind. Tiffany und ich spähen noch ein wenig umher und finden zwischen den Bäumen einen Breitschnabeltodi mit fluoreszierend grünem Federkleid und blutrotem Kehlfleck. Der kleine Vogel, den es nur auf Hispaniola gibt, versucht zu schlafen, als Tiffany ein nächtliches Porträtfoto von ihm schießt.

»Okay, Jeremy«, sagt Ros, als alles bereit ist. »Du gehst mit Nicolas mit. Folge ihm einfach, hoffentlich fängt er einen.«

»Und du begleitest uns nicht?«, frage ich Ros. Was Tiffany betrifft, so weiß ich, dass sie nach dem Fiasko mit den Zagutis nicht scharf darauf ist.

»Je weniger Leute, desto besser die Chancen.«

»Okay.«

»Du willst doch dabei sein, wenn er einen fängt, oder?«

»Na klar!« Immerhin bin ich dafür Tausende Kilometer geflogen.

Nicolas Corona Peralta, ein Mann in den 40ern mit langem, lockigem schwarzem Haar und Räuberbart, gibt mir ein Zeichen, während er die Machete herausholt und auf den finsteren Wald zusteuert. Er trägt ein grünes Hemd und eine grüne Che-Guevara-Baskenmütze. Mit seinem guten Aussehen könnte er fast für Che durchgehen. Das Futteral für die Machete hat er sich mit einem Gürtel um die Brust geschnallt. Da Nicolas hier aufgewachsen ist, kennt er den Wald, wie wir unser Wohnviertel kennen. Er jagt regelmäßig Wildschweine und ist der perfekte Kerl dafür, einen Schlitzrüssler *mit den Händen* einzufangen.

Ein schwach aufscheinender, überwachsener Pfad windet sich durch den Wald, aber wir lassen ihn links liegen. Nicolas taucht ins Dickicht ein, bewegt sich wie ein Geist um Äste, Lianen und Stacheln herum, Felsblöcke hinauf und hinab, quer durch trockene Schluchten. Ich hingegen stoße überall an und bahne mir stolpernd meinen Weg durch den Wald, schramme dauernd an irgendwelchen Hindernissen entlang, mein T-Shirt bleibt an Zweigen hängen, Dornen bohren sich mir ins Fleisch.

Plötzlich hält Nicolas inne. »Ein Leguan«, sagt er und richtet seine Stirnlampe auf den Waldboden. »Heute.« Er streift mit der Hand über die Vegetation und macht »Schschscht«. Ich kann nichts Besonderes sehen, aber Nicolas erkennt, dass hier erst vor kurzem ein Leguan vorbeigekommen ist.

»Ein großer«, fügt er hinzu.

Während Nicolas über flache Sturzrinnen springt oder einfach über einen umgestürzten Baum tanzt, falle ich in diese Rinnen hinein und muss erst wieder hinauskriechen. Wo er einen Weg durchs Dornengestrüpp findet, bleibe ich an irgendwas hängen, und zwar derart, dass ich mich mit jedem weiteren Schritt noch mehr verfange. Ich muss den Rückwärtsgang einlegen und einen Bogen um die Dornensträucher machen, wobei ich Nicolas kurzzeitig aus den Augen verliere. Als ich ihn wieder entdecke, ist er glücklicherweise stehengeblieben, um sich eine Zigarette anzuzünden.

Die orange Glut erhellt für einen Moment seine Gesichtszüge und seine schelmischen, glänzenden Augen. Plötzlich habe ich das bizarre Gefühl, mich in einem Vietnam-Kriegsfilm zu befinden. Nur dass die Zigarettenglut hier die Umrisse eines dunklen *karibischen* Tropenwaldes erkennen lässt.

»Warte hier auf mich«, sagt Nicolas. »Ich gehe erst mal allein weiter und komme dich dann holen.«

Bevor ich auch nur ein Wort sagen kann, ist er schon weg. Wenige Augenblicke später kann ich das hüpfende Licht seiner Stirnlampe nicht mehr sehen.

Mich beunruhigt das nicht weiter. Vielleicht liegt es am Adrenalin oder an meiner Zuversicht, dass Nicolas mich wiederfinden wird. Ich suche nach einem Plätzchen, an dem ich mich niederlassen kann, aber hier ist überall nur Unterholz, und aus irgendeinem Grund will ich mich nicht hineinsetzen. Vielleicht würde ich ja etwas beschädigen. Ich schalte meine Taschenlampe aus, kauere mich hin und warte im Dunkeln. Ich langweile mich nicht. Ich lausche dem Wald, schaue zu den Sternen empor und höre das gedämpfte *wumm-wumm* der Musik aus Pedernales, das nur ein paar Kilometer entfernt liegt.

Der Trockenwald ist reizvoller, als ich es erwartet hätte. Eine grüne Pflanze, kein Gras, sondern eher kleeartig, bedeckt in dieser Jahreszeit den Boden. Man nennt sie hier »Wasserkraut«. Kurze, gewundene Bäume schlängeln sich rings um mich. Große Steinbrocken ragen aus dem Boden, und wo es mehrere davon gibt, glaubt man, eine Bergkette im Miniaturformat vor sich zu haben. Überall hängen Schnecken mit schön gefärbten, muschelhornartigen Gehäusen von den Zweigen herab wie ein natürlicher Weihnachtsschmuck. Von Zeit zu Zeit höre ich ein Schwirren – dann ist in der Nähe ein schlafender Vogel erwacht und aufgeflogen. Es ist beinahe ein Wald für Hobbits, wie geschaffen für kleine Dinge. Man kann sich vorstellen, dass hier altmodische Feen und Elfen leben, spitzbübische Geschöpfe. Deshalb scheint es auch ein passender Ort für den seltsamen, rätselhaften, elfengesichtigen Schlitzrüssler zu sein.

Unweit von mir landet ein Vogel im Blätterdach. Er hat die Gestalt einer Taube und sitzt zu sehr im Dunkeln, als dass ich die Art erraten könnte. Dennoch hat er etwas an sich, das mir im Gedächtnis bleiben wird: der schöne Vogel in der Finsternis, der nicht schläft, sondern auf pulsierende Art wach ist.

Mein Körper ist schweißbedeckt, mein Herz wummert, mein T-Shirt ist zerrissen, aber hier bin ich – lebendig in einem Wald, nur ich und dieser Vogel in der Dunkelheit.

Plötzlich fliegt das Tier wieder auf. Nicolas ist zurückgekehrt.

Er gibt mir ein Zeichen. »Komm mit!«

Nun schlagen wir uns wieder zu zweit durch die Büsche. Einige Minuten später bleibt Nicolas stehen und richtet den Lichtkegel auf etwas, das genau vor ihm liegt. Er weist mit dem Finger darauf.

»Hier, die sind eine Woche alt«, sagt er und zeigt mir kleine Löcher im Boden. An diesen Stellen hat ein Schlitzrüssler mit der Nase gestochert. Zunächst wühlen die Tiere die Erde auf, und dann stecken sie ihre langen Nasen hinein, weil sie hoffen, dort einen Leckerbissen zu finden. Dass Nicolas nach einem Blick auf *so etwas* – es sind doch bloß kleine Löcher im Wasserkraut – sagen kann, wann die Tiere es gemacht haben, ist echt verrückt.

Es ist nicht einfach, Schlitzrüssler aufzuspüren. Die nachtaktiven, kaninchengroßen Tiere können sich leicht im Unterholz verstecken, und die Suche nach ihnen scheint so gut wie sinnlos zu sein. Aber Ros hat mir erzählt, dass Nicolas, wenn er dicht genug herankommt, tatsächlich hören kann, wie sich die Schlitzrüssler durchs wirre Dickicht und über die Schicht aus trockenem Falllaub bewegen. Nach Regengüssen werden die Suchaktionen abgesagt, denn über feuchten Boden bewegen sich Schlitzrüssler lautlos.

Erneut zeigt mir Nicolas eine Stelle und sagt atemlos: »Heute Abend.«

Und dann hält er inne, lauscht, geht ein Stückchen weiter, bleibt wieder stehen und hört genau hin. Dann bricht die Energie aus ihm heraus. Er stürzt sich ins Dickicht, wühlt sich mit den Händen tiefer hinein, schiebt sich mit den Füßen vorwärts. Er versucht etwas zu fangen – in der Dunkelheit, im dichten Unterholz und mit bloßen Händen. Ich sehe von dem kleinen Biest nicht einmal die Schwanzspitze und bin nicht überrascht, als Nicolas mit leeren Händen wieder hervorkommt.

»Zwei«, sagt er. Dann, nach einem Fluch auf Spanisch: »Weg sind sie.«

Danach führt mich Nicolas zurück an die Straße, wo unser Team parkt. Wir tauchen aus dem Wald auf wie zwei Wanderer, die lange Zeit in einem Feenland herumgeirrt sind.

Tiffany reicht mir eine Flasche Wasser. Ich hatte dummerweise vergessen, welches mitzunehmen. Während Nicolas das Team informiert, pflückt Tiffany so viele Stacheln, wie sie kann, aus meinem T-Shirt. Ich blute an mehreren Stellen. Ihre Bemühungen sind aber ziemlich nutzlos, denn schon nach wenigen Minuten winkt mich der Jäger heran, und wir begeben uns wieder in den Wald.

Runde zwei.

Wie durch ein Wunder überlebte der Schlitzrüssler den Asteroiden oder Kometen – da streiten sich die Wissenschaftler noch –, der zu einem Massenaussterben führte. Dabei gingen 75 Prozent aller Arten zugrunde, 99 Prozent aller Lebewesen und sämtliche Nicht-Vogel-Dinosaurier.

Niemand weiß, wo genau die Schlitzrüssler-Populationen waren, als der zehn Kilometer breite Asteroid an jenem schicksalhaften Tag einschlug. Es ist jedoch ziemlich sicher, dass sie verdammt nahe an Chicxulub lebten. Egal ob sie nun auf der nordamerikanischen Landmasse beheimatet waren oder schon auf den Inseln, aus denen eines Tages die Karibik wurde – irgendwie überlebten die Schlitzrüssler diesen Volltreffer. Weiß der Himmel, wie.

Womöglich war es die innige Verbindung mit der Erde, die den Schlitzrüsslern das Überleben ermöglichte. Ein Schlitzrüssler verbringt die meiste Zeit in unterirdischen Bauen. Vielleicht hatten einige Artgenossen an jenem Herbsttag in ihren selbstgegrabenen Höhlen geschlummert, mehrere Fuß tief unter der Oberfläche. Beim ursprünglichen Einschlag muss der Boden schrecklich gebebt haben, und die meisten Einstiegslöcher dieser kleinen Viecher haben sich bestimmt rasch mit Erde gefüllt. Vielleicht war der Schlitzrüssler gerade dabei, die Gänge seines Baues wieder freizuschaufeln, als die Trümmer des Asteroiden heiß wie die Sonne herabstürzten und den ganzen Planeten in ein Pulverfass verwandelten, alles verschlingend wie ein wahnsinniger Gott, der endgültig durchdreht.

Während der darauffolgenden Monate werden viele Schlitzrüssler, die den ersten Tag der Katastrophe überlebt hatten, verhungert oder erfroren sein, aber ein paar glückliche und besonders findige Exemplare hielten durch. Der ganze Planet war in staubiges Dunkel gehüllt, aber diese wenigen zähen Schlitzrüssler müssen mühsam ihr Leben gefristet haben, indem sie in ihren Höhlen blieben und von Larven und Insekten lebten. Die Luft dort unten dürfte wärmer gewesen sein als die an der Erdoberfläche, wo mangels Sonnenlichts ein unnatürlicher Winter hereingebrochen war.

Das währte so lange, bis eines Tages, nach Monaten des weltumspannenden Sterbens, die Sonne doch wieder durch den apokalyptischen Schleier linste. Der Schlitzrüssler kroch aus seiner lebensrettenden Höhle und fand sich in einer neuen Wirklichkeit wieder – einer Welt, aus der alle Riesen verschwunden waren. Nur die verkohlten und später gefrorenen Skelette der großen Tiere, die 175 Millionen Jahre lang die Welt beherrscht hatten, erinnerten noch daran, während dieses kleine, giftige Säugetier im toten Wald herumstocherte.

Mag sein, dass der Schlitzrüssler an jenem Tag auf einen anderen legendären Überlebenden stieß, einen kleinen, vogelähnlichen Dinosaurier, so groß wie eine Krähe, rundum gefiedert und jedes Aas plündernd, das ihm unter die Krallen kam. Beide dürften unterernährt gewesen sein, mehr tot als lebendig, psychisch bis ans Äußerste belastet. Aber sie waren noch immer da. Vielleicht haben sie sich misstrauisch beäugt, ehe sie ihrer Wege gingen und der saure Regen wieder einsetzte.

Keiner von beiden wird gewusst haben, dass er gerade eine neue Erde erbte.

Ich habe bereits eine Menge Gründe dafür angeführt, warum ich den Schlitzrüssler liebe. Trotzdem glaube ich, dass es, fast schon im Unterbewussten, noch einen weiteren Grund für meine Obsession gibt: Er ist der Posterboy der Überlebensfähigkeit.

Überlebte den T-Rex. Häkchen. Überlebte den Asteroiden mit einer Einschlagkraft von zehn Milliarden Hiroshima-Bomben. Häkchen. Überlebte das Eiszeitalter. Häkchen. Überlebte die Ankunft der ersten Menschen. Häkchen. Überlebte das Volk der Taíno. Häkchen. Überlebte Kolumbus und die spanischen Konquistadoren. Zwei Häkchen. Überlebte die Ratten, Schweine, Katzen, Mangusten und all die neuen Krankheiten, die sie mitbrachten. Häkchen, Häkchen, Häkchen, Häkchen und nochmals Häkchen. Überlebte das Industriezeitalter. Häkchen.

Wissen Sie, was der Schlitzrüssler zur Hybris des Menschen sagt? »Werdet erst mal erwachsen. Ihr könnt wieder mit mir reden, wenn ihr 50 Millionen Jahre auf diesem Planeten lebt.«

Ich liebe diese Unerschrockenheit, diese Zähigkeit, diese Resilienz der lange Ignorierten und oftmals Unterschätzten.

Und es ist ja nicht nur der Schlitzrüssler. Zähigkeit ist wohl das wichtigste Merkmal allen Lebens auf unserem Planeten. Der Schlitzrüssler ist sicher ein extremes Beispiel, aber alle Arten, die sich über lange Zeiträume hinweg angepasst haben, sind bemerkenswert resilient. Ökosysteme – also die Gesamtheit aller Lebewesen in einem bestimmten Gebiet – sind sogar noch resilienter, denn sie sind als Gemeinschaft aufgebaut, um Hurrikans zu überdauern, Brände, Erdbeben und manchmal sogar uns Menschen mit unserem ausgeklügelten technischen Know-how.

Man kann die Resilienz der Natur beobachten, indem man einfach nur seinen Rasen wachsen lässt oder über ein ungenutztes Grundstück läuft. Man kann sie an den Spinnen im Keller ablesen, an den Ratten in New York City oder den allgegenwärtigen Ameisen. Oder warum nicht auch an den Wäldern und Tieren, die die Demarkationslinie zwischen Nord- und Südkorea in Besitz genommen haben und die Sperrzone von Tschernobyl? Oder an den Bisons im Yellowstone-Nationalpark, den Berggorillas von Ruanda, den indischen Tigern, den nordamerikanischen Weißkopfseeadlern und den Buckelwalen, von denen es wieder fast so viele gibt wie zu Beginn der Ära des Walfangs.

Lasst die Natur in Ruhe, und sie wird aufblühen. Helft ihr ein wenig dabei, und sie wird umso schneller und reichhaltiger zurückkehren.

Das Leben ist zäh. Es wird einen Weg finden, aber wir müssen ihm erst mal Raum lassen.

Und doch ist es wie bei der psychischen Resilienz: Auch die Natur und die Arten haben Grenzen, die klar auf der Hand liegen. Wenn man zu viele ihrer Individuen tötet, wird eine Art ausgerottet. Wenn man die Ökosysteme zu lange angreift, werden sie schließlich zusammenbrechen. Wenn man zu viel CO_2 in die Atmosphäre entlässt, wird sie gemäß den physikalischen Grundgesetzen reagieren und den ganzen Planeten aufheizen.

Die Natur ist resilient – sowohl durch ihre Fähigkeit zur Regeneration als auch dadurch, dass diese Grenzen hat.

Mit dem Schlitzrüssler verhält es sich genauso. Er hat eine echte Apokalypse überlebt, die viel schlimmer war als alles, womit unsere Spezies je konfrontiert wurde, aber es ist möglich, dass er *uns* nicht überleben wird.

In Haiti ist der Schlitzrüssler heute womöglich schon ausgerottet. Der Kubanische Schlitzrüssler, eine eigene Art oder vielleicht sogar eine Gattung für sich, existiert hoffentlich noch, aber seit Jahren ist keine Sichtung mehr belegt. Währenddessen geht der Bestand der Dominikanischen Schlitzrüssler weiter zurück. Die Forschungen von Ros haben ergeben, dass streunende Hunde vermutlich die größte Bedrohung für sein Überleben darstellen. Das Säugetier, das die Erde am längsten bewohnt, könnte ausgerechnet vom besten Freund des Menschen ausgerottet werden.

Und das Tragische an alledem: Gegenwärtig werden für den Schutz des Schlitzrüsslers ungefähr null Dollar ausgegeben. Das Last Survivors Project, dessen letzte Etappe ich miterleben durfte, lief 2012 aus, und heute gibt es weder für die dominikanische noch für die kubanische Art irgendwelche Schutzprogramme. Auch in das Cuvier-Zaguti hat man so gut wie nichts investiert. Und obgleich alle diese Arten in geschützten Bereichen leben, bewahrt sie das doch nicht vor der Gefährdung durch Ratten, Hunde, Mangusten und Katzen. Nicht einmal vor zweibeinigen Jägern.

Ironischerweise braucht ausgerechnet das Tier, welches das große Dinosauriersterben überstand, heute unsere Hilfe. Aber so ist das eben. Willkommen im Anthropozän.

Ich folge Nicolas zur Straße zurück. Wir gehen ein Stück weiter in einen anderen Teil des Waldes. Er richtet die Taschenlampe auf etwa ein Dutzend Taranteln, die auf der Straße abhängen. Entweder will er mir nur zeigen, wie viele es sind – wirklich eine irre Menge –, oder er möchte vermeiden, dass wir auf eine treten. (Was machen die eigentlich hier? Baden sie im Licht des Mondes? Schlafen sie? Liegt es an der Wärme, die noch im Straßenbelag gespeichert ist?) Und dann geht es erneut in den Schatten der Bäume, wo man die Taranteln nicht so leicht sieht.

Nun stürmen, krabbeln und brechen wir also wieder durch den Wald und versuchen, unseren Hauptgewinn aus der Kreidezeit zu finden.

Erst jetzt wird mir klar, dass ich bei dieser Jagd vollkommen überflüssig bin. Ich kann nichts tun, um Nicolas dabei zu helfen, einen Schlitzrüssler aufzuspüren und zu fangen. Eigentlich bin ich mir sogar ziemlich sicher, dass ich nur ein Störfaktor bin. Meine Atemgeräusche und meine Schritte sind viel lauter als die von Nicolas. Obwohl das im Grunde von Anfang an auf der Hand lag, brauchte ich eine Weile, bis es mir bewusst wurde. Ich wollte lieber glauben, ich könnte ein wenig Hilfe beisteuern, ein paar Handlangerdienste.

Diese Erkenntnis erlaubt mir allerdings auch, mich zu entspannen. Jetzt flitze ich hinter Nicolas durch den Wald, ohne mir den Kopf darüber zu zerbrechen, ob wir den mythischen Schlitzrüssler, für den ich so weit gereist bin, finden werden oder nicht. Ich habe das ganz einfach nicht in der Hand.

Ich denke beinahe an gar nichts mehr, schiebe mich voran, ducke mich, schramme und falle, während die Zeit unbeachtet verstreicht.

Wie lange machen wir das hier schon? 20 Minuten? Drei Stunden? Und wie lange noch? Sollten wir es bald gut sein lassen?

Wir halten inne. Nicolas richtet den Lichtkegel seiner Lampe auf zwei Wühlspuren. Der Anblick ist mir in den letzten Stunden schon vertraut geworden, ja beinahe alltäglich.

»Letzte Nacht«, sagt er. Und nach einer kurzen Pause: »Nein, nein. Diese Nacht. Diese Nacht.«

Und damit gewinnt die lange, schwitzige, hypnotische Jagd plötzlich an Intensität. Nicolas geht nur noch wenige Schritte weiter, bedeutet mir, an meinem Platz zu warten, richtet die Taschenlampe hierhin und dorthin, lauscht nach Geräuschen, die ich nie zu hören imstande sein werde. Plötzlich stürzt er sich in ein Dornengebüsch und ruft: »Aqui. Aqui. ¡Aqui!«

Ich weiß nicht, ob das heißt, dass ich etwas machen soll. Was kann ich denn schon tun? Aber er ruft es mit solchem Nachdruck, dass ich mich wortlos in dieses Gestrüpp hineinschiebe – vielleicht in der Hoffnung, dass mein Gestolper durch einen riesengroßen Zufall einen aufgeschreckten Schlitzrüssler in Nicolas' Arme treibt. Wobei es wahrscheinlicher ist, dass ich das Tier verscheuche.

Und plötzlich lässt Nicolas Freudenlaute ertönen – in Spanisch oder Englisch oder einer bizarren Mischung aus beiden Sprachen. Er taucht wieder hervor aus dem Dornengestrüpp, in dem er zuletzt mit dem Kopf voran gelegen hatte. Und er hat etwas in der Hand. Ich krieche näher und halte die Taschenlampe in seine Richtung. Und dann sehe ich es. Ein rötlich-braunes, großes Tier mit kohlschwarzen Augen und der herrlichsten Nase der Welt.

Mit anderen Worten: ein Dominikanischer Schlitzrüssler oder *Solenodon paradoxus.*

»Hier«, sagt Nicolas und streckt mir das Geschöpf entgegen – den vorsintflutlichen Überlebenden, den Säuger, der unter den Füßen der Dinosaurier herumgeflitzt ist.

»Nein, nein, nein«, sage ich. »Alles okay. Ich muss ihn nicht halten.«

»Doch«, meint er, »am Schwanz.« Der Jagderfolg lässt ihn vor Stolz erröten, und seine Hände packen den Schwanz des Tieres, das nun kopfüber hängt.

Die Forscher halten Schlitzrüssler stets am Schwanz, um hässliche Bisse zu verhindern und auch, weil die Tiere in dieser Position viel weniger gestresst zu sein scheinen. Dieses Exemplar hier schlenkert und rudert ein wenig herum, aber es gibt keinen Laut von sich und ist relativ fügsam. Der kopfüber hängende Schlitzrüssler wirkt eher verblüfft als ängstlich, und er scheint auch keine Schmerzen zu haben.

»Ich muss das machen *aquí* … hier rein«, sagt Nicolas. Mit seiner freien Hand hält er einen Stoffbeutel hoch.

Ich schaue vermutlich noch immer perplex drein, aber er redet mir gut zu: »Kein Problem. Am Schwanz, und alles kein Problem.«

Ich mache etwas, das ich selbst nie erwartet hätte: Ich halte einen Schlitzrüssler fest. Als ich nach dem schuppigen Schwanz des Weibchens greife, lasse ich das Tier beinahe fallen – es ist schwerer als gedacht. Aber ich lasse es nicht los, als es herumzappelt, und halte es so weit von mir weg, wie es nur geht.

Ein Tier in freier Wildbahn sehen zu wollen, ist das eine, es anzufassen, etwas ganz anderes. Ich gehöre nicht zu den Leuten, die gern Wildtiere berühren. Ich weiß schon, warum nicht.

Nicolas gelingt es mit wenigen Bewegungen, den Beutel von unten vorsichtig über das Tier zu streifen. Ich lasse den Schwanz los, und im Handumdrehen hat Nicolas den Beutel verknotet. Als wir so weit sind, zur Gruppe zurückzukehren – wo man unser Siegesgebrüll vermutlich schon gehört hat –, tastet Nicolas seinen Brustgürtel ab.

»Deine Machete!«, sage ich.

»Sí. Sí.«

Sie ist weg. Er muss sie irgendwo im Dornengestrüpp verloren haben.

»Ich gehe nachschauen«, sagt er und reicht mir den Schlitzrüssler im Beutel hinüber. Als er im finsteren Wald verschwindet und nur der Schein seiner Taschenlampe hin und wieder verrät, dass er nicht von der Dunkelheit verschluckt wurde, stehe ich sprachlos und wie betäubt da.

Ich halte einen Beutel mit einem Schlitzrüssler. Ich halte einen Beutel mit einem Schlitzrüssler. Ich halte einen Beutel mit einem Schlitzrüssler. Eine jahrelange Obsession, eine monatelange Planung und Tausende Kilometer über Land und Meer haben zu diesem irrsinnigen Augenblick in einem schattendunklen Wald der Insel Hispaniola geführt.

Das Weibchen zappelt ein paarmal. Ich kann die Umrisse seiner Sichelkrallen sehen, mit denen es durch den Stoffbeutel zu dringen versucht – ähnlich wie sie sich sonst, nur mit mehr Erfolg, in die Erde graben. Ich frage mich, ob Nicolas die Suche nach der Machete nicht vielleicht aufgeben sollte. (Wie viel kostet so ein Ding? Oder ist es für ihn von persönlichem Wert?) Als er mit der Machete in der Hand zurückkehrt, stehe ich noch immer wie benommen da. Später erfahre ich, dass er dieses Buschmesser schon seit Jahren hat und nie zurücklässt.

Jetzt ruft er dem Team an der Straße etwas zu. Sie haben sich angesichts der Stille nach den Freudenschreien schon gefragt, was geschehen sein mag. »*Sí, sí,* wir haben einen Schlitzrüssler. *Sí, sí*, wir sind unterwegs. Musste bloß meine Machete wiederfinden.« So jedenfalls deute ich seine Worte. Mit der Machete in der einen und dem eingesackten Schlitzrüssler in der anderen Hand bahnt er uns den kürzesten Weg zur Straße.

Als wir aus der Dunkelheit hervortreten, sehen alle erleichtert aus und sogar zum Feiern aufgelegt. Ros aber ist voll im Wissenschaftsmodus. Sie hat bereits ihren Kasten geöffnet und kramt in der Ausrüstung. Während wir darauf warten, dass sie startklar ist, erzählt Nicolas auf Spanisch die Geschichte vom erfolgreichen Fang.

Der Schlitzrüssler bleibt eingesackt, bis alles bereit ist. Dann öffnen Nicolas, sein Sohn und sein Cousin behutsam den Beutel. Nicolas hält das Tier am Schwanz fest, während es mit den Krallen auf der Straße scharrt.

»Ein Weibchen«, sagt Ros. »Seht ihr die Zitzen da unten am Körper?«

Die Schlitzrüsslerin gehört zum Schönsten, was je auf Erden gelebt hat. Tiefschwarze Stecknadelaugen, dunkelbraunes Fell, das um Gesicht und Vorderbeine in die Orangetöne eines Sonnenuntergangs changiert, ein gelblicher Fleck an der rechten Kopfseite. Winzige Öhrchen, verrückt lange Sichelkrallen und eine krumme Nase, die an ihrem Kugelgelenk kreist, komplettieren den reizenden kleinen Kobold. Er ist mit den gleichen kleinen grünen Haftfrüchten überzogen wie ich.

Ich gebe ja zu, dass ich voreingenommen bin, aber trotzdem sind Schlitzrüssler verdammt bezaubernd. Sie sind aus Teilen zusammengesetzt, die nicht zueinander zu passen scheinen, was aber den Reiz nur noch erhöht. Wie eine lebende Muppet-Figur, Dutzende Millionen Jahre, bevor Jim Henson die Serie erfand.

Unsere ganze Gruppe ist im Zustand der Entzückung. Wir scherzen und machen dem Tier Komplimente, während Ros ihre Vorbereitungen abschließt. Nun ist es so weit.

Adalberto und Misael packen den Schlitzrüssler vorsichtig, aber fest an Kopf und Körper, sodass er nicht entfliehen und auch niemanden beißen und ihm sein Gift mit den Zähnen injizieren kann, wie es auch eine Kobra tun würde. Tiffany ist mit Fotografieren beschäftigt, während ich danebenstehe und alles einfach nur aufsauge.

»Jetzt kann es ein bisschen Geschrei geben«, warnt uns Ros.

Und so kommt es auch. Kaum ist das Tier fixiert, stößt es einen unglaublich lauten, hohen Kreischton aus, ein bisschen wie eine unheilverkündende Fee. Ros und ihre Assistenten legen ihm im Handumdrehen das Senderhalsband an. Durch den gellenden Alarm- und Wutschrei wird mir erst bewusst, wie ruhig sich das Schlitzrüsslerweibchen benommen hatte, als es am Schwanz gehalten wurde. Jetzt zappelt es wie rasend herum und versucht zu fliehen. Es speit sein Gift auf den Boden und kackt. Es ist angriffslustig und fuchsteufelswild. Ist dies vielleicht einer der Gründe dafür, dass seine Abstammungslinie mehr Katastrophen überlebt hat als so ziemlich jedes andere Säugetier auf Erden? Liegt es daran, dass Schlitzrüssler so knallhart sind?

Es ist schön mitanzusehen, wirklich. Es zeigt, dass dieses Tier eine gesunde Furcht vor dem Menschen hat, was auch verdammt vernünftig ist. Ich habe Videos mit Schlitzrüsslern an der Leine gesehen – ernsthaft! – und solchen, die versuchten, Wissenschaftlern zu entkommen. Sanftmütig sind sie nie. Sie rennen fort und nehmen jede Gelegenheit wahr, um zu entkommen, abzutauchen.

Und dann ist es auch schon vorbei. Es hat vielleicht nur 30 Sekunden gedauert. Die Schlitzrüsslerdame ist mit dem Halsband versehen. Es ist sicher befestigt und funktioniert. Jetzt wird sie wieder am Schwanz hochgehalten und beruhigt sich schnell.

Wir folgen Nicolas, als er das Weibchen mit dem Senderhalsband zurück in den Wald trägt. Er setzt es behutsam auf den Boden, mit den Vorderbeinen zuerst. Sofort beginnt es in der geliebten Erde zu scharren. Und dann lässt Nicolas es los. Es watschelt eilig durchs Unterholz, klettert über ein paar große Steine und läuft mit dem charakteristischen, an einen Betrunkenen erinnernden Schlitzrüsslergang tiefer in den Wald. Weg ist es.

Seine aufgezeichneten Bewegungen werden Ros etwas über dieses Individuum verraten: Wie weit streift es umher? Wie viele verschiedene Höhlen nutzt es? Wie groß ist das Waldstück, in dem es auf Futtersuche geht? Obwohl diese Fragen ganz harmlos klingen, sind sie von großer Wichtigkeit, wenn wir die Schlitzrüssler noch retten wollen. Das Problem ist nur, dass solche Forschungsergebnisse selten in eine gute Praxis überführt werden. Oft verfügen wir über das Wissen und die Daten, aber uns fehlen die Mittel oder der Wille zu handeln.

Das Tier ist längst fortgelaufen, aber ich stehe immer noch da.

Diese Nacht hat sich als eine der besten meines Lebens erwiesen. Zehn Minuten mit einem prachtvollen Schlitzrüsslerweibchen zu verbringen, war so ziemlich der Höhepunkt meiner Karriere. Mir ist bewusst, dass das vielen Menschen verschroben und irgendwie daneben vorkommen wird. Aber hey, das bin ich ja gewohnt, und ich möchte es, ehrlich gesagt, gar nicht anders haben.

Auf der Fahrt durch die Dunkelheit zurück nach Pedernales wird viel gelacht und geschwatzt. Als ich endlich im Bett liege, bin ich so erschöpft, dass ich meine, ich müsste augenblicklich in einen köstlichen Schlaf sinken.

Von wegen.

Stattdessen muss ich immerzu an sie denken. An die Schlitzrüsslerdame mit dem Halsband, die jetzt auf Futtersuche durch das Unterholz des Zwergenwaldes wuselt. An ihr orangefarbenes Fell. Ihre kreisende Schnauze. Ihr komisches Gewatschel. Ihre Augen, so schwarz wie das Universum, werde ich unauslöschlich bis an mein Lebensende im Gedächtnis behalten.

Epilog

JULI 2019

»Sehr geehrte Damen und Herren, wir danken Ihnen erneut für Ihre Geduld. Wir sind jetzt bereit fürs Boarding …«

Ich höre nicht mehr zu, hole aber tief Luft, während ich aufstehe und mich zum Ende der Schlange bewege. Noch so eine quälend lange Reise nach Südostasien – unglaubliche 24 Stunden mit diversen Flügen –, und das alles für die mehr als vage Chance, ein kleines, erst kürzlich wiederentdecktes Säugetier im Busch zu sehen.

Ich bin ziemlich sicher, dass ich dieses Mal sterben werde. Ganz genau, das ist der Trip, auf dem es passiert. Der mich umbringt, ein für alle Mal umbringt.

»Steig bloß nicht in dieses Flugzeug«, sagt Steve. »Wenn du es doch tust, dann stirbst du. Diesmal mein ich es ernst.«

Ich setze meinen Kopfhörer auf und wähle einen Podcast. Ich reiche der Flugbegleiterin mein Ticket – einer der verletzlichsten Momente auf jeder Reise, weil er einem das Gefühl von »Jetzt kann ich keinen Rückzieher mehr machen« vermittelt. Sie scannt das Ticket. Sie sagt nicht: »Entschuldigen Sie, Mr. Soundso, aber Sie haben sich geirrt. Dieses Ticket hier ist für einen anderen Tag«, was ich nur zu gern hören würde.

»Hörst du mir überhaupt zu, Jeremy?«

Schritt für Schritt nähere ich mich dem Flugzeug.

»Hörst du mir zu, du bemitleidenswerter Angsthase?!«

Ich muss eine Reise machen, Leute treffen, Dinge erledigen und bedrohte Arten aufspüren. Und ich muss Geschichten schreiben, so unheimlich viele Geschichten.

Vietnam, ich komme!

Über den Autor

Jeremy Hance ist Schriftsteller und freier Umweltjournalist. Hance sammelte erste Erfahrungen, als er sechs Jahre lang als leitender Autor und Herausgeber beim Online-Magazin *Mongabay* tätig war. Er verfasste für den *Guardian* mehr als drei Jahre den Blog »Radical Conservation«. Heute ist er Kolumnist bei *Mongabay*, wo er Artikel unter dem Motto »Saving Life on Earth: Words on the Wild« schreibt. Journalistische Arbeiten von ihm erschienen darüber hinaus unter anderem in *HuffPost*, *Ensia*, *Yale E360* und im *Sydney Morning Herald*. Ein in *Mongabay* veröffentlichter Text über die Geschichte des Sumatra-Nashorns wurde für die 2019er Ausgabe der Anthologie »The Best American Science and Nature Writing« ausgewählt. Für seine Geschichten ist Hance in über 30 Länder auf fünf Kontinenten gereist. Es ist für ihn ein ganz besonderes Glück, dass er einige Zeit mit singenden Nashörnern, Dino-Säugern und wütenden Clownfischen verbringen durfte. Hance hat am Macalester College Englisch im Hauptfach und Geschichte im Nebenfach studiert und seinen Abschluss im Jahre 2002 gemacht. 2009 hat er zudem das Masterstudienprogramm »Great Books« des St. John's College abgeschlossen. Er lebt mit seiner Frau, seiner Tochter und seinem Hund in St. Paul, Minnesota. Wenn er mal nicht schreibt, genießt er die Zeit mit Freunden, einer guten Tasse Tee, langen Wanderungen, noch längeren Nickerchen, noch viel längeren Romanen und mit dem Spielen von »Dungeons and Dragons«.

Anmerkungen

Teil 1 Schlappmachen

Kapitel eins: Verrückt nach Peru

1 Im 19. Jahrhundert erbaute sich Peru auf Vogelkot ein riesiges und überraschendes Wirtschaftsimperium. Weltweit verwendeten Bauern Guano als Dünger, um ein zunehmend industrialisiertes, kommerzialisiertes und länderübergreifendes landwirtschaftliches System voranzutreiben. Der Guano-Markt brach nach der Erfindung von Kunstdünger im Jahre 1910 zusammen – eine Entdeckung, die großen Anteil daran hatte, dass die Weltbevölkerung in den vergangenen 100 Jahren so stark wuchs wie nie zuvor. Heute sind die Islas Ballestas wieder das Reich der Seevögel und Meeressäuger, obwohl man noch immer auf materielle Zeugen der Vergangenheit in Form von kotüberzogenen Docks stößt.

2 Krankheiten aus der Alten Welt löschten auf den amerikanischen Kontinenten vermutlich mehrere zehn Millionen Menschen aus. Ganze Zivilisationen brachen in sich zusammen, und jene, die überlebten, schleppten sich in einer Art torkelndem Zustand weiter. Das Ganze war wahrscheinlich der weltweit größte Verlust an Menschenleben seit dem Schwarzen Tod im 14. Jahrhundert.

Das alles könnte auch erklären, weshalb Francisco Pizarro in einer der seltsamsten Wendungen der Menschheitsgeschichte am 16. November 1532 mit weniger als 200 Mann das gesamte Inkareich zu Fall bringen konnte. Aufgrund wiederholter, jahrzehntelanger Epidemien befand sich das Inkareich damals schon in einem rapiden Verfall.

3 Auf diesem Platz köpften die Spanier Túpac Amaru. Er war eines der letzten Mitglieder der Königsfamilie der Inka. 200 Jahre später wurden zwei berüchtigte indigene Rebellen, die beide den Namen Túpac angenommen hatten, dort ebenfalls von den Spaniern gevierteilt.

4 Der Pillku Urqu, ein 4448 Meter hoher Berg, ist zugleich einer der zwölf sogenannten Apukuna von Cuzco. Für das Volk der Quechua sind diese Apukuna geisterhafte Wächter der Berge und anderer felsiger Orte. Viele Menschen in Peru bringen diesen Berggöttern bis heute Opfergaben dar.

Kapitel zwei: Ins Amazonasgebiet

1 Es war das Buch *The Amazon* von 1973 aus der Time-Life-Reihe. Das Foto befindet sich auf den Seiten 114–115, sieht aber völlig anders aus als in meiner Erinnerung. (Die deutsche Übersetzung erschien 1976 unter dem Titel *Der Amazonas* bei Time-Life International, Amsterdam; Anm. d. Übers.)

2 Das war nicht immer so. Jahrtausendelang hatten die Mashco-Piro und zahlreiche andere Stämme in der Gegend Handelskontakte mit Völkern an der peruanischen Küste jenseits der Anden. Doch irgendwann liefen die Dinge aus dem Ruder.

Im 15. Jahrhundert versuchte das Inkareich, amazonische Volksstämme in der Region zu unterwerfen, teilweise mit Erfolg.

Dann kam Kolumbus, der die gesamte Hemisphäre in den Abgrund stürzte.

Juan Álvarez Maldonado war der erste Europäer, der es 1567 bis zum Fluss Manú schaffte, wobei er vermutlich eine verheerende Spur aus todbringenden Krankheiten hinter sich herzog. Wer weiß, wie viele Völker, Sprachen und Kulturen in dem darauffolgenden Flächenbrand verloren gingen, der von Konquistadoren und Entdeckern wie Maldonado ausgelöst wurde?

Anschließend wurden die Bewohner des Manú drei Jahrhunderte lang weitgehend in Ruhe gelassen, bis der Kautschukboom einsetzte.

Im Jahr 1896 tauchte der Kautschukbaron Carlos Fermín Fitzcarrald in der Gegend auf. Fitzcarrald hatte zuvor schon die Stämme der Campa und Piro versklavt und dazu gezwungen, ein Dampfschiff erst auseinanderzubauen, dann über einen Landweg der einheimischen Bevölkerung zum Río Manú zu tragen und dort wieder zusammenzubauen.

Fitzcarrald segelte den Manú in etwas hinab, das den indigenen Völkern wie ein Ungetüm aus der Hölle vorgekommen sein muss, und benutzte seine indigene Sklavenarmee dazu, den Stamm der Mashco anzugreifen, wobei Hunderte niedergemetzelt wurden. (Werner Herzogs Film *Fitzcarraldo* mag ein unglaubliches Kunstwerk sein. Er lässt aber die blutige Brutalität außer Acht, die im Mittelpunkt des Kautschukhandels stand, und verwandelt Fitzcarraldo in einen launischen Träumer, der nichts weiter will als eine Oper im Dschungel.)

Alle Angehörigen der Mashco-Piro heute sind direkte Nachfahren der Überlebenden von Fitzcarralds Krieg. Und selbst wenn 1894 scheinbar lange her sein mag, sollten wir nicht vergessen, welche Macht das kollektive Gedächtnis hat: Was den Mashco-Piro passiert ist, bleibt sicher sehr viel länger im kollektiven Gedächtnis erhalten als alles, womit Streamingdienste unser Kurzzeitgedächtnis füllen.

Es ist also nicht so, dass unberührte Stämme noch nie Kontakt gehabt hätten. Sie hatten genug Kontakt, um zu wissen, dass er nur Krankheit und Tod mit sich bringt.

3 Zwei Vogelbeobachter haben im Nationalpark Manú einmal 331 Vogelarten an einem einzigen Tag dokumentiert oder anders ausgedrückt: fast alle zwei Minuten einen neuen Vogel. Zum Vergleich: Kanada beherbergt 468 Vogelarten, die Sichtungen von Zugvögeln herausgerechnet.

4 Ich bin überzeugt, dass es unser Verständnis der tropischen Artenvielfalt für immer verändern und alle gegenwärtigen Rekorde und Prognosen zunichte machen würde, wenn wir wirklich damit anfingen, die tropischen Insekten und Pilze auf der Welt zu bestimmen.

Im Jahr 2008 fand eine Studie in Guyana 1200 Pilzarten auf einer Fläche von nur 600 Quadratmetern – das ist ein Zehntel eines Fußballfeldes. Wissenschaftler glauben, dass die Hälfte der Pilze in jenem Gutachten der Wissenschaft bis dahin unbekannt war. Stellen Sie sich jetzt mal all die bislang nicht untersuchten Orte in den ganzen Tropen vor. Verdammt, holt mir sofort ein paar Mykologen her!

5 Ein Altarm entsteht, wenn ein Fluss aufgrund von Erosion mäandriert und dabei eine Schleife bildet, wie ein Hasenohr beim Binden eines Schnürsenkels. Wenn es dort, wo diese Schleife am engsten ist, z. B. durch ein Hochwasser zu einem Durchbruch kommt, wird die Schleife vom Fluss abgetrennt, und es entsteht ein Altwassersee.

Teil 2 Begegnung mit der Natur

Kapitel drei: Der gute Reisende

1 Nairobi hat nicht so eine lange Geschichte wie viele europäische Städte. Es wurde von den Briten 1896 als Eisenbahndepot gegründet. Nairobi ähnelt in dieser Hinsicht eher den Städten in den USA. Mit seiner Architektur, die vorwiegend aus der Nachkriegszeit stammt, wirkt es wie aus dem Boden gestampft, relativ neu und regellos errichtet.

Ich kann mich nicht erinnern, den Fluss, nach dem die Stadt benannt wurde, je gesehen zu haben.

2 Einige Forscher haben Herodots Ägyptenreise angezweifelt, aber ich neige dazu, ihm zu vertrauen. Ich finde das akademische Misstrauen gegenüber allem, was von antiken Autoren geschrieben wurde, kontraproduktiv – als ob sie nur rumgesessen und absichtlich Lügen verfasst hätten, um die Nachwelt zu verwirren.

Das berühmteste Beispiel ist natürlich Troja (auch Ilium). Viele Wissenschaftler hielten es jahrhundertelang für eine Legende, die sich in Homers schlauem Hirn zusammengebraut hatte. Zumindest so lange, bis Heinrich Schliemann die verlorene Stadt an der türkischen Küste fand und damit belegte, dass ein realer Ort (und zweifellos tatsächliche Ereignisse) Homers *Ilias* zugrunde lag.

3 Der britische Oberstleutnant John Henry Patterson, der diese Behauptung aufgestellt hat, erschoss die beiden Löwen. Anschließend schrieb er ein Buch über seine Erlebnisse. Die ausgestopften Häute des menschenfressenden Paares sind im Field Museum of Natural History in Chicago zu sehen – wenngleich schlecht erhalten, weil Patterson sie 25 Jahre lang als Vorleger benutzt hat. Die ausgestopften Löwen sind bedeutend kleiner als zu ihren Lebzeiten. Ihre Schädel befinden sich ebenfalls im Museum.

4 Die Vorstellung, dass ein Löwe auf einem bewohnten Zelt lagert, ist nicht völlig verrückt. Der knallharten Löwenforscherin Amy Dickman ist im Busch einmal genau das passiert. Sie können sich ansehen, wie sie diese Geschichte im National-Geographic-Film *Sleeping with Lions* erzählt.

Kapitel vier: Ich hasse die Sonne und weitere Geschichten aus Surinam

1 Die Militärdiktatur unter Desiré »Dési« Bouterse kämpfte gegen ein Bündnis, das unter dem Namen »Surinamische Befreiungsarmee« (SLA) bekannt war und von Ronnie Brunswijk angeführt wurde.

Die SLA kämpfte für mehr Anerkennung der surinamischen Maroon-Bevölkerung, jener Überlebenden des Sklavenhandels der sogenannten Mittelpassage und der von den Niederländern betriebenen Todesplantagen.

Am 29. November 1986 fuhr Bouterses Armee auf genau dieser Schnellstraße zu Brunswijks Heimatdorf Moiwana, wo sie 39 Menschen abschlachteten, hauptsächlich Frauen und Kinder, und das

Dorf niederbrannten. Hunderte Überlebende flohen über die Grenze, um sich in Französisch-Guayana in Sicherheit zu bringen und Zuflucht zu finden.

Bis vor kurzem war Bouterse der demokratisch gewählte Präsident Surinams – im Ernst. Ronnie Brunswijk ist ein Vertreter der General Liberation and Development Party, Besitzer eines Fußballvereins und amtierender Vizepräsident des Landes.

Politik ist auf der ganzen Welt seltsam.

2 Im 17. Jahrhundert tauchten im heutigen Surinam die Niederländer auf und beschlossen, dass dieses fremde Land ihnen gehörte, wie das die Europäer überall taten – weil … darum.

Niederländische Unternehmen, die in dem üppigen tropischen Land nur eine Cash Cow sahen, brachten afrikanische Sklaven mit, damit diese in den Zuckerrohrplantagen arbeiteten und – überwiegend starben. Die Gegend war berüchtigt für einige der brutalsten und grausamsten Sklavenbesitzer der Welt, und das will schon was heißen.

Zur Zeit der Aufklärung und des sogenannten Goldenen Zeitalters in den Niederlanden wurden Sklaven selbst für geringfügige Vergehen gevierteilt und in den Fluss geworfen, auf der Folterbank zerbrochen, bei lebendigem Leib verbrannt, an Eisenhaken zwischen den Rippen aufgehängt, geköpft und zerstückelt. Die Ufer des Flusses Suriname in Paramaribo wurden dekoriert mit den Köpfen entflohener Sklaven.

Abgesehen vom Tod gab es für surinamische Sklaven nur eine Form der Erlösung: ins scheinbar undurchdringliche Innere des Regenwaldes zu fliehen und dort, außer Reichweite der Peitschen und Stiefel der Weißen, eigene Dörfer zu bauen und eine eigene Kultur zu entwickeln.

Die Maroons waren bald für ihre dreisten Überfälle auf die Plantagen bekannt, mit denen sie ihr Überleben sicherten. Die Folge war ein Guerilla-Krieg zwischen ihnen und der niederländischen Armee. Am Ende sollte es den Maroons gelingen, Abkommen abzuschließen, durch die ihre Freiheit offiziell festgestellt wurde – die ersten in den 1760er-Jahren.

Dennoch waren die Niederlande das letzte Land in Europa, das die Sklaverei abschaffte. Sie hielt sich bis 1873 – acht Jahre nach dem Ende des Amerikanischen Bürgerkriegs.

3 Die ersten Menschen kamen vor 11 000 Jahren nach Südamerika und haben diese Gegend möglicherweise durchquert. Doch bis heute zeigen archäologische Funde, dass die menschliche Besiedlung in Surinam vor rund 5000 Jahren begann. Etwa zur selben Zeit, als die Sumerer und Ägypter die Schrift erfanden.

Heute liegt die Bevölkerung Surinams bei knapp über einer halben Million Menschen. Wyoming, der bevölkerungsärmste Bundesstaat der USA, hat mehr Einwohner.

Nahezu die Hälfte der Surinamer hat afrikanische Wurzeln, zählt zu den Maroons oder den Kreolen. Und die andere Hälfte? Jedenfalls keine Niederländer. Über ein Drittel ist indigener Herkunft, und 15 Prozent haben indonesische Vorfahren.

Nach der Abschaffung der Sklaverei suchten die Plantagenbesitzer weiter nach billigen und austauschbaren Arbeitskräften und wendeten sich dafür China, Indien und Indonesien zu. Diese Menschen waren zwar keine Sklaven, aber der Boden ist auch mit ihrem Blut getränkt.

Die vielfältigen Angehörigen indigener Gruppen, die manchmal auch »Amerindianer« genannt werden, machen etwa drei bis vier Prozent der Gesamtbevölkerung in Surinam aus. Zu ihnen gehören die Stammesgruppen der Kariben, darunter die Kalihna, die Arawaks an der Küste sowie die Tiriyó und Wayana in den Wäldern im Landesinneren.

Die unvorstellbare Diversität Surinams zeigt sich beim Abendessen. Man kann aus der indonesischen Küche Javas, aus chinesischen, indigenen, »amerindischen« oder unterschiedlichen lateinamerikanischen Küchen wählen, inklusive einiger Gerichte, die es nirgends sonst auf der Welt gibt.

Die vielen Menschen unterschiedlicher Herkunft, von denen die meisten gegen ihren Willen oder als austauschbare Arbeitskräfte von geringem Wert hierhergebracht wurden, haben ein Land hervorgebracht, das mit seinen vielfältigen Identitäten zu kämpfen hat.

4 Offensichtlich hat sich der ganze Unterricht in der Sonntagsschule erfolgreich in meinem Unterbewusstsein eingegraben. Das Buch Maleachi ist das letzte Buch im Alten Testament und das finale Buch im jüdischen Nevi'im. Darin erteilt der Prophet Maleachi, dessen Name buchstäblich ›mein Bote‹ bedeutet, den Israeliten und Priestern eine Strafpredigt für ihr schlechtes Benehmen.

Kapitel fünf: Guyana ruft

1 *Anm. d. Übers.:* Hier hat sich der Autor womöglich geirrt. Der Name Stabroek stammt zwar von der flämischen Stadt Stabroek nahe Antwerpen, wo bis heute vorwiegend Niederländisch gesprochen wird. Doch wenn man das Wort bei Google Translate oder einem Online-Wörterbuch für Niederländisch eintippt, kommt man zu keinem Ergebnis. Es gibt zwar das niederländische Wort ›broek«, das im Englischen ›pants‹ und im Deutschen ›Hose(n)‹ bedeutet, aber der erste Wortbestandteil ›sta‹ führt ins Leere. Das Englische ›(to) stab‹, das im Deutschen u. a. ›stechen‹ bedeutet, ist im Niederländischen eigentlich ›steken‹.

Vielleicht hat sich Jeremy Hance bei seiner Recherche an dieser Stelle ja einfach auf amüsante Weise vertippt.

2 Man sagt, dass das Wort ›Guiana‹ bzw. ›Guyana‹ aus einer indigenen Sprache stammt und ›Land der vielen Wasser‹ bedeutet – eine treffende Beschreibung für ein Land, durch das unzählige Flüsse strömen, das vor Regen nur so überfließt und seine eigenen Wolken produziert.

Die Spanier haben als Erste über diese Region geschrieben, die für sie eine Terra incognita war. Man geht davon aus, dass ein Spanier namens Alonso de Ojeda nur sieben Jahre nach Kolumbus' erster Reise die Mündung des Essequibo erreicht hat, des größten Flusses in Guyana, zu dem auch wir gerade unterwegs sind.

Doch der erste Europäer, der wirklich über das Innere Guyanas schrieb, war der tabakliebende, gedichteschreibende, abenteuersüchtige, hofdamenverführende Kriegsverbrecher – aus heutiger Sicht – und Renaissance-Tausendsassa Sir Walter Raleigh. Im Jahr 1595 gelang es Raleigh irgendwie, in der Gegend, die damals als ›die Guianas‹ bekannt war – im heutigen Venezuela, nahe der westlichen Grenze von Guyana –, über 600 Kilometer weit den Orinoko hinaufzusegeln. Dabei ging es ihm aber nicht um Wissen oder interkulturelle Verständigung; das Ganze war kein Utopismus à la *Star Trek*. Er folgte der Spur des Goldes. Einer Spur, die auf Hörensagen beruhte.

Er hatte von einem Freund gehört, der wiederum von einem spanischen Gouverneur erfahren hatte, dass ein gewisser Spanier namens Juan Martínez de Albújar der Todesstrafe entkommen sei, indem er sich ein Kanu geschnappt und sich allein ins Innere der Guyanas aufgemacht habe. Albújar tauchte 18 Jahre später wieder auf und behauptete, in El Dorado, der sagenumwobenen Stadt aus Gold, gewesen zu sein. Die Geschichte von El Dorado hatte damals schon jahrelang in ganz Europa kursiert, obwohl es keinerlei Beweise für ihre Existenz gab.

Weil er bei Königin Elisabeth I. in Ungnade gefallen war, fasste Raleigh einen Plan, um die Gunst der Königin zurückzugewinnen: Er wollte El Dorado finden. Doch obwohl er jede Menge Abenteuer erlebte, hatte er keinen Erfolg. Die Geschichte hat eine Moral: Traue keiner Erzählung, die auf einer Runde Stille Post beruht.

Raleighs Reisebericht *The Discoverie of the Large, Rich, and Bewtiful Empyre of Guiana* ist aus heutiger Sicht pure Angeberei. Viele Gelehrte glauben, dass Raleigh seinen Besuch in den Guyanas massiv aufgebauscht hat. Ich finde jedoch, dass die Reise umso interessanter und die merkwürdigsten Passagen des Buches umso aufschlussreicher sind, wenn man sie als Spiegelung einer gescheiterten kulturellen und ökologischen Verbindung betrachtet. Es fällt Raleigh schwer, über Kulturen und Menschen zu schreiben, die gänzlich anders leben als sein eigener lumpiger Stamm zu Hause. Er schreibt über einen Ort, der verglichen mit der Insel England kaum unterschiedlicher sein könnte. Er kann viele der Dinge, die er mit eigenen Augen sieht, einfach nicht vollständig begreifen und genauso wenig die Geschichten, die ihm erzählt werden. Von der Möglichkeit, dass die Genauigkeit der Darstellung bei der Übertragung verloren geht *(Lost in Translation)*, ganz zu schweigen.

Europäer und (indigene) Amerikaner waren zu diesem Zeitpunkt durch gut 10 000 Jahre unterschiedliche kulturelle Entwicklung voneinander getrennt. Wie zwei Spezies, die sich selbst überlassen worden waren, hatten sie zwei ganz verschiedene kulturelle und zivilisatorische ›Spezies‹ hervorgebracht, deren Denk- und Verhaltensweisen sich gänzlich unähnlich waren.

3 Wenn wir die Definition des Wortes wirklich ernst nehmen, dann können manche Dinge niemals nachhaltig sein. Fossile Brennstoffe sind in keiner Weise, Gestalt oder Form nachhaltig. Sonnen-, Wind-, Geothermal- und Gezeitenenergie sind nachhaltig – abzüglich der Aufwendungen zu ihrer Gewinnung.

Jede Art von Bergbau ist per se ganz und gar nicht nachhaltig. Damit will ich nicht sagen, dass er für die Gesellschaft nicht erforderlich wäre, wir sollten nur nicht so tun, als wäre er ›grün‹. Bergbau ist Zerstörung im großen Stil. Darüber sollten wir uns im Klaren sein, auch wenn wir Wege finden, die Schäden einzudämmen und zu reparieren.

4 Die Wissenschaft ist sich nicht sicher warum, obwohl ich Reizüberflutung für denkbar halte. Ich konnte es aufgrund meiner psychischen Erkrankung in New York nicht aushalten. Und es gibt Tage, an denen mir sogar schon St. Paul in Minnesota viel zu viel ist.

Dabei hilft es bereits, in Städten mehr Grünflächen anzulegen. Man muss nicht erst Rafting oder Bergsteigen oder auf Rucksacktouren gehen, um Nutzen aus der Natur zu ziehen, weil man dieselben positiven Effekte oft schon durch einen einfachen Spaziergang im Wald oder Park erzielen kann. Sogar draußen auf einer Bank zu sitzen hilft. Sport in der Natur ist großartig, auch wenn der Nutzen allem Anschein nach überwiegend darauf beruht, dass man seine Sinne einfach in der Natur betätigt. Allein schon durchs Fenster auf einen Baum zu schauen, ist gut für uns, was wahrscheinlich auch der Grund dafür ist, dass Bürowürfel und graue Städte so entmutigend sind. Natürlich scheinen höhere ›Dosen‹ Natur mehr und länger anhaltende Vorteile zu bringen.

5 Die Wissenschaft weiß noch nicht, warum die Natur so vielen Menschen so guttut. Liegt es daran, dass es für unseren Geist beruhigend ist, wenn wir die Fraktale in der Natur sehen? Liegt es an den Aerosolen, die Bäume freisetzen, oder daran, dass man einer höheren Zahl von Mikrobakterien ausgesetzt ist? Oder liegt es an der Linderung, die uns die Natur von Luft-, Lärmverschmutzung und sinnlosen Ablenkungen – d. h., durch die Abwesenheit von Technik – verschafft? Wissenschaftler finden gern einen einzigen Grund heraus, der hinter einem Phänomen steckt, und werden durch die physikalische Realität auch manchmal belohnt: Der Apfel fällt aufgrund der Schwerkraft nach unten. Aber ich habe den Verdacht, dass es nicht *den einen* Grund gibt, weshalb uns die Natur heilt und glücklich macht. Ich vermute, dass es sich um eine Menge komplexer Gründe handelt, die alle miteinander zusammenhängen.

Ein großer Teil dieser Wissenschaft ist zudem neu und erst in den letzten paar Jahrzehnten entstanden. Aus diesem Grund sollte man sie unter dem Vorbehalt betrachten, dass, obwohl wir allmählich anfangen, das Puzzle zusammenzusetzen, viele Teile immer noch fehlen und andere erst bestätigt werden müssen. In 50 Jahren werden wir viel mehr wissen.

6 Die Macushi haben sich wie viele indigene Stämme gegen die Versklavung und Zerstörung gewehrt. Im Jahr 1790 rebellierten die Macushi gegen die portugiesischen Kolonisatoren, die den Stamm

in christliche Missionen gezwungen hatten. Solche Missionen dienten zu jener Zeit oft als Mittel, um Stämme zu befrieden und aufzuteilen, während man zugleich ihre Ressourcen ausbeutete. Informationen über die Rebellion der Macushi gibt es wenige. Viele konnten in den Wald fliehen und sich der Kontrolle der Portugiesen entziehen – bis der Kautschuk-Boom einsetzte und mit ihm erneut Versklavung und Tod.

7 Malaria, ausgelöst durch einen Parasiten, der durch verschiedene Moskitoarten übertragen wird, zählt nach wie vor zu den größten Killern dieser Welt. Im Jahr 2017 schätzte die Weltgesundheitsorganisation, dass Malaria in jenem Jahr 435 000 Menschen getötet hat, von denen die meisten Kinder unter fünf Jahren waren. Im selben Jahr erwischte Malaria rund 219 Millionen Menschen – knapp 3 Prozent der gesamten Weltbevölkerung. Und mittlerweile trägt der Klimawandel noch dazu bei, die Malaria hangaufwärts und möglicherweise auch in neue Regionen zu verbreiten.

Doch die Hoffnung stirbt zuletzt. Erst kürzlich wurde ein Impfstoff in vier afrikanischen Ländern erprobt, der erste überhaupt.

8 *Anm. d. Übers.:* Im Deutschen sagt man hier natürlich ›Hummeln im Hintern‹, aber wenn Sie weiterlesen, wird Ihnen klar werden, dass dieses Bild hier nicht passend wäre. Lesen Sie also bitte ›Ameisen in der Hose‹ und denken Sie dabei, zumindest was die erste und naheliegende Bedeutungsebene angeht, an Hummeln.

Teil 3 Die beeinträchtigte Natur

Kapitel sechs: Von Diplomaten und Palmöl

1 Obwohl Nordborneo im Altertum größtenteils unerwähnt blieb, hat es sicherlich mit mächtigen Nachbarn wie China, Indien und Sumatra Handel getrieben. Außerdem gehörte die Region im Lauf der Geschichte zu verschiedenen Imperien und Königreichen, unter ihnen das Majapahit-Imperium, das Sultanat Brunei und das Sultanat von Sulu.

Im 19. Jahrhundert kam Europa ins Spiel, das sich hier – wie sonst ja auch fast überall – einmischte. Durch irgendeine verschlungene Geschichte kam es dazu, dass ein absoluter britischer Noname namens Alfred Dent zum Eigentümer von Sabah wurde. Er gründete die North Borneo Chartered Company, die das Land über 60 Jahre lang verwaltete – und damit meine ich, bis zum Abwinken ausbeutete. Nordborneo konnte sich erst nach dem Zweiten Weltkrieg davon befreien, ein Quasi-Konzern zu sein.

Im Jahr 1963 schloss sich Sabah mit Sarawak, Singapur und der Malaiischen Halbinsel – damals unter dem Namen Föderation Malaya bekannt – zu der neu gegründeten Nation Malaysia zusammen. Singapur sollte jedoch zwei Jahre später aus dem Bündnis ausgeschlossen werden.

2 Die Gewinnung von Palmöl hat in Malaysia irgendwann in den 1960er-Jahren so richtig Fahrt aufgenommen. Bis in die 1980er hatte das Land eine Million Hektar der lukrativen Palmen angepflanzt. Diese Zahl hat sich bis heute mehr als verfünffacht. Rund die Hälfte der Anbaufläche liegt in Sabah und Sarawak, was oft auf Kosten des Waldes und der lokalen Bevölkerung von Borneo geht.

3 Das quirlige Sandakan ist ein städtisches Wunder. Im Jahr 1941 fielen die Japaner auf Borneo ein, vor allem wegen der dortigen Ölvorkommen. Das führte zu einer brutalen dreijährigen Besatzung, in der einer Schätzung zufolge 16 Prozent der Bevölkerung Nordborneos starben.

Am Ende war die Stadt Sandakan nicht viel mehr als ein Haufen Asche. Heute ist sie die zweitgrößte Stadt in Sabah und wirkt im Vergleich zum entspannteren Kota Kinabalu ein bisschen wie ein lärmender Teenager.

Kapitel sieben: Die Welt, vom Yasuní aus gesehen

1 Wie ein Forscher feststellte, werden hier fast 50 verschiedene Arten verkauft. Übers Jahr gerechnet kommen mehr als zwölf Tonnen Buschfleisch zusammen.

2 Der Name Orellana ist hier allgegenwärtig. Die Stadt El Coca heißt eigentlich Puerto Francisco de Orellana, aber man muss es den Einheimischen nachsehen, dass sie sie kurz ›El Coca‹ nennen. Francisco de Orellana war ein Konquistador. Wie die meisten Konquistadoren hatte er ein hartes und kurzes Leben. Er ist berühmt – oder berüchtigt – dafür, als erster Europäer den gesamten Amazonas hinuntergesegelt zu sein, und er begann seine Reise hier an den Ufern des Napo.

Orellanas Ruhm geht, wie so viele dieser katastrophalen Geschichten, auf den Versuch zurück, El Dorado zu finden. Die von seinem Cousin Gonzalo Pizarro angeführte Expedition war von Beginn an vom Pech verfolgt. Als Pizarros Leute von Krankheiten und Erschöpfung wie die Fliegen dahingerafft wurden, nahm sich der clevere Orellana einige Männer, um flussabwärts Lebensmittel zu beschaffen. Orellanas Reise wurde dann zu viel mehr als nur einer Versorgungstour. Sie entwickelte sich zu der wohl verrücktesten Bootsfahrt der Weltgeschichte. Als Orellana 600 Meilen flussabwärts tatsächlich Vorräte fand, entschied er sich dafür, nicht zu seinem Cousin zurückzukehren. Er nahm vermutlich an, dass Pizarro längst irgendwo tot in einem Sumpf lag. Stattdessen setzte er seine Reise flussabwärts in der Hoffnung fort, den Ozean zu erreichen. Er wusste nicht, dass er dafür noch etwa 4000 Meilen zurücklegen musste. Zu unserem Glück hatte Orellana einen gebildeten Mönch namens Carvajal dabei, der die Reise aufzeichnete. Der Mönch beschrieb ein dicht besiedeltes Land mit Dörfern an den Flussufern und sogar, zumindest nach den Maßstäben des 16. Jahrhunderts, riesigen Städten. Zu jener Zeit war der Amazonas, jedenfalls entlang der großen Flüsse, dicht besiedelt. Die Indigenen der Region reagierten verständlicherweise feindselig auf diese fremden Männer, die ihre Sprache nicht sprachen, bleich, grässlich, verhungert und krank aussahen und gebieterisch Nahrung und Vorräte forderten. So mussten sich die Spanier flussabwärts kämpfen, waren aber größtenteils auf der Flucht. Irgendwann wurden sie laut Carvajal dann von einer Horde Kriegerinnen angegriffen. Dieses Zusammentreffen gab dem Fluss, der Region und dem größten Ökosystem der Welt seinen Namen: Amazonas. Der Name geht auf antike Sagen von den mythischen Amazonen zurück – Kriegerinnen, die angeblich aus Kleinasien stammten. Historisch gesehen, war das wichtigste Resultat von Orellanas Amazonasexpedition nicht, dass er den Fluss erfolgreich befahren und den Atlantik erreicht hatte. Eine viel größere Bedeutung hatten die Viren, die seine Männer verbreiteten. Kein Europäer sollte den Amazonas jemals wieder so sehen wie Orellana. Erst jetzt beginnen Archäologen und Ökologen, Beweise für die längst verlorenen Regenwaldzivilisationen zu finden, die durch neuartige Krankheiten ausgelöscht wurden. Einige Wissenschaftler behaupten sogar, dass die indigenen Bewohner den Amazonasregenwald in gewisser Weise selbst geschaffen hatten – eine Behauptung, die umstritten und fragwürdig bleibt. Wahrscheinlicher ist, dass sie an bestimmten Orten durch großflächige Anpflanzungen bevorzugter Baumarten den Wald bereichert und geformt hatten. Doch egal ob diese verschwundenen Zivilisationen nun die Amazonasregion bepflanzt und angereichert haben oder ob sie einfach gelernt haben, in diesem Ökosystem zu leben, ohne es zu zerstören – wir verfügen heute zumindest über handfeste Beweise dafür, dass es sie wirklich gegeben hat. Orellana starb, als er eine zweite Expedition auf dem Amazonas in Angriff nahm. Er selbst und mehr als 200 seiner Männer verloren dabei ihr Leben.

3 Auf einem einzigen Hektar des Hochlandregenwaldes von Yasuní haben die Wissenschaftler 655 verschiedene Baumarten gefunden – mehr, als es in ganz Nordamerika gibt.

Teil 4 Überlebende

Kapitel acht: Von Loris und Menschen

1 Die Wissenschaftler entdecken in Indonesien immer noch neue Arten. Das ist viel leichter als in den Vereinigten Staaten. Zum einen

sind die USA viel besser erforscht, zum anderen beherbergen sie eine viel geringere Artenfülle. Ein Großteil von Indonesien liegt im Korallendreieck, dem Meeresgebiet mit der höchsten Biodiversität weltweit.

2 Der Krakatau-Ausbruch kühlte die ganze Erde für mehrere Jahre ab. Die Aschemengen wirbelten in die Stratosphäre hinauf (bis in etwa 50 Kilometer Höhe), reflektierten die Sonnenstrahlen und sorgten dafür, dass die durchschnittliche globale Temperatur im folgenden Jahr um mehr als ein Grad Celsius zurückging. Erst nach fünf Jahren erreichten die Temperaturen wieder Normalwerte. Eine der vielversprechendsten Ideen des Geoengineering, um den Klimawandel zu kaschieren, liegt darin, so etwas wie eine Krakatau-Eruption zu simulieren, indem man reflektierende Aerosole in der Stratosphäre verteilt. Wie Untersuchungen in jüngerer Zeit gezeigt haben, könnte man mit dieser Science-Fiction-Idee die Erde wohl tatsächlich abkühlen, aber man müsste es mehrfach tun, und es wäre unglaublich teuer. Trotzdem bin ich mir ziemlich sicher, dass künftige Generationen in der einen oder anderen Weise auf Klimaengineering zurückgreifen werden. Die Leute sagen immer: »Und was ist mit den negativen Nebenwirkungen des Geoengineering?« Ja, solche Effekte wird es geben, und vermutlich werden sie nicht vernachlässigbar sein. Aber die weltweite Erwärmung wird wahrscheinlich so katastrophal ausfallen – und unsere Kinder und Enkel werden so verdammt verzweifelt sein –, dass alle potenziellen Nebenwirkungen des Geoengineerings für nebensächlich erachtet werden, wenn man sie mit dem Klima-Cthulhu vergleicht, der die Welt Jahr für Jahr beutelt.

3 Laut einer Studie der Weltgesundheitsorganisation aus dem Jahre 2017 sind Luft- und Wasserverschmutzung weltweit die größten Killer – noch vor Malaria, Aids, Kriegen und allen übrigen Schrecken.

Der Studie zufolge tötet die Luftverschmutzung jedes Jahr mehr als sieben Millionen Menschen, verschmutztes Wasser fast zwei Millionen. Beides zusammen entspricht der Einwohnerzahl Ungarns oder des Bundesstaates New Jersey. Und wenn man dem Bericht glaubt – und es gibt keinen Grund, das nicht zu tun –, ist das noch niedrig geschätzt.

4 Während ich dies schreibe, steht Kalifornien in Flammen, Australien ebenfalls. Die Brandsaison in Indonesien ist so schlimm wie selten seit Beginn der Aufzeichnungen. Das Pantanal, das größte Feuchtgebiet der Erde in Südamerika, brennt lichterloh. Und Viehzüchter haben in weiten Teilen des brasilianischen Amazonasgebiets die Bäume abgeholzt und dann Feuer gelegt. Das führte zu einer Krise, die es sogar bis in die Mainstream-Nachrichten schaffte. Aber so schnell, wie sich der Rauch verzog, war das Thema auch schon wieder aus den Nachrichten verschwunden.

Kapitel neun: Missgeschicke im Paradies

1 Wenn Sie schon mal die Fernsehserie *Unbreakable Kimmy Schmidt* gesehen haben, ist Ihnen ein Foto des Dominikanischen Schlitzrüsslers vor Augen gekommen. Die Figuren im Film nennen ihn allerdings «Haitianische Kloratte«. Der damit verbundene Handlungsstrang ist echt lustig, und das Bild, das sie für den Film verwendet haben, zählt zu meinen Lieblingsbildern von Schlitzrüsslern. Die Kehrseite ist aber leider, dass die «Haitianische Kloratte« seither vielleicht bekannter ist als mein eigentlicher geliebter ›Dinosäuger‹.

2 Zagutis haben es sogar zu einer Fußnote in der Weltgeschichte gebracht. Kolumbus, der sie als »Ratten« bezeichnete, brachte einige Exemplare von seiner ersten Reise mit nach Spanien und präsentierte sie Isabella und Ferdinand.

So hat das Zaguti als eines der ersten Tiere die Reise von der sogenannten Neuen Welt in die Alte angetreten.

3 520 Jahre nach Kolumbus gehören Indigene weltweit noch immer zu den am meisten mit Füßen getretenen, vulnerablen und bedrängten Menschen. Das ist aber noch längst nicht nicht das Ende der Geschichte.

In den vergangenen 50 Jahren kam es zu einem spektakulären Aufschwung des indigenen Aktivismus. Menschen indigener Völker werfen ihre ungewollte Opferrolle ab, erheben ihre Stimme und entdecken ihre Macht. Vom Amazonas bis nach Australien und in den eisigen Norden behaupten sich indigene Gruppen heute auf neuartige Weise: Mithilfe von Protestveranstaltungen, Medien und neuen Organisationen versuchen sie, den fortdauernden Kolonialismus, den Neoliberalismus und politische Doppelzüngigkeit zu überleben. Kampflos werden sie nicht untergehen.

4 Obwohl ich eindeutig Probleme mit domestizierten Rindern habe, üben die Wildarten eine sonderbare Faszination auf mich aus. Ich liebe Bantengs und Gaure. Kaffernbüffel sind knallharte Typen. Ich bin bis nach Polen gereist, um Wisente zu finden, und ich würde noch einmal quer über den Planeten fliegen, um vielleicht ein paar Tamaraus oder Anoas zu sehen. Wie sehr würde ich mir wünschen, Auerochse und Kouprey wären noch unter uns! Als ich in Nabokovs *Lolita* zum ersten Mal die Zeile »Ich denke an Auerochsen und an Engel« las, musste ich fast weinen.

Kapitel zehn: Der ›Dinosäuger‹

1 Die rund eine Million Haitianer, die ständig in der Dominikanischen Republik leben, haben einen unklaren Status als Staatenlose, da beide Regierungen unfähig sind, mit dieser schon lange andauernden Migration klarzukommen. Kürzlich hob die Dominikanische Republik das Jus soli auf – haitianische Kinder, die in der Dominikanischen Republik zur Welt kommen, sind künftig also ebenfalls staatenlos.

Faszinierende Giganten der Meere

Leigh Calvez erforscht als Wissenschaftlerin seit vielen Jahren das Leben der Wale. Hier erzählt sie mitreißend und sehr persönlich die Geschichten dieser Giganten der Ozeane, darunter gesellige Orcas, weit wandernde Buckelwale oder uralte, tief tauchende Blauwale, die größten Tiere des Planeten. Wir begleiten die Wale auf ihren geheimnisvollen Routen, ergründen ihre Gewohnheiten und Geräusche und kommen ihnen dabei sehr nahe.
Ein Buch, das uns staunen und das Leben der Wale verstehen lässt und so unsere Verbundenheit mit der Natur vertieft.

Titel der Originalausgabe:
Baggage. Confessions of a Globe-Trotting Hypochondriac
Erstmals erschienen in englischer Sprache bei
Health Communications, Inc, c/o Simon & Schuster, LLC

Deutsche Originalausgabe

Projektleitung: Victoria Salley, Knesebeck Verlag
Übersetzung: Ralf Pannowitsch, Leipzig, und Benjamin Schilling, Leipzig
Lektorat: Stephan Thomas, München
Korrektorat: Claudia Willeke, Hamm
Gestaltung und Umschlaggestaltung: Favoritbüro, München
Umschlagmotiv: Dschungel © Oleh Ustinov / Shutterstock_2281284921;
Papagei © Natyakach Nataliia / Shutterstock_730317826;
Tiger Silhouette © SaveJungle / Shutterstock_615687932
Innenseiten: Trennsymbol Blatt © Lucas Dize / Shutterstock_2479563429;
Jungle Silhouetten © SaveJungle / Shutterstock_615687932;
Papagei © Natyakach Nataliia / Shutterstock_730317826
Hintere Klappe: Jeremy Hance © Tiffany Roufs

Satz und Herstellung: Arnold & Domnick, Leipzig
Druck: Livonia Print, Riga
Printed in Latvia

ISBN 978-3-95728-905-6

www.knesebeck-verlag.de

FSC
www.fsc.org
MIX
Papier | Fördert gute Waldnutzung
FSC® C002795